# Revista de Direito Tributário

# 99

MALHEIROS EDITORES

# *Revista de Direito Tributário*

Publicada sob os auspícios do
**Instituto Geraldo Ataliba — IDEPE — Instituto Internacional de Direito Público e Empresarial**
**Presidente**: Prof. Aires Barreto

ISS 0102-7956



*REVISTA DE DIREITO TRIBUTÁRIO*
publicação trimestral de
MALHEIROS EDITORES LTDA.
Rua Paes de Araújo, 29, 17º andar - conj. 171
CEP: 04531-940 - São Paulo, SP
Tel. (011) 3078-7205
Fax. (011) 3168-5495
Diretor Responsável: Álvaro Malheiros
Diretora: Suzana Fleury Malheiros

Assinaturas e comercialização:
CATAVENTO DISTRIBUIDORA
DE LIVROS S.A.
Rua Conselheiro Ramalho, 928
CEP 01325-000 - São Paulo - SP
Tel. (011) 3289-0811 - Fax. (011) 3251-3756
Supervisão Gráfica: Vânia Lúcia Amato
Composição: *Scripta*
Impressão: Paym Gráfica e Editora Ltda.

# SUMÁRIO

## *CADERNOS DE DIREITO TRIBUTÁRIO*

IMUNIDADES CONDICIONADAS E SUSPENSÃO DE IMUNIDADES: Análise dos requisitos do art. 14 do CTN impostos às instituições de educação sem fins lucrativos ........ 7

– Paulo de Barros Carvalho

EL MERCADO COMÚN COMO FACTOR CRIMINÓGENO ........ 21

– Vicente Oscar Díaz

LIMITAÇÕES AO PODER DE TRIBUTAR NA CONSTITUIÇÃO BRASILEIRA ... 55

– Regina Helena Costa

A NORMA DE ANISTIA NO ORDENAMENTO TRIBUTÁRIO BRASILEIRO ...... 60

– Calilo Jorge Kzam Neto

INTERVENÇÃO DO ESTADO NA ECONOMIA POR MEIO DA TRIBUTAÇÃO – A PROTEÇÃO DA EMPRESA E A LIVRE CONCORRÊNCIA ........ 74

– Roberto Ferraz

DUPLA/MÚLTIPLA IMPUTAÇÃO JURÍDICA E ECONÔMICA INTERNACIONAL: UMA ANÁLISE BASEADA NO CONCEITO DA REGRA-MATRIZ DE INCIDÊNCIA TRIBUTÁRIA ........ 83

– Jonathan Barros Vita

SOBRE OS PAPÉIS DA LEI COMPLEMENTAR NO REGIME JURÍDICO DAS CONTRIBUIÇÕES INTERVENTIVAS ........ 95

– Tacio Lacerda Gama

O MALHO E O CINZEL NA APLICAÇÃO DO DIREITO. UMA ANÁLISE FRENTE AO NOVO PARADIGMA INTRODUZIDO POR MEIO DO GIRO LINGÜÍSTICO ........ 103

– Philippe André Rocha Gail

## *ESTUDOS E COMENTÁRIOS*

A REPETIÇÃO DO INDÉBITO TRIBUTÁRIO E O DENOMINADO PRINCÍPIO DA RESERVA DO POSSÍVEL ........ 117

– Dalton Luiz Dallazem

RESPONSABILIDADE TRIBUTÁRIA E O SUPERSIMPLES ................................ 128

– Hugo de Brito Machado Segundo

PLANEJAMENTO TRIBUTÁRIO E DESCONSIDERAÇÃO DO NEGÓCIO JURÍDICO: Análise do parágrafo único do art. 116 do CTN à luz do direito positivo ................................ 137

– Florence Haret

O ART. 138 DO CTN E OS TRIBUTOS ADMINISTRADOS PELA SECRETARIA DA RECEITA FEDERAL DO BRASIL ................................ 153

– Celia Maria de Souza Murphy

O ART. 110 DO CTN E A IMPOSSIBILIDADE DE TEXTO LEGAL LIMITAR O ATO DE INTERPRETAÇÃO E A CONSTRUÇÃO DE SENTIDO DAS NORMAS JURÍDICAS ................................ 166

– Bianca Mizuki Dias dos Santos

NÃO-INCIDÊNCIA DE ISS SOBRE FRANQUIA ................................ 175

– Andréia Fogaça Maricato

A SEGURANÇA JURÍDICA NO DIREITO TRIBUTÁRIO. ASPECTOS CAÓTICOS ................................ 194

– Luciano de Almeida Pereira

ESTABLECIMIENTO PERMANENTE Y EL CONVENIO MODELO DE LA OCDE ................................ 206

– Paula Subía

# Revista de Direito Tributário

## CADERNOS DE DIREITO TRIBUTÁRIO

**Fundador:** Rubens Gomes de Sousa (†)

CADERNOS DE DIREITO TRIBUTÁRIO

# IMUNIDADES CONDICIONADAS E SUSPENSÃO DE IMUNIDADES: Análise dos requisitos do art. 14 do CTN impostos às instituições de educação sem fins lucrativos

PAULO DE BARROS CARVALHO
Professor Titular de Direito Tributário da PUC/SP e da USP

*1. Considerações iniciais. 2. O sistema constitucional brasileiro e a rígida discriminação das competências tributárias. 3. Noção de imunidade tributária. 4. Imunidades condicionadas: 4.1 As funções da lei complementar em matéria tributária; 4.2 Necessidade de lei complementar para a regulamentação das imunidades condicionadas. 5. Requisitos necessários ao reconhecimento formal da imunidade. 6. A imunidade das instituições de educação sem fins lucrativos: 6.1 O alcance do termo "instituição de educação sem fins lucrativos"; 6.2 O significado da expressão "relacionados com as finalidades essenciais". 7. Análise pormenorizada dos requisitos constantes do art. 14, do CTN. 8. As presunções no direito tributário brasileiro e o ônus da prova do descumprimento dos requisitos do art. 14 do CTN. 9. A irretroatividade dos atos administrativos de suspensão da imunidade. 10. Encaminhamento às questões levantadas no início.*

## *1. Considerações iniciais*

Durante muitos anos, o assunto das imunidades tributárias permaneceu, entre nós, encerrado nos limites doutrinários das preciosas lições de Aliomar Baleeiro. O jurista baiano, com o peso de sua autoridade científica, implantou um sistema de proposições descritivas rico e atrativo, mediante o qual a matéria foi exposta em consistente plano discursivo.

Por outro lado, o passar do tempo foi levantando dúvidas, estruturando problemas, sugerindo outros esquemas de avaliação dos dados da experiência, rendendo espaço, assim, ao aparecimento de diferentes propostas de compreensão e de novas indagações sobre o tema. E nosso direito positivo, no seu plano empírico, tem oferecido discussões intensas. Tal é o que se dá com o tópico das "imunidades tributárias" e as hipóteses que levam à sua suspensão, questão de extrema importância que deve ser bastante discutida quando se pretende a um ordenamento constitucional tributário que preza pela segurança jurídica de seus jurisdicionados.

Diante deste cenário, cumpre objetivar a análise das imunidades condicionadas e suas hipóteses de suspensão, articulando questões, a ser examinadas no decorrer do trabalho e, ao final, respondidas objetivamente, à luz do direito positivo brasileiro:

*Questão 1*: É sabido que as imunidades condicionadas dependem de outras normas que a regulem, conforme se depreende do conteúdo do texto da Constituição. Qual é o instrumento legal competente para que se estabeleçam, de modo objetivo, os elementos necessários à configuração das imunidades tributárias?

*Questão 2*: As imunidades tributárias configuram valores ou limites-objetivos impostos pelo sistema constitucional tributário? Qual(is) a(s) conseqüência(s) dessa afirmação?

*Questão 3*: Quais as atividades educacionais compreendidas no termo "instituições de educação sem fins lucrativos"? A destinação dos recursos é relevante?

*Questão 4*: Na hipótese de suspensão da imunidade por descumprimento de um ou mais requisitos do art. 14 do Código Tributário Nacional, é possível que o ato declaratório de suspensão atinja fato anterior à sua expedição? Qual o tipo de efeito jurídico que porta esse ato declaratório da Receita Federal?

*Questão 5*: A quem compete provar o não-cumprimento ou o descumprimento das hipóteses do art. 14 do Código Tributário Nacional? Neste caso, é possível presumir o não-cumprimento ou o descumprimento?

*Questão 6*: Na ausência de cumprimento de um dos requisitos relacionados pelo § 1º do art. 14 do CTN, qual o efeito da suspensão da imunidade das entidades educativas sem fins lucrativos?

## *2. O sistema constitucional brasileiro e a rígida discriminação das competências tributárias*

*Sistema jurídico* é expressão ambígua que, em alguns contextos, pode provocar a falácia do equívoco. Com esse nome encontramos designados tanto o sistema da Ciência do Direito quanto o do direito positivo (ordenamento), instaurando-se certa instabilidade semântica que prejudica a fluência do discurso, de tal modo que, mesmo nas circunstâncias de inocorrência de erro lógico, a compreensão do texto ficará comprometida, perdendo o melhor teor de sua consistência. Há dúvidas no que concerne à amplitude significativa da locução, pois não faltam os que negam a possibilidade de o direito positivo apresentar-se como sistema, configurando aquele caos de sensações a ser ordenado pelas categorias do pensamento, a que aludiu Kant. A Ciência do Direito, sim, organizando descritivamente o material colhido do direito positivo, atingiria o nível de sistema. Tal não é, contudo, nosso entendimento. Enquanto conjunto de enunciados prescritivos que se projetam sobre a região material das condutas interpessoais, o direito posto há de ter um mínimo de racionalidade para ser compreendido pelos sujeitos destinatários, circunstância que lhe garante, desde logo, a condição de sistema. A questão é relevante, mas, antes de tudo, importa saber o que é sistema e quais as proporções de conteúdo que devemos atribuir a esse termo.

Já recordara Alf Ross[1] que "la mayor parte de las palabras son ambiguas, y que todas las palabras son vagas, esto es, que su campo de referencia es indefinido, pues consiste en un núcleo o zona central y un nebuloso círculo exterior de incertidumbre". Dentro dessa plurivocidade haverá sempre uma acepção de base e outra (ou outras) que podemos chamar de contextual (ou contextuais), como observa Luiz Alber-

1. *Sobre el Derecho y la Justicia*, Eudeba, 1963, p. 130.

to Warat.[2] Surpreendido no seu significado de base, o sistema aparece como o objeto formado de porções que se vinculam debaixo de um princípio unitário ou como a composição de partes orientadas por um vetor comum. Onde houver um conjunto de elementos relacionados entre si e aglutinados perante uma referência determinada, teremos a noção fundamental de sistema.

Atendo-nos à mencionada significação de base, é possível ver a ordem jurídica brasileira como um sistema de normas, concebido pelo homem para motivar e alterar a conduta no seio da sociedade. As normas jurídicas formam um sistema, na medida em que se relacionam de várias maneiras, segundo um princípio unificador. Esse sistema apresenta-se composto por subsistemas que se entrecruzam em múltiplas direções, mas que se afunilam na busca de seu fundamento último de validade semântica que é a Constituição. E esta, por sua vez, constitui também um subsistema, o mais importante, que paira, sobranceiro, sobre todos os demais, em virtude de sua privilegiada posição hierárquica, ocupando o tópico superior do ordenamento e hospedando as diretrizes substanciais que regem a totalidade do sistema jurídico nacional.

Cuida registrar que o texto da Constituição é o espaço, por excelência, das linhas gerais que informam a organização do Estado. A ordem jurídica apresenta normas dispostas numa estrutura hierarquizada, regida pela fundamentação ou derivação, que se opera tanto no aspecto material quanto no formal ou processual, o que lhe imprime possibilidade dinâmica, regulando, ele próprio, sua criação e transformações. Examinando o sistema de baixo para cima, cada unidade normativa encontra-se fundada, material e formalmente, em normas superiores. Invertendo-se o prisma de observação, verifica-se que das regras superiores derivam, material e formalmente, regras de menor hierarquia. E a Carta Magna exerce esse papel fundamental na dinâmica do sistema, pois cabe a ela traçar as características dominantes das várias instituições que a legislação comum posteriormente desenvolverá.

Entre os assuntos tratados pelo Texto Maior está o da competência legislativa tributária. Uma vez cristalizada a limitação do poder legiferante, pelo seu legítimo agente (o constituinte), a matéria se dá por pronta e acabada, devendo o legislador infraconstitucional regulá-la nos exatos termos constitucionalmente prescritos. Como já se manifestava Geraldo Ataliba,[3] "o sistema constitucional brasileiro é o mais rígido de quantos se conhece, além de complexo e extenso. Em matéria tributária tudo foi feito pelo constituinte, que afeiçoou integralmente o sistema, entregando-o pronto e acabado ao legislador ordinário, a quem cabe somente obedecê-lo, em nada podendo contribuir para plasmá-lo". Temos no Brasil, portanto, uma minuciosa discriminação das competências tributárias, em que é relacionado, de forma pormenorizada, o campo tributável atribuído a cada ente federativo.

### *3. Noção de imunidade tributária*

Ao discriminar a competência dos entes federativos, o constituinte deixou fora do campo tributável confiado à União, Estados, Distrito Federal e Municípios, determinados fatos. Com isso, assevera José Souto Maior Borges,[4] limitou o âmbito de incidência da tributação, obstando, em tais hipóteses, o exercício das atividades legislativas do ente tributante.

As manifestações normativas que exprimem as imunidades tributárias se incluem no subdomínio das sobrenormas, metaproposições prescritivas que colabo-

2. *O Direito e sua Linguagem*, Porto Alegre, Sérgio A. Fabris Editor, 1964, p. 65.

3. *Sistema Constitucional Tributário Brasileiro*, São Paulo, Ed. RT, 1968, p. 21.

4. *Isenções Tributárias*, São Paulo, Sugestões Literárias, 1969, p. 206.

ram, positiva ou negativamente, para traçar a área de competência das pessoas titulares de poder político, mencionando-lhes os limites materiais e formais da atividade legiferante. Trata-se de regra que dispõe acerca da construção de outras regras, encontrando-se no patamar hierárquico da Constituição Federal, porquanto é lá que estão depositadas as linhas definidoras da competência tributária, no direito positivo brasileiro.

Ao coordenar tais ponderações, começa a aparecer o vulto jurídico da entidade. É mister, agora, demarcá-lo, delimitá-lo, defini-lo. Recortamos o conceito de imunidade tributária, única e exclusivamente, com o auxílio de elementos jurídicos substanciais à sua natureza, pelo que podemos exibi-la como *a classe finita e imediatamente determinável de normas jurídicas, contidas no texto da Constituição Federal, e que estabelecem, de modo expresso, a incompetência das pessoas políticas de direito constitucional interno para expedir regras instituidoras de tributos que alcancem situações específicas e suficientemente caracterizadas.*

Do exposto, é forçoso concluir que a imunidade não exclui nem suprime competências tributárias, pois estas representam o resultado de uma conjugação de normas constitucionais, entre as quais estão as imunidades tributárias. A competência para legislar, quando surge, já vem com as demarcações que os preceitos da Constituição fixaram, e, dentre eles, os que impedem que certas situações sejam contempladas como hipótese de incidência de tributos.

A análise do Texto Magno permite observar a existência de hipóteses de imunidade cuja fruição depende apenas do enquadramento do fato na previsão constitucional, bem como de outras em que é preciso o atendimento de determinados requisitos estipulados em lei. São as chamadas imunidades incondicionadas e condicionadas, respectivamente. O objeto do presente estudo corresponde à segunda espécie, motivo pelo qual a ela voltaremos nossa atenção nos itens subseqüentes.

## *4. Imunidades condicionadas*

As imunidades condicionadas dependem de outras normas que a regulem. Diante da rigidez e exaustividade do sistema constitucional tributário brasileiro, porém, as regras que participam do desenho das competências tributárias não admitem que o legislador infraconstitucional atue de forma que amplie ou limite seu conteúdo e alcance, motivo pelo qual tanto as normas que atribuem competência como as que demarcam a incompetência do ente tributante não podem ser alteradas pelo legislador ordinário. As imunidades condicionadas, em conseqüência, devem ser regulamentadas por meio de leis infraconstitucionais, sem que, no entanto, haja alterações em seu teor. O que poderá ser objeto de regramento infraconstitucional é apenas a determinação de certas obrigações de fazer e não-fazer, com o intuito de orientar a fruição de algumas hipóteses de imunidade.

É o que ocorre no caso da imunidade relacionada no art. 150, inciso VI, alínea "c", da Constituição Federal, em que o constituinte condicionou o gozo de seus benefícios pelos partidos políticos, inclusive suas fundações, entidades sindicais dos trabalhadores, instituições de educação e de assistência social, sem fins lucrativos, ao atendimento de requisitos prescritos em lei. Nesse caso, imprescindível que legislação infraconstitucional estabeleça, de modo objetivo, os elementos necessários à configuração da referida imunidade, devendo fazê-lo estritamente dentro dos limites traçados pela Lei Suprema, ou seja, sem eleger requisitos desnecessários, que dificultem sobremaneira o gozo do benefício constitucional.

Não é qualquer espécie normativa, porém, que se encontra apta a regulamentar as imunidades condicionadas. Essa função foi atribuída à lei complementar, somente a ela cabendo introduzir enunciados prescritivos dessa natureza, pelas razões jurídicas expostas nos subitens a seguir.

### *4.1 As funções da lei complementar em matéria tributária*

A função da lei complementar relativamente à disciplina da matéria tributária tem sido objeto de acirradas discussões doutrinárias, originando duas correntes, denominadas "dicotômica" e "tricotômica". Ambas têm por fundamento o art. 18, § 1º, da Constituição de 1967, que estabelecia: "a lei complementar estabelecerá normas gerais de direito tributário, disporá sobre conflitos de competência nessa matéria entre União, os Estados, o Distrito Federal e os Municípios e regulará as limitações constitucionais ao poder de tributar", bem como o art. 146 do atual Texto Maior, segundo o qual cabe à lei complementar "I – dispor sobre conflitos de competência, em matéria tributária, entre a União, os Estados, o Distrito Federal e os Municípios; II – regular as limitações constitucionais ao poder de tributar; III – estabelecer normas gerais em matéria de legislação tributária, especialmente sobre: a) definição de tributos e de suas espécies, bem como, em relação aos impostos discriminados nesta Constituição, a dos respectivos fatos geradores, bases de cálculo e contribuintes; b) obrigação, lançamento, crédito, prescrição e decadência tributários; c) adequado tratamento tributário ao ato cooperativo praticado pelas sociedades cooperativas;".

A linha tradicional dos nossos estudiosos do direito tributário, de formação ortodoxa, apegada à leitura pura e simples do arranjo textual do preceptivo, erigiu seu entendimento procurando respeitar todas as cláusulas, à letra, sem vislumbrar o cabimento de quaisquer outras ponderações alheias à estrutura lingüística do comando. Dessa maneira, iniciou processo hermenêutico, de cunho estritamente literal, para chegar à inferência de que a lei complementar, citada no art. 18, § 1º, da Constituição de 1967, manifestava três distintas funções: *a*) emitir normas gerais de direito tributário; *b*) dispor sobre conflitos de competência, nessa matéria, entre a União, os Estados, o Distrito Federal e os Municípios; e *c*) regular as limitações constitucionais ao poder de tributar. Com o advento da Constituição de 1988, esse posicionamento foi mantido pelos adeptos da linha doutrinária em questão, que vêem na redação do art. 146 a permanência das citadas atribuições da lei complementar.

Caminhando por raciocínio diferente, outra facção doutrinária menos numerosa, mas edificada sobre os alicerces de abalizadas opiniões científicas, veio prosperando, enriquecida, cada vez mais, com valiosas contribuições de novos adeptos. Não se limitando à feição gramatical do texto, buscava, antes de tudo, analisá-lo em confronto com as grandes diretrizes do sistema, para obter uma compreensão que pretendia ser coerente e harmônica. O produto desse trabalho exegético contestava a afirmação da corrente tradicional e, desapegado aos símbolos lingüísticos do artigo, promoveu exame sistemático que invocava a primazia da Federação e da autonomia dos Municípios, para atingir os seguintes resultados: a lei complementar do art. 18, § 1º, da Constituição anterior, tinha uma única finalidade, qual seja, veicular normas gerais de direito tributário. Estas, por seu turno, exerciam duas funções: dispor sobre conflitos de competência entre as entidades tributantes e regular as limitações ao poder de tributar. E, mesmo com a atual redação dada ao dispositivo constitucional que trata do assunto (art. 146), a linha de raciocínio empregada por essa corrente doutrinária subsiste. Entender de modo diverso seria admitir que o constituinte preceituou que toda a matéria da legislação tributária estivesse contida no âmbito de competência da lei complementar, já que segundo a literalidade do inciso III, do referido dispositivo, essa espécie legislativa estaria habilitada a reger, com especificidade, a definição de tributos e de suas espécies, bem como dos "fatos geradores" e bases de cálculo dos impostos discriminados na Constituição, além de disciplinar a obrigação, crédito, prescrição e decadência tributários.

A corrente dicotômica ganha força, portanto, quando questionado o conteúdo das "normas gerais de direito tributário", relacionadas pela corrente tricotômica como algo diverso das duas outras funções da lei complementar. Para a primeira (dicotômica), a resposta é imediata: são aquelas que dispõem sobre conflitos de competência entre as entidades tributantes e também as que regulam as limitações constitucionais ao poder de tributar. A corrente tricotômica, por sua vez, não logrou dizer os limites demarcatórios do indigitado conceito, pois sendo a Constituição "exaustiva", não deixara espaço à atuação do legislador infraconstitucional.

Disso conclui-se que a formulação constante do inciso III, do art. 146, do Texto Maior, nada acrescenta. Vejamos. Pode o legislador complementar, invocando a disposição do art. 146, III, "a", definir um tributo e suas espécies? Sim, desde que seja para dispor sobre conflitos de competência. Ser-lhe-á possível mexer no fato gerador, na base de cálculo e nos contribuintes de determinado imposto? Novamente sim, no pressuposto de que o faça para dispor sobre conflitos. E quanto à obrigação, lançamento, crédito, prescrição e decadência tributários? Igualmente, na condição de satisfazer àquela finalidade primordial.

Com tal interpretação, damos sentido à expressão "normas gerais de direito tributário", prestigiamos a Federação, a autonomia dos Municípios e o princípio da isonomia das pessoas políticas de direito constitucional interno, além de não desprezar, pela coima de contraditórias, as palavras extravagantes do citado art. 146, III, "a" e "b", que passam a engrossar o contingente das redundâncias tão comuns no desempenho da atividade legislativa.

Com efeito, bastaria consignar ao dispositivo a feição meramente literal e teríamos que admitir a exclusividade absoluta daquele preceito constitucional, porque nada escaparia do âmbito verdadeiramente abrangente de seu conteúdo. Qualquer prescrição que imaginássemos cairia nos esquadros previstos pelo legislador constitucional, o que parece forçado demais para a construção de uma exegese racional do nosso sistema tributário.

Aliás, é bom que se diga que a doutrina não se tem demorado nessas reflexões. Prova disso é a insistência em nominar tais correntes interpretativas como "dicotômica" e "tricotômica", termos que não se ajustam à idéia que se quer expressar. As mencionadas propostas de interpretação não encontram o tronco comum que permitisse distinguir duas classes (dicotômica) ou três classes (tricotômica). Para a teoria que se auto-intitula "sistemática", a lei complementar do extinto art. 18, § 1º, representava apenas o veículo introdutor das normas gerais de direito tributário. Estas, sim, teriam as duas funções: dispor sobre conflitos de competência entre as entidades tributantes e regular limitações ao poder de tributar. Já a outra concepção parte do próprio art. 18, § 1º, atribuindo-lhe as três missões supra referidas.

Como se vê, o modo de relatar a existência dos dois esquemas exegéticos está, no mínimo, mal apresentado em termos lógicos, o que o compromete em seu sentido explicativo. E essa verificação, por si só, é reveladora da pouca atenção que se dispensou a tema de tal relevância, ponto de partida para a compreensão básica do sistema tributário brasileiro.

### *4.2 Necessidade de lei complementar para a regulamentação das imunidades condicionadas*

A Constituição Federal, em seu art. 150, VI, "c", condicionou a existência do direito subjetivo à imunidade, à observância de requisitos estabelecidos em lei. A lei a que se refere, porém, não é a ordinária, como poderia sugerir um exame mais apressado. A tarefa de prescrever requisitos à fruição da imunidade cabe à lei complementar, conforme se infere da análise sistemática do texto constitucional, especialmente do seu art. 146, II.

Não obstante haja divergências entre os doutrinadores, relativamente às funções da lei complementar, ambos os segmentos doutrinários concordam em um aspecto: *cabe à lei complementar regular as limitações ao poder de tributar.*

Em outra oportunidade, manifestei minha discordância relativamente àqueles que definem a imunidade como uma limitação constitucional às competências tributárias, por entender que inexiste cronologia que justifique a outorga de prerrogativas de inovar a ordem jurídica, pelo exercício de competências impositivas definidas pelo legislador constitucional, para, em momento subseqüente, ser mutilada ou limitada pelo recurso da imunidade.[5] O constituinte, porém, relacionou o quadro das imunidades na seção destinada às limitações ao poder de tributar, por tratar-se de óbice à atuação do legislador ordinário, impedindo-o de eleger determinadas situações como hipótese de incidência de tributos. Logo, cabendo à lei complementar a regulação das chamadas "limitações ao poder de tributar", somente essa espécie legislativa está autorizada a introduzir normas regulamentadoras das imunidades condicionadas, estabelecendo os requisitos necessários ao gozo do benefício prescrito no art. 150, VI, "c", do Texto Maior.

## 5. *Requisitos necessários ao reconhecimento formal da imunidade*

O Código Tributário Nacional foi incorporado à ordem jurídica instaurada com a Constituição de 1988, por efeito da manifestação explícita contida no § 5º, do art. 34, do Ato das Disposições Constitucionais Transitórias, que assegura a validade sistêmica da "legislação anterior", naquilo em que não for incompatível com o novo ordenamento. É o tradicional "princípio da recepção", meio pelo qual se evita intensa e árdua movimentação dos órgãos legislativos para o implemento de normas jurídicas que já se encontram prontas e acabadas, irradiando sua eficácia em termos de compatibilidade plena com o teor dos novos preceitos constitucionais. Porventura inexistisse a aplicabilidade de tal princípio e, certamente, o Poder Legislativo não faria outra coisa, durante muito tempo, senão reescrever no seu modo prescritivo regras já conhecidas, nos vários setores do convívio social.

Ocorre que o legislador do Código Tributário Nacional disciplinou, em muitos de seus dispositivos, matéria privativa de lei complementar e, em face dessa orientação semântica, foram esses preceptivos acolhidos pelo ordenamento jurídico com a força vinculativa daquele estatuto, em função do assunto por eles regulado.

É o que se verificou com seu art. 14, regulamentador das chamadas "limitações ao poder de tributar", matéria cuja disciplina é reservada à lei complementar. Nesse dispositivo encontramos a relação dos requisitos necessários ao gozo da imunidade prevista no art. 150, VI, "c", da Constituição de 1988:

> Art. 14. O disposto na alínea "c" do inciso IV do art. 9º é subordinado à observância dos seguintes requisitos pelas entidades neles referidas:
>
> I – não distribuírem qualquer parcela de seu patrimônio ou de suas rendas, a qualquer título;
>
> II – aplicarem integralmente, no País, os seus recursos na manutenção dos seus objetivos institucionais;
>
> III – manterem escrituração de suas receitas e despesas em livros revestidos de formalidades capazes de assegurar sua exatidão.

São as únicas exigências para o enquadramento no preceito imunizante, não podendo o legislador ou mesmo o intérprete, por meio de simples lei ordinária, mo-

5. *Curso de Direito Tributário*, 13ª ed., São Paulo, Saraiva, 2000, pp. 166-168.

dificá-los. Desse modo, somente configuram requisitos imprescindíveis ao reconhecimento da imunidade tributária das instituições educacionais: (*a*) inexistência de finalidade lucrativa, comprovada pela não-distribuição dos lucros; (*b*) integral aplicação dos recursos no País, na manutenção dos objetivos institucionais; e (*c*) escrituração das receitas e despesas. Exemplificando esse quadro das imunidades condicionadas, tomemos o desenho das hipóteses das instituições de educação sem fins lucrativos.

## 6. A imunidade das instituições de educação sem fins lucrativos

As normas jurídicas, por comporem o Direito que é objeto do mundo da cultura, são impregnadas de valor. Este, por sua vez, pode apresentar-se em diferentes intensidades, variando de uma norma para outra. Em vista disso, imprescindível diferençar "valor" e "limite-objetivo", o que se faz a partir da observação de determinados caracteres, inerentes aos valores e ausentes nos limites-objetivos. São eles: bipolaridade, implicação recíproca, referibilidade, preferibilidade, incomensurabilidade, graduação hierárquica, objetividade, historicidade, inexauribilidade e atributividade.

O deparar-se com valores leva o intérprete, necessariamente, ao mundo das subjetividades, ao passo que nos limites-objetivos nada disso entra em jogo, ficando mais simples a construção do sentido dos enunciados. Atente-se, porém, para o fato de que os limites-objetivos são postos para atingir certas metas, certos fins. Estes, sim, assumem o porte de valores. Aqueles limites não são valores se os considerarmos em si mesmos, mas voltam-se para realizar tais valores, de forma indireta, mediata.

Efetuada a digressão, é forçoso concluir que as imunidades tributárias configuram limites-objetivos, pois não obstante caracterizarem regras objetivas, visam à realização de determinados valores. O escopo último da imunidade é exatamente garantir aqueles fins considerados relevantes pelo constituinte, sejam eles de natureza social, política, religiosa, educacional ou outra que se entenda ter merecido sua especial atenção.

Dentre os valores que o ordenamento jurídico protege está o educacional, que se revela claramente na mensagem do art. 205, do Texto Magno: "a educação, direito de todos e dever do Estado e da família, será promovida e incentivada com a colaboração da sociedade, visando ao pleno desenvolvimento da pessoa, seu preparo para o exercício da cidadania e sua qualificação para o trabalho". E, para ver alcançado tal objetivo, conferiu imunidade tributária às instituições educacionais sem fins lucrativos, relativamente ao patrimônio, renda e serviços relacionados com suas finalidades essenciais (art. 150, VI, "c" e § 4º), procurando, com isso, incentivar as entidades privadas a auxiliarem o Estado na implantação desse programa.

Cumpre-nos, agora, determinar o conteúdo e alcance dessa hipótese de imunidade, analisando as expressões "instituição de educação sem fins lucrativos" e "relacionados com as finalidades essenciais".

### *6.1 O alcance do termo "instituição de educação sem fins lucrativos"*

Cuida examinar, inicialmente, quais pessoas se enquadram no conceito de "instituição", empregado pelo constituinte para delimitar a imunidade de que tratamos. Essa tarefa não é das mais fáceis, posto que na Constituição Federal o vocábulo "instituição" foi empregado diversas vezes, em acepções variadas. Seu uso indiscriminado leva-nos a concluir que a palavra em exame não foi empregada em seu sentido técnico-jurídico, como se observa no próprio art. 150, em que na alínea "c" do inciso VI foi utilizado o termo "instituições", enquanto no § 4º tem-se o uso do vocábulo "entidades" para fazer referência àquelas mesmas pessoas.

Diante das imprecisões do legislador constituinte, somente o exame sistemático do Texto Maior permite identificar o conteúdo da expressão.

Como já afirmei, a imunidade tem por escopo atingir certas finalidades, postulando, na hipótese das instituições de educação sem fins lucrativos, proteger o valor "educação". O intuito constitucional, portanto, não é beneficiar, por meio da imunidade, uma determinada pessoa jurídica, mas conferir tais vantagens a toda entidade que, sem objetivo de lucro, preste serviços educacionais.

Infere-se daí que a palavra "instituição" foi empregada em seu sentido corrente, abrangendo toda pessoa jurídica, sem distinção, motivo pelo qual a referida imunidade abrangerá também qualquer entidade que, sem finalidade lucrativa, venha a auxiliar o Estado a cumprir sua missão na área educacional.

E, quanto às atividades a serem exercidas pela pessoa jurídica que se pretenda de cunho educacional, sigo a lição precisa de Aliomar Balleiro,[6] para quem "instituição de educação não significa apenas a de caráter estritamente didático, mas toda aquela que aproveita à cultura em geral, como laboratório, instituto, centro de pesquisas, o museu, o atelier de pintura ou escultura, o ginásio de desportos, as academias de letras, artes e ciências". A atividade educacional não se restringe ao ensino na modalidade tradicional, abrangendo, também, tudo o que possa contribuir para o desenvolvimento intelectual ou cultural da comunidade.

### *6.2 O significado da expressão "relacionados com as finalidades essenciais"*

A Carta Magna, não obstante tenha conferido imunidade às instituições de educação, restringiu o benefício ao patrimônio, renda e serviços relacionados com suas finalidades essenciais (art. 150, § 4º). Por se tratar de restrição, porém, sua exegese demanda cautela, para que não provoque o esvaziamento da imunidade tributária.

As finalidades essenciais a que alude o preceito constitucional confundem-se com os objetivos estatutários, conforme se infere da interpretação conjugada do Texto Maior com o art. 14, § 2º, do Código Tributário Nacional, cuja redação preceitua que "os serviços a que se refere a alínea 'c' do inciso 9º são exclusivamente os diretamente relacionados com os objetivos institucionais das entidades de que trata este artigo, previstos nos respectivos estatutos ou atos constitutivos".

Tudo o que visar ao implemento dos objetivos estatutários estará, naturalmente, relacionado com as atividades essenciais da entidade. O patrimônio, rendas e serviços não precisam estar destinados diretamente a cursos educativos, sendo necessário apenas que sua utilização tenha por meta o implemento da atividade promovida pela instituição, como infra-estrutura empregada para viabilizar seu fim social.

## *7. Análise pormenorizada dos requisitos constantes do art. 14, do CTN*

O Código Tributário Nacional, ao regulamentar as imunidades condicionadas constantes do art. 150, VI, "c", da Carta Magna, relacionou, em seu art. 14, os requisitos para a fruição de tais benefícios. Por conseguinte, inexiste qualquer outra condição ao gozo da prerrogativa, além da (*i*) não-distribuição dos lucros, (*ii*) aplicação dos recursos no País, na manutenção dos objetivos institucionais, e (*iii*) escrituração das receitas e despesas.

Tudo aquilo que perseguir o implemento dessas metas estará, naturalmente, relacionado com as atividades essenciais da instituição, não se podendo olvidar, outrossim, que o dispositivo supra, como qualquer regra jurídica, não deve ser interpretado literalmente.

6. *Limitações Constitucionais ao Poder de Tributar*, 7ª ed., atual. por Misabel Abreu Machado Derzi, Rio de Janeiro, Forense, 1998, pp. 314-315.

A aplicação de quaisquer regras positivadas pressupõe a interpretação, e esse vocábulo há de ser entendido como o labor intelectual que se desenvolve à luz de princípios hermenêuticos, com a finalidade de construir o conteúdo, o sentido e o alcance das prescrições normativas. Dentre as técnicas preconizadas para a interpretação está a literal ou gramatical. Esse "método" seria aquele em que o intérprete toma em consideração a literalidade do texto, seu plano de expressão, seu suporte empírico, cingindo-se à construção gramatical em que se exprime o comando jurídico, procurando colher as inferências declaratórias que são o escopo do trajeto interpretativo.

A interpretação literal, porém, como critério isolado de exegese, não corresponde aos anseios daquele que se propõe compreender a mensagem objetivada na norma. Esse desprestígio dispensa meditações mais profundas, bastando argüir que, prevalecendo a literalidade interpretativa, seríamos forçados a admitir que os meramente alfabetizados estariam credenciados a edificar as proporções de significado de quaisquer enunciados prescritivos.

O texto escrito, na singela conjugação de seus símbolos, não pode ser mais do que a porta de entrada para o processo interpretativo. A aplicação de recursos na manutenção dos objetivos institucionais, portanto, não se restringe à remuneração de professores, por exemplo, ou a cobrir custos diretos ocasionados pela prestação de serviços de educação. Todo investimento destinado ao aprimoramento de atividades educacionais da entidade há de ser entendido como relacionado às finalidades essenciais.

Em conseqüência, valores financeiros e bens de propriedade da entidade vinculados a qualquer atividade que tem por fim a educação distam de ser pretextos hábeis para lhe subtrair a condição de imune, posto que necessários ao desenvolvimento da atividade da entidade. Para fins exemplificativos, entendo que, inclusive, o argumento vale no que atina às quantias destinadas ao pagamento de alimentação dos dirigentes, funcionários e autoridades convidadas pela instituição, por exemplo, para participarem de reuniões e solenidades. Enfim, todo e qualquer investimento que venha, de alguma forma, a auxiliar na manutenção ou desenvolvimento dos objetivos básicos previstos no Estatuto, estará, certamente, em consonância com os requisitos dos incisos I e II, do art. 14, do Código Tributário Nacional.

Quanto ao inciso III exige ele que as instituições mantenham escrituração de suas receitas e despesas em livros revestidos de formalidades capazes de assegurar sua exatidão. Evidentemente, tal exigência diz respeito à manutenção de documentos que comprovem os valores que ingressem e saiam dos cofres da entidade, indicando as razões do movimento financeiro. Como bem anotam Aires F. Barreto e Paulo Ayres Barreto, não se impõe a necessidade de escrituração comercial pormenorizada: "Sem embargo, é preciso destacar a circunstância de que as instituições sem fins lucrativos não estão obrigadas à escrituração comercial, mas tão-só à chamada escrituração simplificada".[7]

Logo, se a entidade efetua os registros das receitas e despesas de forma regular, o contrato de prestação de serviços e os recibos pelo pagamento dos serviços a que me referi a título exemplificativo acima serão instrumentos suficientes para comprovar a realização de serviços prestados ou recebidos.

Nessa linha de raciocínio, é iniciativa promovida com excesso aquela dos entes tributantes consistente na criação de deveres instrumentais, para além dos previstos no art. 14, do Código Tributário Nacional, como condição para que o administrado goze dos efeitos da imunidade. Conforme já explanei, os requisitos a serem preenchidos para o enquadramento no preceito imunizante devem ser inseridos por lei com-

7. *Imunidades Tributárias: Limitações Constitucionais ao Poder de Tributar*, 2ª ed., São Paulo, Dialética, 2001, p. 51.

plementar. A União não pode, por exemplo, pretender a retenção de impostos na fonte como uma das condições; não pode também exigir a emissão de notas fiscais; ou mesmo a submeter a controle de regularidade formal, para lá do razoável. Acerca do assunto Clélio Chiesa registra que "a União Federal não pode, por exemplo, instituir como pressuposto para a fruição da imunidade do art. 150, VI, 'c', da Constituição Federal, a retenção, regular, na fonte, do imposto sobre a renda dos rendimentos de seus funcionários. Vale dizer, um eventual descumprimento do dever de proceder à retenção do referido imposto, com o conseqüente repasse à União Federal, não pode ser eleito como causa de suspensão do gozo dos benefícios proporcionados pela imunidade do art. 150, VI, 'c', da Constituição Federal".[8] Do mesmo modo, a aquisição de bens em cujas notas fiscais de compra foram detectadas irregularidades em decorrência de cancelamento do CNPJ (Cadastro Nacional das Pessoas Jurídicas) das vendedoras ou prestadoras de serviços, não pode ocasionar a suspensão da imunidade da instituição educacional, pois não representa descumprimento a qualquer dos requisitos do art. 14, do Código Tributário Nacional.

Sobremais, meras irregularidades contábeis não serão razões suficientes para autorizar a suspensão da imunidade de instituição educacional, conforme já decidiu o 1º Conselho de Contribuintes:

> *IRPJ – Instituição de educação e cultura – Irregularidades formais na contabilidade – Afastamento da imunidade – Improcedência do lançamento.* Instituição de assistência social, que se enquadre no texto constitucional e regulamentar, tem os seus resultados protegidos pela imunidade tributária, irregularidades detectadas na escrita de entidades imunes, a teor da jurisprudência desse Colegiado, não constitui razão bastante para o afastamento de sua imunidade. Por unanimidade de votos, dar provimento ao recurso (1º Conselho de Contribuintes, 7ª Câmara, Acórdão n. 107-05340, *DOU*-1, de 20.9.1999, p. 5).

## *8. As presunções no direito tributário brasileiro e o ônus da prova do descumprimento dos requisitos do art. 14 do CTN*

Durante muitos anos foi admitida a tese de que o ônus da prova, em matéria fiscal, era incumbência do contribuinte. Com a evolução da doutrina, nos dias de hoje, não se acredita mais na inversão da prova por força da presunção de legitimidade dos atos administrativos e tampouco se pensa que esse atributo exonera a administração de provar as ocorrências que se afirma terem existido. Na própria configuração oficial do lançamento, a lei institui a necessidade de que o ato jurídico administrativo seja devidamente fundamentado, o que significa dizer que o Fisco tem que oferecer prova concludente da ocorrência do evento na estrita conformidade com a previsão genérica da hipótese normativa. Seguindo adiante, vindo o sujeito passivo a contestar a fundamentação do ato aplicativo lavrado pelo Fisco, o ônus de exibir a improcedência dessa iniciativa impugnatória volta a ser, novamente, da Fazenda, a quem quadrará provar o descabimento jurídico da impugnação, fazendo remanescer a exigência. Vê-se, no fundo, que é função precípua do Estado-Administração, empregar a linguagem jurídica competente na produção dos atos de gestão tributária. É nesse sentido que o pressuposto do descumprimento de qualquer das hipóteses dos requisitos exigidos pelo art. 14 do Código Tributário Nacional que dá ensejo à suspensão da imunidade tributária deverá ser relatado de maneira transparente e cristalina, revestido com os meios de prova admissíveis nesse setor do Direito.

Supor que um fato tenha acontecido ou que sua materialidade tenha sido efetivada, porém, não é o mesmo que exibir a

8. *A Competência do Estado Brasileiro para Desonerar da Tributação e Regulamentar as Imunidades Condicionadas*, Tese de Doutoramento, São Paulo, PUC/SP, 2000, p. 191.

concretude de sua existência, mediante prova direta, conferindo-lhe segurança e certeza. Esse o motivo por que, no direito tributário, os recursos à presunção devem ser utilizados com muito e especial cuidado. Nesse subdomínio jurídico, não deve a presunção ser concernente aos aspectos estruturados da norma de incidência tributária.

Se levarmos em consideração os valores máximos abrangidos por nosso Texto Constitucional, principalmente em termos de tributação, que respaldam os cânones da legalidade e da tipicidade, torna-se extremamente problemático captar a figura da presunção, sempre fértil para suscitar imprecisão, dubiedade e incerteza.

O indício não é suficiente para acarretar a presunção da ocorrência de determinado fato, sendo apenas o pretexto jurídico que autoriza a pesquisa, na busca das provas necessárias. Juridicamente verificados os indícios, servirão eles de ponto de partida para a procura daquilo que se chama "verdade material dos fatos", o que há de ser efetivado mediante a utilização dos meios de prova em direito admitidos. O caminho seguro a ser seguido pelos agentes do Poder Tributante, no sentido de manter-se dentro dos parâmetros do sistema constitucional tributário brasileiro, aponta para o afastamento de hipóteses presuntivas, tanto no que diz respeito a implantação das imunidades tributárias como, no seu inverso, em sua suspensão.

No procedimento administrativo de gestão tributária não se permite ao funcionário da Fazenda o emprego de recursos imaginativos, por mais evidente que pareça ser o comportamento delituoso do sujeito passivo. É imprescindível a cabal demonstração de causalidade entre o fato observado, considerado como indício, e a efetiva existência do ato infrator. Nesse sentido registra Luís Eduardo Schoueri:[9] "O dever de provar a relação de causalidade é tão importante quanto a prova da ocorrência do indício. Enquanto este é matéria que se contra no campo dos fatos, a relação de causalidade caminha para o campo do pensamento, permitindo que a contra-prova se dê de modo próprio. Assim, para que se desminta a relação de causalidade entre o indício e o fato a ser provado, pode-se não só mostrar que a referida relação não atende aos reclamos da lógica (prova abstrata, lógica) como, simplesmente, demonstrar que a ocorrência do indício permitiria não só a ocorrência do fato alegado como também de outro diverso". Em outras palavras, não pode haver sombra de dúvida sobre a concreção do fato que dá causa à autuação administrativa, sendo inadmissível adotar a figura da presunção, tendo em vista que esta consiste no processo lógico em que de um fato conhecido infere-se fato desconhecido e, portanto, incerto.

### *9. A irretroatividade dos atos administrativos de suspensão da imunidade*

Estatui o art. 14, do Código Tributário Nacional, em seu § 1º, que à falta de cumprimento dos requisitos ali relacionados, a autoridade competente pode suspender a aplicação do benefício da imunidade. Não disciplina, portanto, a forma como deve dar-se tal suspensão, nem os efeitos dela decorrentes. Por isso, com o escopo de regulamentar o assunto, foi editada a Lei n. 9.430, de 27 de dezembro de 1996, que no art. 32 dispõe sobre o procedimento de suspensão da imunidade e também sobre os efeitos do ato administrativo de suspensão.

Ocorre que, como já mencionado, a União não tem competência para, mediante lei ordinária, editar normas gerais de direito tributário concernentes às chamadas limitações constitucionais ao poder de tributar, sendo esta reservada à lei complementar. Logo, estamos diante de vício formal que compromete a constitucionalidade da referida lei.

9. *Processo Administrativo Fiscal*, 2º v., São Paulo, Dialética, p. 85.

Quanto aos aspectos de ordem material, o art. 32, § 5º, da Lei n. 9.430/1996 determina que a suspensão da imunidade terá como termo inicial a data da prática da infração, ou seja, os efeitos do ato declaratório retroagirão para alcançar fatos ocorridos antes da sua expedição. Observa-se aí mais um vício que macula o mencionado diploma, pois, além de representar manifesta ofensa ao direito adquirido, entra em conflito com o § 1º do art. 14 do CTN, segundo o qual a autoridade administrativa pode "suspender a aplicação do benefício". Ora, "suspender" é muito diferente de "cassar" ou "anular" o benefício. Na suspensão não se admite que os efeitos retroajam. Suspender significa sustar, sobrestar, impedir, não dar prosseguimento, parar, interromper. Seus efeitos, portanto, somente poderão contar-se *ex nunc*.

### *10. Encaminhamento às questões levantadas no início*

Com base nas considerações desenvolvidas até aqui, e lançando um olhar objetivo para as indagações que propus, permito-me esclarecer:

*Questão 1*: É sabido que não é qualquer espécie normativa que se encontra apta a regulamentar as imunidades condicionadas. Essa função foi atribuída à lei complementar, somente a ela cabendo introduzir enunciados prescritivos dessa natureza. O texto constitucional prevê ser somente a Lei Complementar a medida normativa apta a regular as hipóteses das chamadas "limitações ao poder de tributar". Portanto, temos que as normas regulamentadoras das imunidades condicionadas, estabelecendo os requisitos necessários ao gozo do benefício prescrito no art. 150, VI, "c", do Texto Maior, só poderão ser introduzidas por meio de Lei Complementar.

*Questão 2*: As imunidades tributárias são verdadeiros limites-objetivos, pois caracterizam-se como regras objetivas que perseguem a realização de determinados valores. O escopo último da imunidade é exatamente garantir aqueles fins considerados relevantes pelo constituinte, sejam eles de natureza social, política, religiosa, educacional ou outra que se entenda ter merecido sua especial atenção.

Consideradas como critério objetivo, as imunidades abarcam tantos fatos quantos forem passíveis de serem subsumidos aos critérios da hipótese trazida na Constituição. Em comentários ligeiros, verificaremos aí um limite objetivo, conformador dos valores constitucionais a parâmetros seguros, próprio a beneficiar todos os fatos, e entidades, que portarem os elementos juridicamente necessários para a caracterização do fenômeno da imunidade tributária. O escopo, portanto, não é beneficiar, por meio da imunidade, uma determinada pessoa jurídica, mas conferir tais vantagens a toda entidade que se enquadrarem nos termos do art. 150, IV, da CF.

*Questão 3*: Tendo em vista a resposta da questão anterior, podemos concluir que, analogamente, o intuito constitucional não visa beneficiar, por meio da imunidade, uma determinada pessoa jurídica, mas conferir tais vantagens a toda entidade que, sem objetivo de lucro, preste serviços educacionais. Infere-se daí que a palavra "instituição" foi empregada em seu sentido corrente, abrangendo toda pessoa jurídica, sem distinção, motivo pelo qual a referida imunidade abrangerá também qualquer entidade que, sem finalidade lucrativa, venha a auxiliar o Estado a cumprir sua missão na área educacional.

Tudo o que visar ao implemento dos objetivos estatutários estará, naturalmente, relacionado com as atividades essenciais da entidade. O patrimônio, rendas e serviços não precisam estar destinados diretamente a cursos educativos, sendo necessário apenas que sua utilização tenha por meta o implemento da atividade promovida pela instituição, como infra-estrutura empregada para viabilizar seu fim social.

*Questão 4*: Resultado do primado da segurança jurídica, o ato jurídico administrativo deverá sempre ser devidamente fundamentado, o que significa dizer que o Fisco tem que oferecer prova concludente de que o evento ocorreu na estrita conformidade da previsão genérica da hipótese normativa. Nesse sentido, é função precípua do Estado-Administração empregar a linguagem jurídica competente na produção dos atos de gestão tributária.

Nas hipóteses de não-cumprimento ou descumprimento de qualquer requisito exigido pelo art. 14 do Código Tributário Nacional, o que dará ensejo à suspensão da imunidade tributária, cabe ao Estado-Administração relatar em linguagem jurídica competente e de maneira transparente e cristalina a infração. Em outras palavras, o ato declaratório de suspensão, produzido pela Receita Federal, deverá estar devidamente revestido com os meios de prova admissíveis, sem as quais o ato deixa de ter o efeito pretendido. Como resultado, não poderá a Administração se utilizar de hipóteses presuntivas, tanto no que diz respeito a implantação das imunidades tributárias como, no seu inverso, em sua suspensão.

*Questão 5*: Cabe à Administração Pública comprovar a ocorrência do fato, na estrita conformidade com a previsão geral e abstrata da hipótese normativa, tanto no que diz respeito ao ato do lançamento quanto, em processo administrativo, mediante impugnação do sujeito passivo ao fundamento do ato administrativo lavrado pelo Fisco. É função precípua do Estado-Administração provar de forma inequívoca o fato jurídico na produção dos atos de gestão tributária.

*Questão 6*: Somente mediante fato que implique ofensa a um ou mais requisitos exigidos pelo art. 14 do Código Tributário Nacional poderá a Receita Federal autuar entidade educativa sem fins lucrativos, mantendo-se a ressalva de que, nesta hipótese, não há retroatividade do ato declaratório de suspensão já eu seu efeito será sempre *ex nunc*.

CADERNOS DE DIREITO TRIBUTÁRIO

# EL MERCADO COMÚN COMO FACTOR CRIMINÓGENO

VICENTE OSCAR DÍAZ
Profesor Emérito

*A) Introducción. B) Alcance jurídico del Tratado de Asunción. C) El conocimiento de los deberes tributarios en la comunidad. D) Ámbito espacial del delito. E) Vertiente unificada del criterio punitivo. F) Rol asignado a la persecución penal tributaria en las áreas comunes. G) El delito de contrabando e infracciones aduaneras. H) Reacciones del ordenamiento internacional.*

## *A) Introducción*

*1.* Existe en este tema un trasfondo jurídico-fáctico que hace a la génesis normativa de un derecho penal tributario supranacional para armonizar la protección de los bienes jurídicos nacionales con los intereses comunes de los países que integran áreas del tipo del Mercosur o similar.[1]

La aplicación extraterritorial del derecho penal tributario no es otra cosa que plasmar la teoría de la *ubicuidad*, teniendo presente para ello que también se requiere la armonización del derecho procesal penal de los Estados parte, como se propone en los seminarios internacionales denominados *La Regionalización del Derecho Penal en el Mercosur*.[2]

El Profesor Dr. Norberto Spolansky preavisa que el tema es de gran trascendencia desde la perspectiva del derecho penal, habida cuenta que el Tratado de Asunción en su art. 4º crea el compromiso de armonizar sus legislaciones en las áreas pertinentes, con lo cual se advierte que o si bien se armonizan las legislaciones sobre la base de normas de igual contenido, o bien se dictan normas comunes.[3]

En base a lo que antecede me adhiero, a la usual terminología de Tiedemann, sobre la existencia de delitos tributarios transfronterizos donde se produce el desplazamiento de los autores de los mismos a los ordenamientos jurídicos con un nivel de protección mínima, y siguiendo la tesis de dicho autor si se quieren evitar los oasis de delincuencia tributaria es preciso proteger los ataques a los bienes jurídicos nacionales mediante un derecho penal tributario comunitario.

1. Kai Ambos, *Temas de Derecho Penal Internacional y Europeo*, Madrid/España, Marcial Pons, 2006.

2. João Marcello de Araújo Júnior, *Revista de Derecho del Mercosur* 1, Buenos Aires/Argentina, La Ley, año 1, mayo de 1997, p. 85.

3. "Integración regional y delitos económicos", *Teorías Actuales en el Derecho Penal*, Buenos Aires, Ad-Hoc, 1998.

David Baigún sostiene que la defraudación tributaria (sector de ingresos) y el fraude de subvenciones (sector egresos) constituyen las conductas modales sobre las cuales se debe construir un sistema uniforme de persecución penal en el Mercosur.[4]

No menor problema puede acarrear la tipificación de conductas disvaliosas en el campo aduanero, donde la sola consideración de la "obligación tributaria aduanera" proyectada en sustitución de los derechos de importación y exportación, podrían dejar de lado el juzgamiento de otras obligaciones tributarias aduaneras existentes en varios países miembros del Mercosur.

En dicho alcance la temática que ocupa este capítulo ha sido preavisado por su importancia en las discusiones preliminares y sustantivas desarrolladas durante el *Primer Congreso sobre Armonización Impositiva-Aduanera de los Países Miembros del Mercosur*,[5] al cual se refiere el Dr. Jorge Damarco.

En tal evento se advirtió que de nada serviría armonizar entre los países signatarios del Tratado de Asunción la política fiscal, si en dicha armonización no se preveían normas de derecho penal tributario internacional para resguardar la unísono la marcha sin ardides de la mentada armonización.

Visto desde un plano más dinámico, lo que estoy señalando se compadece con la idea que una armonización represiva fiscal en áreas económicas comunes debe evitar en lo posible una protección jurídico-penal sensiblemente distinta en cada unidad comunitaria, propendiendo en lo posible a una armonización de técnica legislativa para la selección de la forma y a la determinación de bienes jurídicos.

Bajo ésta última premisa debemos considerar que el Tratado de Asunción, como ejemplo, no solo persigue una finalidad económica, sino que en su verdadero objetivo también subyace la protección al comportamiento de los participantes en el mercado.

Teresa Gomez con singular sutileza afirma, parafraseando conclusiones de un *Seminario Internacional* que, la necesidad de homogeneizar la legislación sancionatoria plantea el problema de encontrar las bases para apreciar los sistemas jurídicos puestos en relación.[6]

A su turno, en el *Tercer Congreso Tributario* celebrado en la República Argentina se bregó, en las recomendaciones de la Comisión n. 1, con igual alcance bajo formulaciones del mismo tenor que las desarrolladas en el evento consignado en los párrafos anteriores.[7]

Por otra parte, Alberto Tarsitano[8] puntualiza con rigor que, en áreas del Mercosur el combate de la evasión fiscal constituye un componente esencial para no desvirtuar la estructura fiscal de cada jurisdicción, de manera tal que ella brinde un sustento territorial transparente, tanto en la selección de alternativas y preferencias individuales de los agentes económicos, como en la formación de costos de los factores productivos.

El Profesor de la República de Brasil, Marçal Justen Filho, mantiene igual tesis que Tarsitano, sosteniendo a su entender que, desde la óptica de su país, las difi-

4. *La Defraudación Tributaria; Eje del Sistema Penal Tributario del Mercosur*, San Fe/Argentina, Rubinzal-Culzoni.

5. Organizado en Buenos Aires, en el año 1993, por la Asociación Mutual Federal de Empleados de la Dirección General Impositiva, con la participación de destacados de especialistas y Profesores universitarios de los países signatarios del Tratado de Asunción – Publicación oficial del organismo precitado.

6. *Revista Derecho Tributario*, t. X, p. 390.

7. Organizado por el Consejo Profesional de Ciencias Económicas de la Capital Federal – celebrado en Tandil, Provincia de Buenos Aires, abril de 1995, con la concurrencia de destacados expertos internacionales representando incluso a la Asociación Fiscal Internacional – IFA.

8. Relato General del Tema I, de las *Primeras Jornadas de Derecho Tributario del Mercosur*, Colonia del Sacramento/Uruguay, 1994, obra antes citada.

cultades prácticas de armonizar conductas disvaliosas fiscales serian menores, dado que el ordenamiento punitivo de los países occidentales es similar, y pone como ejemplo que la falsificación material de un documento fiscal podrá conducir a sanciones de intensidad diversa, pero será ciertamente reprimida en el ámbito de todos los ordenamientos.[9]

Bajo dicha corriente interpretativa se ha entendido oportuno considerar que la armonización en cuanto al juzgamiento de los delitos tributarios-aduaneros constituye un instrumento necesario para llevar a buen término las acciones emprendidas en otros campos del Tratado de Asunción.

Se debe tener presente que Tiedemann advierte que los delitos tributarios de origen internacional son infracciones en contra del derecho de competencia que se revelan en forma no excepcional como consecuencias jurídicas neutras de las empresas multinacionales.[10]

## 2. *Armonización "versus" unificación*

Después de este introito el problema no aparece sencillo a primera vista, y ello es así, si se quiere abordar el tema con la identidad que merece, visto que los problemas a considerar no son pocos, mas que ronda en algunas ideas una confusión entre "armonización *versus* unificación" de la estructura represiva penal tributaria-aduanera.

Dicha confusión ha lanzado a la palestra pública una dicotomía para lo cual corresponde analizar si el sistema que se modele de represión fiscal, actuando como instrumento de derecho, asumirá el carácter de internacional o supranacional.

Lo que antecede viene conectado con la común afirmación que las disposiciones penales locales suelen ser insuficientes para hacer frente a las nuevas formas de evasión fiscal y fraude que adoptan cada vez más un carácter multinacional.

Es conocido que actualmente en el mundo organizado jurídicamente se presta una especial atención a la gestión del grupo internacional en su influencia respecto del accionar en materia impositiva y aduanera.

Dicha atención podría decirse que muestra un umbral embrionario del intento de aplicar un derecho penal tributario internacional.[11]

En otras palabras, se debe estudiar y definir la posibilidad de que los Estados armonicen sus legislaciones en materia penal reconociendo la vigencia de los principios generales del derecho penal y los pactos suscriptos entre los mismos, ello para su aplicación al campo de la represión penal tributaria, en la que se incluye la aduanera.

No puede olvidarse que doctrina calificada propicia para cada Estado miembro la facultad de definir los ilícitos locales y determinar los procedimientos a tal efecto, donde los procedimientos que tengan por fin aplicar una sanción penal en materia tributaria-aduanera respete el principio de juicio previo, afirmando la necesidad del juzgamiento por un tribunal judicial independiente.[12]

La misma doctrina, expresada por el distinguido Profesor uruguayo Dr. José Bordolli,[13] ha publicitado que es recomendable la armonización de los países signatarios del Tratado de Asunción en materia de derecho tributario penal a fin de lograr que las consecuencias de los ilícitos sean

9. Relato a las *Jornadas* citadas en la nota anterior.

10. *Lecciones de Derecho Penal Económico, Comunitario, Español, Alemán*, Barcelona/España, PPU.

11. Es interesante abrevar en los conceptos de Gerhard Werle expresados en su libro *Principles of Internacional Criminal Law*, Holanda, T. M.-Casser Press, 2005.

12. Dictamen de la Comisión de Armonización Jurídica del *Primer Congreso* presidida por el Dr. Jorge Damarco, obra citada en nota anterior.

13. Ex-Director de la Dirección General Impositiva.

similares en el área del Mercosur, y resulten sancionados por el Estado afectado.[14]

Tal vez, en un anticipo de lo que puede suceder al corto plazo, se ha hecho necesario propiciar el estudio de normas para evitar la elusión fiscal mediante entidades constituidas en países de distinta carga tributaria global, bajo ropaje jurídico inadecuado, evitación que lleva a considerar el freno a lo que la doctrina alemana llama *tax flight*.

### *B) Alcance jurídico del Tratado de Asunción*

El Profesor de la República Oriental del Uruguay, Carlos Delpiazzo[15] ha expresado que una de las cuestiones más importantes que plantea la necesaria armonización jurídica que impone todo proceso de integración regional, y el delito tributario no escapa de ello, es la incorporación al derecho interno de cada país de normas emergentes de los órganos creados multilateralmente.

Empero este mismo autor, y para el caso concreto del Mercosur, preavisa que se desprende del Tratado de Asunción que "no estamos frente a un estatuto final creador de un orden jurídico definitivo sino ante un marco de transición que, en relación de recíproca relevancia de los ordenamientos jurídicos de los países miembros, es fuente de sinergia de un ordenamiento jurídico específico", donde el mismo está constituido por normas propias de un derecho primario y un derecho secundario, o de un derecho originario y un derecho derivado, recordando al efecto que las normas de derecho primario no ofrecen dificultad en cuanto a su aplicación directa en el ámbito interno de los Estados miembros por cuanto deben ser aprobadas conforme a las normas constitucionales respectivas.

Me parece sumamente interesante recalcar, para el análisis del tema que nos ocupa, que Delpiazzo anticipa que a diferencia de la Comunidad Europea, en la que se consagra y aplica el principio de supranacionalidad, el Tratado de Mercosur, en consonancia con las realidades actuales de los países que lo integran, no implica la aceptación o aplicación de este principio, no obstante que para el destacado Profesor uruguayo, el Tratado de Asunción; y en especial del Protocolo de Brasília, contiene un embrión de supranacionalidad sin llegar a conformarlo en un todo.[16]

Lo dicho por Delpiazzo, imposible de ignorar en esta instancia, encuentra su debido correlato en las aportaciones de los Señores Jueces de la Cámara Federal de la República Argentina Drs. Jorge Damarco y Roberto Mordeglia,[17] cuando ambos autores alertan que la prorroga de jurisdicción a favor de tribunales internacionales, *el tema presenta distintos inconvenientes desde el prisma constitucional*, lo que tiene especial relevancia en todo lo atinente a la persecución del delito fiscal en los procesos de integración económica.

Téngase presente que las opiniones de los Profesores Damarco y Mordeglia, sostenidas por los mismos con posterioridad en el *Seminario sobre la Reforma Constitucional*,[18] han sido tenidas en vista por el cause reformador, y hoy encuentran adecuada respuesta en el nuevo texto constitucional de la República Argentina por la vía del art. 75, inciso 22.

Damarco y Mordeglia habían advertido que los argumentos decisivos para la

14. Comisión de Armonización de Administraciones Tributarias presidida por el Dr. Pedro José Pagani.

15. "Armonización jurídica e incorporación de normas comunes al derecho interno del Mercosur", *Primer Congreso...*, ob. cit., pp. 173 entre otras.

16. Véase en especial Klaus Tiedemann, *La Armonización del Derecho Penal en los Estados Miembros de la Unión Europea*, Universidad Externado de Colombia, 1998.

17. Tesis expresada con anterioridad a la Reforma de la Constitución Nacional del año 1994.

18. "Algunas reflexiones sobre el Mercosur y la Constitución Nacional", Documento Técnico AMFEDGI, mayo de 1994.

limitación de la competencia surgen más bien del derecho constitucional, y en especial del enfoque del *ius puniendi* de cada unidad política.

Existen corrientes de opinión que se basan en la necesidad de crear un Organismo Tributario Regional, de funcionamiento autónomo, para tipificar armoniosamente las conductas disvaliosas tributarias-aduaneras, congruente ello con el reconocimiento de personalidad jurídica de derecho internacional decidida en el art. 34 del Protocolo de Ouro Preto.

Es por tal razón que señalo que, para lograr una armonización de la persecución criminal de los ardides tributarios-aduaneros, ello requiere que las conductas se encuentren tipificadas en el mismo alcance y valoradas sobre una misma intención comunitaria,[19] que, conforme el criterio sustentado por el Dr. Pedro Pagani, ello se logra mediante la compatibilización de los sistemas penales aplicados a tales conductas antijurídicas.[20]

### *C) El conocimiento de los deberes tributarios en la comunidad*

A ésta altura de mi propuesta aparece incuestionable que todo ordenamiento comunitario aparece como el núcleo inicial del derecho penal tributario internacional.

Ello obliga a efectuar disquisiciones básicas del siguiente tenor. Si ya hemos anticipado que en el ámbito tributario la legislación incriminatoria constituye el momento sancionador, no le va en zaga tener presente la cuestión delicada que subyace en el ámbito penal acerca de la jurisdicción nacional con relación a una posible fuente sancionatoria comunitaria al fin de justificar la conducta antijurídica en el ámbito nacional.

La valuación del derecho penal tributario aparece en su primera evidencia sobre el hecho en el cual el juzgador puede considerar violada la norma interna, pero ello a su vez requiere adecuar dicha conducta sobre lo que pueda prescribir el derecho comunitario.

Debo efectuar una salvedad que entiendo importante. Si bien a lo largo de este capítulo hago referencia a la necesaria armonización de tipos penales y a un intento de juzgamiento acorde en los países miembros del Tratado, una sentencia del Tribunal Supremo de España[21] ha establecido que pese existir en la Comunidad Europea normas que impiden prohibir la exportación de capitales, ello no supone la total y absoluta discriminilización de las conductas de exportación clandestina de capitales dentro del ámbito comunitario europeo, a cuyo amparo en la legislación de España se sigue tipificando penalmente las salidas de dinero que excedan determinada cantidad que no hayan sido declaradas previamente a Hacienda.

Este pronunciamiento se lo debe meritar en su real alcance porque el art. 73-B del Tratado de la Unión Europea proclama que quedan prohibidas todas las restricciones de movimientos de capitales entre Estado miembros y terceros países.

Por lo tanto, para el presente tema, se requiere analizar el tratamiento y delimitación de la controvertida denominación de derecho penal internacional, en todo lo concerniente al examen particularizado de los distintos principios de conexión de la ley penal tributaria en el espacio desde una perspectiva general y abstracta, no referida por lo tanto específicamente a ningún ordenamiento jurídico en concreto.[22]

El problema de la definición de la evasión de carácter internacional para las fuentes del derecho internacional es esencialmente un problema de identificación de

19. Vicente Oscar Díaz, *Primer Congreso...*, ob. cit., pp. 287 y ss.
20. *Primer Congreso...*, p. 296.
21. Sentencia del 19.7.1995, Sala Segunda.
22. Andre Huet-Rene Koering-Joulin, *Droit Penal International*, Paris, PUF, 1994.

aceptación por los Estados soberanos de los términos empleados.

Dentro del problema normativo que posee la definición de la evasión fiscal de carácter internacional, ello es un problema funcional, porque la dicha definición se inserta dentro de los cuadros de políticas nacionales.[23]

Lo que antecede debe considerarse en cuanto a todo lo publicitado acerca que los países miembros del Mercosur deben armonizar sus legislaciones en relación a los delitos tributarios de modo tal de garantizar un mínimo de seguridad en relación a las clases de pena a aplicar, todo ello para compatibilizar el juzgamiento de las acciones disvaliosas en el ámbito del mercado común.

Referencio aquella tesis que apoya la futura legislación penal emanada de la comunidad internacional, la existencia de delitos tributarios de tipo internacional que obliguen por igual a todos los Estados signatarios del Tratado de Asunción.

Para ello es necesario preguntarse si basta la característica punitiva estatal o nacional, entendiendo que las mismas contienen elementos internacionales del delito tributario, y que son precisamente las que adjetivizan o califican la materia fiscal diferenciándolas de las otras normas del derecho penal interno.[24]

O por el contrario, investigar si las normas internas no son suficientes y se requiere el dictado de normas comunitarias que unifiquen las conductas disvaliosas de orden tributaria en el ámbito del Tratado de Asunción.

No hace falta recordar que cada Estado es soberano para decidir los límites de su propio poder punitivo, lo cual está alertando la ausencia en sentido estricto de delitos y penas de orden tributario internacional.

23. Pierre Lavine, *La Lutte Contre l'Evasion Fiscale de Caractère International*, Paris, LGDJ, 1988.

24. Juan José Diez Sánchez, *El Derecho Penal Internacional*, Madrid/España, Colex.

Jescheck[25] sostiene el alcance de los límites del poder punitivo del cada Estado, esto es, la legislación penal, a través de la cual se ejerce la facultad de coacción jurídica por intermedio del derecho penal en relación a una determinada acción.

Siguiendo a dicho maestro alemán, aparece interesante, a título de simple ejemplo, el análisis de la llamada defraudación fiscal en cada uno de los países signatarios del Tratado de Asunción. Mi inquietud no es tan solo por el deslinde de la figura penal en si mismo, sino sobre el principio de ofensividad, dado que la consideración técnica del delito fiscal debe analizarse bajo el prisma de un delito especial.

No puede olvidarse que la fenomenología de un proceso para un determinado delito o categoría de delito – caso concreto del llamado tributario – varía conforme sean las prácticas necesarias para determinar el delito en cuestión.

También se debe estar consiente que no existen criterios idénticos en los países del Mercosur para conjugar el verbo "defraudar" con el fin de insertarlo o no en la teoría patrimonialista. A título de ejemplo en algunos países integrantes del Tratado de Asunción se pregona la existencia de la defraudación fiscal tan solo por el perjuicio económico sin el requerimiento del engaño del agente provocador.

Aceptando esta última tesis se da lugar en algunos Estados a la posición del delito imprudente (teoría macrosocial), atendiendo que al considerar la defraudación sin el ánimo de engaño efectivo aparece tipificada como ilícito la elusión tributaria y el disfrute indebido de beneficios fiscales.

Va de suyo que lo que antecede tiene gran trascendencia para discutir el tipo objetivo de la evasión fiscal, porque, como ya lo expresé con anterioridad, en algunos países se hace prevalecer como teoría macro el desvalor de la acción prohibida – causa – y no el valor del resultado.

25. *Tratado de Derecho Penal*, Barcelona, Bosch.

Es conocido que algunas posiciones interpretativas internas del cada país analizan el bien jurídico protegido en el delito fiscal en un sentido puro macrosocial, y con ello no juzgan la defraudación en sentido patrimonial, porque por este camino primero analizan el desvalor del resultado para poder llegar al desvalor de la acción.

Como he puntualizado en capítulos anteriores, bajo este arco interpretativo se define el objeto material de la elusión como la pretensión tributaria que posee la Administración, lo que se representa en determinada unidad política como la existencia subjetiva de la obligación tributaria.

Solo puede arribarse a tal conclusión, con gran esfuerzo so color que debe lesionarse dicha pretensión subjetiva para poder afirmar la existencia de un ataque al bien jurídico protegido.

Esta asimetría en la consideración de la conducta disvaliosa y violación del bien jurídico protegido debe ser corregida en una necesaria armonización por parte de los países signatarios en pos de un principio de equilibrio de juzgamiento penal, sin que ello importe violentar la soberanía punitiva de cada país.

Por otra parte es conocido que en algunos países del Mercosur se considera dolosa cualquier conducta tributaria cuando el agente es consiente de la antijuridicidad de su acción u omisión, teniendo a tal conducta como contraviniendo una disposición legal, bajo la tesis que para ello no es necesario un conocimiento jurídico ni el resultado del mismo, es decir, el daño causado al bien jurídico protegido.

Empero, y a tenor de lo que antecede, creo por el contrario que no debemos alejarnos en todo el ámbito del Tratado de Asunción que, en lo referente al delito fiscal estamos por ante la presencia de un delito especial, dado que lo opuesto podría hacer incurrir en deformaciones peligrosas.

Para ello en todos los casos se requiere que el dolo abarque, para configurar el tipo subjetivo, aparte del ánimo específico de defraudar, el conocimiento de los deberes tributarios vigentes en la comunidad, cuyo incumplimiento de lugar a la defraudación.

Concuerdo con Mir Puig[26] cuando afirma, para reforzar la seguridad jurídica, en especial en procesos de integración económica, que el hecho tenido como delito fiscal no sea unible hasta que se cuente con la base indiciaria del resultado, dado que ello por lo menos demuestra siempre que algo ha escapado del sujeto del área del Mercosur, y que su acción es objetivamente defectuosa.

Lo que antecede impone sostener que el juicio de antijuridicidad se debe ubicar en el lugar debido porque el mismo tiene por objeto constatar que el sujeto ha violado con su comportamiento el orden asignado por el delito fiscal en sus aspectos más graves y relevantes que merece por cada Estado miembro la tipificación penal.

También se debe tener presente en que forma se armoniza el engaño típico para definir el núcleo del delito tributario. Entiendo que ello debe ser valorado por las unidades políticas con referencia a un medio específico comisivo para delinear la conducta típica; el ardid o engaño, puesto que de no advertir ello, se estaría penalizando como conductas atípicas el mero incumplimiento del pago de tributos.

Dicho en otras palabras, para encuadrar al sujeto en una norma penal tributaria, es imprescindible que se utilice dentro del ámbito del Mercosur un mismo criterio para apreciar la concurrencia de maniobras arteras, engañosas o falaz, dirigidas a disminuir total o parcialmente el cumplimiento de una obligación tributaria.[27]

Por lo tanto, y visto lo antes mencionado, se debe bregar por un principio acorde de legalidad en materia penal, que re-

26. *Introducción a las Bases del Derecho Penal*, Barcelona/España, Bosch.

27. Giuseppe Derao y Stefano Piccioli, *La Disciplina della Frode Fiscale*, Padova/Italia, Cedam.

quiere de una perfección entre las unidades signatarias, donde adquiere relevancia impar las manifestaciones que deben hacer referencia al modo en que se describen las conductas atípicas, y la dimensión temporal y espacial de la aplicación de la norma penal.

En todo Estado de Derecho, el mandato constitucional exige una descripción de las conductas, acciones u omisiones constitutivas del delito fiscal, que cumplan la exigencia de seguridad jurídica, todo lo cual impide considerar dentro del precepto constitucional los tipos formulados en forma abierta en los cuales su aplicación dependa de criterios ajenos a los preceptos penales.

Siempre el supuesto penal constitucionaliza el principio de legalidad en forma pétrea de tal forma que se debe respetar aquello que está prohibida la punición de una acción u omisión en base en norma de rango inferior a la ley.

Resoluciones administrativas del orden interno de cada unidad signataria deben considerarse inhábiles para representar el tipo disvalioso,[28] mas cuando dichas normas pueden variar en forma sustancial en su alcance en cada unidad política en razón del distinto grado de organización administrativa de las mismas.

Es por ello que el Profesor Damarco propone en su relato por la búsqueda de coincidencias para describir de modo semejante ciertos ilícitos, como la defraudación fiscal y el contrabando.

### *D) Ámbito espacial del delito*

*1.* Es posible que se pudiera alegar que la armonización del delito fiscal dentro del territorio del Mercosur es una cuestión meramente procesal. Si bien ello a *prima facie* no puede descartarse, cabe tener presente que lo que está en juego es algo más como resulta ser el *ámbito espacial* de aplicación de la ley penal, es decir, la eficacia o no del derecho punitivo sobre determinados hechos delictivos de carácter tributario cometidos en el propio territorio o en otros territorios integrantes del Tratado de Asunción.

Quitano Ripolles[29] publicita que existen formas de entreayuda o auxilio jurídico internacional en la persecución de delitos del tipo fiscal, que hacen a un núcleo común formado por unidades de soberanía propia cada una de ellas.

En la tesis de este autor, y en la hipótesis de existir identidad agravatoria en cada país signatario del Tratado de Asunción; identidad que puede originar las mismas conductas disvaliosas de carácter tributario en cualquiera de los países, tal vez podría pensarse en el intento de codificar las reglas represivas a efectos, de unificar el tipo penal y la propia punición, es especial en los casos de *transfer princing* y *dividend washing* para evitar colisiones incriminatorias de conductas que pueden tener o no relevancia penal-tributaria en las distintas unidades políticas.

Lo que antecede tiene relevancia para analizar y dar solución al lugar *de comisión del delito*. Va de suyo que ello es importante sobre determinados impuestos de efectos "extra frontera" donde no siempre coincida en un mismo territorio la acción u omisión con el resultado.

Ésta especial problemática se produce en el campo fiscal bajo la aplicación de la teoría *del delito a distancia* entre uno de los diversos casos, pero se debe tener presente que en razón de la llamada teoría de la actividad, dentro del ámbito del Mercosur, que, si se estima que la comisión del delito fiscal es el lugar en el que el sujeto ha llevado a cabo su acción delictiva, la teoría en si de la actividad no elimina los problemas originados por los delitos complejos cuando la producción del resultado

28. *Evasione Fiscale e Repressione Penale*, Padova/Italia, Cedam, 1982.

29. *Tratado de Derecho Penal Internacional e Internacional Penal*, España, Bosch.

tiene lugar en país diferente al de la actividad y donde el interés punitivo de dos o más Estados causan conflictos innecesarios entre las competencias soberanas.

*2.* Si se tiene presente para el análisis del delito fiscal la teoría del resultado, es posible considerar que el delito se entiende cometido en aquel territorio en el que se produce el resultado o consecuencia de la conducta activa u omisiva del sujeto[30] lo cual importa que, si no existe armonización de normas y aparecen la multiplicidad de leyes penales, ello genera conflicto de juzgamiento penal cuando el delito produce efectos en varios territorios a la vez.

Problemas que se reflejan con mayor intensidad en los supuestos de infracciones que quedan en grado de tentativa o en el caso de existir lagunas represivas para los delitos puros de omisión.

Puede plantearse en el tema específico bajo examen alguna aparente confusión. En efecto, Esteban Mestre Delgado[31] ha sostenido a fines de la década del noventa que el ordenamiento penal no era parte integrante del derecho propio de la Comunidad, cosa que ha variado luego del escándalo del "maíz griego".[32]

A su turno Tiedemann en sus comienzos alerta que la Comunidad Europea no disponía de un poder punitivo en sentido propio, y ponía en duda incluso si la Comunidad tiene el derecho de influencia directa sobre los ordenamientos jurídicos penales nacionales de los Estados miembros.[33]

Es manifiesto que dicha tesis debe tomarse con las reservas del caso, porque el mismo autor preavisa que la Comisión y el Consejo de Bruselas después del famoso caso del "maíz griego"[34] se consideran legitimados para *armonizar* las legislaciones penales nacionales

Mestre Delgado, refiriéndose a delitos especiales – el fiscal es uno de ellos – hace constar que a la postre los ordenamientos jurídicos penales de cada uno de los países miembros de una comunidad se encuentran afectados por normas comunitarias.

Tal afectación en el campo del delito fiscal se encuentra correspondida por la necesidad unificadora de algunos sectores del derecho penal por fines inexcusables sobre intereses comunes armonizados.

En dicho alcance es necesario indagar en los países signatarios del Tratado de Asunción si el derecho penal fiscal de cada país miembro queda o no afectado por un futuro ordenamiento jurídico común, o si por el contrario, las normas penales-tributarias positivas existentes en cada uno de ellos se bastan para armonizar los objetivos comunes.

No es improbable que las autoridades acudan a una vía de remisión, la cual no es otra que los países signatarios apliquen cuantas medidas jurídicas sean precisas para hacer efectivos los compromisos originados del espíritu y la letra del Tratado de Asunción.

Ello no es óbice que para una correcta armonización del delito fiscal se busque que las instituciones penales de cada unidad política intenten tutelar bienes o valores relacionados con la competencia del Mercosur, lo que podría denominarse "legalidad" comunitaria.

Sin embargo no se podrán crear ilícitos penales con referencias a comportamientos tributarios que para todos los países signatarios no tengan dicha característica antisocial.[35]

30. Cesar Herrero Herrero, "Los delitos económicos – Perspectiva jurídica y criminológica", Ministerio del Interior, España, Publicación Oficial.

31. "El derecho penal en la Unidad Europea", publicación obrante en volumen *Criminología y Derecho Penal al Servicio de la Persona*, San Sebastián/España, Instituto Vasco de Criminología, 1989.

32. Sentencia del TJCE del 21.8.1989.

33. Ob. cit.

34. Causa "Itco".

35. Marco Boscarelli, "Reflexions sur l'influence du droit communautaire sur le droit penal

Finalmente Klaus Tiedemann[36] señala que si bien lo expuesto por Esteban Mestre Delgado se correspondía a un realidad vigente hasta el caso del "maíz griego" donde, antes de este acontecimiento, el derecho comunitario y los derechos penales se habían ignorado mutuamente, con la sentencia judicial precitada, a partir de allí, se puso coto a la displicencia de juzgamiento por parte del gobierno griego ante un fraude de los aranceles comunes a la importación de productos provenientes de países ajenos al área económica.

Si se analiza la posición sustentada por la jurisprudencia en cuestión aparece incuestionable que la misma deriva del principio de lealtad comunitaria, donde cada país miembro tiene la obligación de proteger penalmente los intereses comunes en igual forma que los intereses nacionales, así como de perseguir sus infracciones en forma armonizada con igual celo y energía.

Bajo ésta premisa es que, a título de ejemplo, el derecho penal alemán protege tanto los ingresos de origen tributario propios como los de origen comunitario, donde adicionalmente los gravámenes a la importación recaudados por otros Estados miembros, son el objeto material idóneo del tipo penal de la defraudación tributaria, y desde luego incluso, cuando el delito es cometido por un extranjero en el extranjero.

*3.* Claro que el problema no se resuelve en forma simple. La imposibilidad aparece si existe asimetría jurídica entre los países signatarios del Tratado de Asunción porque para el derecho penal estatal está en juego el problema de la interpretación del tipo.

Debe especificarse que la tesis que propugno tiene en cuenta que de manera alguna propicia una unificación de las distintas culturas y escalas de valores, sino que mi propuesta apunta a crear unas condiciones económicas uniformes en el mercado interior del Mercosur, dado que la divergencia de normativas para reprimir el fraude fiscal entre los distintos países signatarios del Tratado de Asunción falsea las condiciones de competencia en el mercado común y provoca por tal motivo una distorsión.[37]

Corresponde tener presente las diferencias que pueden existir entre las prohibiciones, mandatos y sanciones en los textos penales internos de los países signatarios con relación a la persecución del delito tributario.

No desconozco que analizando la falta de un derecho penal propio por parte de la Comunidad Europea ello se extienda tanto a lo que se conoce como *jurisdiction to prescribe* como a la *jurisdiction to enforce*,[38] supuesto que se refleja para el caso del Mercosur.

Sin embargo, nuestro problema tiene algunas cuestiones imposibles de soslayar. En efecto, si tomamos el supuesto del delito contable, no resulta claro si en el derecho contable de América Latina y el tipo penal que a el se refiere el mismo salvaguarda el margen de discrecionalidad del principio *true and fair view*.

Si la doctrina de los restantes países signatarios del Tratado de Asunción sostuviera que la norma penal de uno de ellos excede en la configuración del delito, podría sostenerse por parte de los primeros la existencia de un error, lo cual excluye el dolo, ya que el estado correcto del balance es un elemento normativo del tipo.[39]

des États membres", *Droit Communautaire et Droit Penal*, Bruselas, 1981.

36. "El derecho penal en la Comunidad Europea", *Estudios de Derecho Penal Económico*, Colección Estudios, Cuenca/España, Universidad de Castilla – La Mancha, 1994.

37. El ex-Presidente de la Asociación Fiscal Internacional, Profesor Pietro Adonnino, disertando en la *Conferencia del CIAT*, Venecia/Italia, 1993, ha sido preciso en cuanto a los efectos de la divergencia tributaria creada artificialmente dentro del área del mercado común, y sus consecuencias para el logro de la neutralidad pretendida como objetivo básico.

38. Muller, Rappard, Bassiouni, *European Inter-State Cooperation in Criminal Matters*, England.

39. Esteban Righi, *Derecho Penal Económico Comparado*, Madrid/España, Edersa.

Véase sin embargo, que el legislador local en virtud del principio de solidaridad común no debe crear un derecho penal tributario que vulnere el interés comunitario. Por lo tanto habrá que observar que la desmesurada conminación penal por parte de un Estado miembro, o la imposición de una pena excesiva, a la postre puede afectar la libre competencia.

Si bien desde el punto de vista de la lealtad hacia el accionar del Mercosur y en conexión con el principio de igualdad, tanto nacional como zonal, aparece necesario alertar que el legislador estatal realice la protección requerida de modo que se adecue perfectamente a su sistema penal, ello de manera alguna alienta a asimetrías de punición.

Entiendo por el contrario que los países signatarios del Tratado de Asunción deben armonizar el contenido de la prohibición en el delito fiscal con relación a la prevención y castigo de las prácticas fraudulentas tributarias que suponen un daño para los intereses comunes.

Como con acierto lo publicita Angelo Mambriani[40] en logro de este último objetivo se debe aclarar la clase de medidas que deben ser adoptadas para que los preceptos sean compatibles entre si.

Sobre el particular existen algunos escollos que requieren decisiones políticas. En primer lugar habrá de precisarse si todos los países signatarios del Tratado de Asunción derogan o no la prejudicialidad administrativa como condición para acceder al fuero penal tributario, como también en que forma van a armonizar el principio de culpabilidad, dado que este último en recientes interpretaciones de los tribunales argentinos se ha adherido al criterio penal tributario alemán que no está receptado en los otros países signatarios.

No puede dejarse de considerar que se requiere un efecto propio de armonización visto que los Estado miembros, en el delito fiscal, pueden partir de distintas doctrinas acerca de la autoría y la participación, el error, etc. Conviene tener presente que la alegación del error es una de las causales que más se utilizan en el derecho penal tributario, en especial, cuando el ilícito se deriva de normas de un país que traducen un resultado en otro.

*Este supuesto encuentra su mejor exposición en el Impuesto al Valor Agregado aplicando la teoría del negocio progresivo o por etapas dentro de una misma área comunitaria.*

*4.* La investigación que se realiza no puede dejar de considerar, como se dijo al comienzo de este capítulo, la responsabilidad penal por el accionar de empresas que conforman una unidad económica operativa dentro del Mercosur.[41]

Es interesante indagar el tratamiento penal que se le debe asignar a los hechos disvaliosos producidos por empresas de dicha categoría económica, y sobre todas las cosas merece especial atención la construcción del concepto de unidad económica de empresas que forman un mismo grupo dentro del área del Mercosur.

No es desconocido que en la Comunidad Europea, a través de la figura de la unidad de empresas, que se fundamenta en la dependencia general, como consecuencia de una mayoría de capital de la competencia para impartir ordenes globales, se ha conseguido la aplicación extraterritorial del derecho penal tributario, siguiendo el modelo clásico de los Estados Unidos de Norte América, bajo el principio de la posición garante penal de la empresa madre con respecto a las empresas filiales en el mismo espacio comunitario.[42]

Un problema especial lo suscita para una adecuada armonización del delito fiscal, la existencia de leyes penales en blanco. Si bien es conocido que la Administración complementa por intermedio de sus propios

40. *"I Reati Tributari" Profile Sostanziali e Disciplina Processuale*, Torino/Italia, UTET, 1993.

41. Luís Gracia Martín, *Fundamentos de Dogmática Penal*, Barcelona, Atelier, 2006.

42. Klaus Tiedemann, obra precitada.

actos las lagunas dejadas por el legislador, creando por esta forma las condiciones del delito al determinar que conductas serán castigadas, ello no autoriza a manifestarse a favor de una interpretación amplia sino por el contrario, por una restrictiva de la ley penal para salvaguardar la garantía de determinación del ilícito.

Pero además, y ello sin duda alguna, habrá que tener presente el distinto grado de esfera de actuación de cada Administración local, y las facultades dictadas a su favor por el ordenamiento jurídico sustantivo para intentar establecer un cierto grado de coordinación de dichas facultades para todo el ámbito del Mercosur, en especial, cuando del ejercicio de tales facultades se promueven actividades "casi-legislativas" que pueden instaurar conductas ardidosas tributarias medidas en el lente de la objetividad que suele utilizar el Administrador.

Lo que antecede es asimismo para precisar en forma inequívoca que deberá preverse la prohibición del método analógico para imputar conductas disvaliosas tributarias en el árbitro del Mercosur, ante el problema jurídico del abuso de derecho y fraude de ley.

Si efectúo esta advertencia lo fundo en que no todos los procedimientos tributarios son característicos del fraude de ley o de captación subrepticia del efecto contraproducente y de la artificialidad de la configuración de los hechos.[43]

Para ello hay que tener presente si en realidad a través de la mentada artificialidad se ha estructurado el abuso de las posibilidades de configuración jurídica pasible de reproche penal en el campo tributario.[44]

Resulta cierto que los actos de evitación del impuesto se caracterizan por no ser aprehendidos por el texto de la ley penal, pese que determinada corriente de opinión autoral habla que ello es un método tradicional de uso a nivel nacional e internacional[45] y merece ser penalizado.

Sumarse a dicha corriente doctrinaria para instaurar penas en base al criterio de *dealing at arm's length* en el ámbito de los países signatarios, impone reflexionar que a través de dichos criterios se dejan en el camino importantes atributos de la seguridad jurídica en el proceso penal, salvo que se demostrara que el accionar del agente por dicho método pone obstáculos fraudulentos de orden tributario a la competencia del mercado armonizado.

No obstante, es imposible ignorar que la doctrina del abuso de derecho se encuentra expuesta a la objeción que el abuso de un derecho, en sentido literal, presupone la existencia de un derecho, y si la acción está ajustada a derecho el actor no puede perder su derecho posterior debido a un abuso.[46]

Ello me lleva a formular la siguiente pregunta ¿en que medida puede ser comprendido el abuso de derecho dentro el delito tributario para su armonización en el ámbito del Mercosur? cuando he sostenido con suficiente apoyo doctrinario que no se puede penar por analogía.

En otras palabras, para armonizar los delitos fiscales en el ámbito del Mercosur es imprescindible analizar de manera combinada la fuente normativa de la que emana la regulación con trascendencia penal; con el contenido de dicha regulación.[47]

43. Paolino dell'Anno, *L'Elusione Fiscale. Sanzioni Penale*, Roma/Italia, Buffetti Editore, 1990.

44. *Optimisation Fiscale et Abus de Droit*, autores varios, Paris, EFE, 1990.

45. Tulio Rosembuj, *El Fraude de Ley y el Abuso de las Formas en el Derecho Tributario*, Madrid/España, Marcial Pons.

46. Son interesantes las conclusiones que brinda sobre el particular Manuel González Sánchez en su obra *El Fraude de Ley en Materia Tributaria*, Salamanca/España, Plaza Universitarias, las que deben ser comparadas con las que provienen de la doctrina alemana en la misma especie. Para esto último la mejor expresión se encuentra en Tiedemann – *Communaute Europeenne*, "La protection juridique...", 1990, entre otros.

47. Señalo el excepcional trabajo de Leigh-Smith, "Possibilites offertes par le droit national en

Un camino adecuado impone precisar las posibilidades existentes para obtener tal logro. En primer lugar se deben crear preceptos penales en sentido estricto; o en su defecto, iniciando procesos de asimilación dirigidos a la protección de determinados intereses comunes, y finalmente armonizando las legislaciones nacionales.

Visto desde una óptica práctica, cabe averiguar si se puede imponer a cada Estado un patrón de la protección penal en forma homogénea de las conductas atípicas tributarias, dado que por dicha vía se podría arribar a la armonización y asimilación de normativas penales a fin que los intereses comunes no queden desprotegidos.

El esfuerzo de armonizar las sanciones penales de índole tributaria en el campo del Mercosur requiere sin hesitación alguna que se tenga presente que la noción del bien jurídico ejerce sobre todo una función crítica, piedra de toque de la oportunidad y legitimidad de la norma penal positiva, recordando al efecto que dentro del derecho penal especial que nos ocupa, la utilización del concepto de bien jurídico es arduo y problemático, dado que en cada unidad política son más fáciles o difíciles de aislar o recortar, y ello incide en la convergencia o el antagonismo de intereses dentro del área común.

En realidad estoy alertando que se va a transitar por el reagrupamiento de elementos posiblemente heterogéneos, que si no son debidamente depurados podrían crear una categoría penal tributaria no suficientemente caracterizada desde el plano del contenido, con lo cual la concreción del bien jurídico corre el peligro de disiparse en pura denominación.[48]

### *E) Vertiente unificada del criterio punitivo*

Un completo estudio en la materia no puede obviar el análisis de los delitos fiscales desde la perspectiva del derecho de cada país signatario del Tratado de Asunción, dado que lo contrario dejaría truncada la consideración de la penalidad en si misma. Para ello no podemos perder de vista la dimensión del Mercosur, y las distintas realidades fiscales imperante en el mismo.

En la medida que se vayan concretando los objetivos del Tratado de Asunción, habrá que armonizar los ambientes fiscales diferenciados que generan ilícitos disímiles, como también preguntar cual es el límite de tolerancia al fraude fiscal en cada país signatario.

Todo ello sin dejar de considerar si en realidad los ordenamientos positivos de cada país son homologables entre si, para formar al unísono una vertiente unificada del criterio punitivo.[49]

Me atrevo a anticipar que tal homologación no existe actualmente dado que en la República Argentina se han criminalizado conductas que en los restantes países del área común son tratadas como meras infracciones administrativas,[50] como también en el ordenamiento penal tributario de dicho país se incluyó en su momento los comportamientos de tipo de peligro de mera actividad y las contravenciones relativas al incumplimiento de deberes de declaración.

En general, en la operación práctica del Tratado de Asunción se plantean problemas de evasión tributaria regional que deben tener respuesta penal adecuada en todo el ámbito del Mercosur.

ce qui concerne la repression des fraudes", publicado en *La Protection Juridique des Interets Financiers de la Communaute*, Bruselas/Luxemburgo, 1990.

48. Marino Barbero Santos, *Los Delitos Socio-Económicos*, Universidad de Madrid, Facultad de Derecho, edición oficial.

49. Fernando Bayardo Besugoa, "Los delitos conexos a la infracción tributaria", *Manuales de la Asociación Española de Derecho Financiero*, v. II, 1972.

50. Delito de obstrucción del art. 1º de la Ley 23.771 entre otros.

Los primeros indicios delictuales vienen desde el ángulo del movimiento de bienes, con la consecuente incidencia en el Impuesto al Valor Agregado u otro de característica similar.

Como no existe entre los países signatarios del Tratado homogeneidad en el tratamiento de la imposición sobre las rentas financieras, como la propia jurisdicción base – renta local o mundial –, ello hace ardua la lucha contra la evasión, en especial, contra los movimientos ilegales de capital para su posterior "justificación" fiscal en otra unidad política.[51]

A su turno surgen problemas que requieren una debida armonización del tipo penal en las concentraciones empresarias de todo tipo para establecer con precisión cuando las mismas están incluidas en el concepto defraudatorio fiscal.

A ello se le suman los problemas de interposición ficta de personas y en especial todo lo concerniente al *transfer princig* mediante el cual se intenta desplazar las rentas producidas en un país con impuestos más onerosos a otros con tratamiento fiscal benevolente. Esto último es vigilado por el derecho represivo fiscal porque para su concreción se requiere de la sub-facturación o sobre-facturación de los precios.

También es necesario precisar en una armonización penal tributaria si dentro del concepto de *transfer princing* se incluye en la misma los posibles ardides que se puedan derivar de préstamos libre de interés entre compañías del mismo grupo.[52]

Afirmo en primer lugar que dentro del ámbito del Mercosur se deben diferenciar los tipos penales de acuerdo al grado de antijuridicad tributaria en forma armónica y además, hay que tener presente que los países signatarios están obligados a recordar que lo que no constituye un acto criminal entre personas privativas, difícilmente podrá considerarse punible solo porque la imposición pertenece al derecho público (caso de la falta de presentación de declaración jurada).

En este aspecto, considero que el legislador local, para disipar controversias interpretativas dentro del área del Mercosur, debe hacer lo posible por separar en forma clara e inequívoca al ilícito criminal fiscal de las simples y meras contravenciones administrativas, dado que ello ayuda a la evaluación del carácter delictivo al propio administrado.

Ergo, los intereses de la persecución final del delito tributario debe propiciarse a que sea homogéneo en el ámbito del Tratado de Asunción, dentro del cual deben ser ponderados no solo el interés del Estado o de la Comunidad, sino también los intereses individuales propios de los afectados.

Por ello es preciso determinar con precisión el contenido del interés de dicha persecución penal a fin de establecer que los criterios que permitan medir su intensidad no resulten desproporcionados entre los distintos países signatarios.

*Como no resulta extraño concebir el criterio de la consecuencia jurídica como un indicador decisivo en la comprobación del interés de la persecución penal, así corresponde entender, habida cuenta que en la armonización propuesta se busca la protección por igual de bienes jurídicos tutelados por el derecho penal tributario, donde la gravedad debe ser medida con una misma óptica dentro del área común.*

No hace falta remitirse a la importancia de la causa, dado que en la actualidad se atribuye al citado factor un contenido propio, consistente en la valoración del

51. "Administración, política y enfoques cooperativos entre las administraciones tributarias para desestimar la elusión y la evasión", *XXII Asamblea General del CIAT*, Brasil, 1988.

52. "International *transfer pricing*", v. I, 1993/1994, Holanda, publicación del IBFD, octubre de 1993. Véase además el *Memorandum* para los miembros del panel del *Congreso de la IFA*, Cancun, año 1992, sobre el tema "Transfer princing in the absence of comparable market prices", en el cual se sugieren las normas para combatir el delito interjurisdiccional en forma armonizada.

interés público en la persecución del delito fiscal basado en la gravedad del hecho.[53]

### *F) Rol asignado a la persecución penal tributaria en las áreas comunes*

El mayor contenido integrador al proceso de armonización fiscal debe plantearse en hechos concretos para llegar a adquirir efectividad.

Si bien a la fecha el Tratado de Asunción permite a los Estados signatarios una gran flexibilidad a la hora de conformar un concepto de delito fiscal, ello no impide de manera alguna que la toma de decisiones por mayoría cualificada pueda representar los primeros pasos a dar necesariamente en esta evolución hacia la verdadera armonización delictual tributaria.

El *iter* de nuestra propuesta pasa necesariamente por dos fases: una primera que se corporiza por una decisión común en fijar el precepto delictual tributario a fin de obtener el resultado pretendido; y otra de naturaleza estatal, por parte de cada país signatario, con el fin de acomodar su legislación interna tendientes a consolidar el resultado común.[54]

De ello se deriva que la investigación criminal y persecución del fraude fiscal en sociedades que pretenden armonizar sus objetivos económicos no puede tener gran diferencia.

Si el Tratado de Asunción tiene como componente un fin de área común entre los países signatarios donde se desarrollaran actos tributarios propios de los llamados negocios progresivos o por etapas, pasables de generar ilícitos fiscales, va de suyo que todos y cada uno de los sujetos del área común deben ser alcanzados en la medición penal tributaria en forma homogénea.

Es cierto que en la mayoría de ordenamientos jurídicos que contemplan al delito fiscal, se asigna a la persecución penal un papel limitado pero fundamental en el cumplimiento fiscal.

No obstante ello, y para el tema bajo examen, la utilización de la persecución penal en la lucha contra al fraude fiscal en áreas comunes o armonizadas debe responder a una estrategia muy perfilada que tenga en cuenta los posibles impactos de la misma y las dificultades a las que se debe enfrentar en otras áreas.

La persecución penal como elemento desalentador del incumplimiento fiscal se ve, sin embargo, mediatizada por otros factores que inciden en la actitud del contribuyente de cada país signatario. Esos factores deben estar, por tanto, en forma permanente presentes al analizar el papel de la persecución penal en el ámbito del Mercosur a fin de elaborar las respectivas estrategias.

Sostengo en primer lugar que tiene que superarse en cada país la complejidad del derecho tributario o de la percepción de una cierta inseguridad jurídica en la interpretación de la norma por los tribunales.[55]

Alberto Tarsitano[56] sobre la forma de utilizar la persecución penal fiscal brinda una buena ejemplificación y meritua la hipótesis derivada de una sucursal argentina de una sociedad constituida en el Brasil que deduce gastos de organización y otros costos indirectos cargados por la casa matriz.

Dichas deducciones son admisibles bajo la norma del convenio de evitar la

53. Nicolas González Cuellas Serrano, *Proporcionalidad y Derechos Fundamentales en el Proceso Penal*, España, Colex, 1990.

54. El criterio adoptado por el Tribunal Supremo de España, a que hacemos referencia en notas anteriores de este mismo capítulo es un buen ejemplo para tener presente como se interpreta en interés propio, con relación a normas comunitarias, en el campo de la penalidad, los delitos monetarios de alcance fiscal.

55. Vicente Oscar Díaz, *La Seguridad Jurídica en los Procesos Tributarios*, Buenos Aires, Depalma, 1994.

56. Ob. cit.

doble imposición que vincula a ambos países. Empero, resulta que si los gastos son simulados en parte porque nunca se produjeron efectivamente, o si lo fueron no se vinculan con la obtención de renta de fuente argentina no obstante que así se los presento a la autoridad fiscal.

Tal maniobra produce un resultado de colocación artificiosa de gastos por parte de empresas vinculadas, donde la maniobra tiene principio de ejecución en una jurisdicción y se consuma en otra mediante la actividad de dos sujetos que en realidad actúan en interés del grupo.

También el autor precitado señala el caso de una sociedad brasileña que produce bienes industriales y constituye una sucursal en la República Oriental del Uruguay con el fin de distribuir sus productos a otras empresas vinculadas radicadas en la República Argentina y Paraguay respectivamente, donde los precios de transferencia son manejados en forma artificial con el propósito deliberado de "colocar" la ganancia en la jurisdicción tributaria menos costosa.

Cualquiera de dichas conductas, a condición de resultaren dolosas, revisten actualidad, no solo en el área común, sino en el espacio físico de cada país, y es por ello que la respuesta punitiva debe ser armónica en resguardo de los intereses que alienta el Tratado de Asunción.

Bajo ese aspecto, el análisis de la persecución penal tributaria en forma armonizada no puede hacerse en abstracto; pero sobre todas las cosas no se debe caer en el error que la configuración usual que se hace en vía administrativa del tipo defraudatorio fiscal sea complementario en el orden penal.

Igor Tenorio[57] sostiene que si el legislador sabe diferenciar esto último, y localiza en forma definida el fraude fiscal en su verdadera escala, el derecho represivo será más fuerte en su contenido.

Creo que cuando nos referimos al delito de defraudación fiscal aparece como necesario que los países signatarios estructuren la punición bajo el requisito subjetivo del injusto, la voluntad de engaño a la respectiva Administración Tributaria, la cual debe exteriorizarse a través de maniobras idóneas para provocarlo, lo cual alerta, como bien lo enseña Esteban Mestre Delgado[58] que el delito de defraudación tributaria no puede fundarse meramente en la realización de actos de obstrucción a la actividad investigadora.

Mención especial merece el análisis de las consecuencias fiscales a nivel interno e internacional de las escisiones de empresas y otras operaciones similares. En dicho alcance es necesario establecer en el interés de la legalidad que las reglas internas y comunitarias con relación a reprimir el fraude fiscal sean claras y específicas, desprovistas de toda ambigüedad y desproporción con relación a los imperativos económicos de las operaciones comerciales e industriales.[59]

Concluyo que es largo el camino a recorrer para asegurar una práctica sancionadora uniforme y efectiva y por esa razón que la escuela alemana brega por la protección del área común mediante tipos penales supranacionales.[60]

Sara Dichiara ya advertía, en el año 1992, que la armonización de los aspectos sustanciales no basta para lograr por si los fines propuestos en el acuerdo, dado que tal logro debe conjugarse con un procedimiento contencioso tributario igualmente armonizado, para que los contribuyentes, entre otras cosas tengan iguales garantías en la defensa de sus derechos, en cada uno de los países signatarios.[61]

57. *Direito Penal Tributário*, São Paulo, Bushatsky Editor.

58. *La Defraudación Tributaria por Omisión*, Ministerio de Justicia, España, publicación oficial.

59. Recomendación del *48º Congreso de la Asociación Fiscal Internacional*, tema II.

60. Grasso, *Comunita Europee e Diritto Penale*, Milan, 1988.

61. *Derecho Tributario*, t. V, p. 440.

### *G) El delito de contrabando e infracciones aduaneras*

El Protocolo de Ouro Preto[62] entre otras cosas se pronuncia sobre un proyecto de Código Aduanero para el Mercosur. La implantación de una unión aduanera imperfecta en el ámbito de este último, traduce la abolición de fronteras interiores, lo cual determina que las disposiciones referidas a las importaciones y exportaciones deben ser idénticas en todo el ámbito del Mercosur.

Tal implantación adquiere el carácter de una unidad autónoma frente a los restantes bloques, empero ello no lleva por si mismo a la existencia de organismo de hacienda supranacional.

Si se tiene presente que, el Protocolo en su artículo 3º define como territorio aduanero la totalidad del territorio de los Estados signatarios, sobre los cuales se aplicará la legislación aduanera común, donde se atribuye el ejercicio de la autoridad aduanera a la Administración respectiva, en el carácter de órgano supra con relación a los organismos nacionales, va de suyo que ello incide en la determinación de los componentes del Arancel Externo Común en su condición de causa del gravamen devengado por el hecho imponible aduanero.

Las conductas disvaliosas en el campo de la punición aduanera, conforme el Proyecto de Código Aduanero común, se tipifican en el delito de contrabando, la defraudación aduanera y la declaración inexacta.

Dicho proyecto, contempla la extinción de las infracciones, el concurso de las mismas, la responsabilidad de las personas físicas e ideales, pero, sin justificativo válido repulsa la vigencia del error de tipo y error de prohibición. También trae o proyecta alteraciones al *iter criminis*, dado que en caso de contrabando asimila la tentativa a delito consumado.

De lo que antecede surge manifiesto que el delito de contrabando emana como la figura penal principal dentro del sistema armonizado, y es por eso que las sanciones que se apliquen sobre el mismo deben mostrar homogeneidad, para evitar dualidad de tratamiento penal.

Como bien lo puntualiza el Profesor David Baigún[63] "la existencia de dualidad de tratamiento penal adquiere mayor gravedad si se tiene presente que la Unión Aduanera tiene previsto el llamado régimen de origen, es decir la reexportación de productos ingresados al amparo de un tratamiento diferencial, y la existencia de zonas francas,[64] donde estos mecanismos acrecienta, sin duda, la posibilidad de aumento de conductas de contrabando, al ampliar la zona de ingreso y egreso de mercaderías".

Entre los varios problemas, creo que debería armonizarse el tratamiento del tránsito aduanero para distinguir la responsabilidad infraccional de la tributaria, y también según se trate de declaración inexacta o incumplimiento de los deberes que deben cumplirse durante el itinerario.

Desde el punto de vista tributario la armonización, en el supuesto de faltante o avería de mercaderías, que no tuviera factor excusante, debería calificar de responsable al que tiene la guarda de la mercaderías, que es el transportista o quien tiene la disponibilidad jurídica de la misma.

Desde el punto de vista infraccional, el declarante debe ser el imputado por declaración inexacta.

Estas son aproximaciones y son parte de un estudio más intenso a realizar en el debata de la Comisión.

62. Suscripto entre los países signatarios del Tratado de Asunción el 16.12.1994.

63. "Integración regional y delitos económicos", *Teorías Actuales en el Derecho Penal*, Buenos Aires, Ad-Hoc, 1998.

64. Decreto n. 6/1994 y referencia 10 del Tratado de Asunción.

### *H) Reacciones del ordenamiento internacional*

La Dra. María Amparo Grau Ruiz, autora española ofrece en la materia una prolija y valiosa aportación acerca de las reacciones del ordenamiento internacional ante las infracciones tributarias y delitos fiscales.

Esta Profesora pone de relieve el creciente desarrollo de las actividades de colaboración entre las autoridades competentes de los distintos Estados como reacción del ordenamiento jurídico internacional antes tales contravenciones, ya sea de tipo administrativo como de tipo penal.

Por lo tanto dichas cuestiones deben ser analizadas desde la perspectiva propia del Derecho Internacional Tributario, en razón que a su criterio el fraude y la evasión fiscal solían excluirse en los acuerdos internacionales de *extradición* y asistencia judicial en materia penal.

#### *1. La extradición en los delitos de índole tributaria*

En primer término, para complementar este trabajo informo que la Corte Suprema de Justicia de la Nación Argentina[65] ha establecido que el procedimiento de extradición no reviste el carácter verdadero de un juicio criminal, pues el mismo no envuelve en el sistema de la legislación nacional sobre la materia el conocimiento del proceso en el fondo, ni implica decisión alguna sobre la culpabilidad o inculpabilidad del individuo reclamado en los hechos que dan lugar al reclamo.

Bajo dichos parámetros conviene indagar, a título de simple ejemplo, si los delitos tributarios cometidos dentro del ámbito de la ley penal tributaria argentina son pasibles de ser considerados como incluidos en el tratado de extradición suscripto con los Estados Unidos de Norte América.

Para ello tiene relevancia interpretar el concepto de "felonía" a que se refiere la legislación de dicho país en el encuadre de su delito tributario. Utilizaré, a efectos de la hipótesis planteada, el caso especial de ardides realizados por un sujeto en el Impuesto al Valor Agregado en la República Argentina, teniendo presente que dicho gravamen no rige en los Estados Unidos de Norte América.

Es conocido, conforme reputada jurisprudencia de este último país que, los delitos por los cuales se puede otorgar la extradición, deben estar específicamente señalados en el tratado vigente entre ambos países,[66] pero además, solo se puede realizar la extradición si los actos por los cuales se acusa son delitos tanto en el país solicitante como en el país a quien está enviada la solicitud.

Si el sujeto en la República Argentina está incurso en falsedad de la declaración jurada del IVA y/o en la obtención de reembolsos indebidos de la misma especie puede interpretarse que ello infringiría las conductas descriptas en el Código de los Estados Unidos en el inciso 287 que se refiere a solicitudes de devoluciones falsas presentadas por ante la Administración; art. 1.008 y en especial lo normado por el Código de la Renta Interna, inciso 7.207 que se refiere a la presentación de declaración de impuestos falsa o fraudulenta, ello sin olvidar que los incisos 287 y 1.003 del Código legislan sobre los delitos asimilados a subsidios de exportación.

Visto desde un plano objetivo los delitos previstos por la ley penal argentina no concuerdan exactamente con las acusaciones que se realizan en forma habitual en los Estados Unidos de Norte América, dado que en el mismo la mayoría de los delitos tributarios son delitos de resultado, es decir, incluyen la evasión del impuesto a la renta por intermedio de deducciones de manera fraudulenta o bien la repulsa ardidosa total del gravamen.

65. *La Ley*, t. 1989, E, p. 331.

66. Código de los Estados Unidos, art. 18, inciso 3.184, "Spátola *vs.* USA", entre otros.

El IVA en la República Argentina es en alguna forma asimilable al impuesto a las ventas (*sale tax*) que rige en los Estados Unidos a los efectos de comparación del delito. Tomado desde dicha óptica, las declaraciones ardidosas que realiza un sujeto en la República Argentina en el IVA se compadece al fraude del tratado de extradición, considerando, que siguiendo la definición usual, por fraude debe entenderse una falsa representación de una cuestión de hecho, mediante conductas y argumentos falsos y engañosos que está destinado a engañar a otro para que ese sujeto actúe sobre la base de la falsa representación con abierta violación a sus derechos.[67]

Si se quisiera ver que la presentación de documentación falsa en la República Argentina para obtener reembolsos del IVA no constituyen en fraude en su totalidad conforme la legislación estadounidense, habrá que tener presente que cuando dos cargos están en realidad tan entrelazados como para constituir un todo lógico, ambos son extraditables en la medida que cumplan con los requisitos generales del tratado.[68]

La legislación americana parte del principio que la audiencia en un proceso de extradición no es en verdad una audiencia probatoria y solo se exige que las pruebas admisibles en dicho país también sean admisibles en el país que peticiona la extradición. Bajo ésta premisa es factible obtener resultados positivos en los procesos de extradición.

En tiempo mediato[69] el Gobierno de Chile, bajo consideraciones idénticas a las que han precedido, ha obtenido sentencia a favor para extraditar a su país a un sujeto incurso en delitos de diversas índoles, entre los cuales estaba incluido el de tipo tributario.

En ésta línea interpretativa cabría la extradición, a título de ejemplo, de cualquiera de los sujetos nominados como cómplices en los delitos tributarios siempre que se probara que alguno de ellos participó en una conspiración tributaria mediante el ejercicio de conductas que constituyen el delito de la norma penal tributaria.

Para ello debe darse el requisito llamado de la doble incriminación que consiste fundamentalmente en que las conductas que motiva la extradición sea ubicable en disposiciones penales de los Estados requeriente y requerido siendo indiferente el que las leyes de las partes contratantes clasifiquen o no al delito en la misma categoría de delitos o usen la misma o distinta terminología para designarlo.[70]

Sabiamente la Dra. Grau Ruiz hace constar que su tesis se orienta en los supuestos de cooperación internacional de extradición tan solo a los delitos tributarios o *criminal offences* representados por la *tax evasión*.

Resumiendo la tesis de dicha calificada autora, aparece, a su criterio, que las normas del derecho internacional, acordadas por los Estados en el plano multilateral y supranacional, pueden afectar al ordenamiento jurídico tributario interno en cuestiones tan delicadas con las infracciones tributarias y los delitos fiscales.

Agrega, que conscientes de las disparidades existentes en el derecho interno de los distintos actores implicados en la escena internacional, los acuerdos internacionales han avanzado muy lentamente, y con las cautelas debidas, para respetar los derechos de los contribuyentes en los procesos sancionadores.

Ello debe ser tenido en cuenta para evitar menoscabar las garantías de los administrados, y sobre todo para desterrar procedimientos de aplicación de "criminalizar" conductas tributarias que en realidad no son tales.

67. *Black's Law Dictionary*.

68. "Shapiro *vs*. Ferrandina", 478 F.2d.894.

69. 10.2.1992, Corte del Distrito Sur de New York.

70. Esta doctrina está inmersa en la jurisprudencia de los Tribunales de los Estados Unidos de Norte América como lo explica Harry Graham Balter en su obra *Tax Fraud and Evasion*, Boston/USA, WGL, 1983.

## 2. *Las cooperaciones entre las administraciones tributarias*

El siguiente problema que se debe considerar es la temática concerniente a las atribuciones que deben desempeñar las Administraciones Tributarias en la persecución del delito tributario extra frontera y su tipificación dentro de los convenios de cooperación internacional.

Es inequívoco que el mejor sistema impositivo fracasa sin no tiene una administración eficiente y tal prevención es aplicable cuando se busca la concreción que hacen a los fines de un sistema armonizado tendiente a erradicar el fraude fiscal.

Ello permite sin hesitación alguna advertir que la vigencia plena de un mercado común, sin la existencia de una armonización de la actividad de las autoridades administrativas, dado que a estas últimas le está asignado una función trascendental en la marcha de tal propósito económico, pero en todos los casos, su actividad debe estar ceñida a expresas garantías constitucionales a favor del administrado.

Todo esfuerzo que ignorara esto último importaría considerar una armonización ficta, y fuera de todo control efectivo, con grave riesgo de distorsionar lo objetivos comunes, en especial en el tratamiento de los precios de transferencia

Es importante tener presente la mutabilidad de cuadro legal que puede operar en cualquier país integrante de un área armonizada, dado el carácter instrumental de la tributación y la evolución de la integración del mercado común en si mismo, lo que es proclive a generar distintos tipos de conductas disvaliosas.

Es por eso que no se puede dejar de considerar que en el desarrollo operativo del mercado común los aspectos administrativos juegan una actividad de importancia en la persecución del fraude, atendiendo que las administraciones tributarias y las aduaneras son agentes económicos inevitables en el proceso de circulación de bienes y servicios entre los países miembros.

Si a nivel local los efectos de un buen sistema tributario se desvanecen por deficiencias de su administración, ello adquiere mayor dimensión cuando se trata de considerar los efectos externos de la imposición en un mercado llamado único, en cuyo ámbito prevalecen pluriactuaciones de órganos administrativos nacionales.

A tal supuesto, cabe asignarle importancia de garantía constitucional, a favor de los particulares, al momento de la definición de normas de asistencia mutua administrativa en materia impositiva-aduanera.

Debo considerar en los mercados "extra frontera", que su funcionamiento es proclive a generar, por parte de los administrados, abusos de disposiciones tributarias, tendientes a crear paraísos "intra mercado", algunos por vía ardilosa.

En dicha temática, el dictado y aplicación efectiva de normas comunes tendientes a prevenir tal conducta aparece como incuestionable. Lo transcripto me lleva a que se deba intentar armonizar una definición del término "abuso de prácticas tributarias" donde adquiere un significado relevante el juzgamiento de la conducta desplegada por el sujeto tributario y también la posible existencia de lagunas legales en los textos de algún país integrante del mercado común.

Tal objetivo surge más diáfano cuando se comparan las conductas de los administrados y las prevenciones de la Administración meritando las supuestas reducciones de una unidad política a otra con relación a las retenciones en la fuente de dividendos, pago de intereses o regalías, o el medio usual de pagos excesivos de intereses de una jurisdicción a otra por la vigencia de posibles y aún imperceptibles asimetrías legislativas.

No menos importancia tiene la coordinación de las maniobras de conversión ejercidas por los contribuyentes, mutando la esencia del interés gravado por un dividendo exento en el impuesto a la renta, a título de simple ejemplo, desde un país a otro signatario.

O tal vez, visto desde la realidad fáctica, la importancia de coordinar la investigación mutua acerca de cual sujeto es el beneficiado por una norma de exención que conlleva un inequívoco beneficio económico.

En este supuesto va de suyo que se requiere la presencia en un país signatario de un ente que responde en interdependencia a otro de un tercer país integrante del mercado común.

La experiencia internacional en la materia permite adelantar que se intenta "intra mercado" sutiles intermediaciones de entrada y salida del objeto gravado de la comunidad para tomar localización efectiva en un país determinado luego de transitar por más de un sistema jurídico positivo nacional.

Las Administraciones deben coordinar en su accionar el supuesto cuando no siempre una compañía intermediaria es necesaria para lograr dichos objetivos, porque en muchos casos un asociado que goce de *status* especial, caso de pseudas "fundaciones" aparece desplegando los actos "intra mercado" en varios países para arribar a un último beneficiario exento indebidamente.

En la especie se requiere una especial coordinación de la Autoridad Fiscal del país de residencia del beneficiario final para evitar procesos evasivos que descolocan el accionar de otra administración y la propia existencia del mercado abierto.

Se ha declarado en las *Primeras Jornadas Tributarias del Mercosur* que el interés y compromiso de los Estados miembros es la represión de las maniobras fiscales ilegítimas dado que ello resulta esencial para no desvirtuar las estructuras fiscales nacionales, factor decisivo en la eliminación de las asimetrías de carácter económico.

Es bien sabido que el éxito de una armonización del accionar de la Autoridad Fiscal depende en gran parte del uso de una combinación juiciosa de disposiciones favorables relacionada con la legislación local y sus efectos en el otro país incluido. Para ello se requiere que las conductas se encuentren tipificadas en el mismo alcance y valoradas sobre una misma intención comunitaria.

Sobre esto último aparece la preeminencia de la armonización legislativa, imposible de ignorar, como paso inicial de todo intento coherente.

Lo referido en el párrafo anterior se alcanza por directa aproximación al hecho investigado; por criterios de exclusión, por aproximación al sujeto imponible o, por canales del uso del ingreso aproximado.

Esto no quiere decir que un método de la Administración excluya al otro o viceversa, y aun la combinación de unos y otros por parte de dos unidades administrativas pueden lograr resultados satisfactorios para una adecuada armonización de prevenir el fraude.

No hace falta alertar que el intercambio de información entre las Administraciones adquiere para lo expuesto vital consideración, porque de tal intercambio debe provenir la conclusión valorativa del factor en que se ha incluido un determinado contribuyente.

La información entre organismos administrativos aparece prioritaria para establecer la situación jurídica de residencia del administrado a fin de establecer su "*status* intra mercado".

El uso del método coordinado administrativo del canal referido a la disposición de ingreso, resulta el más adecuado a *prima facie* para controlar en forma satisfactoria no solo a los accionistas de una sociedad, sino a las sociedades de personas en todo lo referente a intereses y prestamos; regalías, rentas de propiedades inmuebles, gastos de publicidad sobre productos o servicios sin base jurisdiccional fija; etc.

Un autor argentino, Dr. Pedro Pagani[71] ex-presidente del Tribunal Fiscal de la

71. Trabajo presentado al *Primer Congreso de Armonización Tributaria Aduanera del Mercosur* referido en otras notas.

Nación, ha dicho con inequívoca sensatez que las administraciones tributarias al actuar en la frontera de la imposición juegan un rol fundamental en la relación fisco/contribuyente y como integrantes del sistema tributario están llamadas a realizar el control de gestión del mandato legal recibido, no solamente de su cometido sino del conjunto, permitiendo de esa manera la retroalimentación sistemática del modelo, advirtiendo sobre sus factibles desvíos pero siempre respetando límites constitucionales.

Los objetivos que se proyectan requieren un intercambio de información, desde la óptica armonizada, entre las Administraciones, donde el canje de experiencia entre los fiscalizadores tiene prioridad.

A esto último le sucede el intercambio de información, particularmente, si existe entre las unidades de áreas comunes, suscriptos acuerdos de doble imposición, porque ello es requisito primordial para la configuración de una asistencia mutua en la colección, reconstrucción y persecución de la verdadera magnitud tributaria del sujeto.[72]

El establecer mecanismos de información y cooperación que aseguren el ordenamiento jurídico en materia tributaria-aduanera, se proyecta ello como una vía de máxima importancia para los países signatarios del Tratado de Asunción, atendiendo que ello es de singular importancia en especial para regular la libre circulación de capitales.

Si efectúe hincapié en el ordenamiento jurídico ello encuentra razón habida cuenta que el sistema de derecho privado se refleja en el derecho fiscal nacional y en algunos aspectos existe descoordinación en el derecho privado.

No escapa al conocimiento general que se requiere explorar las limitaciones sobre esto último que puedan generar las prácticas administrativas de cada unidad política, en especial si existe alguna restricción de orden constitucional en cada una de ellas que resulten un obstáculo para efectuar acuerdos de información con otra jurisdicción foránea.

Si tales restricciones de orden legal no existen, un buen sistema de intercambio armonizado de información lo traduce exhibir en un país los documentos relacionados con la imposición en otra unidad; o en su defecto, precisar normas concerniente para fijar la prioridad del *status* territorial de un sujeto tributario.

Sobre el particular, el mentado *status* que debe precisar cada Administración, con abstracción de las opciones fictas que pueda realizar el contribuyente, resulta prioritario porque las actividades "intra mercado" de consecuencias tributarias se extienden desde el tráfico de mercaderías y servicios sobrepasando una jurisdicción política para insertarse en otra unidad determinada, hasta la imposición del producto.

Conviene advertir que el accionar de las Administraciones en forma mancomunada debe converger a precisar el concepto de sociedad-base en lo referente a su cumplimiento fiscal; categorizar y valorar los ingresos-base y la atribución fiscal del ingreso de la sociedad-base.

Lo referido conduce a establecer parámetros de asistencia mutua administrativa para que un órgano pueda recurrir en la averiguación de hechos a la asistencia oficial y judicial de otro Estado.

Debería precisarse los límites acerca de la ejecución de la asistencia oficial, para definir si a través de la misma se arriba a un método similar de constatación de las bases impositivas.

En todos los casos el Estado peticionado deberá ser responsable de las medidas a adoptar en su jurisdicción; y a su vez el Estado requeriente deberá responder por la responsabilidad de la idoneidad de las medidas a cuya realización contribuye la asistencia oficial foránea.

72. En este aspecto de debe tener presente para su debida comparación la Resolución del Consejo de la Comunidad Europea del 10.2.1975, la Resolución 94/C 355/02 y la Directiva 77/799 CEE, visto que la experiencia que deviene de tales instrumentos hacen imprescindibles su consideración.

No escapa a la dilucidación, que los secretos del negocio o de la empresa son hechos sobre circunstancias de gran trascendencia económica y aplicabilidad práctica. Por lo tanto, los Administradores deberían prever medidas para que el aprovechamiento injustificado del secreto no origine perjuicios al Administrado.

Pero el intercambio de la información debe encontrar su límite jurídico, cuando un miembro nacional resulte cohesionado por perjuicios incompatibles con la finalidad de la asistencia judicial y oficial requerida.

Un razonable sistema de experiencia resultaría, como lo he subrayado en capítulos anteriores, el intercambio de experiencia tributaria por ramo, por parte de las Administraciones, a fin de desarrollar criterios comunes respecto a determinar la utilización lícita de precios de compensación o transferencia dentro de empresas internacionales vinculadas.

Ello permitiría descubrir si existen casos de entes que, desplegado ardides, han traslado beneficios a sociedades-bases en países de distinta composición tributaria.

Bajo dicho aspecto, la cooperación entre las Administraciones no tiende solamente a lograr una mejor vigencia de la ley tributaria nacional, sino tiende a preservar los derechos fundamentales de los contribuyentes como se anticipo *ut supra*.

No puede soslayarse que los contribuyentes tienen especialmente el derecho al respeto de su privacidad y el derecho a poseer un procedimiento en la determinación de dichos derechos y obligaciones en la materia fiscal.

Sobre todas las cosas vale precisar que se debe salvaguardar los derechos de los contribuyentes bajo la ley nacional en su unidad política de actuación.

Al tomar vida la libre circulación de bienes, personas y capitales con ello aparecen nuevas formas operativas a las que deberán adecuarse los organismos fiscales.

Pero también deberán prepararse para la posibilidad de negar información cuando la requisitoria de ayuda no tiene transparencia tributaria.

Habrá de arribarse a lo que la doctrina denomina "equivalencia de información", a fin que un Estado no puede rehuirse a informar bajo excusa que no tiene equivalencia su respuesta. Sobre esto, es dable considerar que los límites a la obligación de intercambiar información está medido por una especie de "mínimo común denominador" representado por la analogía de las leyes y las prácticas administrativas de los Estados.

Simplemente, no es posible exigir a la administración fiscal del país solicitado que vaya más allá de sus propias leyes y prácticas administrativas internas al colocar la información a la disposición del Estado solicitante como bien lo publicita Ricardo Calle Saiz.[73]

Dicho en otras palabras, el requisito previo adicional es que la misma información debe ser obtenible también en el país solicitante conforme a su legislación y sus prácticas nacionales y en la marcha normal de la administración.

Empero, el intercambio de información en el tratado de cooperación administrativa de la OECD es materia de *ultimo ratio* dado que se ha previsto que la posibilidad del intercambio de información entre administraciones foráneas solo puede ser explorado cuando todos los medios propios locales procurando información están debidamente agotados.[74]

Como no puede dejarse de considerar la vigencia de los derechos precitados de los contribuyentes, las Administraciones se entiende que, deben ser cautelosas en el suministro de lo que se denomina "información no solicitada" o también "intercambio

73. *La Armonización Fiscal Europea*, Madrid/ España, Editorial Ac.

74. *Explanatory Report on the Convention on Mutual Administrative Assistance in Tax Matters*, Council of Europe, Strasbourg 1989.

espontáneo de información", porque ello implica un alto riesgo para la actividad comercial internacional.

En todos los casos habrá de considerarse si las Administraciones informantes de tipo espontáneo tienen o no obligación de observar mínimos legales comunes para asegurar la efectiva protección del contribuyente.

Unido a lo consignado en el párrafo anterior, se considera necesario la existencia de normas que obliguen a las Administraciones evitar, de ser posible, cualquier impacto adverso en las relaciones comerciales de los contribuyentes, que provengan por la transmisión de la información sin un pedido previo expreso de otro ente fiscal solicitante.

Lo transcripto debe también analizarse en lo concerniente a la armonización de atribuciones administrativas, a fin de merituar si procede la auditación simultánea de un contribuyente por funcionarios fiscales foráneos.[75]

A título de simple ejemplo, si analizamos lo que sucede en la Comunidad Europea, veremos que la Administración alemana defiende la intención de institucionalizar la auditoria simultánea atendida por funcionarios foráneos. Sin embargo, al día de hoy en el marco del Mercado Común Europeo, ello está sujeto al expreso consentimiento del contribuyente.[76]

Las propuestas de auditoria fiscal simultánea engloban problemas imposibles de ocultar y que merecen su debido tratamiento. Aquellas deben considerarse en los límites de los usos políticos generales, considerando a tal efecto las normas básicas para determinar la estructura impositiva y en especial la existencia de normas específicas para verificar las actividades extra fronteras.

Los funcionarios fiscales actuantes en tal conducta de verificación están constreñidos a considerar si la existencia de diferentes tipos impositivo en el impuesto societario es el resultado de la distorsión en la localización de las inversiones y sus beneficios que afectan el funcionamiento del mercado interno.

Por lo tanto, ello requiere el análisis, no solo de la tasa impositiva, sino de la base de imposición, la existencia de consolidación a efectos fiscal de tipo de nacional e internacional, las varias categorías de los incentivos fiscales específicos, y la discriminación del impuesto societario con arreglo a las formas del comercio.

Sumado a lo expuesto, una efectiva auditoria simultánea debería comprender en especial la base impositiva y las operaciones extra fronteras donde serian objeto de verificación especial la contabilidad fiscal y comercial; los métodos de depreciación incluyendo valor llave, otros intangibles y bienes bajo *leasing*, valuación de las existencias, el traslado en el tiempo de las pérdidas, las deducciones comerciales permitidas incluyendo las expensas de los bienes propios; reservas exentas y toda clase de provisiones, incluyendo en éstas últimas las referidas a las pensiones por desocupación y el tratamiento de las ganancias de capital.[77]

Considerando lo antes dicho, el accionar de las administraciones fiscales en un plano de armonización debe propender a resguardar la neutralidad interna y externa del sistema imperante en el ámbito del mercado común.

Con buen criterio Jesús Ruiz-Huerta Carbonell alerta que es preciso valorar ventajas e inconvenientes de los sistemas de los países signatarios a la vista de las características de cada uno de ellos, evitando los costos de duplicaciones e ineficiencias que se plantean con cierta fre-

75. "OECD Issues model agreement for simultaneous tax examinations", *Tax Notes International*, v. 5, n. 15, 12.10.1992.

76. *EC Tax Review* 1992/2.

77. Véase *Ruding Committee Report*, Erasmus University, Rotterdam y en especial *Worldwide Corporate Tax Compliance Procedures*, KPMG, 1992, como también *British Tax Review 2*, 1992, "Procedural rules for general and special commissioners", Basil Sabine, p. 82.

cuencia cuando el grado de integración o al menos de coordinación entre las administraciones no sobrepasan determinado nivel.[78]

Bajo este marco, es aconsejable integrar comprobaciones específicas de ramos de sectores de actividad; como también la relación de personas físicas que habiendo estado sometidas a la obligación personal de contribuir cambian su residencia fiscal.

Además, la verificación debería extenderse a comprobar la valoración de los elementos patrimoniales situados en el extranjero a los efectos de los impuestos que pudieran gravar los mismos, como la estimación de los rendimientos e incrementos de patrimonio que se originan en dichos bienes.

Las unidades políticas que son reticentes a tal simultaneidad de auditoria basan su tesis en que dichos procedimientos son incompatibles con su legislación local en atención a principios del poder de soberanía que indican que los funcionarios solo pueden ejercer su mandato dentro de la ley que le confiere su materia.

También se sostiene que la auditoria fiscal simultánea debe competir, para tener éxito, con los distintos métodos informativos que rigen en cada país por parte del contribuyente, y sobre todas las cosas, los criterios, no siempre armonizados, seguidos por los inspectores impositivos en la auditoria de los registros y cuentas del administrado.

Algunos autores, Bildenger, Massert y Ritter,[79] entre otros, entienden que procedimientos de auditoria simultánea, ejerciendo los funcionarios foráneos poderes de soberanía fiscal, representan la "extradición" del contribuyente de su propio Estado a otro foráneo.

Ello lleva por lógica consecuencia a inquirir hasta donde no se preanuncia la creación de una "supra administración" fiscal en el campo judicial internacional y de asistencia administrativa.[80] Tal ente debe ser analizado desde la perspectiva de la atenuación de la norma que pudiera adoptar la misma sobre el ordenamiento local, la posible incompatibilidad de las decisiones con este último ordenamiento y el significado de la estructura del accionar de la "supra administración" inmersa en el ordenamiento interno.[81]

Si se optara por formular una proposición de instaurar una "super administración internacional" las funciones a asignar a la misma consistirían en el derecho de efectuar recomendaciones y dictar directivas. También podría resultar la fuerza poseedora de toda la documentación del contribuyente de la zona común.

Para ser precisos, algunos autores de inicio le han dado poca importancia a este hipotético organismo, bajo la tesis que solo serviría para coordinar pero que no tendría función de autoridad.

Efectuando un análisis pausado de lo que antecede, resulta cierto que la "supra administración" tiene por objetivo preservar a las autoridades fiscales nacionales, y con ello se lograría un objetivo de máxima.

Los principios fiscales indispensables para el desarrollo de un mercado común orientado a los requerimientos de los negocios requieren mutuos sacrificios tributarios, sin que ello pueda generar una opresión fiscal internacional más allá del propio control administrativo.[82]

Por lo tanto, como paso previo, parece acertado disponer un análisis de la medida administrativa y variación de las leyes en la práctica dentro y fuera de los países

78. *Hacienda Pública Española* 119-3/1991, Madrid.

79. Véase *Cahiers de Droit Fiscal International*, Stockolm, IFA Congress, Subject II, 1990.

80. Conf. Carlos Molina del Pozo, *Derecho Administrativo y Derecho Comunitario. Las Fuentes*, Madrid/España, Editorial Trivium.

81. Un estudio interesante en la materia ha sido realizado por Fausto Pocar, *Diritto delle Comunitá Europee*, 4ª ed., Milano/Italia, Giuffrè Editore.

82. Véase *European Tax Review* 1976, 5/6 entre otros.

signatarios. Acto seguido debería instrumentarse por cada Estado una entrega particular de la interpretación de la ley fiscal en el curso de la administración.

Ello debería complementarse, con la oferta de información que no contraríe el orden público o derechos constitucionales del administrado. Lo transcripto es prioritario por el impacto que produce en un mercado común, en el campo de la fiscalidad, la atemperación del control de los flujos de capital. La liberación de dicho control aumenta la importancia del factor tributario, y sus movimientos pueden ser afectados por el monto relativo de las tasas legales en diferentes jurisdicciones.

Es por esto último que las Administraciones dictan proposiciones tendientes a generalizar la retención en la fuente, antes que el intercambio de informaciones. No obstante debe tenerse presente que determinadas unidades políticas integrantes de áreas económicas comunes en los últimos tiempos han revalorizado el intercambio de información sobre la retención en la fuente, bajo el sistema de estandarizar las formas para el uso del intercambio de información, las que incluyen un cuerpo de informes que en algunos casos excede el mero marco tributario.

Pero sobre todas las cosas, se debe considerar que la posible extensión de las facultades de verificación de las administraciones fiscales fuera de su competencia territorial de manera alguna puede ser un desmedro a la garantía objetiva de los derechos del contribuyente, y siempre se deben resguardar los derechos de los agentes privados.

Concordante a lo que antecede, se debe tener presente que es necesario propugnar, por inequívocas razones jurídicas, que el administrado tiene derecho a que le notifiquen que se está produciendo un intercambio de información a fin de permitirle que se oponga, en su caso, a que dicho intercambio tenga lugar.

En la Comunidad Europea es cada vez mayor los países que se muestran favorables a que se produzca una notificación de dicho tipo de actuaciones, cuando están en juego la protección del secreto comercial y/o industrial del administrado. Mas aún, empieza a vislumbrarse en el horizonte la efectiva recurrencia por ante los Tribunales de los pedidos de intercambio de información por el sujeto en cuestión.

Estoy persuadidos que el tema de la armonización de las facultades inquisitivas de las administraciones fiscales dentro de un mercado común tiene más importancia que la que usualmente se le presta. Prueba de ello es el modelo preparado a dicho efecto por el Centro Interamericano de Administradores Tributarios – CIAT.[83]

*Comparación de las legislaciones positivas y conductas posibles de adoptar*

La comparación de las legislaciones penales y/o tributarias de los países signatarios del Tratado de Asunción permite advertir esquemas diferentes, lo cual es muy importante al momento de intentar una armonización represiva.

Brasil desde el año 1990 reprime el fraude tributario mediante una ley especial; nuestro país lo hace desde el año 1990 a través de la Ley 23.771, hoy reemplazada por la n. 24.769, en Uruguay el Código Tributario prevé un capítulo especial para las infracciones y en otro para las conductas delictivas, y en Paraguay solo se ha previsto la reprimenda en esfera administrativa y en esfera penal.

Lo que antecede nos lleva a la palestra conocer en realidad si estos cuatro países participan de las mismas ideas bases para perseguir las conductas disvaliosas de orden tributario y/o aduanero.

Ergo, se está por ante la presencia del dilema de criminalizar o no las infracciones tributarias y sus hipotéticas consecuencias, tema que era objeto de debate en las *IV Jornadas Tributarias del Mercosur*, las que

83. *Primer Congreso sobre Armonización...*, ob. cit.

fueron suspendidas de su realización, en Paraguay, en el mes de junio del 2001.

Son conocidas las divergencias de la doctrina sobre el alcance de la expresión "derecho penal tributario" con relación a "derecho tributario penal".

Bajo ésta advertencia entiendo que lo antedicho se refiere a la posibilidad de aplicar el derecho penal referido al tema tributario, que se integra por el sustantivo "derecho" calificado por los adjetivos "penal" y "tributario".

La respuesta a formular consiste en establecer, dentro del orden jurídico tributario, cuando una infracción fiscal se convierte en delito, visto que la misma ha superado el grado de nocividad social y que consecuencias colaterales ello puede producir en otro posible juzgamiento.

*Advertencias*

Inclinarse por considerar viable o no la posibilidad de juzgar las infracciones tributarias, dolosa y de gravedad relevante, a tenor de las disposiciones del Código Penal o de una ley especial dictada al efecto, conlleva una serie de advertencias de orden constitucional, y que son privativas de cada decisión de política criminal que adopte cada Estado miembro.

La tesis positiva debe contener en su instrumentación todo lo previsible en un mundo jurídico civilizado y ello de manera alguna puede altera la paz que debe presidir en las relaciones sociales que imperan dentro del Estado de Derecho.

La preocupación se basa en la advertencia que realiza la doctrina califica acerca del flagelo que significa en sí transitar por un proceso penal tributario; flagelo de identidad mayor si la concurrencia a tal situación viene derivada por ligeras interpretaciones de la Administración, llevadas por denuncias al campo penal, que de manera alguna traducen el hecho tributario disvalioso inferido.

Si se instrumenta en debida forma al propio proceso penal tributario *como único*, la reparación de Juez Penal a favor de los imputados, mediante el dictado de una sentencia, que se encuentra firme, cuando no existe hecho tributario disvalioso en toda su conjugación, dicha reparación es una pétrea garantía para que de allí en más la misma situación tributaria no pueda ser objeto de un nuevo proceso, todo ello a condición que los órganos jurisdiccionales no adopten posiciones que se confundan con la pretensión disvaliosa de la Administración en cuyo caso el órgano administrativo deja de ser jurisdiccional y se subsume en impropias funciones de administrador, intento revivir lo que está agotado jurídicamente.

Creo sinceramente que si se adopta una tesis contraria a la que antecede ello se aproxima a configurar lo que Gregorio Robles publicita como la crisis de los derechos fundamentales en la ética de la sociedad actual,[84] lo que por si solo llama a la serena reflexión para su encuadre de consideración.

Para entender en su verdadero alcance que significa la prejudicialidad, habrá que tener presente que por depender las infracciones fiscales de una cantidad determinada como cuota defraudada, por principio, el cálculo de la cuota constituye una cuestión prejudicial.

Esto exige adentrarse en conocer si el legislador determina que dicho cálculo le compete al juez penal – *cuestión prejudicial no devolutiva* – o se va exigir que los jueces suspendan el procedimiento hasta que la Administración resuelva dicho cálculo – *cuestión prejudicial devolutiva*.

La doctrina está dividida, pero una forma de desechar toda posibilidad del *bis in idem* es establecer que le compete al juez penal el juzgamiento del hecho, su cuantificación y la conducta desplegada por el infractor.

Corresponde insistir que los hechos probados en sede penal son vinculantes para

84. "Los derechos fundamentales y la ética en la sociedad actual", *Cuadernos Civitas*, Madrid/ España, edición 1992.

la sede administrativa, de donde la doble sanción, penal y administrativa que permite el art. 17 de la Ley Penal Tributaria argentina n. 24.769 vulnera claramente el principio *nen bis in idem* y con ello el principio de culpabilidad como presupuesto de legitimación de la pena.

Ante decisiones definitivas de prejudicialidad penal, determinando que no existe hecho tributario disvalioso, el Fisco no debe ni puede intentar un segundo y reiterado juzgamiento del tratamiento impositivo de los mismos hechos, lo cual impide crear de la nada una impertinencia jurídica de repudio al *nen bis in idem*, con abierta mácula a lo regulado por el el Pacto de San José de Costa Rica.

*Prejudicialidad penal*

Si se introduce en el sistema legal el principio de prejudicialidad penal sobre la administrativa en la determinación de los hechos tributarios con el objeto que sea la jurisdicción penal la que define en instancia definitiva si existe hecho imponible como tales ocultados y si dicha ocultación es ardidosa a los efectos de encuadrar la misma en el tipo penal, va de suyo que ello indica la primacía absoluta y excluyente del juzgamiento al presunto infractor.

Cabe tener presente que en todo proceso penal tributario se requiere la existencia de un hecho imponible ardidoso para que exista un hecho punible.[85]

Es decir, los hechos que regule el Código Penal o la ley especial dictada al efecto punitivo, son los elementos constitutivos de una ocultación total o parcial ardidosa de la materia imponible-delito de especialidad,[86] lo que equivale a decir que cuando el juez penal investiga y determina que los hechos no solo no configuran una conducta ardidosa, sino que sobre todo son hechos no alcanzados por la tributación, *el hecho se transforma en causa y conducta a un mismo tiempo*, imposible de ser juzgada nuevamente.

Es imposible obviar el análisis profundo y necesario de la prejudicialidad tributaria en su alcance y efectos.

La temática del respectivo Código Penal o ley especial en la represión del delito fiscal, con relación al alcance de la materialidad de los hechos debe ser conjugada en sede penal como el concepto que involucra en forma prioritaria el análisis en si del propio hecho imponible y el despliegue de la conducta para transformar la cuantificación del mismo en forma ardidosa.

El juzgamiento definitivo que traduce la causa penal tributaria no es tan solo una valoración aislada de la conducta sino que el fallo judicial debe actuar como una prejudicialidad absoluta en los componentes del delito-manifestación del hecho imponible y la conducta asumida.

Cuando el legislador instrumenta la derogación de la prejudicialidad administrativa por su conversión en prejudicialidad penal ello encuentra su fundamento en razón que la prejudicialidad penal alcanza una relevancia jurídica porque en la conformación de la misma opera el conocimiento y resolución del problema por ante el órgano competente diseñado por aquel legislador.

La prejudicialidad penal presupone la conexión de la materia penal con otras materias, la administrativa tributaria en especial, que mediante la resolución por el ámbito penal definen la magnitud propia del hecho imponible investigado de ahí y para siempre.

La cuestión conceptual de prejudicialidad es determinante para obtener definiciones. Si el Código Penal o la ley penal especial dictada para perseguir el deli-

85. Antonio Moreno Cánoves y Francisco Ruiz Marco, *Delitos Socioeconómicos*, Zaragoza/España, Editorial Edijus; V. O. Díaz, *La Falsedad del Hecho Tributario en la Dogmática Penal*, Buenos Aires, Ediciones Macchi, 1993, etc.

86. Derivado de la norma extrapenal, es decir, el ordenamiento positivo de cada impuesto.

to tributario, dispone la prejudicialidad penal, ello se caracteriza por integrarse y conformarse como objeto de la materia del litigio[87] en toda su faz tributaria, donde la prejudicialidad penal se coloca como objeto propio y único de otro procedimiento, que actúa como resolución de fondo y no como mero presupuesto procesal.

El pronunciamiento del juez penal de competencia tributaria, determinando que no existe hecho imponible en un caso concreto o conducta disvaliosa, constituye un auténtico límite a la jurisdicción administrativa para conocer en idéntica materia tributaria porque restringe la competencia del mismo como órgano jurisdiccional administrativo, y por ende, hace que impida que conozca de las mismas cuestiones tributarias que en su faz integrativa del hecho imponible ya han sido valoradas y juzgadas en causa penal tributaria.

Creo que es necesario interpretar que se entiende por concepto de prejudicialidad homogénea por materia, para desalojar la posibilidad de construir de la nada una jurisdicción de apariencia heterogénea, como lo propugna algún sector de las Administraciones Tributarias.

Sin dicha interpretación se podría llegar a efectuar un verdadero repudio a lo resuelto por el juez penal cuando sentencia que no existe hecho imponible ni conducta disvaliosa, visto que ello es una situación determinante de la causa fuente del presunto delito (*la ajeneidad de la existencia de materia gravable*) y no es simplemente una circunstancia modificativa de la responsabilidad penal.

La prejudicialidad penal definitiva marca con contornos precisos que el hecho imponible está tan íntimamente ligado que es racionalmente imposible su separación para afirmar que el hecho imponible juzgado en sede penal sea un hecho imponible distinto y pasible de ser juzgado nuevamente en sede administrativa.

Cuando la sentencia del juez penal determina la inexistencia de hecho imponible tal decisión vincula a otro estamento jurisdiccional administrativo e impide que este último diga lo contrario, salvo que se quiera institucionalizar el escándalo jurídico.

Tengo posición adoptada en aquello, que el órgano jurisdiccional administrativo, por la íntima conexión que tiene el hecho tributario en todas sus esferas de juzgamiento, no puede llegar por vías independientes a la merituación de una distinta magnitud del hecho imponible que la ya prejuzgada, en especial tratándose en la interpretación del mismo presupuesto de ley.

Tampoco justifico una escasa vocación garantista a interpretar la esencia del proceso penal en su objetivo de conocer la verdad objetiva y no la presumida administrativa con las consecuencias que ello tiene.

Me resisto a admitir que la cultura del derecho penal sea materia devaluada para quitarle identidad al juzgamiento previo, que el juez penal realiza del hecho tributario en la esfera de su competencia. La prejudicialidad penal lo es en sentido propio en el proceso penal y en el proceso administrativo.

Si las unidades políticas adoptan para la persecución de las infracciones tributarias graves los patrones del Código Penal en ello se debe dar el clásico presupuesto de prejudicialidad penal de sustancia y no de prejudicialidad meramente procesal, porque el contenido de una sentencia penal que acredita que no existe el hecho imponible denunciado, es una definición definitiva en el juzgamiento de un hecho concreto.

Es decir, la materialidad del "hecho negativo" a la pretensión penal denunciada, represente el cierre definitivo o el reenvío de dicha decisión judicial firme a

87. Pedro F. Sanchez de la Parra y Septien, *Las Cuestiones Prejudiciales en el Orden Jurisdiccional Penal, Civil, Contencioso y Social*, Granada/España, Editorial Comares, 1996.

otras jurisdicciones de otros estamentos de poder con sustrato de cosa juzgada.

La convergencia del criterio penal, tanto positivo como negativo en el hecho tributario investigado lo es en igual forma para el acatamiento administrativo, dado que no se trata de hechos imponibles autónomos los que se analizan en el proceso penal y en el administrativo respectivamente, sino que, como lo he repetido en forma frecuente, la sentencia penal irrevocable lo es también con dicho alcance de merituación del hecho imponible en la sede administrativa.

En conclusión puedo afirmar sin la menor hesitación que la cuestión tributaria de naturaleza prejudicial penal está integrada tanto por la calificación jurídica de la obligación tributaria en primer lugar como la conducta constitutiva del delito presumido. Es decir se trata de una prejudicialidad de la naturaleza tributaria y penal del hecho y no han solo de esta última consecuencia.

Pero considero necesario para consolidar lo que antecede la existencia de tribunales penales especializados. Discrepo respetuosamente con los que sostienen criterios opuestos a tal exigencia, porque el proceso penal tributario debe proyectar en su tratamiento planteamientos a nivel material y probatorio de índole impositivo.

*Acerca de la cosa juzgada*

Carlos Creus explica que existe una suerte de vasos comunicantes entre el proceso criminal y el proceso tributario civil, cuando la plataforma fáctica de uno y del otro – el hecho principal – es la misma. Ello determina que se influencien recíprocamente aunque conviene ya decirlo, que la parte prioritaria y de adhesión viene dada a favor del proceso penal,[88] es decir que sin duda alguna, son mayores y acentuados los efectos de lo resuelto en la causa penal por sobre la causa tributaria civil.

En dicho alcance corresponde considerar que los elementos colectados en un proceso penal conexo a lo que se discute con posterioridad en sede tributaria administrativa tienen del primero hacia el segundo un traspaso legal e intransable, habida cuenta que la norma administrativa no tiene poder ni facultad para no considerar las calificaciones de actos procesales válidos en carácter de definitivos, mas, cuando es la propia Administración la que radica el accionar del contribuyente en la sede penal.

El juzgador penal si rechaza la denuncia luego de merituar la vigencia o no del hecho imponible atribuido por la Administración, especificando de la prueba colectada, que no existe hecho imponible gravable, ello traduce dictar una sentencia con los efectos de cosa juzgada sustancial para el litigio tributario civil posterior.[89]

Si la *res de qua agitur* de carácter administrativo no es una disposición diferente de la que se enjuició en sede penal como la prejudicialidad penal, ello de manera alguna puede otorgar el efecto negativo o excluyente de la cosa juzgada, porque el efecto prejudicial está referido a la conexión entre el fallo de la justicia en lo penal juzgado en la causa y el acto o disposición respecto del cual se incoa el proceso posterior.

Niego la posibilidad que las Administraciones Tributarias entiendan que están legitimados para conocer en función postjudicial sobre un mismo hecho ya finiquitado en sede penal. Para enarbolar una posición en contrario primero hay que abolir todas las normas legales y doctrina constitucional que prohíbe el doble juzgamiento.

Es imposible transformar el efecto de una sentencia penal tributaria, es imposible hacer de la misma una expresión declarati-

88. *Influencias del Proceso Penal sobre el Proceso Civil*, Santa Fe, Ediciones Rubinzal, 1979.

89. CSJ fallos 183; 297-296; 646 entre otros.

va antes que una constitución irreversible de derecho.

Acudiendo a la preclara opinión de Jorge de la Rua[90] en la doctrina local y a Marc Verdussen en la homónima foránea[91] entre otros, se verifica que lo que en materia procesal reconoce como fundamento la necesidad de afianzar la estabilidad de la sentencia para seguridad de los derechos subjetivos (cosa juzgada), en materia procesal penal adquiere la garantía política protectora a través del *nen bis in idem* que es el principio constitucional que da fundamento a la excepción de cosa juzgada.

La garantía del *nen bis in idem* actúa siempre que las conductas básicamente atribuibles sean idénticas, dado que las modificaciones en el resultado no alteran la coincidencia básica de los hechos imputados.

Es imposible desoir la vigencia del principio *nen bis in idem* con construcciones ajenas a la problemática específica para privilegiar un segundo juzgamiento, quedando en claro que la sentencia de la causa penal tributaria tiene efectos paralizadores de postrer procedimiento administrativo, es decir, se puede afirmar que la cosa juzgada, constitutiva de un amplio óbice procesal, protege al contribuyente contra un segundo proceso.[92]

En la República Argentina ello está expresado por la doctrina de la Corte Suprema consignada en fallos 299:221 entre otros, cuando señala que la cosa juzgada veda la exposición al riesgo que se deriva del sometimiento a un nuevo proceso de quien ya lo ha sufrido por el mismo hecho.

Ergo, el núcleo esencial del Estado de Derecho exige, en el ámbito de la potestad punitiva genéricamente considerada, evitar que una única conducta infractora reciba un doble reproche aflictivo.[93]

*Garantías*

Para responder a la problemática bajo examen cabe tener presente ante todo los largos años de lucha costó llegar a estructurar una vida organizada en sociedad. Terminar con el tormento, el juzgamiento permanente y sucesivo sobre lo ya realizado, los propósitos disvaliosos de tentar suerte jurídica por segunda vez en lo ya perdido, son la cíclope tarea que la universalidad jurídica le puso freno e hizo del individuo un ciudadano y no un vasallo.

Todo ello no se puede perder en aras de proteger la recaudación o sometiendo al contribuyente a dobles procesos, porque se empañaría el prisma de la seguridad jurídica en momentos que con más ahínco se demanda mayor cuota de esta última.

Si se estructura una persecución penal tributaria repudiando la cosa juzgada y se pretende reinstalar en el sistema el *bis in idem* o *bis in idem re ne sit actio*,[94] ello de por si solo ataca fuertes raíces del ordenamiento jurídico e ignora sin justificativo válido el principio de garantía penal. Ignorancia que desemboca en la dispersión de la protección constitucional de garantías expresas con el fin de privilegiar la antinorma.

Es imposible cambiar la realidad de las cosas porque el hecho tributario siempre es el mismo en sede penal que en sede administrativa, donde su materialidad por ende también es la misma. Bajo esta consideración, el valor acertivo de lo resuelto

90. *Proceso y Justicia*, Buenos Aires, Lerner, 1980.

91. *Contours et Enjeux du Droit Constitutionnel Penal*, Bruxelles, Bruylant, 1995.

92. Bernardo Santalucia, *Derecho Penal Romano*, Madrid/España, Editorial Centro de Estudios Ramón Areces, 1990.

93. Javier Boix Reig, "Cuestiones relativas al proceso penal por delito fiscal", ponencia presentada al *Congreso sobre Principios, Derechos y Garantías Constitucionales del Régimen Sancionador Tributario*, Toledo/España, noviembre del 2000.

94. No haya dos veces acción acerca de lo mismo. Resulta muy ilustrativo referenciar el libro de Piero Longo y Niccolo Ghedini titulado *Commentario Costituzionale al Codice di Procedura Penale*, Padova/Italia, Cedam, 1995.

en un proceso penal tributario – la causa penal –, concurre también sobre otros preceptos que alientan a merituar el mismo hecho.

Desde ya rechazo que puede existir un *plus* agravatorio de juzgamiento realizado en sede administrativa atendiendo que ello no puede ser captado como válido en el marco del derecho concurrente por separado, porque el principio *nen bis in idem* se sustenta en la identidad del hecho en el juicio de la especialidad, con lo cual, la presencia de un mismo hecho concretamente verificado obliga a la aplicación de una sola ley lo más cualificante.[95]

Si la norma penal tributaria crea la sustitución de juicio de especialidad tributaria por un juicio de adherencia a lo resuelto en sede penal, ello se sustenta en la específica especialidad del mismo hecho tributario.

Aquí toma mayor dimensión el principio *nen bis in idem*, porque el mismo implica cabalmente la imposibilidad de apreciar el hecho tributario en dos formas legales asimétricas para reconducirlo a dos juzgamientos independientes.

Cuando la prejudicialidad penal fija la consecuencia que el hecho investigado no es imponible, se establece la prohibición de adosar varias veces el juzgamiento del hecho, porque la manifestación tributaria protegido por la ley penal o por la ley tributaria siempre responde a una sola norma.

Es inadmisible desconocer que un mismo hecho no puede erigirse en materia de aplicación de diversas leyes, cuando una de éstas está contenida en la otra.[96]

Ninguna función resolutiva que se limita a reasumir el resultado conclusivo de una investigación llevada a cabo sobre la misma especie tributaria operará en cuanto el hecho constituya una unidad.

95. Francesco Antolisei, *Manuale di Diritto Penale*, Milano/Italia, Giuffrè Editore.

96. Ramón García Albero, "Non bis in idem", *Cedres Derecho Penal*, Barcelona/España, 1995.

Así entendido, el principio *nen bis in idem* sustancial no hace otra cosa más que reducir los tradicionales principios de especialidad, subsidiariedad y consunción.

Si la norma de la persecución penal tributaria es diseñada bajo el modelo amplio, es decir, actúa como un proceso de suficiencia, ello opera sobre una sola pretensión calificadora de la esencia del hecho imponible, dado que en la faz legal del mismo es imposible asignarle al concepto variado comportamiento conforme sea el fuero donde se aplica.

No es aceptable que un ordenamiento penal tributario y una ley administrativa tengan dualidad de calificación sobre la naturaleza jurídica del hecho imponible, porque para calificar un supuesto tributario solo existe la ley específica del impuesto, en cuyo alcance lo que se juzga por el fuero penal competente es de misma especie para el conocimiento del órgano administrativo.

Por lo tanto, autoridades de juzgamiento tributario y a través de procedimientos distintos, están imposibilitadas legalmente de resucitar un pronunciamiento de prejudicialidad penal obligatoria. El "*ius* calificador" del Estado es el mismo en el proceso penal que en el proceso administrativo en cuanto a la naturaleza del hecho imponible.

El *bis* debe interpretarse en todos los casos como la consecuencia jurídica desfavorable derivada de una desvaloración plural del hecho indebido donde la estructura propia de los preceptos materiales de la Constitución requiere la apelación frecuente a conceptos de valor jurídico.

Este concepto de valor no es una norma cerrada y autosuficiente, sino que debe entenderse el valor de haber conjugado la no gravabilidad de los hechos bajo investigación realizada por el tribunal penal competente como portador de una justicia superior a lo que pueda decidir un órgano administrativo.

Si los países instrumentan la persecución de los ilícitos tributarios dolosos en la órbita del Código Penal, la potestad calificadora de la esencia del hecho imponible, existiendo proceso penal, es para los órganos administrativos una función vedada de conocer, porque la disciplina de persecución penal tributaria actúa a favor de la preeminencia calificadora del fuero penal.

Los presupuestos de la esencia del hecho imponible están colmados en el proceso penal tributario y son imposibles de reproducirse total y absolutamente como un intento de conocer por segunda vez los mismos hechos un órgano administrativo jurisdiccional.

Se debe tener presente la existencia de convergencia de normas como costo estructural de todo ordenamiento jurídico, las cuales por si mismos son un repudio a la aplicación del principio *nen bis in idem*.

El posible argumento de la negación estructural se desvanece rápidamente por su falta de contexto jurídico, porque la unidad normativa del hecho imponible investigado en sede penal cuando el mismo no existente, ello no es otra cosa que la unidad de un único y solo juzgamiento tributario.

*El hecho imponible en sede penal y en sede administrativa, por ser un instituto único, tiene los mismos elementos típicos con capacidad para generar consecuencias jurídicas iguales de valoración tributaria en ambos procesos.*

De lo que antecede surge manifiesto la prohibición de la doble valoración de la naturaleza jurídica del hecho tributario y el principio de prohibición de plural utilización del mismo como factor relevante de un posterior proceso habiéndose agotado el primero. Ello me lleva a subrayar que:

La consecuencia jurídica de una norma no puede ser aplicada varias veces cuando su presupuesto ha sido utilizado una sola vez.

Si se comparte lo que antecede, el mismo hecho tributario verificado por el juez en lo penal económico, no puede ser tomado en cuenta de modo plural en la constitución de varias normas jurídicas, en nuestro caso, en distintos procesos.

Agregaré algo más. Si existe una sanción administrativa firme dictada incluso antes de la apertura del proceso penal tributario, ello impide el posterior enjuiciamiento del mismo sujeto por los mismos hechos y fundamento en la jurisdicción penal.

Resulta claro por cuanto la infracción tributaria administrativa puede considerarse en cada caso concreto, medio o camino para la infracción penal.[97]

## *Conclusiones*

De todo lo que antecede se debe observar:

*1.* Para incorporar los ilícitos tributarios a la reprimenda bajo las regulaciones del Código Penal o de leyes especiales dictadas al efecto, ello solo es aceptable si se trata de conductas dolosas y de gravedad relevante y se respetan a ultranza las garantías básicas del proceso penal.

*2.* Criminalizar las infracciones de bagatela es un sinónimo de monetizar el código penal con un regreso a la prisión por deudas.

*3.* En todos los casos debe precisarse que la prejudicialidad del proceso penal se caracteriza por integrarse y conformarse como objeto de la materia del litigio en toda su faz tributaria, donde la prejudicialidad penal se coloca como objeto propio y único de otro procedimiento, que actúa como resolución de fondo y no como mero presupuesto procesal.

*4.* Debe descartarse la posibilidad que luego de una sentencia penal definitiva que exculpa el hecho tenido por divalioso, la Administración tenga facultades postjudiciales para iniciar un nuevo proceso so-

97. Miguel Bajo Fernández y Silvina Bacigalupo, *Delitos Tributarios y Previsionales*, Buenos Aires, José Luís Depalma Editor, 2001.

bre los mismos hechos y conducta del contribuyente.

Así debe interpretarse porque en el proceso penal tributario el juez lo es del hecho tributario tenido por disvalioso y de su conducta generadora. Entender que solo es competencia del juez penal valorar la conducta desvinculada del propio hecho tributario importa desconocer la exégesis del delito fiscal, entronizando arbitrariamente el principio *bis in idem*.

*5.* Para concretar lo que se propone en el punto anterior, se requiere la creación de tribunales especializados en el delito tributario como exigencia de seguridad jurídica.

# LIMITAÇÕES AO PODER DE TRIBUTAR NA CONSTITUIÇÃO BRASILEIRA[1]

REGINA HELENA COSTA

Livre-Docente em Direito Tributário pela PUC/SP. Mestre e Doutor em Direito do Estado pela mesma Universidade. Professora Assistente-Doutor em Direito Tributário na Faculdade de Direito da PUC/SP. Desembargadora Federal do Tribunal Regional Federal da 3ª Região

*1.* Este singelo texto visa apresentar, sinteticamente, noções elementares acerca do perfil do sistema constitucional tributário do Brasil, destacando seus aspectos mais importantes.

Principiemos por relembrar que, em sentido amplo, a tributação é uma atividade abrangente não apenas da instituição de tributos, mas também da sua arrecadação e da fiscalização de seu recolhimento, estas últimas tarefas eminentemente administrativas.

O Sistema Tributário Nacional brasileiro resulta da conjugação de três planos normativos distintos: o texto constitucional, a lei complementar, veiculadora de normas gerais em matéria tributária (o Código Tributário Nacional) e a lei ordinária, instrumento de instituição de tributos por excelência.

A Constituição da República, à evidência, é a principal fonte do direito tributário no Brasil. Abriga os lineamentos para o adequado exercício da ação estatal de exigir tributos. Sublinhe-se constituir peculiaridade do Direito brasileiro o fato de o sistema tributário estar delineado essencialmente na própria Constituição, diversamente do que se dá na maioria dos países, nos quais o texto fundamental dedica pouca atenção à disciplina da tributação, regrada primordialmente pela legislação infraconstitucional.

Dessa característica extraem-se, facilmente, duas conseqüências relevantíssimas para a adequada compreensão dos parâmetros a serem observados pelo legislador e administrador tributários.

A primeira, consistente no fato de que, se a Constituição brasileira é rígida, por contemplar um processo especial para sua modificação, mais complexo do que aquele previsto para a elaboração de uma lei ordinária, tal rigidez transmite-se ao Sistema Tributário Nacional, que somente pode ser modificado, em sua estrutura básica, por meio de emenda constitucional.

E a segunda conseqüência, consoante a qual toda modificação, a ser implementada no plano infraconstitucional, deverá atentar às balizas preestabelecidas na Lei Maior, o que resulta na restrita liberdade

1. Texto correspondente à palestra proferida no *Encuentro Hispano-Brasileño de Derecho Tributario – Procesos de Armonización Fiscal*, promovido pelo Centro Internacional de Estudios Fiscales da *Universidad Castilla-La Mancha*, em Toledo/Espanha, no dia 12.12.2005.

outorgada aos legisladores ordinário e complementar para dispor sobre a tributação – e, obviamente, na nenhuma liberdade outorgada ao administrador nessa seara.[2]

A rigidez do sistema e a diminuta liberdade conferida aos legisladores e aplicadores da lei tributária encerram limitações que merecem exame.

As primeiras limitações a serem registradas são as chamadas "cláusulas pétreas", normas constitucionais que consignam valores imutáveis para o Estado brasileiro. Estampadas no art. 60, § 4º, da Constituição,[3] interessam de perto ao objeto deste estudo as referentes à impossibilidade de, por meio de emenda constitucional, veicular-se qualquer dispositivo que conduza à abolição da forma federativa de Estado, da separação dos poderes e dos direitos e garantias individuais.

A Federação, como sabido, pode ser classicamente definida como a forma de Estado consubstanciada na autonomia recíproca entre a União e os Estados-Membros. No Brasil, a Federação conta com tríplice ordem jurídico-política, diante da autonomia igualmente outorgada aos Municípios.[4]

Assim, seja qual for a proposta de alteração do sistema tributário, deverá ela observar, necessariamente, a repartição de competências inerente ao modelo federativo adotado.

Do mesmo modo, o princípio da separação dos poderes, proclamado no art. 2º da Constituição,[5] diz diretamente com o perfil das competências tributárias, na medida em que, estabelecido que a lei é o instrumento fundamental para o exercício da tributação,[6] pouco podem os atos do Poder Executivo nesse âmbito, sob pena de ofensa ao aludido princípio.

Ainda, os direitos e garantias individuais constituem barreiras intransponíveis à introdução de inovações no sistema tributário, uma vez que limitam a própria ação estatal de exigir tributos.

Os direitos individuais contemplados na Constituição são considerados direitos fundamentais, assim entendidos aqueles sujeitos a regime jurídico diferenciado, que lhes dispensa maior proteção. A relação necessária entre a tributação e os direitos fundamentais, revela-se, especialmente, mediante a eleição dos fatos que o legislador constituinte apreende nas regras-matrizes de incidência tributária e pela maneira mediante a qual o Estado exerce a atividade tributária.

Como sabido, os tributos atingem, obrigatoriamente, dois direitos fundamentais: o direito à propriedade e o direito de liberdade. O primeiro é alcançado direta e imediatamente pela tributação, porque o tributo consiste em prestação pecuniária compulsória, devida por força de lei, implicando sua satisfação, obrigatoriamente, a diminuição do patrimônio do sujeito passivo, diminuição essa que, no entanto, jamais poderá caracterizar confisco.[7]

2. Como sabido, na seara tributária, a atividade administrativa é vinculada, vale dizer, o regramento legal das condutas a ela inerentes é exaustivo, não se concedendo, ao administrador, margem alguma de apreciação subjetiva. Assim é que o Código Tributário Nacional, ao definir o conceito de tributo em seu art. 3º, prescreve: "Tributo é toda prestação pecuniária compulsória, em moeda ou cujo valor nela se possa exprimir, que não constitua sanção de ato ilícito, instituída mediante lei e *cobrada mediante atividade administrativa plenamente vinculada*" (destaque nosso).

3. Art. 60, § 4º: "Não será objeto de deliberação a proposta de emenda tendente a abolir: I – a forma federativa de Estado; II – o voto direto, secreto, universal e periódico; III – a separação dos Poderes; e IV – os direitos e garantias individuais".

4. Art. 1º da Constituição da República: "A República Federativa do Brasil, formada pela união indissolúvel dos Estados e Municípios e do Distrito Federal (...)".

5. "Art. 2º. São Poderes da União, independentes e harmônicos entre si, o Legislativo, o Executivo e o Judiciário."

6. Prescreve o texto constitucional brasileiro: "Art. 150. Sem prejuízo de outras garantias asseguradas ao contribuinte, é vedado à União, aos Estados, ao Distrito Federal e aos Municípios: I – exigir ou aumentar tributo sem lei que o estabeleça; (...)".

7. Preceitua o texto fundamental brasileiro: "Art. 150. Sem prejuízo de outras garantias asseguradas ao contribuinte, é vedado à União, aos Esta-

Por outro lado, o direito de liberdade, genericamente considerado, é alcançado pelo tributo indiretamente, por via oblíqua, conforme os objetivos a serem perseguidos pelo Estado, porquanto sua exigência pode influenciar comportamentos, determinando as opções dos contribuintes. Assinale-se que outros direitos fundamentais também devem ser considerados pela tributação, uma vez que por ela alcançados de forma indireta, tais como os direitos à saúde e à educação.

Postos, em breves palavras, os contornos formais do sistema constitucional tributário, impende apreciarmos o seu conteúdo.

Os textos constitucionais brasileiros,[8] tradicionalmente, cuidam de quatro temas fundamentais na seara fiscal: 1) a previsão das regras-matrizes de incidência; 2) a classificação dos tributos; 3) a repartição de competências tributárias; e 4) as limitações ao poder de tributar.

Vejamos, sucintamente, cada qual.

No Brasil, diferentemente do que ocorre na maioria dos países, é a Constituição que aponta as situações fáticas que poderão ser apreendidas pelo legislador infraconstitucional para a instituição de hipóteses de incidência tributária. Vale dizer, a lei somente poderá contemplar fatos que se encontrem dentro da moldura constitucionalmente traçada para esse fim, o que representa sensível limitação à eleição de situações a ser efetuada pelo legislador.

A Constituição não cria os tributos, mas, induvidosamente, autoriza a sua instituição dentro de parâmetros objetivos por ela consignados. Em relação aos impostos, traça hipóteses específicas, todas pertinentes a fatos de caráter econômico, como auferir renda e proventos de qualquer natureza, ser proprietário de imóvel urbano e prestar serviços de qualquer natureza.

Já no que respeita às taxas e à contribuição de melhoria, apresenta situações genericamente postas: para as primeiras, o exercício do poder de polícia e a prestação de serviço público, específico e divisível, prestado ao contribuinte ou posto a sua disposição; para as últimas, a valorização imobiliária decorrente de obra pública.[9]

Outro tema de que se ocupa o texto fundamental brasileiro em matéria tributária é a classificação dos tributos. Avocou o legislador constituinte essa tarefa, estabelecendo as espécies tributárias consoante o critério da existência ou não de atuação estatal que dê suporte à exigência fiscal. Assim é que temos os impostos como os tributos não vinculados a uma atuação estatal, enquanto as taxas e a contribuição de melhoria como tributos vinculados a um comportamento do Poder Público.[10]

Assunto que também é objeto de disciplina constitucional é a repartição de competências tributárias.

A competência tributária consiste na aptidão para instituir tributos, descrevendo, por meio de lei, as suas hipóteses de incidência. No Brasil, o veículo de atribuição de competências, inclusive tributárias,

dos, ao Distrito Federal e aos Municípios: (...) IV – utilizar tributo com efeito de confisco". Definimos confisco, medida de caráter sancionatório, como a absorção total ou substancial da propriedade privada pelo Estado, sem a correspondente indenização.

8. O Brasil já teve diversas Constituições: a de 1824 (Constituição Imperial); a de 1891 (1ª Constituição Republicana); a de 1934; a de 1937; a de 1946, a de 1967, a 1969 (conhecida como a Emenda Constitucional n. 1 à Constituição de 1967) e a atual, de 1988. O modelo de sistema tributário vigente possui perfil inspirado no sistema desenhado na Constituição de 1946.

9. A afirmação pode ser comprovada da simples leitura de alguns artigos da Constituição brasileira: arts. 145, 153, 155 e 156.

10. No Brasil, as taxas são consideradas tributos vinculados a uma atuação estatal *diretamente* referida ao sujeito passivo, enquanto a contribuição de melhoria é entendida como tributo vinculado a uma atuação estatal *indiretamente* referida ao sujeito passivo. Os preceitos constitucionais indicados na nota anterior expressam essa classificação. Registre-se, outrossim, que o sistema constitucional tributário brasileiro contempla outras figuras tributárias além das citadas, quais sejam, os empréstimos compulsórios (art. 148) e as contribuições especiais (arts. 149, 149-A, 177 e 195).

é a Constituição da República. Tal sistemática torna-se especialmente relevante em um Estado constituído sob a forma federativa, com a peculiaridade do convívio de três ordens jurídicas distintas: a federal, a estadual/distrital e a municipal.

A Constituição dita, portanto, o que pode cada pessoa política realizar em matéria tributária, demarcando os respectivos âmbitos de atuação, no intuito de evitar conflitos entre União, Estados-Membros, Distrito Federal e Municípios.[11]

Por fim, trata igualmente a Constituição brasileira de apontar limitações ao poder de tributar, vale dizer, as contenções ao exercício dessa atividade estatal.

Tais limitações são traduzidas, essencialmente, na definição de princípios e imunidades.

Os princípios constituem os vetores, e podem ser definidos como as normas fundantes de um sistema, cujos forte conteúdo axiológico e alto grau de generalidade e abstração ensejam o amplo alcance de seus efeitos, orientando a interpretação e a aplicação de outras normas.

O texto constitucional brasileiro é rico na declaração expressa de princípios tributários, tais como os da capacidade contributiva, da legalidade, da isonomia, da anterioridade, da irretroatividade, da vedação ao confisco, dentre muitos outros.[12]

Representam diretrizes positivas, a guiar o legislador e o administrador fiscais na busca da tributação justa.

Outras expressivas limitações constitucionais ao poder de tributar são as exonerações qualificadas como imunidades. Uma vez efetuada a opção política de se definir a competência tributária em nível constitucional, tem-se, como conseqüência, a previsão de exonerações fiscais consideradas mais relevantes nesse mesmo nível.

A Constituição brasileira contempla dezenas de normas imunizantes, alusivas a distintos tributos. Lembraremos aqui apenas as consideradas mais importantes, as imunidades denominadas "genéricas", porquanto dirigem vedações a todas as pessoas políticas, abrangendo quaisquer impostos[13] que recaiam sobre o patrimônio, a renda e os serviços das entidades consideradas, bem como consideram a maior densidade dos direitos por elas consagrados.

Encontram-se hospedadas no art. 150, inciso VI, alíneas *a* a *d*, do texto fundamental e são as seguintes:

*1.* a *imunidade recíproca das pessoas políticas* que, no caso brasileiro, compreendem a União, os Estados-Membros, o Distrito Federal e os Municípios. Obsta tal norma que essas pessoas venham a instituir impostos sobre patrimônio, renda ou serviços umas das outras, bem como às suas autarquias e fundações. A justificativa para essa exoneração lastreia-se no fato de que, constituindo a Federação Brasileira a autonomia recíproca entre a União, os Estados-Membros, o Distrito Federal e os Municípios, impositiva da isonomia entre esses entes, dessa reciprocidade deflui a vedação de tributação, também recíproca, em matéria de impostos que lhes toquem o patrimônio, a renda e os serviços;

*2.* a *imunidade dos templos de qualquer culto*, em relação ao patrimônio, à renda e aos serviços relacionados com as finalidades essenciais da entidade. Essa exoneração visa a garantir a eficácia da diretriz constitucional contemplada no art. 5º, VI, que assegura a liberdade de crença e o livre exercício de cultos religiosos, densificando-os. Lembre-se, ainda, ser vedado

11. A repartição de competências tributárias vem estatuída da seguinte forma: 1) competências da União: arts. 145, 147, 148, 149, 153 e 154; 2) competências dos Estados-Membros: arts. 145, 149, § 1º e 155; 3) competências dos Municípios: arts. 145, 149, § 1º, 149-A e 156; e competências do Distrito Federal (arts. 145, 147, 149, § 1º, 149-A e 155).

12. V. arts. 145, § 1º; 150, I, II e III, *a*, *b* e *c* e IV.

13. Portanto, afastam a possibilidade de exigência dos tributos não vinculados a uma atuação estatal, tão-somente, não alcançando a exigência de taxas e contribuições.

às pessoas políticas "estabelecer cultos religiosos ou igrejas, subvencioná-los, embaraçar-lhes o funcionamento ou manter com eles ou seus representantes relações de dependência ou aliança, ressalvada, na forma da lei, a colaboração de interesse público" (art. 19, I, da CF) – preceito que impõe a neutralidade do Estado brasileiro perante a Igreja e os cultos religiosos;

*3.* a *imunidade dos partidos políticos, inclusive suas fundações, das entidades sindicais de trabalhadores, das instituições de educação e de assistência social sem fins lucrativos*, atendidos os requisitos de lei, quanto à exigência de impostos sobre o seu patrimônio, renda e serviços, relacionados com as finalidades essenciais. Tais pessoas desempenham relevantes papéis na sociedade, ora viabilizando o exercício de direitos fundamentais, ora suprindo deficiências da atividade estatal e, por tais razões, recebem tratamento tributário diferenciado; e

*4.* a *imunidade dos livros, jornais, periódicos e ao papel destinado à sua impressão*, que prestigia diversos valores: a liberdade de comunicação, a liberdade de manifestação do pensamento, a expressão da atividade intelectual, artística, científica, visando ao acesso à informação e à difusão da cultura e da educação, bem como o direito exclusivo dos autores de utilização, publicação ou reprodução de suas obras, transmissível aos herdeiros pelo tempo que a lei fixar (arts. 5º, IV, IX, XIV e XXVII, 205, 215 e 220).

Vistas, em ligeiras considerações, as limitações ao poder de tributar impostas pela Constituição brasileira, cabe concluir que a discrição legislativa em matéria tributária, no sistema brasileiro, é extremamente restrita, cabendo ao legislador e, em conseqüência, ao administrador fiscal, atuar com a máxima cautela diante do grande risco de produzir leis e atos administrativos inconstitucionais.

# A NORMA DE ANISTIA NO ORDENAMENTO TRIBUTÁRIO BRASILEIRO

CALILO JORGE KZAM NETO
Doutor em Direito Tributário pela PUC/SP. Mestre em Ciências Jurídicas pela PUC/RJ.
Professor da UFPa. Advogado.

## *I – A norma de anistia no ordenamento tributário brasileiro*

### *1. O significado da "exclusão do crédito tributário" no CTN*

Não há na lei conceito de *exclusão do crédito tributário*, mesmo porque não é função de lei nenhuma formular conceitos teóricos. É preciso saber, entretanto, qual o sentido desejado pelo legislador com tais termos.

O termo *exclusão* significa impedimento, afastamento, eliminação, expulsão.[1] O legislador do CTN ao indicar a palavra *exclusão*, pretendeu comunicar que tanto a norma de anistia quanto a norma de isenção evitariam e impediriam a constituição do crédito tributário. Enfeixaram em um único contexto gramatical fenômenos normativos absolutamente diferentes.

Muitos doutrinadores aceitam, sem nenhum questionamento, a inserção da anistia como "exclusão do crédito tributário", entendendo que, conforme a atual sistemática do CTN, a exclusão do crédito tributário ocorre quando, embora tendo ocorrido o fato gerador que faz nascer determinada obrigação tributária, o crédito tributário que deveria lhe corresponder, não chega a se constituir, devido à produção de normas de isenção ou de normas de anistia, que impediriam o lançamento e, conseqüentemente, a constituição do crédito tributário.

Através desta ótica, crédito tributário é o direito subjetivo de o Fisco exigir a prestação tributária (está permitido exigir), que corresponderia ao dever subjetivo de cumprir a prestação (está obrigado a prestar), porquanto considerado nesta visão como débito tributário. Certamente, esta proposição considera como fato jurídico tributário a hipótese tributária descrita no antecedente da norma geral e abstrata, aquilo que é conhecido na concepção clássica do fato jurídico como "fato gerador" e que desconsidera a natureza dos enunciados conotativos constantes na norma geral e abstrata que, rigorosamente, apenas visualizam hipoteticamente a prescrição de vínculo de direito e, ainda, que os eventos acontecidos no mundo fenomênico estabelecem apenas uma obrigação que se mantém no plano psicológico do sujeito passivo, sen-

1. Caldas Aulete, *Dicionário Contemporâneo da Língua Portuguesa*, v. II, 2ª ed., Rio de Janeiro, 1968, p. 1.655.

do impossível, antes de ganhar o revestimento em linguagem competente, de constituir-se como uma obrigação efetivamente jurídica, na qual a entidade tributante sabe de quem cobrar e quanto cobrar.

Ademais, esta proposição, que entende que a obrigação nasce com o evento e a prescrição do vínculo contido na norma geral e abstrata, estabelece uma concreta relação jurídica tributária, opera com categorias diferentes de nosso sistema de referência e com o que entendemos como crédito tributário e sua posição dentro da compostura formal do que seja a relação jurídica tributária.

O entendimento acima, entretanto, não esposado nos raciocínios ora apresentados, é adotado na própria sistemática do CTN, e é resultado de premissas, cujo sistema de referência, postula no art. 113 que "a obrigação tributária surge com a ocorrência do fato gerador e extingue-se com o crédito tributário dela decorrente". Dita postulação legal, fundada na premissa de que há obrigação e relação jurídica tributária na norma geral e abstrata, acaba por cindir conceitos absolutamente incindíveis. Isto porque a relação que vincula efetivamente dois sujeitos de direito e na qual o credor pode exigir do devedor obrigação de caráter patrimonial certa, somente surge quando os critérios de identificação e enunciação do fato jurídico relacional restam vertidos em linguagem competente através de norma individual e concreta.

Na postulação do Código Tributário Nacional há uma separação entre obrigação e crédito. Satisfeito este, desaparece o próprio objeto da obrigação, sem o qual ela não subsiste. Se não há um crédito contraposto a um débito, não há que se falar em obrigação. Na relação jurídica completa, o crédito consiste em elemento essencial, ou seja, o direito subjetivo de exigir o objeto (está permitido exigir), contraposto no esquema relacional da obrigação ao dever subjetivo de cumprir a prestação (está obrigado a prestar), que é o dever jurídico cometido ao sujeito passivo. Daí, porque, é ilógica a existência de uma obrigação sem que alguém tenha o direito de exigi-la. O vínculo é relacional. O dever quando é cumprido, o direito subjetivo desaparece e vice-versa.

Assim, a expressão *exclusão do crédito tributário*, cunhada pelo legislador na sistemática do CTN, ignora que não existe obrigação sem correspondente direito pretendido.

Assim, a norma de anistia não pode ser considerada fórmula expulsiva ou eliminatória do crédito tributário, uma vez que não existe obrigação tributária sem o correspondente direito pretendido, decorrendo daí, que o crédito tributário somente surge com a norma individual e concreta que certifica de quem cobrar e quanto cobrar.

Impropriamente a fórmula vernacular do CTN enfeixa no mesmo contexto gramatical fenômenos normativos distintos, porquanto o contexto sintático-semântico-normativo não coincide com o gramatical. Por outro lado, considerando que a obrigação tributária nasce com a norma individual e concreta que aloja no seu antecedente o fato jurídico tributário, o conteúdo semântico do vocábulo "exclusão do crédito tributário" incorre em nominação vernacular imprópria, porquanto não abrange todas as hipóteses em que a norma de anistia pode realizar sua incidência.

A incidência da norma de anistia sobre uma norma tributária pode ocorrer tanto em momento anterior quanto em momento posterior à constituição do crédito tributário.

A norma de anistia pode suprimir a sanção como efeito de antijuridicidade material, como também invalidar a sanção como conseqüência processual, e, ainda, pode anular a coação como execução coercitiva através do órgão do Estado.

A norma de anistia extingue a sanção em todas as dimensões jurídicas em que ela se apresenta. Destas, a única que o crédito tributário não chega a ser constituído é o da relação jurídica de natureza material.

A norma de anistia pode extinguir a sanção como efeito de antijuridicidade material, justificando esta norma, somente nesta hipótese, como "excludente do crédito tributário". Mas, o vocábulo empregado pelo Código não abrange a sanção como conseqüência processual, e nem a coação como execução coercitiva através do aparelho do Estado. Nessas hipóteses em que o crédito tributário já restou constituído é que a norma de anistia extingue um liame de cunho sancionatório, que é posto no sistema jurídico, inicialmente, por um enunciado protocolar denotativo integrante da norma individual e concreta primária, cuja conseqüência é a necessidade de pagamento de um tributo que, caso seja inobservado, ocasiona num segundo momento, a produção de norma individual e concreta secundária que contém no antecedente a infração de não ter sido o tributo pago e no conseqüente surge o vínculo sancionatório, em que o devedor inadimplente sujeita-se ao pagamento do tributo e das respectivas penalidades. Assim, a norma de anistia tributária incide, nestas hipóteses, em momento muito posterior à constituição do crédito tributário, restando patente a impropriedade semântica do termo "exclusão do crédito tributário" como forma impeditiva e excludente do crédito tributário diante da inexistente abrangência do fenômeno normativo da anistia.

## 2. *As divergências conceituais e o alcance semântico da figura excludente da anistia na doutrina brasileira*

A construção gramatical do texto do CTN propicia diversos entendimentos do que seja a anistia.

Nem sempre restou pacífico se a anistia consistia no perdão somente da infração ou, também, perdoaria a infração e o tributo.

A doutrina tradicional dividiu-se entre Baleeiro que, sob o fundamento do art. 180 do CTN, propunha que "a anistia fiscal é limitada à exclusão das infrações cometidas anteriormente a vigência da lei que a decreta",[2] e Fábio Fanucchi, que sob o fundamento da alínea "a" do inciso II do art. 181 do CTN, lecionou que "a anistia poderia muito bem envolver o perdão da quota do tributo juntamente com a quota de penalidade integradas no crédito tributário".[3] Percebe-se que as interpretações destes ilustres mestres assentam-se na literalidade gramatical do texto codificador.

O CTN no seu art. 180, preceitua que "a anistia abrange exclusivamente as infrações cometidas anteriormente a vigência da lei que a concede (...)". É o preceito legal que fundamenta a corrente doutrinária que afirma ser a anistia utilizada para perdoar exclusivamente infrações. E, por outro lado, o art. 181 postula que a anistia pode ser concedida em caráter geral e limitadamente às infrações da legislação relativa a determinado tributo.

Tal preceito legal enseja, por sua vez, duas interpretações. Uma primeira corrente entende como anistia geral aquela concedida irrestritamente pela lei, sem quaisquer condições, não necessitando o sujeito passivo de requerê-la. E, como anistia limitada, aquela sujeita às restrições das alíneas *a*, *b*, e *c* do supracitado artigo, ou as condições do inciso *d* do mesmo dispositivo. E, a segunda corrente, que entendeu que a anistia pode ser concedida em caráter geral no sentido de abranger o tributo e a infração e limitadamente às infrações das alíneas *a* e *b*. Assim, a interpretação que considera a anistia somente o perdão da infração tem como argumento basilar o *caput* do art. 180. E, a ambigüidade do vocábulo *geral e limitada* tal como enunciado no texto legal do art. 181 ocasiona compreensões distintas do que seja anistia ge-

2. Aliomar Baleeiro, *Direito Tributário Brasileiro*, 10ª ed., Rio de Janeiro, Forense, 1981, p. 600.

3. Fábio Fanucchi, *Curso de Direito Tributário Brasileiro*, 3ª ed., São Paulo, Resenha Tributária, 1975, p. 384.

ral e limitada e a divergência conceitual ora apresentada.

O conflitante entendimento sobre a anistia tributária resta comprovado pela imensa produção legislativa que ora produzia normas de anistia extinguindo as infrações da legislação tributária, ora produzia normas de anistia permitindo a extinção das infrações e até mesmo de tributos.

No plano descritivo, a compreensão da norma de anistia tributária tem sido objeto, na construção da Ciência do Direito no Brasil, dos mais diversos entendimentos.

Hugo de Brito Machado entende que a "anistia é a exclusão do crédito tributário relativo a penalidades pecuniárias". E, adiante: "pela anistia, o legislador extingue a punibilidade do sujeito passivo, infrator da legislação tributária, impedindo a constituição do crédito. Se já está o crédito constituído, o legislador poderá dispensá-lo pela remissão, mas não pela anistia. Esta diz respeito exclusivamente a penalidade e há de ser concedida antes da constituição do crédito tributário".[4]

Ricardo Lobo Torres entende que "a anistia é o esquecimento da infração cometida à legislação tributária e o perdão da multa ainda não aplicada". Discorrendo ainda que "a terminologia empregada pelo legislador nem sempre é muito rigorosa e se torna encontradiça a expressão 'cancelamento de débitos fiscais', que envolve a remissão do crédito de tributo e a anistia. Mas a distinção entre as duas figuras consiste em que pela remissão o crédito correspondente à penalidade pecuniária já aplicada, enquanto a anistia atua sobre a própria infração e suas conseqüências jurídicas ainda não descobertas, nem sancionadas".[5]

José Eduardo Soares de Melo leciona que "a anistia é o perdão das infrações cometidas pelo sujeito passivo anteriormente à vigência da lei que a concede".[6]

Sacha Calmon Navarro Coêlho coteja a anistia com a remissão e afirma "a anistia tributária diferencia-se da remissão porque esta dispensa o pagamento do tributo. A anistia dispensa o pagamento das multas que punem o descumprimento das obrigações tributárias. A anistia é, portanto, uma forma de extinção do crédito decorrente do conteúdo pecuniário das multas (crédito tributário em sentido lato)". A comparação das duas figuras jurídicas faz o autor concluir que "há casos, porém, que justificam as remissões e as anistias. Em primeiro lugar, quando eliminam créditos tributários e multas de montante pequeno, que tornam a cobrança administrativa ou judicial antieconômica. Em segundo lugar, quando são impulsionadas pela misericórdia e a compreensão, livrando de encargos tributários ou de penalidades fiscais setores ou regiões que passam por comprovadas dificuldades".[7]

Fábio Leopoldo de Oliveira ensina que "a anistia designa 'perdão'. Em Direito Tributário, porém, esse sentido é restrito às penalidades e aos juros moratórios. É, essencialmente, um favor concedido a contribuintes que se encontram em atraso no recolhimento de seus tributos. É um incentivo para que o contribuinte os recolha, dispensando penalidades, juros e correção monetária".[8]

Adilson Rodrigues Pires entende que "enquanto a isenção refere-se a dispensa de tributos, a anistia diz respeito a infrações cometidas. Nisto reside a principal diferença entre as duas modalidades de exclusão do crédito tributário".[9]

4. Hugo de Brito Machado, *Curso de Direito Tributário*, 2ª ed., Rio de Janeiro, Forense, 1981, p. 123.

5. Ricardo Lobo Torres, *Curso de Direito Financeiro e Tributário*, 2ª ed., Rio de Janeiro, Renovar, 1995, p. 258.

6. José Eduardo Soares Melo, *Curso de Direito Tributário*, São Paulo, Dialética, 1977, p. 244.

7. Sacha Calmon Coelho, *Curso de Direito Tributário Brasileiro*, 3ª ed., Rio de Janeiro, Forense, 1999, p. 742.

8. Fábio Leopoldo Oliveira, *Curso Expositivo de Direito Tributário*, 1ª ed., São Paulo, Resenha Tributária, 1976, p. 225.

9. Adilson Rodrigues Pires, *Manual de Direito Tributário*, 10ª ed., Rio de Janeiro, Forense, 1999, p. 78.

Roque Antonio Carrazza percucientemente leciona que "a anistia, pois, perdoa, total ou parcialmente, a sanção tributária, isto é, a multa decorrente do ato ilícito. Incide sobre a infração tributária, desconstituindo sua antijuridicidade, como observa Paulo de Barros Carvalho. Por evidente, aparta-se do tributo, que não compreende a sanção de ato ilícito". E, adiante: "A lei de anistia, em termos técnicos jurídicos, portanto, faz desaparecer as multas decorrentes da prática de infrações tributárias (cf., inclusive, o art. 180 do CTN)".[10]

José Souto Maior Borges ensina que "Ao contrário do que possa parecer a uma análise mais apressada, a anistia configura também hipótese de exclusão da obrigação tributária, da qual o crédito tributário é simples reflexo. Na regência do CTN, a obrigação tributária é principal ou acessória (art. 113, *caput*) e a obrigação principal tem por objeto o pagamento do tributo ou de penalidade pecuniária (art. 113, § 1º). Assim sendo, a obrigação tributária não é um conceito coextensivo ao de tributo precisamente porque, transbordando-o, envolve também sanção específica de ato ilícito, a penalidade pecuniária é a conseqüência ligada por lei, às infrações tributárias, objeto exclusivo da anistia. O que fica fora do conceito de anistia é o tributo propriamente dito, não as infrações às normas tributárias".[11]

Luciano Amaro diz que "anistia é o perdão de infrações, do que decorre a inaplicabilidade da sanção. Não é a sanção que é anistiada; o que se perdoa é o ilícito; perdoado este, deixa de ter lugar a sanção; o perdão, portanto, toma o lugar da sanção, obstando a que esta seja aplicada". E, logo a seguir: "A anistia não elimina a antijuridicidade do ato; ela continua correspondendo a uma conduta contrária a lei; o que se dá é que a anistia altera a conseqüência jurídica do ato ilegal praticado, ao afastar, com o perdão, o castigo cominado pela lei".[12]

O jusfilósofo Tércio Sampaio Ferraz Jr., em recente reflexão sobre a norma de anistia enfatiza as origens do instituto como necessária para a compreensão da realidade jurídica, começando por indagar "Qual seria, então, o critério prático que permitiria, diante da fórmula legal 'cancelamento ou redução de penalidades', saber se se trata de perdão/anistia ou de perdão/remissão? A meu ver o critério estrutural está nas condições a que se vincula a concessão legal. Se esta se reporta clara e expressamente às condições (a uma delas) do art. 172, incisos I a V, do CTN, estaremos diante de remissão. Se ela se reporta às condições das alíneas *a* até *d* do inciso II do art. 181 do CTN ou se não prevê condições (inciso I), o caso é de anistia. Como esse critério aponta, por fim, para a contextualização da sistematicidade orgânica, seria preciso verificar qual o sentido do perdão. O que nos remeteria, então, à origem dos conceitos a seu sentido genético".[13]

## *II – A fenomenologia de norma de anistia: norma de comportamento e regra-matriz*

### *1. As normas de estrutura da norma de anistia*

Os doutrinadores do Direito sempre distinguiram as regras jurídicas em normas de estrutura e normas de comportamento. Assim é a lição de Norberto Bobbio: "Em todo o ordenamento, ao lado das normas de conduta, existe um outro tipo de normas, que costumamos chamar de normas de estrutura ou de competência. São aquelas normas que não prescrevem a conduta

10. Roque Antonio Carrazza, *Curso de Direito Constitucional Tributário*, 19ª ed., 3ª tir., São Paulo, Malheiros Editores, 2004, p. 797.

11. José Souto Maior Borges, *Teoria Geral da Isenção Tributária*, 3ª ed., São Paulo, Malheiros Editores, 2001, p. 233.

12. Luciano Amaro, *Direito Tributário Brasileiro*, 9ª ed., São Paulo, Saraiva, 2003, p. 440.

13. Tércio Sampaio Ferraz Jr., "Remissão e anistia fiscais". *Revista Dialética de Direito Tributário* 92/73, São Paulo.

que se deve ter ou não ter, mas as condições e os procedimentos através dos quais emanam normas de conduta válidas".[14]

Assim, existem normas de comportamento ao lado das normas de estrutura. As normas de estrutura são normas para a produção jurídica, isto é, normas que regulam os procedimentos de regulamentação jurídica. Elas não regulam um comportamento, mas o modo de regular um comportamento, ou, mais exatamente, o comportamento que elas regulam é o de produzir normas.

No mesmo sentido é a lição de Paulo de Barros Carvalho: "integram o sistema do direito positivo dois tipos de normas jurídicas: as regras de comportamento e as regras de estrutura. As primeiras estão diretamente voltadas para a conduta das pessoas, nas relações de intersubjetividade; as de estrutura ou de organização dispõem sobre órgãos, procedimentos e estatuem de que modo as regras devem ser criadas, transformadas ou expulsas do sistema".[15]

A experiência jurídica tem proporcionado ao cientista do Direito uma constante reflexão sobre tais conceitos. Restou sempre claro que os órgãos e os procedimentos necessariamente são impulsionados por condutas humanas. Mesmo assim entendendo, fez-se a distinção que a norma de comportamento é a que regeria diretamente o comportamento das pessoas nas suas relações de intersubjetividade e a norma de estrutura não seria reguladora direta da conduta, fazendo-se mister a edição de outra regra para orientar a conduta. Percebeu-se, entretanto, que a edição da regra de estrutura por um órgão, somente poderia ser exercitada pela intermediação de seus titulares e agentes. Um órgão por si só não pode produzir normas. Inexiste um órgão não personificado. Os agentes e responsáveis atuam em nome do órgão e para efetivar as atribuições constitucionais ou legais. Assim, a regra de estrutura regula a conduta dos titulares e agentes do órgão incumbido e competente para produzir a norma de comportamento, sendo, entretanto, muito mais relevante na norma de estrutura, a atribuição de editar outra norma, a norma de conduta, do que a regra de conduta direcionada ao agente representante do órgão para produzir a norma de comportamento. A regra de estrutura, muitas vezes, nem contém uma recomendação clara e definida do comportamento desejado. Apenas estabelece como as regras devem ser postas, modificadas ou extintas dentro do sistema jurídico. E o destinatário de tais atribuições é o agente público, de quem, em nome do órgão, é exigido a produção das normas que efetivamente dirigem-se às relações interpessoais, as quais, por sua vez, recomendam o comportamento desejado.

Em verdade, ambas as normas, as de estrutura e as de conduta, regulam os comportamentos interpessoais. As normas de estrutura regulam os comportamentos das pessoas a quem são atribuídas competências para produzirem outras normas e, também, como estas pessoas devem proceder para observar a atribuição que lhes foi dada. E as normas de conduta são suficientes para regular as condutas interpessoais, independentemente de edição de outra norma, o que não impede a produção de outras normas mais específicas e detalhadas a respeito dos comportamentos interpessoais. Neste sentido é a recente lição de Paulo de Barros Carvalho: "Os teóricos gerais do direito costumam discernir as regras jurídicas em dois grandes grupos: normas de comportamento e normas de estrutura. As primeiras estão diretamente voltadas para a conduta das pessoas, nas relações de intersubjetividade; as de estrutura ou de organização dirigem-se igualmente para as condutas interpessoais, tendo por objeto, porém, os comportamentos relacionados à produção de novas unidades deôntico-jurídicas, motivo pelo qual dispõem sobre órgãos, procedimentos e estatuem de que modo as regras devem ser criadas, transformadas ou

14. Norberto Bobbio, *Teoria do Ordenamento Jurídico*, 9ª ed., Brasília, UnB, 1997, p. 33.

15. Paulo de Barros Carvalho, *Curso de Direito Tributário*, 11ª ed., São Paulo, Saraiva, 1999, p. 100.

expulsas do sistema". E, adiante: "Com as assim chamadas 'regras de estrutura' no entanto, a regulação das condutas fica na dependência da edição de outra norma cujo conteúdo é disciplinar a competência. Somente com o advento desta última, norma de competência (regra de estrutura), é que surgirá a norma de conduta dela derivada, regendo, então, diretamente os comportamentos interpessoais".[16]

É por este sistema de referência que apontamos a norma de anistia como uma norma de comportamento suficiente para regular as condutas interpessoais entre o contribuinte e o Fisco, irradiando efeitos jurídicos, independentemente da edição de uma ou mais normas, constituindo-se num ente normativo estruturado em proposição hipotético-condicional e formando uma estrutura normativa de conduta semelhante a norma jurídica de incidência tributária.

Sem descurar, entretanto, que há normas de estrutura que projetam enunciados normativos constituintes das normas de anistia. Neste sentido, a Constituição de 1988 alberga no art. 150, § 6º, como limitação ao poder de tributar, a norma de estrutura que outorga competência às unidades da Federação, para que estas possam criar a norma de anistia tributária no âmbito federativo correspondente, ou seja, só pode ser anistiada a sanção de devedor de tributo pela própria unidade credora correspondente. Esta norma de estrutura decorre da rígida repartição constitucional de competências, corolário do Estado Federal, regra de estrutura e cláusula pétrea do sistema jurídico brasileiro.

Da competência tributária atribuída às pessoas políticas de direito constitucional para tratar de tributos decorre a capacidade legislativa para criar norma de anistia no respectivo âmbito de competência da unidade federativa. Assim, cada uma das pessoas políticas possui o seu próprio campo de atuação, não podendo uma invadir o da outra, tanto no que se refere a criar tributo quanto para anistiar sanção.

Ressalte-se que a norma de estrutura que distribui e outorga competência para instituir tributo ou produzir norma de anistia não obriga, apenas encerra a possibilidade da prática da conduta (permissão de fazer ou permissão de omitir) (exceto quanto ao ICMS, cuja instituição é obrigatória por força do art. 155, II, § 2º, XII, "g").

É importante apontar como regra de estrutura que deve moldar a norma de anistia, a regra da reserva da lei tributária prevista no art. 5º, inc. II e art. 150, inc. I da Carta Suprema. Da mesma forma que a instituição de tributo é matéria sob reserva da lei tributária, a norma de anistia prevista no art. 150, § 6º, da Constituição Federal, também está tutelada pela regra da reserva da lei: impõe que a concessão de dispensa de sanção somente poderá ser feita mediante lei formal, específica e exclusiva do ente federativo competente.

Permeando, entretanto, as normas de estruturas alojadas na Constituição Federal e a lei específica da unidade tributante ou concedente da anistia, introdutoras de normas de comportamento, há uma legislação integrativa, nitidamente apontada como norma de estrutura: é a lei complementar prevista no art. 146 da Constituição Federal que dispõe sobre normas gerais de direito tributário. Nela, a conduta humana somente indiretamente é levada em conta, e, por isto, norma de estrutura. Não inova a Constituição no sentido de criar pressupostos de tributabilidade inexistentes na Carta Maior, mas aplica o texto constitucional descrevendo eventos e condutas não detalhados na Constituição e que possam, inclusive, ser objeto de norma de anistia.

Dentre a variedade legislativa de veículos introdutores de normas, a lei complementar, entendida como o Código Tributário Nacional, tem como única finalidade a de ser o veículo introdutório de normas gerais de direito tributário, tendo como

16. Paulo de Barros Carvalho, *Curso de Direito Tributário*, 15ª ed., São Paulo, Saraiva, 2003, pp. 138-139.

objetivos, o de dispor sobre conflitos de competência entre as unidades tributantes e regular as limitações constitucionais ao poder de tributar.

A lei complementar visualizada e autorizada pela Constituição Federal no art. 146 é o Código Tributário Nacional, lei formalmente ordinária, porque, à época, foi votada e aprovada pelo processo legislativo pertinente, mas, materialmente é de caráter nacional por cuidar de matéria reservada à lei complementar, somente podendo ser alterada, sob a égide da atual Constituição, ou lei formalmente complementar, ou seja, *quorum* especial e qualificado de maioria absoluta (art. 69, CF).

O Código Tributário Nacional aplica as regras constitucionais prescrevendo no art. 97 a reserva da lei para a cominação de penalidades sobre as quais pode incidir a norma de anistia e, nos artigos 180 à 182, demarca o campo material da norma de anistia. Tais normas gerais de direito tributário referentes à norma de anistia não incidem diretamente sobre o comportamento dos contribuintes. São normas de estrutura e como tal servirão para balizar as normas de anistia produzidas pelas unidades federativas competentes.

## 2. *A fenomenologia da norma de anistia*

### 2.1 A norma de anistia no plano semântico

A anistia tem o seu berço no direito penal. "A anistia ou o esquecimento do passado, como era chamado entre os gregos, a *lex oblivionis* dos romanos, é uma decisão do poder soberano que leva determinadas infrações criminais ao esquecimento; por conseguinte, não só extingue os processos respectivos, mas também, torna as condenações sem nenhum efeito penal".[17]

A idéia construída da anistia é no sentido de colocar a conduta contrária à lei como se nunca tivesse acontecido e, portanto, como se a infração nunca tivesse sido cometida. Sempre constituiu-se em medida política aplicada a delitos de opinião e de rebelião, conforme as conveniências da ordem dominante.

A transposição legislativa da anistia para o Direito Tributário, tal como prevista no art. 180 do CTN, procurou certamente guardar a mesma similitude das origens do instituto no sentido de esquecer a infração.

Ocorre que o Direito Tributário pode alterar a definição, o conteúdo e o alcance de institutos, conceitos e formas de direito privado e de qualquer outro ramo do direito ou de área do conhecimento que utilize como base de imposição tributária, desde que não produza reflexo na distribuição das competências tributárias.

Como a norma de anistia pode ser produzida por todas as unidades federativas, no âmbito das respectivas competências tributárias, a adoção originária do conceito de anistia pelo legislador pátrio careceu de precisão científica, uma vez que, sugerindo que a norma de anistia apaga a infração, restou por acarretar equívocos na realidade jurídica, permitindo, por exemplo, a falsa idéia da existência de anistia tácita, a interpretação do art. 106 do Código como situações típicas de anistia fiscal e incompreensões da legislação quando esta cancela ou reduz penalidades tributárias diante da impossibilidade lógica de existir a respectiva redução da infração tributária.

Não percebeu o legislador que a expressão jurídica de uma infração é a sanção. Uma vez julgada a infração, o que resta manifesto no mundo jurídico é a sanção. E, a edição de uma norma de anistia tributária vai incidir sobre o que existe na realidade jurídica que é a sanção.

A sanção é um ente normativo autônomo tanto em relação ao tributo quanto em relação à infração. Pois, a sanção pode ser dispensada pela norma de anistia sem que o tributo deixe de ser exigido, da mesma forma que a sanção pode ser reduzida

17. Pinto Ferreira, *Comentários a Constituição Brasileira*, 2º v., 1ª ed., São Paulo, Saraiva, 1980, p. 515.

ou cancelada sem necessidade da infração ser revista e novamente avaliada. É esta autonomia da sanção e a percepção de que a afirmação da norma é a sanção que, inclusive, permanece no mundo jurídico, é que confirma o direito, justificando a prática jurídica de reduzir uma sanção sem necessidade de cogitar-se suprimir parte do evento infracional ou rever o exame deste evento para diminuir a infração.

A norma de anistia quando incide sobre a norma sancionatória reduzindo uma penalidade, não está anistiando um "pedaço de infração". A norma de anistia tributária ao incidir sobre a norma sancionatória cancelando ou reduzindo uma sanção fiscal concretiza uma incidência sobre o que existe no ordenamento normativo. O fato infracional constituiu-se em momento anterior, que relatado e julgado pelos órgãos competentes, permitiram o aparecimento da sanção. Assim, o perdão da infração tributária, quer competentemente passada em julgado ou não, torna-se impossível de ser objeto da incidência de norma de anistia tributária quando o legislador produz norma geral e concreta reduzindo ou cancelando a sanção tributária.

Ressalte-se, ainda, que a transposição da idéia originária da anistia é inadequada, porque a infração tributária não se confunde com a infração penal. A infração tributária decorre do não pagamento de tributo ou de deveres administrativos, estes exigidos para melhor apurar, fiscalizar e arrecadar os tributos. E, o ordenamento tributário admite que, em grande parte, a infração tributária é uma contingência econômico-financeira do inadimplente, o que é comprovado pelo fato da infração tributária ser, via de regra, objetiva.

Diferentemente, a infração a uma conduta tutelada pelo direito penal, pode até importar o registro do esquecimento ou não, para efeito de reincidência e avaliação da periculosidade do indivíduo, variáveis que não tem o mesmo alcance, dimensão e tratamento objetivo no ordenamento jurídico tributário.

### 2.2 A norma de anistia no plano sintático

O fato jurídico do descumprimento total ou parcial da prestação tributária, seu adimplemento a destempo, ou, ainda, o fato jurídico da inobservância dos deveres instrumentais relatados no antecedente da norma individual e concreta secundária coloca-se na estrutura normativa como fato jurídico ilícito fundante não somente da pretensão de ser cumprida a obrigação tributária ou o dever instrumental, como também acarreta a conseqüente imposição da sanção fiscal.

Consoante o art. 180 do CTN, o pressuposto legal da norma de anistia é a existência de uma infração à lei que cria o tributo, corporificado no fato ilícito do não pagamento da obrigação que deveria ter sido cumprida ou, ainda, a infração às diversas espécies de deveres instrumentais. Como não há norma tributária sem sanção e a todo ilícito tributário cometido corresponde uma sanção, o legislador do Código preferiu adotar, no art. 180, a idéia oriunda da área penal de que a anistia perdoa a infração, olvidando que a incidência da norma de anistia ocorre diretamente sobre a conseqüência jurídica do ilícito que é a sanção, extinguindo-a.

O fato do ilícito e a sanção comporem indissociavelmente a estrutura lógica da norma, não justifica, do ponto de vista científico, a postulação do legislador preterindo a científica incidência da norma de anistia sobre a sanção. Na ordem normativa, o dever jurídico é tão-somente a norma jurídica positiva que prescreve a conduta do indivíduo, pelo fato de ligar à conduta oposta uma sanção. Se o indivíduo cumpre o dever que lhe é recomendado pela norma jurídica, configura-se uma observância da norma, ao passo que se o indivíduo descumpre a conduta que é o conteúdo do dever jurídico, violando assim o Direito, efetiva-se a sanção estatuída também na norma jurídica.

O que faz com que a conduta humana seja um ilícito é unicamente o fato de ter sido tomada pelo Direito como pressuposto de uma sanção. Afinal, a sanção jurídica é medida prescrita e inerente na própria estrutura lógica da norma jurídica. Havendo ou não havendo violação, havendo ou não havendo necessidade de coação, a sanção jurídica está prevista e autorizada na estrutura do ente normativo. A sanção pertence necessariamente à norma. Para isto, o legislador do CTN restou desatento.

A estrutura normativa da anistia relaciona-se sintaticamente com a estrutura normativa veiculadora da sanção. Privilegiando o plano sintático da linguagem do Direito e enfocando o relacionamento das normas no sistema jurídico positivo, infere-se que: 1) a norma de anistia incide diretamente sobre a conseqüência jurídica do ilícito que é a sanção; 2) que a estrutura normativa da anistia incide sempre sobre uma norma secundária. Assim, verificando-se o fato da não ocorrência da prescrição da norma primária, configura-se o ilícito, ensejando o surgimento da norma secundária que assegura o cumprimento da conduta recomendada acrescida da sanção.

A norma de anistia veiculada e permitida no CTN pressupõe, portanto, o descumprimento da conduta recomendada configurando a infração e, por força da estrutura lógica da norma, surge a sanção como realidade jurídica a ser suprimida. A bimembridade da norma jurídica concretiza-se inteiramente na estrutura normativa tributária e a norma de anistia tributária, incidindo sempre na norma secundária, pode irradiar efeitos jurídicos tanto na norma geral e abstrata tributária quanto na norma individual e concreta tributária.

A norma geral e abstrata que cria o tributo, regra de conduta nominada por Paulo de Barros Carvalho como a regra-matriz de incidência tributária, não contém fatos jurídicos configurados. Apenas hipóteses fáticas e critérios para identificação do fato jurídico relacional. Na norma geral e abstrata, a norma secundária sucede a norma primária que tem no antecedente apenas notas identificadoras de uma ação-tipo e no conseqüente tão-somente uma obrigação que se mantém a nível psicológico do sujeito passivo.

A norma geral e abstrata secundária, sucessora da norma geral e abstrata primária, também se mantém nos níveis psicológicos do sujeito passivo, não tendo a sanção contida no conseqüente desta estrutura normativa a possibilidade de ser exigida, porque carece de documento que torne oficial e conhecida a inobservância do mandamento recomendado na norma geral e abstrata primária, documento este protocolar e denotativo que permitiria sucessivas relações jurídicas processuais que culminariam com a coação, ou seja, o poder de efetivar a sanção contida na vontade jurisdicional do Estado.

Lourival Vilanova distinguiu cristalinamente o efeito e a extensão da sanção na norma geral e abstrata quando afirmou: "Por isso, quando se diz que o direito é um conjunto de normas sancionadas, coercitivas, coativas, necessário é, em análise no interior dos níveis das normas, sublinhar onde a sanção é efeito de antijuridicidade material, onde é conseqüência processual".[18] A antijuridicidade material manifesta na norma geral e abstrata não serve de pressuposto à aplicação coercitiva da sanção. Mesmo assim, a norma de anistia incide na norma geral e abstrata secundária, produzindo efeitos jurídicos sobre a sanção. É a hipótese da infração não estar devidamente reportada em enunciado protocolar. Neste caso de violação ainda não vertido em linguagem competente, em que há tão-somente notas identificadoras de eventos e potenciais vínculos jurídicos, é a própria norma da anistia que, além de dar nascimento à relação jurídica de anistia, concretiza o evento e o potencial vínculo jurídico, na medida em que o contribuinte anistiado pode relatar que a sanção a que está submetido está abrangida e denotada na norma de anistia. Esta hipótese encontra seu

18. Lourival Vilanova, *Causalidade e Relação no Direito*, 4ª ed., São Paulo, Ed. RT, p. 199.

fundamento no art. 182 do CTN que prescreve poder ser a anistia concedida em caráter geral, o que abrange tanto as sanções já vertidas em linguagem competente quanto aquelas sanções decorrentes de eventos que não apresentem tal característica, como as sanções constantes na norma tributária geral e abstrata secundária.

Ainda sobre as sanções não vertidas em linguagem competente e por força do art. 182 do mesmo Diploma, a norma de anistia pode permitir que o contribuinte anistiado reporte-se ao Estado-Administração para requerer os efeitos da norma de anistia. A norma de anistia, nesta hipótese, incide sobre a norma tributária geral e abstrata secundária na medida em que esta conduz o sujeito passivo, cônscio da infração e da conseqüente sanção, reportar-se ao Estado-Administração para requerer os efeitos da norma de anistia. O requerimento é um instrumento formalizador elaborado pelo contribuinte, certificando o descumprimento e que configura a introdução no sistema jurídico de uma norma individual e concreta. Desta feita, é preciso uma norma individual e concreta, manifesta na forma de enunciado protocolar denotativo, certificar e tornar oficial o descumprimento submetido à sanção, sobre a qual vai incidir a norma de anistia tributária.

Em síntese, a norma de anistia, mesmo na própria sistemática do CTN, juridiciza a sanção decorrente de infração cometida na norma tributária geral e abstrata secundária, mesmo não tendo sido vertido em linguagem competente.

A norma individual e concreta, por sua vez, manifesta-se em documento protocolar e denotativo, certificando, declarando, constituindo, alterando e mesmo extinguindo uma relação jurídica. É uma articulação de linguagem que ocorre em determinadas condições de tempo e espaço através de uma sentença, um acórdão ou o lançamento tributário. Ela é o instrumento utilizado em Direito Tributário para constituir o fato jurídico tributário. Como norma individual e concreta que é, alberga no antecedente de sua norma primária o fato jurídico tributário e no conseqüente a relação jurídica intranormativa de pagamento de um tributo. O descumprimento constituirá o fato ilícito do não pagamento que será o antecedente da norma individual e concreta secundária, ocasionando a conseqüência da sanção, momento em que o devedor será obrigado a pagar o tributo e a penalidade sancionatória. É neste momento, no conseqüente da norma individual e concreta secundária, que a norma de anistia pode incidir e ser aplicada.

Ressalte-se, com o intuito de deixar bem claro, que o fato jurídico tributário já está vertido na linguagem jurídica com o ato administrativo do lançamento, que é uma norma individual e concreta que tem no antecedente de sua norma primária, um evento que já ocorreu, o fato jurídico tributário, e no conseqüente consigna uma relação deôntica concreta, definida e individualizada, ou seja, a obrigação quantificada a ser cumprida pelo sujeito passivo da relação jurídica tributária. Esta relação jurídica tributária deve ser cumprida, mas, muitas vezes, pelas mais diversas e diferentes razões, não o é, descumprindo o conseqüente da norma individual e concreta primária. Em assim ocorrendo, surge o outro enunciado da composição normativa dual da norma individual e concreta que é a norma secundária, tendo em seu antecedente, como pressuposto de hipótese fática, o descumprimento da obrigação de pagar o tributo e no conseqüente o fato jurídico relacional, que obriga o inadimplente ao pagamento não só da obrigação principal, mas, também, da sanção, geralmente expressa em multa, juros e acréscimos de diversas naturezas.

Observe-se que o inadimplemento ou a tardia adimplência no cumprimento da obrigação de pagar o tributo não empresta, à norma individual e concreta primária, a condição de norma primária sancionadora. O descumprimento do vínculo obrigacional de pagar o tributo constante no conseqüente da norma individual e concreta primária motiva o surgimento do outro enunciado da composição normativa que é sempre uma norma secundária, de mesma estrutura lógica e sucessiva, com função específica, razão pela qual uma não substitui a outra. Não há de cogitar-se, no âmbito do ato administrativo do lançamento da existência de sanção na composição primária deste ente normativo, porquanto o ato administrativo de lançamento configura uma norma individual e concreta.

A norma primária sancionadora somente aparece na norma geral e abstrata, que em direito tributário é a regra de conduta que cria o tributo, podendo ser objeto de transação entre o Estado e o contribuinte nos termos do art. 171 do CTN e, também, objeto de incidência da norma de anistia tributária.

Sob a ótica exposta e por força da composição dúplice da norma jurídica, que pressupõe as duas regras sucessivas em que só se aplica a segunda em caso de descumprimento da primeira, resta descrito que a norma de anistia tributária incide sempre sobre a sanção que está sempre albergada em norma secundária. Mas para que possa haver a incidência da norma de anistia sobre a norma secundária tanto da norma geral e abstrata quanto da norma individual e concreta, faz-se mister que haja homogeneidade sintática entre tais estruturas normativas. E isto ocorre com a norma de anistia, que deverá descrever de forma conotativa em sua hipótese a previsão da ocorrência de um fato jurídico relacional que obriga um infrator à satisfação de uma sanção, e, na tese, a prescrição de uma relação jurídica de anistia.

Resta límpido, portanto, que a hipótese da norma de anistia não alberga o ilícito do não pagamento, mas prevê a relação deôntica do momento em que o devedor será obrigado a pagar a penalidade sancionatória. A previsão conotativa é, portanto, de uma relação sancionatória constante no conseqüente de uma norma secundária, quer seja norma geral e abstrata, quer seja individual e concreta.

A tese da norma de anistia, por sua vez, prescreve a extinção da relação sancionatória, desobrigando o devedor do pagamento da sanção. Isto representa a elisão da conduta obrigatória de satisfazer a prestação sancionatória.

Em síntese, o fenômeno normativo da anistia pode estabelecer relação de incidência com a norma geral e abstrata onde a sanção é efeito de antijuridicidade material, mesmo apesar de ainda não estar vertida em linguagem competente e, incide também, na norma secundária da norma individual e concreta, quer como conseqüência processual, quer como execução coercitiva de sanções preceituadas em sentenças condenatórias através do aparelho judicial do Estado, uma vez que devidamente enunciadas protocolarmente e amparadas em linguagem competente.

### 2.3 A regra-matriz da norma de anistia

Sob a premissa de que a norma de anistia produzida por qualquer ente federativo é uma norma de comportamento, devemos inicialmente deixar estreme de dúvida, que tanto a norma de estrutura, quanto a norma de comportamento, regulam os comportamentos interpessoais.

A norma de estrutura regula o comportamento da pessoa a quem é atribuída competência para produzir outra norma e como esta pessoa deve proceder para observar a atribuição que lhe foi dada. E as normas de conduta são suficientes para regular as condutas interpessoais, independentemente de edição de outra norma, o que não impede a produção de outras normas mais específicas e detalhadas a respeito dos comportamentos interpessoais.

Tal entendimento deve ser complementado com a constatação de que as normas de estrutura projetam enunciados normativos constituintes de normas de comportamento que, por sua vez, são suficientes para regular as condutas interpessoais independentemente de edição de outras normas. As normas de estrutura que projetam no ordenamento positivo enunciados normativos justificadores da norma de anistia, na condição de ente normativo, estruturado em proposição hipotético-condicional e formando uma estrutura normativa de conduta semelhante à norma jurídica de incidência tributária, são o § 6º do art. 150, o art. 5, inciso II, o art. 150, inciso I e o art. 146, todos da Constituição Federal, e mais o art. 97, os arts. 180, 181, 182 do CTN.

As normas de anistia produzidas pelos entes federativos, referentes aos seus respectivos tributos, são normas de comportamento que juridicizam eventos do fenômeno social, mas que respaldam-se nas normas de estrutura localizadas na Constituição, tanto no que se refere à competência legislativa, quanto ao processo de produção, bem como devem ser produtos demarcados pelos enunciados da lei complementar, oriunda diretamente da norma de estrutura constitucional.

É a norma de anistia veiculada através de lei ordinária que tem o condão de incidir sobre uma norma tributária secundária, extinguindo a sanção imposta pelo não cumprimento da obrigação tributária estabelecida em espécie normativa de mesma hierarquia.

Tendo a norma de anistia uma estrutura normativa típica de norma de conduta, sua regra-matriz tem estrutura idêntica à regra-matriz de incidência tributária. Em assim sendo, sua significação está na lição de Paulo de Barros Carvalho: "É, portanto, um trabalho eminentemente semântico, pois se consubstancia na busca das acepções dos vocábulos que o legislador depositou nos textos do direito positivo, para descrever fatos e prescrever comportamentos".[19]

A hipótese da norma de anistia descreve a previsão da ocorrência de um fato jurídico relacional que obriga um infrator à satisfação de uma sanção. Ressalte-se, que a hipótese da norma de anistia não alberga o ilícito do não pagamento, mas prevê a relação deôntica do momento em que o devedor será obrigado a pagar a penalidade pecuniária. Na hipótese encontramos um critério material (qualificação de uma conduta-tipo, de um evento), determinado por um verbo pessoal e um complemento, com as conotações das coordenadas abstratas de tempo e espaço daquele evento ou conduta-tipo. Na tese ou conseqüente temos propriamente a relação jurídica de anistia, constituída pelo sujeito ativo e pelo sujeito passivo e mais os elementos quantitativos dessa relação, quais sejam, a base de cálculo e a alíquota. A reunião destes indicativos formará o núcleo lógico estrutural da regra-matriz de anistia.

Imagine-se a seguinte hipótese de um enunciado propondo anistia tributária da sanção: uma entidade federativa edita lei de anistia, cujo conteúdo enuncia que determinado imposto, que ainda não tenha sido efetivamente pago, relativo a 2004, poderá ser pago até 31 de outubro do corrente ano, hipótese em que ficarão dispensados os respectivos juros e multas. Nesta suposta situação, temos como hipótese a conduta-tipo que permite aos contribuintes inadimplentes de determinado imposto, poder efetuar o pagamento do imposto referente ao exercício de 2004 que deixou de ser pago, evento que, uma vez ocorrido, ocasionará como conseqüência uma relação jurídica de anistia entre o contribuinte e o Fisco.

Na hipótese podemos constatar como critério material a conduta de pagar o imposto de 2004 que ainda não fora pago, conduta esta que tem no verbo pagar juntamente com o seu respectivo complemento: o imposto ainda não pago de 2004, apenas um dos componentes lógicos da estrutura da hipótese normativa de anistia. A compostura integral da hipótese tributária conjuga-se com as coordenadas de tempo e espaço que estão indissoluvelmente ligadas à competência do ente impositivo. Desta forma, mesmo sabendo ser impossível o

19. Paulo de Barros Carvalho, *Curso*, cit., 15ª ed., p. 346.

comportamento de uma pessoa desvinculada das circunstâncias de espaço e de tempo, aponta-se o critério espacial do enunciado exemplificado, qual seja, o território do ente federativo que edita a norma de anistia propondo a possibilidade de supressão das sanções referidas.

Paulo de Barros Carvalho, reportando-se a propósito do tema, assim leciona: "Há regras jurídicas que trazem expressos os locais em que o fato deve ocorrer, a fim de que irradie os efeitos que lhe são característicos. Outras, porém, nada mencionam, carregando implícitos os indícios que nos permitem saber onde nasceu o laço obrigacional. É uma opção do legislador. Aquilo que de real encontramos, no plano do direito positivo brasileiro, é uma dose maior ou menor de esmero na composição dos critérios espaciais, de tal modo que alguns são elaborados com mais cuidado que outros. Todavia, ainda que aparentemente pensemos ter o político se esquecido de mencioná-lo, haverá sempre um plexo de indicações, mesmo tácitas e latentes, para assinalar o lugar preciso em que aconteceu aquela ação, tomada como núcleo do suposto normativo".[20] E, adiante: "Acreditamos que os elementos indicadores da condição de espaço, nos supostos das normas tributárias, hão de guardar uma dessas três formas compositivas, diretriz que nos conduz a classificar o gênero tributo na conformidade do grau de elaboração do critério espacial da respectiva hipótese tributária: a) hipótese cujo critério espacial faz menção a determinado local para a ocorrência do fato típico; b) hipótese em que o critério espacial alude a áreas específicas, de tal sorte que o acontecimento apenas ocorrerá se dentro delas estiver geograficamente contido; c) hipótese de critério espacial bem genérico, onde todo e qualquer fato, que suceda sob o manto da vigência territorial da lei instituidora, estará apto a desencadear seus efeitos peculiares".[21]

O marco de tempo denominado de critério temporal que assinala o direito do sujeito anistiado é o dia 31 de dezembro do corrente ano. É o tempo limite para ocorrer o fato descrito e instaurar-se o liame jurídico entre o contribuinte anistiado e o Estado que não mais poderá cobrar juros e multas. Na tese da norma de anistia configura-se a prescrição de uma relação jurídica de anistia, na qual o Estado não mais poderá cobrar do contribuinte anistiado as sanções do referido tributo. Desta feita, da conseqüência do enunciado em tela, avulta com meridiana clarividência, os dois outros componentes lógicos da regra-matriz de anistia, quais sejam, o critério pessoal e o critério quantitativo. Tais componentes lógicos é que identificam o vínculo jurídico instaurado, possibilitando saber quem é o sujeito detentor do direito subjetivo e quem tem o dever jurídico de cumprir a conduta recomendada.

Assim, no critério pessoal encontra-se como sujeito ativo o anistiado, detentor do direito subjetivo de não ter juros e multas cobrados pelo Fisco e como sujeito passivo o ente federativo que tem o dever de cumprir o mandamento da norma de anistia. O critério quantitativo diz respeito à base de cálculo que é uma perspectiva dimensível da conduta objeto da anistia e respectiva alíquota, que poderá oscilar de percentual, conforme parâmetros constitucionais e também decorrentes da atividade do legislador infraconstitucional.

No enunciado exemplificado, a base de cálculo é o valor dos juros e da multa e a alíquota é de 100%, porque o enunciado do exemplo silencia sobre qual a perspectiva dimensível que está sendo anistiada. Poderia o enunciado da norma de anistia estabelecer 50% dos juros e 80% da multa, o que não fez *in casu*.

20. Idem, pp. 256-257.

21. Idem, p. 258.

CADERNOS DE DIREITO TRIBUTÁRIO

# INTERVENÇÃO DO ESTADO NA ECONOMIA POR MEIO DA TRIBUTAÇÃO – A PROTEÇÃO DA EMPRESA E A LIVRE CONCORRÊNCIA

ROBERTO FERRAZ

Mestre em Direito Público pela UFPR. Doutor em Direito Econômico e Financeiro pela USP.
Professor Titular da PUC/PR. Advogado e Consultor em Curitiba

*1. A intervenção do Estado na Economia por meio da tributação. 2. Argumentos contra o "dirigismo fiscal". 3. A "neutralidade" dos tributos especialmente no tocante à "concorrência". 4. Dispositivos constitucionais relativos à empresa, à tributação e à concorrência. 5. Conclusões.*

## *1. A intervenção do Estado na Economia por meio da tributação*

*1.1* Não é possível tratar da intervenção do Estado na Economia sem referir a obra de John Maynard Keynes (1883-1946) e seus reflexos no pensamento econômico contemporâneo.

Segundo Michel Bouvier, resumidamente, a contribuição de Keynes consiste na análise da crise (de emprego de 1929) e na política que propõe para combatê-la. Ao lado da idéia de que seria preciso manter a demanda elevada de maneira a evitar qualquer redução de salários afirma a necessidade de uma ação global sobre a economia através da intervenção do Poder Público.

O pensamento econômico que se seguiu incorpora e acrescenta nuances ao pensamento keynesiano. N. Kaldor, por exemplo, opina que uma intervenção do Estado por meio da fiscalidade é indispensável para favorecer a poupança (pesando mais sobre o consumo que sobre a poupança). A. Hansen e P. Samuelson, em teoria de interpretação da doutrina keynesiana muito aceita nos anos 1970 e 1980, consideram que a intervenção do Estado é compatível com o modelo geral de economia de mercado.

Pode-se identificar como heranças do pensamento de Keynes, sempre presentes no pensamento das finanças públicas contemporâneas, os seguintes quatro itens:

- a importância da antecipação das decisões econômicas;
- a existência de vários níveis de equilíbrio possível;
- a necessidade de intervenção do Estado se se pretende um equilíbrio ótimo;
- a importância da função da moeda.[1]

*1.2* Essa crença no Estado como regulador da Economia chegou a ser de tal forma incorporada ao pensamento comum que

1. Michel Bouvier, Marie-Cristine Esclassan e Jean-Pierre Lassale, *Finances Publiques*, 7ª ed., Paris, LGDJ, 2004, pp. 159 a 170.

se pode mesmo falar de uma "mística do Estado interventor" à qual se opôs uma "mística do Mercado". Como se verá, nem a crença na atuação do Estado como condutor da economia, nem a crença no mercado como parâmetro exclusivo de seu desenvolvimento se justificam.

*1.3* Após os anos 1970 houve forte movimento de reação ao intervencionismo estatal inaugurado com a doutrina keynesiana, que veio a ser conhecida como neoliberalismo.

Os precursores dessa doutrina foram os fisiocratas franceses e Adam Smith. Os fisiocratas propõem teoria geral da economia fundada na analogia com o funcionamento natural, que seria fluido e harmonioso, ao menos enquanto o homem não interfere com a natureza. Adam Smith foi influenciado pelos fisiocratas por ocasião de sua visita à França e em seu clássico *Uma Investigação sobre a Natureza e as Causas da Riqueza das Nações* considera que a liberdade de mercado leva a um ajuste natural e espontâneo entre oferta e demanda.

Muitos foram os renovadores da tradição liberal. Milton Friedman da Escola de Chicago, James Buchanan da Escola de Virgínia (ou de *Public Choice*) e Murray Rothbard da ultraliberal Escola do Libertarianismo, aparecem como os novos pensadores da economia, propondo a abertura das fronteiras, a desregulamentação, a diminuição da presença do Estado na economia.

Os adeptos do Libertarianismo ou Anarco-capitalismo foram francamente contrários ao Estado, adotando mesmo como *slogan* o "*Taxation is theft*" (Tributação é um roubo) adaptado do de Proudhon "*La proprieté c'est le vol*". Nessa linha de pensamento foram ferozes defensores das pequenas empresas, da supressão das fronteiras e do fim do militarismo.

A par desses movimentos mais puramente liberais, a doutrina de Friedrich von Hayek é referência essencial para os economistas liberais contemporâneos.

Para todas essas doutrinas, a tributação haveria de diminuir tanto quanto possível e, sempre, ser neutra relativamente ao mercado, cuja ordem espontânea não deveria ser perturbada.

## 2. *Argumentos contra o "dirigismo fiscal"*

*2.1* Ao lado das doutrinas que sustentam a neutralidade fiscal, há as que recriminam o chamado *dirigismo fiscal*, que consiste no uso de instrumentos fiscais com falsas justificativas de intervenção do Estado na Economia, visando na realidade favorecer interesses particulares.

Fritz Neumark assim define o princípio antidirigista: "De acordo com o princípio de evitar as medidas de dirigismo fiscal a política fiscal deve abster-se daquelas intervenções na economia de mercado que de maneira assistematicamente fragmentária favoreçam ou prejudiquem grandes ou pequenos setores parciais da vida econômica em sua evolução e/ou em sua estrutura formal (incluídas as formas jurídicas)".[2]

*2.2* A legislação brasileira tem se distanciado dos elementos básicos da Ciência das Finanças, da Política Fiscal e do Direito, que devem informar o sistema tributário.

Grupos de influência e pressão têm conseguido aproveitar-se da ingenuidade dos que vêem em todas as finalidades louváveis desculpas para "incentivo do governo", quando na verdade visam apenas proteger seus interesses. Com a desoneração de alguns, há conseqüentemente sobrecarga fiscal nos demais setores. O Legislativo serve de instrumento de apoio a tais interesses e o Judiciário tem sua parcela de culpa na aceitação dessas manobras, não obstante sejam claramente antiisonômicas.

2. *Principios de la Imposición*, versão espanhola publicada pelo Ministério da Fazenda de Espanha, por seu Instituto de Estudos Fiscais, Madri, 1974, da edição alemã, de 1970, *Grundsätze gerechter und ökonomisch rationaler Steuerpolitik*, p. 284.

Efetivamente, quando se abre mão de qualquer tributo, mediante isenção ou exoneração de qualquer grupo ou atividade, a única certeza que se tem é a de que não se arrecadará aquele tributo. Quem será beneficiado é uma incógnita.

Ainda que se justifique a medida com a alegação de que se beneficiará uma categoria (os mais pobres, por exemplo), nunca se sabe quais os reais beneficiários da medida. Uma isenção para o feijão, por exemplo, terá a vantagem econômica representada pela diminuição do tributo repercutida no bolso dos produtores, dos intermediários, dos distribuidores, dos varejistas e, talvez, quem sabe, dos consumidores; não se sabe de antemão a quem caberá. Trata-se de fato a ser verificado posteriormente. Além disso, mesmo que haja uma diminuição do preço do feijão ao consumidor, não há escolha de qual consumidor atingir, pois a redução repercutirá tanto para o mais pobre deles como para o mais rico (por exemplo nas feijoadas servidas nos melhores restaurantes). Por esse motivo é fácil destacar que, via de regra, se está diante de simples *dirigismo* e não diante de autêntica *direção* fiscal (ou da economia).

É preciso lembrar ainda que tão ou mais importante que a justiça na arrecadação é a justiça no gasto publico. Daí que se possa afirmar que é muito melhor que se utilize o produto da arrecadação para subsidiar direta e abertamente as atividades que se deseja incentivar. Mantida a arrecadação uniforme, eis que não se sabe a quem beneficiaria uma redução de imposto, se gasto o dinheiro arrecadado de maneira a beneficiar aqueles realmente necessitados.

*2.3* Não é possível se ter uma tributação razoável, com economicidade e eficiência, buscando diferenciar continuamente atividades e grupos.

Pelo contrário, é mais fácil, seguro e eficiente, além de mais justo e transparente, sejam explicitadas quais as atividades ou grupos que se pretende favorecer entregando recursos a tais finalidades (e não abrindo mão de tributá-las). Por exemplo, não se sabe se a isenção de IPI beneficia a atividade dos taxistas ou as dos donos de frotas, dos donos de licença e outros que configuram os capitalistas que exploram esse serviço de transporte, ou mesmo os fabricantes de automóveis.

Por esse e por muitos motivos é preciso encarar com enorme reserva as idéias de liberalização de prática de distinções em matéria tributária.

É preciso evitar a idéia simplista (não simples) de que para fazer justiça é preciso diferenciar o tratamento dado às variadíssimas situações fáticas, de grupos, atividades, profissões, artes, faixas etárias, regiões do país etc.

É preciso lembrar que, antes de mais nada, a função da tributação é a de arrecadar os recursos necessários (e não mais que os necessários) para que o Estado possa desempenhar suas atribuições, de maneira racional, proporcional à capacidade de cada um. Essa a principal justiça que se pode alcançar na tributação.

Daí a lúcida observação de Ernesto Lejeune, ao bem centrar a questão da igualdade na apreciação das funções da tributação e sua relação com a capacidade contributiva, na seguinte passagem: "Ora bem, cremos inútil seguir argumentando sobre a questão. O que em definitiva está em jogo não é a universalidade do princípio de capacidade contributiva ou sua insuficiência. Trata-se de determinar se o tributo deve ou não seguir sendo, em essência, ou mesmo exclusivamente, um meio de arrecadação de ingressos. Se a resposta a essa pergunta é positiva, ninguém colocará em dúvida que a arrecadação de acordo com a capacidade contributiva é o adequado. Porém, se a resposta é negativa, é então evidente que todos também estarão de acordo na insuficiência da capacidade contributiva como critério reitor da ordenação de tributos".[3]

3. "El principio de igualdad", *Tratado de Derecho Tributario*, dirigido por Andrea Amatucci, t. I, Bogotá, Temis, 2001, p. 223.

*2.4* Feitas as considerações sobre as possíveis interferências através da tributação, visando promover a igualdade, e que terminam por gerar sistemas complexos, com inúmeras exceções e tentativas de dirigir as ações individuais, o mesmo Lejeune conclui seu estudo sobre a igualdade em matéria tributária com a seguinte observação: "*Tudo isso deve fazer refletir no futuro sobre se não se terá ido demasiado longe na recepção da extrafiscalidade e sobre a conveniência de fazer retornar ao tributo e suas origens de instrumento de financiamento* (baseado então no princípio de capacidade contributiva como princípio exclusivo de justiça tributária), *e utilizando o gasto público para a realização dos objetivos de justiça, assim como os demais instrumentos administrativos (incluindo o aparato sancionador) para o alcance de objetivos que, ainda que sendo plausíveis em si mesmos, são estranhos à técnica tributária*. Com isso, cremos, não se perderia operatividade: simplesmente se obteria um maior grau de especialização funcional em cada uma das instituições jurídicas; ficariam mais nítidos seus perfis conceituais e, isto sem dúvida alguma, se ganharia muito em segurança jurídica"[4] (o destaque não é do original).

*2.5* As considerações acima mostram as vantagens da uniformização de alíquotas, especialmente nos tributos sobre o consumo, onde inexiste a pessoalidade e a manifestação de capacidade contributiva se dá pela disponibilidade de renda para consumir.

Convém sustentar a desnecessidade de seletividade nos impostos sobre o consumo, como o ICMS. O IPI tem essa característica por disposição constitucional, e o ICMS pode, facultativamente, ser seletivo em função da essencialidade da mercadoria ou serviço.

O que é obrigatório é que, caso se opte pela adoção de seletividade, seja ela estabelecida em função da essencialidade (objetiva) do produto ou serviço, não podendo as alíquotas ser alteradas em razão de qualquer outra variável.

Porém, o que importa ressaltar, no âmbito ora abordado, é que a uniformidade de alíquotas não é um mal (na CF de 1969 era até obrigatória para o ICM). Pelo contrário, é um sistema muito adotado mundialmente e com vantagens notáveis relativamente ao sistema que hoje impera no Brasil: clareza, simplicidade, generalidade, eqüidade.

*2.6* Estes alguns exemplos que demonstram como facilmente a idéia de orientar a tributação de maneira justa termina por configurar simples *dirigismos*, que desfiguram totalmente as boas intenções que ditaram as diferenciações, terminando por criar autênticos privilégios, que, por sua vez, ganham ares de "direito adquirido" e tendem a eternizar-se (como, por exemplo, os subsídios à indústria açucareira do Nordeste).

### *3. A "neutralidade" dos tributos especialmente no tocante à "concorrência"*

*3.1* O primeiro item a observar ao falar-se em *neutralidade* dos tributos é definir bem o que se pretende tratar, evitando a equivocidade. Efetivamente, caso se entenda como na chamada regra de Edimburgo, "*leave-them-as-you-find-them-rule of taxation*", chegaremos não apenas a opor-lhe a objeção de utópica e superada,[5] como a de que pressupõe – em conformidade com as doutrinas liberais clássicas –, que a distribuição de rendas vigente não apenas é justa, do ponto de vista moral-racional,

4. Idem, pp. 221 e ss., citação na p. 238.

5. Cf. Luís Eduardo Schoueri, *Normas Tributárias Indutoras e Intervenção Econômica*, Forense, 2005, p. 2, indicando, para o estudo da utopia da neutralidade (*Neutralitätsutopie*), Konrad Littmann, *Ein Valet dem Leistungsfähigkeitsprinzip*, e *Theorie und Praxis des finanzpolitischen Interventionismus*, de Heinz Haller, L. Kullmer, Carl S. Schoup e Herbert Timm (orgs.), Tübingen, J. C. B. Moohr (Paul Siebeck), 1970, pp. 113 a 134 (128).

como é "ótima", do ponto de vista econômico.

Ora, esse pressuposto para a validade da chamada regra de Edimburgo não é real, verificando-se freqüentemente que a distribuição de bens não é justa e sua alocação não é adequada, nem mesmo do ponto de vista econômico.

Portanto, é preciso analisar a neutralidade da imposição sob outro prisma: em face da concorrência. Fritz Neumark, consciente dessas circunstâncias,[6] a define como: "O princípio de evitar as conseqüências involuntárias que os impostos ocasionam na concorrência requer que a política fiscal, no relativo à transferência coativa por ela originada dos recursos econômicos, ou da subtração à capacidade aquisitiva que representa, se abstenha de toda intervenção que prejudique o mecanismo competitivo do mercado, a menos que a intervenção seja indispensável para corrigir resultados da concorrência perfeita, as que por razões de ordem superior se considerem necessárias, ou para suprimir ou atenuar determinadas imperfeições da concorrência".[7]

Assim, a idéia de neutralidade dos tributos não configura uma *regra cega*, que parta de uma infalibilidade do mercado, mas, pelo contrário, de um objetivo claro, que admite seja a regra "mitigada", como se costuma dizer. Mas é importante notar que somente pode ser "mitigada" para que o objetivo de proteção à concorrência seja alcançado,[8] isto é, somente poderá haver diferentes regimes tributários para promover que exista igualdade de condições entre os concorrentes. Nestes casos, em que a exceção (diferenciação de tributação) visa precisamente manter íntegra a regra (de inexistência de regimes tributários diferenciados para que haja igualdade de condições para os concorrentes), pode-se verificar que não se está diante de verdadeira exceção, pois afirma a regra.

*3.2* O que importa ressaltar da idéia de neutralidade da imposição para os fins perseguidos neste trabalho é o fato de que se reconhece como objetivo intrínseco ao sistema tributário evitar a distorção da livre concorrência.

As distorções ou *distorsions*[9] caracterizam-se pela redução do grau de perfeição competitiva mediante atividade estatal (fiscal ou não fiscal), tenham ou não por objetivo essa intervenção, isto é, em que essa intervenção na concorrência seja ou não aleatória, mera conseqüência prática, buscada ou não, da atividade estatal.

Porém, o que importa efetivamente é verificar se essas interferências perturbam a competição de maneira a prejudicar a ótima alocação dos recursos, e com isso o crescimento econômico e o bem-estar social.

Portanto, seja pela natureza da tributação, seja pela consagração constitucional do regime de livre concorrência, seja pelo disposto no art. 146-A, acrescentado pela Emenda 42, de 19.12.2003, a idéia de não interferência aleatória do Estado no mercado, salvo a expressamente realizada "com o objetivo de prevenir desequilíbrios da concorrência", é elemento essencial do Direito brasileiro.

6. "Sou de opinião de que, nas atuais circunstâncias, a neutralidade distributiva da imposição, no sentido descrito, não pode valer em nenhum dos dois casos como ideal ou postulado, uma vez que se reconhece atualmente, por um lado, a íntima relação entre os efeitos econômicos e os efeitos orçamentário-fiscais dos impostos e, por outro, se postula expressamente a redistribuição como um dos objetivos (preferentemente) metaeconômicos da política econômica e da política fiscal" (*Principios de la Imposición*, cit., p. 64).

7. Idem, p. 321.

8. Sobre o tema mercado *versus* questão social, veja-se "La mystique du marché et la recherche de nouvelles synergies", de Michel Bouvier, in *Finances Publiques*, Paris, LGDJ, 2004, pp. 171 e ss.

9. Cf. J. Tinbergen, "Les distorsions et leur correction", in *Revue d'Economie Politique*, 1958, pp. 256 e ss.; J. C. Dischamps, *Comportementes Economiques et Distorsions Fiscales*, Paris, 1960; D. Biehl, "Ausfuhrland-Prinzip", *Einfurhland-Prinzip und Gemeinsamer Markt-Prinzip*, Colônia, 1969; L. Reboud, *Sistèmes Fiscaux et Marché Commun*, Paris, 1961; todos citados por Fritz Neumark, ob. cit., p. 320.

A quem argumentasse a inexistência de lei complementar com o objetivo de prevenir desequilíbrios da concorrência, ainda por ser editada conforme a citada previsão da Constituição, responde-se destacando que não é a lei complementar que estabelece o que está na Constituição, expressa ou implicitamente, ela apenas o explicita ou especifica. Assim, por exemplo, exigência de lei para estabelecer hipóteses de incidência, bases de cálculo e alíquotas, não é conseqüência do art. 97 do CTN, mas da própria Constituição. E mais, que o art. 97 do CTN não chega a abranger totalmente o conteúdo do princípio da legalidade, que o ultrapassa em muito.

*3.3* Em estudo específico sobre tributação e a neutralidade concorrencial[10] Tércio Sampaio Ferraz Júnior assim a define, no contexto constitucional brasileiro: "O princípio da neutralidade concorrencial deriva diretamente da liberdade de iniciativa, seja no sentido da liberdade de acesso ao mercado, seja no de livre conformação e disposição da atividade econômica. Ele inibe, assim, a interferência estatal que impossibilite, juridicamente ou de fato, a criação ou continuidade de empresas dedicadas a atividades lícitas. O fundamento constitucional daquele princípio não é o princípio da livre concorrência, mas a livre iniciativa. Significa, pois, a neutralidade do Estado perante concorrentes que atuem, em igualdade de condições, no livre mercado. Em nome da finalidade de 'assegurar a todos existência digna, conforme os ditames da justiça social' (CF, art. 170, *caput*), o Estado é obrigado a não privilegiar concorrentes, desequilibrando a igualdade concorrencial, princípio de justiça aplicado à concorrência. Em suma, significa que o Estado, ao regular o mercado livre (livre concorrência) deve abster-se de medidas que, ao privilegiar concorrentes em igualdade de condições, venham a prejudicar consumidores ou a criar desigualdades regionais ou a desfavorecer pequenas empresas ou a proteger o meio ambiente, de um lado, para desprotegê-lo, de outro, etc.".

"A neutralidade concorrencial garante, pois, a igualdade de chances para os agentes econômicos."

Prosseguindo na análise da questão, Tércio Sampaio Ferraz chega a valorizar a concorrência, mesmo que de alguma forma a lei não a afete diretamente, mas apenas de forma oculta, contrastando-a com a legitimidade formal da lei, aparentemente geral: "Assim, o princípio da neutralidade estatal em face da concorrência será ferido se ficar demonstrado que, por lei, as relações competitivas entre empresas concorrentes em igualdade de condições venham a ser restringidas por uma medida (legal) que efetivamente crie para elas uma diferença que passe a existir apenas em virtude da própria medida".

"Uma tal interferência desigualadora das chances concorrenciais pode ser direta (patente) ou indireta (oculta). No primeiro caso a prevalência da neutralidade é indiscutível, supondo-se visíveis concretamente quais são os grupos ou quais os sujeitos econômicos ostensivamente atingidos, isto é, privilegiados ou desprivilegiados. No segundo, é preciso verificar se uma atividade econômica foi atingida por uma medida legal aparentemente geral, mas que, de fato, a dificulta para uns em benefício de outros, e se essa dificuldade chega a inviabilizar a capacidade concorrencial de uns em face de outros (Schönbächler, p. 148)."[11]

*3.4* Pode-se concluir, portanto, que a liberdade de iniciativa e a livre concorrência exigem que não ocorram interferências desigualadoras, nem diretas, nem indiretas. Como essa exigência aplica-se também e especialmente ao próprio Estado, pode-se ter por certo que não se admite a interfe-

10. "Obrigação tributária acessória e limites da imposição: razoabilidade e neutralidade concorrencial do Estado", in *Princípios e Limites da Tributação*, Roberto Ferraz (coord.), Quartier Latin, 2005, pp. 715 a 735 (citação à p. 732).

11. Idem, citação à pp. 733-734.

rência do Estado sobre a concorrência, seja de forma direta ou indireta.

### *4. Dispositivos constitucionais relativos à empresa, à tributação e à concorrência*

*4.1* É nesse contexto que vale analisar os dispositivos constitucionais relativos à empresa, à tributação e à concorrência.

Dispõe o art. 146-A:

> Art. 146-A. Lei Complementar poderá estabelecer critérios especiais de tributação, com o objetivo de prevenir desequilíbrios na concorrência, sem prejuízo da competência da União, por lei, estabelecer normas de igual objeto.

As alterações feitas no art. 146 da CF, naquela mesma ocasião previram:

> d) definição de tratamento diferenciado e favorecido para as microempresas e para as empresas de pequeno porte, inclusive regimes especiais ou simplificados no caso do imposto previsto no art. 155, II, das contribuições previstas no art. 195, I e §§ 12 e 13, e da contribuição a que se refere o art. 239.
>
> Parágrafo único. A lei complementar de que trata o inciso III, *d*, também poderá instituir um regime único de arrecadação dos impostos e contribuições da União, dos Estados, do Distrito Federal e dos Municípios, observado que:
>
> I – será opcional para o contribuinte;
>
> II – poderão ser estabelecidas condições de enquadramento diferenciadas por Estado;
>
> III – o recolhimento será unificado e centralizado e a distribuição da parcela de recursos pertencentes aos respectivos entes federados será imediata, vedada qualquer retenção ou condicionamento;
>
> IV – a arrecadação, a fiscalização e a cobrança poderão ser compartilhadas pelos entes federados, adotado cadastro nacional único de contribuintes. (NR)

Comentando essa alteração constitucional, Ives Gandra da Silva Martins considerou que a Constituição já trazia em seu conjunto os dispositivos que levariam a concluir pela impossibilidade de "a lei tributária, sob o risco de gerar descompetitividade, ser elaborada de forma a provocar descompassos, pois estaria ferindo princípios fundamentais do Direito Tributário, como o princípio da isonomia, da capacidade contributiva e da vedação ao confisco",[12] e que a mudança de texto constitucional teria explicitado o poder-dever de evitar tais distorções, inclusive mediante dispositivos legais complementares.

Assim, caso se entendesse que havia ao menos espaço para questionamentos quanto à exigência de neutralidade na tributação no Brasil, com a referida emenda constitucional, não mais são possíveis tais dúvidas.

*4.2* Paralelamente a tais dispositivos, estão os que estabelecem o regime da atividade econômica no Brasil, nesses aspectos, o *caput* do art. 170 da CF e seus incisos IV e IX:

> Art. 170. A ordem econômica, fundada na valorização do trabalho humano e na livre iniciativa, tem por fim assegurar a todos existência digna, conforme os ditames da justiça social, observados os seguintes princípios: (...)
>
> IV – livre concorrência; (...)
>
> IX – tratamento favorecido para as empresas de pequeno porte constituídas sob as lei brasileiras e que tenham sua sede e administração no País.

*4.3* Fica assim configurada nova dúvida: quê tratamento favorecido pode ser constituído em favor das pequenas empresas sem violar a neutralidade concorrencial exigida à tributação?

Como se viu, a Constituição estabelece, de um lado, que protegerá a atividade econômica com base no princípio de livre concorrência e, de outro, que favorecerá as

12. "Descompetitividade empresarial e lei tributária", in *Grandes Questões Atuais do Direito Tributário*, São Paulo, Dialética, pp. 290-291.

empresas de pequeno porte, numa aparente contradição.

Ora, somente se pode entender bem as idéias de livre concorrência e de promoção da atividade econômica da pequena empresa uma à luz da outra. A livre concorrência é princípio voltado a que todos possam desenvolver livremente suas atividades econômicas (suas vocações profissionais) sem sofrer concorrência desleal ou esmagadora. O princípio visa garantir que haja espaço para todos os que desejam dedicar-se à atividade econômica a que se sente chamado a desenvolver, proibindo, em conseqüência, toda manobra ou estrutura tendente a abafar a iniciativa e a continuidade do trabalho dos diversos agentes econômicos, especialmente os pequenos (pois, via de regra, é o grande que representa risco de abafar tanto o início como a continuidade da atividade dos pequenos). Por sua vez, a idéia de favorecer a atividade das pequenas empresas é tipicamente um reflexo daquelas idéias de livre iniciativa e livre concorrência, pois apoiar a entrada e manutenção das pequenas empresas no mercado é apoiar diretamente a livre concorrência.

Mas, ao mesmo tempo que um dispositivo explica o outro, lhe impõe limites. Conhecer um instituto é conhecer-lhe também os limites. Não é garantia de livre concorrência a manutenção de estrutura que não permita aos pequenos ingressar e manter-se no mercado, como não é apoio legítimo à pequena empresa a condição privilegiada que distorça esse mesmo mercado. Assim, por exemplo, a exigência de capital mínimo muito elevado, ou melhor, exageradamente elevado, para desenvolver determinadas atividades econômicas, seria uma típica barreira contrária a ambas as idéias citadas. Já o incentivo fiscal que permitisse a pequenas empresas concorrer em vantagem contra as grandes empresas, como seria, por exemplo, a isenção de impostos sobre as vendas em mercado competitivo, violaria também ambas as disposições constitucionais, pois dar "tratamento favorecido" não pode confundir-se com "privilégio".

A distinção entre concessão de privilégio e apoio à pequena empresa é matéria tão difícil (e tão fácil) de se conhecer como as chamadas "ações afirmativas", em que o fundamento é o mesmo, elevar quem está em condições desfavorecidas à igualdade com os que se encontram em condições normais. De qualquer forma é típica matéria em que se deve analisar os fatos para se formar opinião em cada caso.

*4.4* Portanto, não há oposição entre as idéias de livre concorrência e apoio à pequena empresa, consagradas pelo texto constitucional. Elas se complementam e afirmam mutuamente, ajudando a estabelecer os limites lógicos de uma e de outra.

## 5. *Conclusões*

É preciso rejeitar a atitude que vê na atividade intervencionista do Estado uma atuação sempre consistente e positiva. Não é preciso aderir aos excessos neoliberais para criticar os excessos keynesianos. É fato que o Estado tem enormes dificuldades na gestão do dinheiro que arrecada, sendo freqüentemente malversador desses mesmos recursos.

Assim, a par de tantas outras garantias do contribuinte pode-se identificar na livre concorrência uma autêntica limitação ao poder de tributar. Não pode o Fisco exigir tributos de maneira desigual, salvo nas ocasiões em que fazê-lo é claramente afirmar a igualdade, isto é, quando nas circunstâncias concretas a afirmação de uma categoria (os deficientes físicos, por exemplo) configura afirmação da igualdade e não estabelecimento de privilégios.

No tocante ao tratamento dado às empresas a regra é a manutenção de condições idênticas aos agentes econômicos, ficando as exceções por conta daqueles casos em que, na verdade, as exceções de tratamento não contrariam a regra, mas a afirmam. Assim, dar condições de acesso e continuidade de atividades às pequenas empresas não é efetivamente uma exceção, mas uma autêntica afirmação da regra, pois é afirmação da livre concorrência ao promover que esses concorrentes, as pequenas empresas, sejam efetivamente atuantes no mercado.

Ao contrário, práticas como as adotadas pela União Federal na edição da Lei 9.718/1998 em que aumentou a COFINS em 50% somente para os agentes econômicos que mostravam menor capacidade contributiva,[13] e na edição da Lei 10.182/2001 em que reduziu impostos de importação somente para os agentes econômicos de maior porte no mercado,[14] são claramente atentatórias à livre concorrência. Também assim a celebração de Convênio de ICMS com injustificável tratamento diferenciado conforme a unidade federada.[15]

Portanto, a interpretação do art. 146-A haverá de ser feita tendo-se em conta que explicita o poder-dever de garantir a livre concorrência, prevenindo desequilíbrios que pudessem ser gerados por meio da tributação, e que o tratamento favorecido às pequenas empresas somente poderá ser praticado visando fortalecer o mercado mediante a afirmação da igualdade de acesso e de condições concorrenciais.

13. "A inversão do princípio da capacidade contributiva no aumento da COFINS pela Lei 9.718/1998", Roberto Ferraz, in *RDDT* 130/72.

14. "A igualdade na lei e o Supremo Tribunal Federal", Roberto Ferraz, in *RDDT* 116/119.

15. "ICMS, guerra fiscal e concorrência na venda de serviços telefônicos pré-pagos", Fernando Facury Scaff, in *RDDT* 126/70.

CADERNOS DE DIREITO TRIBUTÁRIO

# DUPLA/MÚLTIPLA IMPUTAÇÃO JURÍDICA E ECONÔMICA INTERNACIONAL: UMA ANÁLISE BASEADA NO CONCEITO DA REGRA-MATRIZ DE INCIDÊNCIA TRIBUTÁRIA

JONATHAN BARROS VITA

Especialista em Direito Tributário pelo Instituto Brasileiro de Estudos Tributários – IBET/SP. Mestre em Direito Tributário pela PUC/SP. Mestre do Curso de Mestrado de segundo nível em Direito Tributário da Empresa da Universidade Comercial Luigi Bocconi/Milão-Itália. Membro do Laboratório de Direito e Prática Tributária Internacional do CERTI – Universidade Comercial Luigi Bocconi/Milão-Itália e do IBDT. Professor da Especialização em Psicologia Jurídica do EPSI e Professor Assistente da Especialização PUC/COGEAE. Advogado, Consultor Jurídico, Contador.

## *Introdução*

Como ponto inicial, deve ser dito que este texto baseia-se, principalmente, em formas de visualização do sistema jurídico baseadas na Teoria dos Sistemas de Niklas Luhmann,[1] e Lógica Jurídica e Teoria da Linguagem acopladas, conforme a doutrina de Barros Carvalho.[2]

Acentua-se na análise da regra-matriz de incidência tributária como forma de identificação da dupla/múltipla imposição jurídica internacional, por meio de um discurso baseado nas categorias estruturais micronormativas, no que a Lógica Jurídica auxilia nesta forma de abordagem.

A Lógica Jurídica é uma forma de demonstração das estruturas do Direito, ponto pelo qual o conceito de norma jurídica é baseado em um esquema fixo de identificação e imputação jurídica, com preenchimento semântico a partir dos feixes legislativos emanados pelo sistema.

Neste contexto, como adicional, o Direito é texto, é linguagem, é comunicação. O Direito recebe uma irritação e recria através de suas próprias estruturas, ou seja, a realidade jurídica é baseada na linguagem; para o Direito o mundo físico não importa, mas, tão-somente, a criação jurídica, que se configura como um simulacro, cópia sem original.

Com as estruturas da comunicação e norma jurídica demonstradas, o preenchimento com os conteúdos de significação podem ajudar a visualizar os elementos que perfazem uma identidade, ou não, entre duas normas jurídicas.

No caso, visualiza-se que uma forma de elucidação do problema da identificação da dupla/múltipla imposição jurídica e econômica internacional é utilizar a regra-matriz de incidência tributária, sobre a qual,

1. Niklas Luhmann, *Law as a Social System*, Oxford, Oxford University Press, 2004.

2. Paulo de Barros Carvalho, *Direito Tributário: Fundamentos Jurídicos da Incidência*, 2ª ed., São Paulo, Saraiva, 1999.

a seguir, serão assentadas as premissas teóricas, utilizando-se como instrumento um retrocesso ou translação dos conteúdos de significação dos termos apresentados, ou seja, realizaremos um retrocesso ou translação no preenchimento semântico das estruturas normativas.

### *Notas sobre direito positivo e Ciência do Direito*

Como feixes de expressão comunicativa, expressa como um texto escrito que constrói realidades em si mesmo – como um simulacro em termos de Baudrillard[3] –, as linguagens e metalinguagens estabelecidas entre o direito positivo, objeto, e a Ciência do Direito, metalinguagem, são formas necessárias para nos aproximarmos de um estudo científico.

A linguagem diferencia estas formas, já que uma é prescritiva e a outra descritiva – Direito e ciência que se ocupa do Direito –, além disso, tais linguagens acabam por ter contornos de estruturação diversos.

A linguagem jurídica é menos precisa, pois os parlamentos produzem feixes legislativos defeituosos, pois são câmaras democráticas com diversos componentes que não possuem um *background* jurídico, diversamente da Ciência do Direito que possui como elemento necessário a coesão e a precisão.

Além disso, a forma organizativa destes textos surge de maneira a os diferenciar, já que as leis são reconstruídas em normas jurídicas que possuem uma estrutura sintática definida, com a ligação entre antecedente e conseqüente, e as proposições descritivas da Ciência do Direito escapam a tal lógica.

No direito positivo, portanto, é mais forte a diferença entre enunciado e proposição, já que esta deve possuir uma estrutura sintática hipotético-condicional como forma de aceitabilidade (validação simbólica) dentro do sistema dos programas/normas jurídicas.

Norma jurídica, logo, é uma proposição jurídica produzida por meio de avaliação crítica de enunciados jurídicos presumidamente válidos, lembrando que a norma é um conceito idêntico para os que operam com o Direito, mas a definição e as normas especificamente colocadas não são idênticas, já que são juízos críticos.

Em outras palavras, a norma jurídica é um conceito reconhecido pela sociedade e pelo Direito como forma esquemática de comunicação jurídica, ou seja, programa jurídico, mas o conjunto de normas é diferente para cada um de seus usuários em sua individualidade, cada um fazendo suas normas a partir dos enunciados prescritivos colocados no sistema de forma válida.

Faz-se nota que quando se refere à validade trata-se de que se tenha um reconhecimento/auto-referencialidade por parte do sistema jurídico que aquele enunciado é comunicação jurídica, ainda que a validade represente um sinal débil de uma validade jurídica, permitindo que exista a produção e o reconhecimento dos efeitos jurídicos desta norma pretensamente válida (obviamente considerando que os futuros presentes é que são ligados à validade).

Em outro giro, é dizer que a validade sempre é considerada como presunção, exceto no que toca à Constituição originária, já que esta é plenipotenciária.

O termo validade/validação simbólica, aludido anteriormente, surge com tal escopo, o de dizer que damos validade à comunicação como um símbolo que une às comunicações jurídicas, ou seja, esta é reconhecida pelo sistema por possuir aquele símbolo.

Seguindo, deve ser revisitado o tema do Direito como linguagem e a combinação de enunciados, enquanto suporte físico, em proposições, algo realizado através da utilização da lógica.

Os enunciados, para o Direito, são os textos legais, integrantes do sistema liga-

3. Jean Baudrillard, *Simulacros e Simulação*, Lisboa, Relógio d'Água, 1991.

dos pela aferição de validade, que existe em três critérios: o do órgão competente, o procedimento prescrito e a logicidade intra e internormativa, ou seja, se a regra é compatível com os seus próprios elementos componentes ou interagindo com outras normas do sistema.

Logo, as proposições surgem a partir da combinação de um ou mais enunciados, por meio de processos de decisão, raciocínios, formando as normas jurídicas, que possuem uma estrutura sintática necessariamente igual.

Tal estrutura sintática idêntica se apresenta sob duas formas:

- A norma jurídica em sentido estrito, que é uma norma jurídica que possui antecedente e conseqüente ligados por um dever-ser neutro, em que o antecedente possui um fato e o conseqüente uma relação jurídica entre dois sujeitos; e,
- A norma jurídica em sentido completo possui uma estrutura sintática um pouco diversa, com a ligação entre duas normas jurídicas em sentido estrito, uma de conteúdo material e outra de conteúdo procedimental, que dá acesso á característica do deôntico nas normas, que é a possibilidade de acesso à jurisdição estatal, como execuções judiciais, utilização da força da política por meio de um programa de propósito específico criado pelo Direito (decisão judicial).

Lembra-se que uma norma pode ser reconduzida à outra através da utilização de combinações sintáticas com outras normas do sistema (como o princípio geral da jurisdição), do que uma norma em sentido estrito é transformada em completo; ou por meio do desmembramento da norma jurídica em sentido completo em normas jurídicas em sentido estrito.

Deve ser elucidado que as normas jurídicas, quanto ao antecedente – que contém o fato jurídico ou a hipótese jurídica –, podem ser concretas ou abstratas; e quanto ao conseqüente, com relações jurídicas individualizadas ou generalizadas.

Em outro giro, tais formas da norma jurídica, quanto ao preenchimento semântico, levam a recombinações que podem ser manifestadas de quatro maneiras: norma geral e abstrata; geral e concreta; individual e concreta; e individual e abstrata.

### *Sobre a Regra-Matriz de Incidência Tributária*

Para o direito tributário, a identificação dos elementos componentes da norma em sentido estrito ligada à tributação pode ser reconhecida com a regra-matriz de incidência tributária, norma geral e abstrata, que possui o seguinte esquema lógico:

$$H_t \equiv C_{m(v\,.\,c)} \;.\; C_e \;.\; C_t$$

$$N_{jt} \downarrow \qquad DS_n \longleftrightarrow DS_m$$

$$C_{st} \equiv C_p\,(S_a \,.\, S_p) \,.\, C_q\,({}_{bc}\ \mathrm{x}\ {}_{al})$$

Explicitando cada um dos elementos componentes:

$N_{jt}$: Norma jurídica tributária.

$H_t$: Hipótese tributária, antecedente normativo.

$C_m$: Critério material da hipótese.

$_v$ : verbo pessoal de predicação incompleta.

$_c$ : complemento ao verbo.

$C_e$ : Critério espacial da hipótese.

$C_t$: Critério temporal da hipótese.

$C_{st}$: Conseqüente tributário, conseqüente normativo.

$C_p$: Critério pessoal do conseqüente.

$S_a$ : Sujeito ativo da relação jurídica contida no conseqüente, credor.

$S_p$ : Sujeito passivo da relação jurídica contida no conseqüente, devedor.

$C_q$ : Critério quantitativo do conseqüente, dimensionador do objeto da obrigação tributária.

$_{bc}$ : Base de cálculo do tributo.

$_{al}$ : Alíquota do tributo.

$DS_n$ : Dever ser neutro, conectivo deôntico interproposicional sem carga axiológica.

$DS_m$ : Dever ser modalizado, conectivo deôntico interproposicional com carga axiológica, vetorizado em obrigatório.

Símbolos lógicos utilizados:

. : Functor aditivo.

≡: Símbolo de identidade.

→: Implicador deôntico.

↔: Bimplicador deôntico.

x: Símbolo matemático da multiplicação.

Este esquema didático representa, lógico-formalmente, os elementos existentes em qualquer tributo, sendo regra de identificação.

A hipótese possui o critério material, formado por verbo de predicação incompleta mais um complemento, como: produzir renda.

Ainda na hipótese existe o critério espacial, em que se faz alusão ao campo de possibilidade espacial de efeitos da norma.

Nota-se que não se pode confundir o âmbito espacial de validade com o critério espacial, pois, neste, traz-se quais são os atingidos pela norma, e, no outro, fala-se do campo de irradiação do produtor da lei.

Exemplificando, no caso de zonas desoneradas tributariamente, o critério espacial é estar a empresa localizada em tal zona, mas a validade espacial é em todo o território nacional.

Conforme já dito, reitera-se que esta assertiva visa explicitar que os elementos de estraneidade são diferenciações no âmbito de aplicação espacial de uma dada regra, pela possibilidade de os outros elementos, em especial o pessoal e o material, serem elementos possíveis de adequação para a aplicabilidade de uma norma nacional a um sujeito no exterior.

Em outro giro, elemento de estraneidade é uma forma de conexão de natureza real ou pessoal com mais de um território ou ordenamento jurídico, que qualifica uma determinada circunstância jurídica.

O critério temporal da RMIT existe, por sua vez, para dimensionar este lapso, o instante em que podem ser positivadas e a partir de qual momento se tem constituída a relação jurídico-tributária.

Não se deve confundir o momento da aplicação do Direito – com seus contornos dados no antecedente, o objeto de estudo –, com os problemas da aplicação das leis no tempo.

*Nessa análise do momentum* do surgimento do Direito para o Estado e do dever para o sujeito passivo surgiram várias confusões doutrinárias, pela confusão entre o critério temporal e o chamado *tempo do fato gerador*, ou seja, tempo *do fato* e *no fato* jurídico-tributário.

Em outro giro, não se pode confundir a validade temporal com o critério temporal, pois neste, como dito, trata-se do momento em que será desencadeado o processo de positivação da norma, e no outro, trata-se do momento no qual poderá ser exigida coativamente a norma em sociedade.

No conseqüente da RMIT, conforme já dito, aparecem os critérios de identificação dos sujeitos da relação, o passivo e o ativo, o critério pessoal.

O sujeito ativo é o titular do direito subjetivo de exigir prestação de cunho, no caso, pecuniário, podendo ser pessoa jurídica de direito público, privado, ou pessoa física.

Lembra-se que não se deve confundir o sujeito ativo com o sujeito competente, pois este é o que cria a norma jurídica e, o outro, é o que possui a capacidade de ser pólo ativo da relação, pois pode haver a delegação de um estado para que um particular figure como sujeito passivo de uma dada imposição tributária, no que há o fenômeno da parafiscalidade.

O sujeito passivo é aquela pessoa física ou jurídica, de direito público ou privado, que possui o dever jurídico contraposto ao direito do sujeito ativo; é de quem é exigida a prestação pecuniária, no caso dos tributos, e, no caso dos deveres instrumentais, de fazer ou não-fazer.

A capacidade tributária passiva é a característica da pessoa de ocupar o papel de sujeito passivo nas relações jurídico-tributárias, o que é diverso de dizer que ele está ligado com o fato jurídico-tributário; daí a distinção entre contribuinte e mero responsável tributário, pois o primeiro é sujeito passivo e relacionado com o evento tributado, e o segundo apenas é sujeito passivo.

Nesse ponto, faz-se nota que se adota a nomenclatura de Ferragut,[4] com relação ao responsável, que é o sujeito ativo que não participou do fato em contraposição ao contribuinte, que participou do fato jurídico-tributário e, ainda, está como sujeito passivo da relação jurídico-tributária do conseqüente da RMIT.

O cerne de uma obrigação é um elemento materializado de cunho patrimonial, é a quantificação do direito e do dever correlatos, que se diferencia, então, das relações sem o qualificador de obrigações.

Para a RMIT, as informações contidas nos enunciados informativos desse quantitativo (leis tributárias) é o que se chama de *critério quantitativo do conseqüente*, que é calculado pela conjugação de dois entes: a base de cálculo e a alíquota.

A base de cálculo seria a base sobre a qual multiplicada a alíquota para o fim de mensuração do evento tributário, que, para Becker,[5] é o elemento mais importante de um tributo, pois ela possui várias funções no processo de construção de classificações e de validação de uma norma tributária.

4. Maria Rita Ferragut, *Responsabilidade Tributária e o Código Civil de 2002*, Tese de Doutorado em Direito, Faculdade de Direito da PUC/SP, 2004.

5. *Apud* Carvalho, ob. cit.

A base de cálculo, pode, então, assumir três funções distintas:

- A de mensuração das proporções reais do fato, em que se estabelece um critério de aferição se o elemento tomado mede, em síntese, o núcleo do que se quer utilizar como base para a tributação;
- Compor especificamente a determinação do *quantum debeatur*, ou seja, a base de cálculo em seu aspecto contábil, matemático; e, por fim,
- A confirmação, infirmação ou afirmação do critério material da hipótese, em que se faz o cotejo da base de cálculo com o critério material para a visualização da correção ou não da base de cálculo por meio da lógica intranormativa. Ou seja, confirmar, dando a dimensão exata, havendo sintonia entre a base e a hipótese material; infirmando, isto é, demonstrando a incompatibilidade; e, afirmando, na medida em que é obscura a exação, prevalece, como critério, à ação-tipo que está sendo avaliada.

Em passo diverso da base de cálculo, que possui outras funções, a alíquota acaba por ser um mero conformador, quantificador com função meramente objetiva.

Lembra-se que a alíquota ou a base de cálculo devem possuir elemento monetário, do que sempre a grandeza representada pela multiplicação deverá ter a natureza financeira.

Fixa-se, portanto, a premissa de que a regra-matriz de incidência acaba por ser necessária para que haja uma clara identificação da forma operativa que o Direito apresenta na transposição necessária entre enunciados para proposições.

Essa formalização é um instrumento útil no campo científico que demonstra uma justificação no sentido de que possui fundamentos de validade e é calcado nos ensinamentos dos filósofos e teóricos do Direito, do que decorre sua segurança e expressividade clara.

A utilização de tais esquemas é simples e operada pela tarefa de desformalização, do que substituir os símbolos por expressões extraídas do estudo das leis, formalizando-as em esquemas lógicos como normas jurídicas.

Algumas elucidações necessárias para o estudo da RMIT no caso identificação da dupla/múltipla imposição jurídica

Para atingir os objetivos deste trabalho, algumas elucidações sobre a regra-matriz devem ser realizadas, no que toca à forma de estruturar o preenchimento semântico dos critérios de seleção dos atributos das normas gerais e abstratas.

Em outras palavras, utiliza-se a regra-matriz de incidência tributária em seu estado mais próximo do mínimo irredutível do deôntico, em que os sujeitos abstratos são indeterminados, assim como o elemento territorial ou mesmo as identificações precisas de espaço e de tempo.

Ainda, não se especifica a base de cálculo em elementos distintos entre si ou mesmo o número componente da alíquota, remetendo-se tais conceitos às regras específicas.

Elucidando: todas as estruturas da regra-matriz de incidência tributária são simplificadas, a regra atinge um grau de pureza, de indeterminação, que permite a comparação entre sistemas jurídicos diversos entre si, baseando-se em uma unicidade estrutural que liga os sistemas comunicativos.

Tais sistemas são baseados na sociedade complexa, são auto-referentes e indiferenciados, quanto ao fundamento de existência de cada um deles, ou seja, não existem vários sistemas sociais, mas apenas um (sociedade social mundial), no qual surgem os programas que se aplicam às irritações produzidas pelo ambiente circundante.

Logo, se a irritação apresenta-se para o sistema jurídico em um determinado local, a reação virá como onda de choque a partir deste local, que agasalha esta por meio de estruturas determinadas para tanto, as normas jurídicas aplicáveis àquela situação.

Tais normas/programas têm como vetor de aplicação a possibilidade de que o critério de centro/periferia possa ser visualizado como diferença específica para utilização de uma ou de outra regra, assim, o problema espacial, no âmbito do ambiente/sistema/centro de irritação e no âmbito matéria, é de extrema relevância para a determinação de qual norma se acopla à irritação produzida, qual norma se ocupa de um fato.

Como estrada diversa, complementando à adotada neste trabalho, mas também justificável do ponto de vista jurídico-científico, utilizam-se ferramentas recondutivas no escopo de atingir a substância de dadas operações, como no caso de recondução dos sujeitos envolvido, em paralelo ao empobrecimento/redução semântica dos elementos estruturais da RMIT.

Em outras palavras, como adicional ao empobrecimento de algumas características da RMIT, acaba-se por utilizar formas de preenchimento semântico baseadas em categorias recondutivas, como no vocábulo contribuinte do imposto sobre a renda, sujeito passivo da relação obrigacional tributária, que pode ser preenchido com empresas coligadas, ou que tenham obrigação de consolidar os seus rendimentos, por normas de localização dos rendimentos ou através de obrigações acessórias (balanço consolidado, por exemplo) ou da utilização da extraterritorialidade da tributação.

### *Dupla/múltipla imposição econômica*

Uma definição corrente da dupla imposição econômica é de que, no caso, existe um concurso de imposições sobre rendas de pessoas diversas, do ponto de vista econômico, conforme se pode deduzir dos comentários ao art. 23, *a* (dupla imposição jurídica) e *b* (dupla imposição econômica) do Modelo OCDE.

A visualização da dupla/múltipla imposição econômica, no ponto, não pode tentar transformar um objeto jurídico fungível em um objeto jurídico infungível, pois dinheiro, capital, renda, são objetos fungíveis para o Direito.

Em outro giro, não pode a renda transferida de uma empresa ser considerada como a mesma renda, logo, há uma inatendibilidade de critérios jurídicos para visualizar, através das ferramentas do Direito, o problema da dupla/múltipla imposição econômica.

Para tanto, utilizando uma observação de terceiro nível, no caso por meio de uma operação que usa um programa do sistema econômico (como irritação), o Direito visualiza através de uma estrutura codificada diversa o problema da dupla/múltipla imposição econômica.

Ou seja, através de um instrumento de outro sistema social (economia) é que se possibilita tal visualização, utilizando como forma prescrita sistematicamente uma hetero-observação de segunda ordem.

Lembra-se que, no ponto, há um problema ligado à diferenciação funcional: com a imposição de que sempre um sistema operativamente fechado e que cognitivamente pressupõe a presença de um outro sistema, logo, a forma de visualização da dupla/múltipla imposição econômica é de terceira ordem, onde o sistema jurídico observa o sistema econômico, que observa o mesmo sistema jurídico impor a tributação sobre uma determinada renda produzida por meio de um mesmo fator produtivo/capital.

Não se pode, portanto, tecer problemáticas baseadas no Direito com relação à dupla/múltipla imposição econômica, já que o Direito, ainda que observando a econômica, não consegue através de suas próprias estruturas criar um programa de propósito específico para solucionar o problema, já que tais programas não fazem parte dos tipos de programa utilizados pelo Direito, sendo utilizados em alguns dos outros sistemas sociais.

Em outros termos, um programa de propósito específico não pode ser operado pelo Direito, motivo pelo qual não se pode criar um programa/norma jurídica para acabar com o fenômeno da dupla/múltipla imposição econômica.

Retomando no diálogo da economia, o código capital/não-capital acaba sendo útil para que se consiga visualizar a tentativa de tal conversão instrumentalizada pelo Estado, que visualiza a sua posição de não-capital e impõe-se, através da política/força, utilizando-se de uma ferramenta jurídica (norma tributária) para ter a posição de capital.

Visualizando o ponto nuclear, tem-se como óbvia a inadequação da citação em trabalhos jurídicos sobre a dupla/múltipla imposição econômica, já que esta carece de critérios juridicamente qualificados.

Outrossim, este conceito carece de uma definição compatível com os critérios da dupla imposição, já que se foca nas conseqüências econômicas do problema e não nas causas jurídicas, que, somente elas, podem ser aquilatadas pelo Direito, já que a própria expressão "dupla imposição" trata de problema normativo, conforme será elucidado a seguir.

Finalizando, há dois outros problemas no que tange ao reconhecimento da dupla/múltipla imposição econômica pelo sistema jurídico, o problema ontológico de que o Direito reconheceria categorizações criadas pelas estruturas do sistema econômico.

O segundo problema adicional, que é o de dar um caráter de dupla/múltipla imposição através da imputabilidade a dois sujeitos diversos por meio de fatos diversos – algo impensável na conformação de regras jurídicas para dar um caráter de transgressão ou mesmo de tipificação jurídica, pois tal renda não está contida como elemento infungível para o Direito.

Em outras palavras e finalizando, duas regras jurídicas diversas não podem ser colocadas em contraste quando o mínimo de identidade das relações jurídicas não é satisfeito, no caso, não se imagina que existam duas normas jurídicas da dupla/múltipla imposição econômica, quando não existe identidade no antecedente, pois os fatos de aquisição da renda são diversos, ainda que derivados indiretamente um do outro, do que as relações jurídicas são distintas pelo seu objeto e pelos sujeitos.

### *Sobre a dupla/múltipla imposição jurídica*

Para a realização do escopo deste trabalho, deve-se estar atento à escolha das formas de categorização, classificação e a utilização de critérios objetivos para aquilatar os problemas jurídicos advindos de tais escolhas.

Portanto, a definição de critérios para uma classificação jurídica deve passar, necessariamente por meio da seleção de elementos jurídicos de identidade e desidentidade entre os institutos a serem analisados.

Obviamente, aqui, não se valora a dupla imposição jurídica ou econômica sob um prisma axiológico, tendente a uma avaliação que aquilate a justeza, eqüidade ou mesmo o desejo de que tal prática tenda a ser abolida, pois o Direito não possui tais caracteres, o seu código é tão-somente binário: lícito/ilícito, não comportando, por parte do sistema em si mesmo, esta valoração, permitida, tão-somente, para os aplicadores, estudiosos ou políticos do Direito.

Logo, um critério que leva como base tais valores não se enquadra como possível no contexto de encontrar critérios, afinidades e diferenças específicas tendentes à equalização de uma classificação jurídica.

Alguns pontos devem ser logo elucidados: o porquê da utilização da expressão dupla/múltipla imposição jurídica internacional no corpo deste trabalho, que tem sua origem na possibilidade de concurso impositivo de forma dúplice ou com mais ordenamentos jurídicos.

Ainda, elucida-se o que o termo imposição tende a significar o ato de produção de norma individual e concreta, a partir de um cotejo/aplicação de uma norma geral e abstrata, logo, imposição significa produção de norma a partir de um juízo crítico sobre um dado evento.

Outro ponto necessário é o de afastar o conceito da dupla/múltipla imposição jurídica do conceito de ilicitude ou antijuridicidade, algo que, em alguns casos, ainda que se trate de dupla imposição jurídica interna em suas duas categorias (conforme será elucidado no ponto posterior), dado que são efeitos econômicos "indesejáveis", algo que o Direito, com a sua neutralidade axiológica, não pode comportar em seus critérios, mas, apenas, na questão da produção legislativa, ato pré-jurídico, de política legislativa.

A concorrência impositiva, portanto, não pode encontrar barreiras no plexo de normas de outro sistema, ou seja, não pode um sistema jurídico com fundamento de validade diverso de um outro limitar aquele. Não existe nem mesmo uma regra de direito internacional que proíba tal prática, o que verifica a impossibilidade de se dar a alcunha de ilícito a uma situação não regulada.

Nesse sentido, não pode ser dito que exista uma limitação autóctone ao poder de tributar por meio da vedação de invasão de uma dada soberania de um Estado.

Tal fato somente deve existir quando o Estado não tenha como fundamentar sua pretensão impositiva, não em virtude do direito internacional, mas em razão de seu próprio direito interno, onde deverá existir vedação dessa natureza.

Uma outra elucidação metodológica deve ser realizada para que se possa determinar de qual tipo de dupla/múltipla imposição jurídica se trata neste trabalho, já que esta pode ser manifestada de quatro formas: dentro de um território, através da atuação impositiva de um mesmo ente; dentro de um território de um Estado pela da atuação impositiva de entes diversos (iguais) na formação estatal, ex.: Estado *versus* Estado-membro; dentro de um território de um Estado pela da atuação impositiva de entes (variados) diversos na formação estatal, ex.:

Município *versus* Estado-membro; ou por meio de imposição concorrente instrumentalizada em dois ou mais Estados diversos.

Ainda, em tal dupla/múltipla imposição jurídica deve ser dito que existem aquelas: permitida e não-permitida, quer seja por motivos intrínsecos ao ordenamento jurídico de um dado Estado, através de conflitos de competência ou de legislações específicas, como leis internas ou tratados internacionais.

Dentro do ponto, lembra-se que um critério jurídico para a dupla/múltipla imposição jurídica de caráter internacional é o problema da extraterritorialidade da incidência normativa tributária, pois, sem esta, nada se pode falar de dupla/múltipla imposição jurídica. Assim, uma regra distante do baricentro da onda de choque tenta observar aquela irritação e produzir o código lícito/ilícito em sobreposição à norma próxima do baricentro.

Abre-se um parêntese no ponto: para elucidar o que se entende por extraterritorialidade, neste contexto, a despeito das correntes dominantes que determinam que tal seria a utilização de critérios de conexão com um dado ordenamento, apesar do reconhecimento de que seriam produzidas no exterior.

Em outro giro, fala-se em extraterritorialidade manifestável de duas formas: ou com critérios de qualificação que admitem o rendimento estrangeiro, mas utilizam-se de critérios de conexão para tributar no seu Estado (*worldwide taxation*); com formas de qualificação de operações com o escopo de nacionalizar atividades/rendas que são realizadas no exterior; ou com tratamento de elemento de conexão por meio de tributação da fonte (*source income taxation*).

A partir das considerações realizadas anteriormente, pode-se realizar uma definição para o conceito de dupla/múltipla imposição jurídica de caráter geral, que seria aquela permitida, pela atuação de normas com fundamento de validade diversos, contidos em ordenamentos diversos, que atinjam um mesmo conjunto de eventos.

Logo, a dupla/múltipla imposição jurídica, portanto, pode ser referida como o fenômeno em que dois ou mais Estados soberanos concorrem na tentativa de tributação de um mesmo fato jurídico.

A partir de tal definição para o conceito, devem ser estabelecidos alguns critérios para determinar esta específica fenomenologia, algo que várias teorias tentam elucidar, as quais se faz uma rápida remissão definitória, mas que não são adotadas neste trabalho por motivos óbvios.

As teorias mais aceitas são, sem ordem de preferência ou sem tentar o esgotamento do tema, apresentadas em rápida síntese, em especial sobre: método das quatro identidades; definição pela conseqüência; e, da análise concreta.

O método das quatro identidades é basicamente centrado na identidade formal entre quatro elementos: aplicação de impostos comparáveis, por parte de dois ou mais Estados soberanos; pelo mesmo pressuposto material; a cargo do mesmo contribuinte; e no mesmo período de aplicação do imposto.

Como crítica mais severa a este método, tem-se o problema da definição de cada um desses critérios, que vagueiam sobre uma aura de indeterminabilidade, que leva a uma inoperabilidade de tais critérios como base semântica classificatória válida.

O segundo método clássico de análise é o da definição pela conseqüência, defendido por Fantozzi e Vogel, que trata, basicamente, de aliar um critério de concurso de pretensões punitivas a um cotejo entre a carga fiscal efetivamente suportada pelo concurso de pretensões e àquela que seria dada ao sujeito se ele fosse, apenas, tributado em um dos Estados.

Em tal caso, a crítica advém de classificar algo baseado em um critério não-jurídico e que se realiza após o dado de realidade, ou seja, o momento da imposição normativa.

No método da análise concreta, preconizado por Garbarino, tem-se uma análise pautada em específicos fatos tributáveis e efetivos concursos de pretensões impositivas.

Portanto, a crítica realizada a tal método é a de que o labor jurídico-científico não pode ser pautado em uma análise empírica, invertendo-se os termos da necessidade de passar da criação de regras gerais para enfrentar problemas que são manifestados com certo grau de previsibilidade, e não de maneira oposta, dado que a ciência deve simplificar e tentar generalizar uma miríade de situações, com vistas a determinação de regras de caráter geral, dando um grau de previsibilidade a seus conceitos.

### *Da aplicação da RMIT à identificação da dupla/múltipla imposição jurídica*

Inicialmente, afasta-se os métodos apresentados, em especial o das quatro identidades, já que se traz uma outra perspectiva de análise formal, que pode ser realizada por meio do estudo do cotejo das normas gerais e abstratas entre si ou de individuais e concretas, também, entre si.

O fenômeno aplicativo (imputação/imposição jurídica) das regras de comportamento sempre segue tal direção, das normas gerais e abstratas, culminando com a aplicação, imposição, versão em norma individual e concreta.

Logo, tratar de imposição é, antes de mais nada, tratar do ato de aplicação e, para esta análise, deve ser realizado um estudo formal das causas e conseqüências jurídicas (no caso, norma aplicada e produto da aplicação), motivo pelo qual a RMIT, enquanto norma geral e abstrata e esquema, por conseqüência, da norma individual e concreta produzida, é um instrumento útil para realizar esta análise.

Outrossim, a forma de verificar tal problema é andar em duas frentes, realizando o cotejo da RMIT das normas aplicativas (gerais e abstratas), observando as possibilidades de conflitos de competência normativos e, posteriormente, passando a individuação do grau da problemática no cotejo das normas individuais e concretas.

Cite-se, conforme já elucidado, que o tratamento da aplicação da RMIT à identificação da dupla/múltipla imposição jurídica passa, tão-somente, por adequamento e elucidação semânticos, preservando o esquema lógico em si, já apresentado.

Inicia-se a análise dos critérios a partir do critério material, sendo necessária a conjugação idêntica entre verbo e seu complemento, no caso o de produzir renda.

O segundo critério é o temporal, que deve ser reconduzido, de maneira impositiva, ao problema do balanço apresentado, ano-fiscal, generalizando o critério, assim, para evitar as distorções do concurso de pretensões em sistemas com anos-fiscais diversos entre si.

Com relação ao critério espacial, também é válido o empobrecimento da RMIT, do que fica circunscrito a dentro ou fora somente do território do Estado, se há um elemento de conexão, logo, o elemento nuclear é o elemento de conexão utilizado, assim, como critério espacial.

Na problemática da base de cálculo, novamente não há um problema específico, já que se é incluída uma grandeza ocasionada pelo fato descrito no antecedente, e ela é mensurada pela base de cálculo, ainda que numericamente diversa, afetada por regras de avaliação diversas, liga-se automaticamente ao fato contido no antecedente, no qual a base de cálculo deve ter, na sua função mensuradora, o critério de identificação de tal fenômeno.

O problema da alíquota se leva em um aspecto geral, do que coloca-se como regra geral o de determinar a alíquota de maneira empobrecida semanticamente, ou seja, no caso, como a aplicável a dada qualificação pessoal do sujeito.

No elemento sujeito ativo não existe maiores problemas, pois ele é o sujeito designado por lei, ou seja, qualquer sujeito, seja ele Estado soberano A, do que A é qualificativo de Estado soberano, do que um mero empobrecimento de tal regra acaba por atingir o escopo desejado.

O passo adiante é elucidar uma grande divergência de base com todas as teorias apresentadas anteriormente, do que se apresenta a problemática do sujeito passivo a um nível recondutivo, já que a dupla imposição jurídica não necessariamente se manifesta em um mesmo sujeito, mas em uma cadeia de sujeitos, pois a empresa-mãe pode ser tributada diretamente pela mesma renda, sem abater os impostos do país de origem do rendimento (*source country*), por meio de métodos como a transparência fiscal, sobre rendas da empresa-filha.

Neste caso, o critério jurídico é encontrado no conseqüente da RMIT no sujeito passivo, que é reconduzido da empresa-filha para a empresa-mãe, mantendo identidade entre os sujeitos tributados necessitando, assim, de um critério recondutivo para o adequamento da RMIT para a identificação dessas espécies, através do instrumento jurídico que constitui a relação passível de substituição entre tais empresas, através de ligações de controle, métodos de consolidamento ou transparência fiscal.

Em outras palavras, há uma translação do responsável jurídico entre as regras de direito tributário aplicadas diretamente, que se subordina materialmente, no caso específico, como elemento de informação do sujeito passivo tributário, pela utilização de norma primária informadora para a RMIT, advinda das relações de direito societário, por exemplo.

Logo, a cadeia de critérios possui apenas elementos contidos no plexo da comunicação jurídica, ou seja, todos os critérios são jurídicos, pois advém de fatos contidos em outras regras jurídicas, ou há a qualificação dada pelo próprio direito tributário, como nas já citadas regras de transparência ou balanço consolidado.

Como conclusão parcial, com a utilização de tal esquema de translação/recondução, acaba-se por atrair alguns casos da chamada dupla/múltipla imposição econômica, mas não por identificar sujeitos diversos – o que seria absurdo do ponto de vista lógico-jurídico –, porém por identificar, de forma proporcional, um mesmo sujeito na relação jurídico-tributária *strictu sensu*.

Em síntese apertada, utiliza-se um dado jurídico, um fato jurídico, para colocar no posto de sujeito passivo aquele que quer se demonstrar passível da dupla/múltipla imposição jurídica, dentro de um contexto de concretude a partir da análise comparativa das regras abstratas.

Sumarizando as formas de abordagem dos elementos da RMIT: critério material, desnecessária qualquer alteração semântica; critério temporal, ajuste para enquadramento como ano-fiscal (inespecífico); critério espacial, com critério de conexão com a dada renda; base de cálculo, menção à utilização dela com função mensuradora; alíquota, a aplicável ao sujeito passivo; sujeito ativo, indeterminação semântica, deixando por conta das variáveis, como Estado A em contraposição a, por exemplo, Estado B; e, sujeito passivo, encontrando processos recondutivos em que empresas ligadas entre si podem ser substituídas na posição de sujeitos, por um método de translação da relação jurídica originária para o campo tributário.

### *Conclusões*

Como ponto de partida de um trabalho, tem-se que ser estabelecidos os fundamentos de abordagem do objeto problematizado, no caso, a dupla/múltipla imposição jurídica, tentando realizar algum avanço científico no tema estudado.

Para tanto, coloca-se como bases teóricas o estudo da Lógica Jurídica, do Direito como linguagem, conforme lições de Barros Carvalho e da Teoria dos Sistemas autopoiéticos luhmaniana.

Assentadas estas premissas teóricas, pode-se abordar os fenômenos jurídicos com maior precisão, do que as normas jurídicas são apresentadas como vetores de estrutura sintática definida e faz-se uma separação explícita entre o sistema jurídico e econômico.

Tal assertiva acaba com a conclusão relativa ao estudo da dupla/múltipla imposição sob um critério jurídico-científico, do que, deve ser feita a consideração de que se considera impossível um estudo com critérios jurídicos que faça a divisão classificativa entre a dupla/múltipla imposição econômica e jurídica, dado o fato que a primeira não é jurídica e não deve ser estudada pela Ciência do Direito, que deve descrever e tomar como base o estudo do sistema comunicativo do Direito, a partir das normas/programas existentes nele.

No que toca, por sua vez à dupla imposição jurídica, necessária se faz a remissão às teorias mais utilizadas e a inadequação de identificar os problemas de transparência ou, mesmo, de requalificação jurídica de uma renda como sendo nacional.

Como contraponto a este problema, utiliza-se o esquema lógico de identificação dos tributos, a chamada Regra Matriz de Incidência Tributária, com o escopo de comparar os elementos constituintes das regras gerais e abstratas e individuais e concretas, que são incididas sobre um mesmo evento.

Para tanto, dois métodos de ação/elucidação de como preencher semanticamente a RMIT para visualizar no plano abstrato e concreto foram tomados:

- O empobrecimento semântico dos critérios, deixando-os mais simplificados e com variáveis indeterminadas a serem preenchidas *a posteriori*, como no caso da alíquota, critério espacial, temporal, além do sujeito ativo; ou
- A utilização de categorias recondutivas baseadas em critérios jurídicos, como o feito com a base de cálculo e o sujeito passivo.

Faz-se menção ao fato de que o critério material acaba por não ser passível de mudança, pois, obviamente, deve se tratar do mesmo verbo, que já é semanticamente pobre o suficiente para identificação da identidade entre as pretensões impositivas.

Outra menção necessária é a de que o problema do sujeito passivo é resolvido por meio de uma proporcionalidade de atribuição de identidade entre os sujeitos relacionados entre si, baseado em um critério de translação da norma de direito civil ou de direito societário, a exemplo, para preencher semanticamente o posto de sujeito passivo na relação jurídico-tributária, como substituto de sujeição passiva tributária.

Por fim, revela-se adequada a aplicação do esquema lógico da Regra-Matriz de Incidência Tributária no estudo da dupla/múltipla imposição jurídica, tomando como parâmetro uma análise lógica do direito tributário, permitindo o desvelamento das estruturas jurídicas como forma de aproximação do objeto da ciência jurídica, os textos legais convertidos em estruturas sintáticas idênticas entre si, as normas jurídicas.

CADERNOS DE DIREITO TRIBUTÁRIO

# SOBRE OS PAPÉIS DA LEI COMPLEMENTAR NO REGIME JURÍDICO DAS CONTRIBUIÇÕES INTERVENTIVAS

TACIO LACERDA GAMA

Mestre e Doutorando pela PUC/SP. Professor dos Cursos de Pós-Graduação do IBET e da PUC/SP

*Introdução. 1. Noção sobre lei complementar tributária. 2. A lei complementar e a norma de competência. 3. Submissão das contribuições interventivas às "normas gerais de direito tributário": 3.1 O significado do art. 146, III, "a", da CF, no regime jurídico das contribuições interventivas; 3.2 Aplicação do Código Tributário Nacional às contribuições interventivas. Conclusões. Referências bibliográficas.*

## *Introdução*

Tem sido objeto de discórdia o papel da lei complementar no regime jurídico das contribuições interventivas. A questão fundamental gira em torno de saber se a inexistência de lei complementar, definindo os contornos da regra-matriz de incidência dessa classe de tributos, apontando principalmente a sua hipótese de incidência, base de cálculo e contribuintes, seria um elemento impeditivo à sua criação. De um lado, situam-se os que julgam inconstitucional a criação de contribuições sem lei complementar dispondo sobre os contornos de sua regra-matriz. Do lado oposto, estão posicionados aqueles para quem é dispensável a existência de lei complementar com esse conteúdo, pois tal exigência seria específica para os impostos. Nos próximos itens, serão apontados os fundamentos de cada uma destas posições para, em seguida, expor as razões pela definição de uma das interpretações em detrimento da outra.

## *1. Noção sobre lei complementar tributária*

A Constituição Federal, em seu art. 59, II, prevê o instrumento introdutor de normas denominado "lei complementar", para cuja elaboração exige, no art. 69, *quorum* qualificado. O mesmo texto constitucional é quem indica, especificamente, as matérias cujo tratamento deverá ser veiculado por lei complementar. Como explica Paulo de Barros Carvalho, este instrumento introdutor reveste-se de natureza ontológico formal, pois difere das leis ordinárias, tanto na forma de sua enunciação, quanto em face do conteúdo que dispõem. É o próprio texto constitucional que delimita o conteúdo dos enunciados a serem veiculados por lei complementar.[1]

1. Sacha Calmon Navarro Coelho mostra que a lei complementar, inclusive a tributária, é reconhecível formal e materialmente. Sob o ponto de vista formal, lei complementar é aquela votada com *quorum* qualificado de maioria absoluta. Sob o pon-

No direito tributário, os enunciados veiculados por lei complementar têm função especial prescrita expressamente pela Constituição e devem ser observados na delimitação do regime jurídico de um tributo.

## *2. A lei complementar e a norma de competência*

Cabe à lei complementar introduzir no direito positivo enunciados que compõem a norma de competência tributária. A própria Constituição Federal a credencia como veículo introdutor de enunciados de competência, por meio do seguinte dispositivo:

> Art. 146. Cabe à lei complementar:
>
> I – dispor sobre conflitos de competência, em matéria tributária, entre a União, os Estados, o Distrito Federal e os Municípios;
>
> II – regular limitações constitucionais ao poder de tributar;
>
> III – estabelecer normas gerais em matéria de legislação tributária, especialmente sobre:
>
> a) definição de tributos e suas espécies, bem como, em relação aos impostos discriminados na Constituição, a dos respectivos fatos geradores, bases de cálculo e contribuintes;
>
> b) obrigação, lançamento, crédito, prescrição e decadência tributários;
>
> c) adequado tratamento tributário ao ato cooperativo praticado pelas sociedades cooperativas.

Tomando a estrutura da norma de competência e os critérios que a compõem, observa-se que a Constituição autoriza à lei complementar introduzir enunciados relativos a: (*i*) sujeitos competentes para edição de tributos, art. 146, I; (*ii*) critérios para solução de conflitos entre tais sujeitos, art. 146, I; (*iii*) enunciados que compõem a norma de competência, delimitando o critério procedimental ou a regra-matriz de incidência tributária possível, art. 146, II; por último, há as chamadas "normas gerais de direito tributário", que prescrevem enunciados diretamente relacionados à regra-matriz possível e aos elementos de constituição e extinção da obrigação tributária – art. 146, III.

Esse rol de atribuições mostra a relevância da lei complementar como instrumento introdutor de enunciados que compõem a norma de competência.

Deve-se ressaltar, nesse ponto, que a Constituição é o último fundamento de validade da ordem jurídica positiva, todo e qualquer enunciado produzido no sistema de direito positivo tem validade condicionada por seus comandos. Por isso, os enunciados jurídicos introduzidos por lei complementar, embora integrem a norma de competência, têm sua validade condicionada pelas prescrições dos enunciados constitucionais.[2]

É isto que ensina Roque Carrazza, quando afirma que "lei complementar não possui o apanágio de buscar nela própria seu fundamento de validade. Muito pelo contrário: ela só poderá irradiar seus efeitos se e enquanto estiver contida na 'pirâmide jurídica'",[3] em cujo ápice encontram-se as normas constitucionais.

to de vista material, "é a que tem por objetivo a complementação da Constituição, quer ajuntando-lhe normatividade, quer operacionalizando-lhe os comandos". Neste sentido, a função da lei complementar é introduzir no sistema de direito positivo enunciados que concretizem aqueles previstos de forma genérica pela Constituição (*Comentários à Constituição de 1988 – Sistema Tributário*, p. 64).

2. A submissão aos enunciados constitucionais é o que Eduardo García de Enterría chama de "princípio da interpretação conforme a Constituição", o qual, segundo suas palavras, significa: "A interpretação conforme a Constituição de toda e qualquer norma do ordenamento tem uma correlação lógica na proibição, implícita, de qualquer construção interpretativa ou dogmática que conclua num resultado direta ou indiretamente contraditório com os valores constitucionais". Se a prescrição é para toda e qualquer norma, as leis complementares tributárias não seriam exceção (*Hermenêutica e Supremacia Constitucional*, p. 38).

3. *Curso de Direito Constitucional Tributário*, p. 512.

Embora o art. 146 da Constituição, transcrito acima, faça referência aos critérios da competência que devem ser regulados por lei complementar, o tema é controverso. A indagação sobre os tipos de enunciados que podem ser veiculados por lei complementar tem várias respostas. Não há consenso na doutrina sobre o papel das normas complementares no direito tributário brasileiro.

De um lado, entende-se que a lei tributária só poderia dispor sobre conflitos de competência em matéria tributária, entre os entes que compõem a Federação, ou regular as limitações constitucionais ao poder de tributar. Segundo esse entendimento, somente os dois primeiros incisos do art. 146 poderiam ser plenamente tratados por lei complementar.[4]

Noutra posição alinharam-se aqueles que opinam pela aplicação integral desse dispositivo constitucional. Haveria não duas, mas sim três matérias a serem reguladas por lei complementar: (*i*) conflitos de competência; (*ii*) limitações constitucionais ao poder de tributar e (*iii*) normas gerais de direito tributário, em especial sobre a regra-matriz possível e as formas de constituição e extinção da obrigação tributária.

Há clara divergência entre a primeira e a segunda corrente. Posicionar-se segundo uma ou outra, significa posicionar-se sobre a própria função desempenhada pelos enunciados complementares na norma de competência.

Tércio Sampaio Ferraz Jr. faz um preciso diagnóstico dessa disputa: "saber se as 'normas gerais' ali mencionadas devem ter por conteúdo regular limitações e conflitos de competência (teoria dicotômica) ou se, ao contrário, este conteúdo é mais específico, no sentido da codificação de princípios gerais (teoria tricotômica), é um problema, que, a nosso ver, pode esclarecer a noção de segurança e sua própria amplitude, tendo em vista a exigência de igualdade e certeza".[5]

As razões da controvérsia doutrinária a respeito da função da lei complementar tributária estariam, para esse autor, nas diferentes interpretações do princípio da segurança jurídica. Esse valor poderia ser interpretado sob dois pontos de vista: num, haveria ênfase à função-igualdade; no outro, o enfoque seria sobre a função-certeza. O papel da lei complementar tributária seria mais ou menos amplo a depender da prevalência dada a um ou a outro desses pontos de vista.

Para os que dão preponderância à função-igualdade, o papel da lei complementar tributária deve ser restrito. A União, os Estados, o Distrito Federal e os Municípios são entes autônomos, razão pela qual devem editar de forma independente suas normas gerais de direito tributário. Uma lei complementar federal que viesse a dispor sobre "normas gerais em matéria de legislação tributária" – prescrevendo a definição de tributos e suas espécies, obrigação, crédito e suas formas de extinção – seria uma violação a essa igualdade.

Já aqueles que dão maior ênfase à função-certeza optam por uma interpretação ampla das funções da lei complementar em matéria tributária. Os enunciados introduzidos por lei complementar poderiam dispor sobre "normas gerais de direito tributário", na forma prevista pelo art. 146, III. Isso garantiria uniformidade para o exercício da competência tributária, facilitando a

4. Neste ponto, Roque Carrazza manifesta ser "de opinião que a lei complementar em exame só poderá veicular normas gerais em matéria de legislação tributária, as quais ou disporão sobre conflitos de competência, em matéria tributária, ou regularão 'as limitações constitucionais ao poder de tributar'". *Em face dessa posição, restringem-se os enunciados complementares a duas funções: conflitos de competência ou "limitações ao poder de tributar"*. Os demais temas relacionados ao regime jurídico dos tributos deveriam ser tratados pelas normas jurídicas do ente tributante, cuja competência estaria na própria Constituição Federal (*Curso de Direito Constitucional Tributário*, p. 513).

5. *Segurança Jurídica e Normas Gerais de Direito Tributário*, p. 53.

compreensão dos limites prescritos à criação de tributos.

Esses diferentes entendimentos a respeito do conteúdo e alcance do art. 146 da Constituição refletem opções valorativas diversas e, por conseguinte, uma tomada de posição frente aos enunciados de direito positivo.

Nesse trabalho, a função da lei complementar será interpretada em sua forma ampla. É uma opção pela função-certeza, que busca nos preceitos do Código Tributário Nacional elementos para a regulação do regime das contribuições interventivas.

Com tais noções, e tendo em vista a estrutura da norma de competência, pode-se conceituar a lei complementar tributária como: instrumento legal infraconstitucional, editado segundo procedimento diferenciado, introdutor de enunciados prescritivos que, sem contrariar os dispositivos constitucionais, promove a delimitação de um ou mais dos critérios da norma de competência.

### 3. *Submissão das contribuições interventivas às "normas gerais de direito tributário"*

As "normas gerais de direito tributário" são prescritas para delimitar a instituição de todo e qualquer tributo. As contribuições interventivas não fogem à regra. Para afastar qualquer dúvida, o art. 149 estatui expressamente que as contribuições devem ser instituídas com observância do art. 146, III.

O conteúdo e o alcance desses enunciados, porém, variam segundo a espécie tributária. Aquilo que as normas gerais de direito tributário prescrevem para um imposto não é igual para uma taxa. Da mesma forma, os empréstimos compulsórios, as contribuições de melhoria e as contribuições especiais sujeitam-se de forma peculiar a tais enunciados.

As prescrições dirigidas ao gênero "tributo", se aplicam, sempre que possível, às contribuições. Por outro lado, aquilo que for prescrito especificamente para os impostos ou para as taxas, por exemplo, não deve ser estendido, em princípio, aos demais tributos.

#### *3.1 O significado do art. 146, III, "a", da CF, no regime jurídico das contribuições interventivas*

O cerne das controvérsias envolvendo o papel da lei complementar, como instrumento que veicula enunciados sobre a competência tributária, está em saber qual o alcance da referência feita pelo art. 149 ao art. 146, III, da Constituição da República. Vimos existir duas correntes preponderantes sobre o tema. Seria possível identificar uma terceira, que entende ser necessária a criação destes tributos por lei complementar, mas esta posição é consideravelmente minoritária. Retomando as outras duas, uma primeira exigiria, como requisito ao exercício da competência para criação as ditas contribuições, lei complementar dispondo sobre hipótese de incidência, base de cálculo e contribuintes.[6] A segunda, determinaria, tão-somente, a submissão das contribuições ao que prescreve o Código Tributário Nacional.

Em relação à primeira posição, a lei complementar é colocada como requisito

6. Tratando especificamente das contribuições interventivas, Natanael Martins afirma que "a Constituição Federal reclama, sim, a necessidade de prévia lei complementar dando os contornos gerais da CIDE [contribuições de intervenção no domínio econômico], permitindo, exatamente, a definição de seu perfil e, conseqüentemente, a sua distinção em relação aos demais tributos". Por isso, sem a tal lei complementar não seria possível instituir estes tributos ("As contribuições ao FUST e ao FUTTEL", p. 353). No mesmo sentido, Luis Eduardo Schoueri defende que "a expressa menção, no art. 149, da aplicabilidade às contribuições ali compreendidas, do art. 146, III, parece inspirar a conclusão de que seria necessário que a lei complementar não só definisse aquela espécie tributária, mas também o seu fato gerador, base de cálculo e contribuintes" ("Algumas considerações sobre a contribuição de intervenção no domínio econômico no sistema constitucional brasileiro", p. 366).

para o exercício da competência tributária. Sua falta comprometeria a constitucionalidade de todas as contribuições interventivas editadas sem aquele dispositivo normativo.

Diante das premissas construídas neste trabalho, tal posição não pode ser aceita, por três razões:

(*i*) a referência do art. 146, III, *a*, segunda parte, é dirigida especificamente aos impostos;

(*ii*) as contribuições interventivas estão submetidas ao regime jurídico próprio das contribuições, que não se confunde com o dos impostos;

(*iii*) mesmo em relação aos impostos, a lei complementar não é colocada como pré-requisito para o exercício da competência tributária.

Dispõe o art. 146, III, *a*, da Constituição: "cabe à lei complementar: a) definição de tributo e suas espécies, bem como, *em relação aos impostos discriminados nesta Constituição, a dos respectivos fatos geradores, base de cálculo e contribuintes*;" (grifou-se).

O texto constitucional é claro: a exigência de lei complementar é restrita aos impostos. Quando a Constituição faz referência a tributos em gênero, não se vale do vocábulo "imposto" para se referir a todos os tributos. A referência a "impostos" é específica e restrita a essa espécie. A mensagem prescritiva do art. 149 ao citar o art. 146, III, tem a ver com todos os demais enunciados prescritos sob o manto das "normas gerais de direito tributário", que não se refiram diretamente aos "impostos".

Conclusão oposta seria sustentável se a classificação das espécies tributárias adotadas considerasse as contribuições como espécie de impostos. Nesse caso, se contribuições são "impostos com destinação específica", seu regime jurídico também deverá ser o dos impostos. Todavia, não foi essa a opção adotada. As contribuições não são impostos. Logo, aquilo que se prescreve para os impostos não se estende a elas.

Sacha Calmon Navarro Coelho enfrenta esta questão e afirma: "Certo, por isso que a regra do art. 146, III, 'a', da CF, endereçada está a impostos e, o que é mais, impostos discriminados na mesma. Conseqüentemente, os que entendem possuir as contribuições sociais natureza específica diversa da dos impostos, seja por critério de validação finalística, seja por outros critérios, estão *ipso facto* impedidos de pleitear lei complementar regrando o fato gerador, a base de cálculo e os contribuintes dessa exação".[7]

Em suma, o dever de editar lei complementar é prescrito para os impostos e não para as contribuições. Se se admite a natureza autônoma do regime jurídico das contribuições, não se podem tomar emprestados conceitos previstos específica e restritamente para os impostos.[8]

Por todos esses argumentos, vê-se que a falta de lei complementar não prejudica a constitucionalidade das contribuições interventivas editadas.

Em mais de uma situação, os tribunais superiores foram instados a se manifestar sobre esse tema. As decisões mais recentes invariavelmente apontam para a independência do regime jurídico das contribuições e para a dispensa de prévia edição de lei complementar prescrevendo "normas gerais de direito tributário".

7. *Comentários à Constituição de 1988 – Sistema Tributário*, p. 93.

8. Além destes argumentos, deve-se lembrar que a edição de lei complementar não é requisito para exercício da competência tributária, nem mesmo para a criação de impostos. Sobre isso, Sacha Calmon Navarro Coelho argumenta que "o exercício da competência impositiva das pessoas políticas é meramente constitucional. O Congresso, por inação, não pode paralisar o exercício da tributação pelas pessoas políticas". E coloca como exemplo o Convênio n. 66, que regulou a cobrança do ICMS desde a promulgação da Constituição Federal até a edição da lei complementar que veio a substituí-lo. Nesse caso, a falta de lei complementar não foi óbice para a cobrança do tributo. Isso reforça a tese de que, nem sequer em relação aos impostos, a lei complementar é um requisito de exercício da competência (*Comentários à Constituição de 1988 – Sistema Tributário*, p. 93).

Decidindo sobre a constitucionalidade do Adicional de Frete para Renovação da Marinha Mercante, o Superior Tribunal de Justiça,[9] em decisão relatada pelo Ministro Garcia Vieira, conclui que "como contribuição de intervenção no domínio econômico (art. 149 da Constituição Federal), não é imposto, para a sua instituição e definição de fato gerador, de sua base de cálculo e dos contribuintes, não se exige lei complementar".[10]

Em outro caso, o Supremo Tribunal Federal, em decisão plenária relatada pelo Ministro Carlos Veloso, que julgou a constitucionalidade das Contribuições Sociais sobre o Lucro, decidiu: "A norma matriz das contribuições sociais, bem assim das contribuições de intervenção e das contribuições corporativas, é o art. 149 da Constituição Federal. O artigo sujeita tais contribuições, todas elas, à lei complementar de normas gerais (art. 146, III). Isto, entretanto, não quer dizer, também já falamos, que somente a lei complementar pode instituir tais contribuições. Elas se sujeitam, é certo, à lei complementar de normas gerais (art. 146, III). Todavia, porque não são impostos, não há necessidade que a lei complementar defina os seus fatos geradores, bases de cálculo e contribuintes (art. 146, III, *a*)".[11]

O Supremo Tribunal Federal,[12] já então tratando especificamente das contribuições interventivas, ao manifestar-se sobre a constitucionalidade da Contribuição para o IAA – Instituto do Açúcar e do Álcool, em decisão relatada pelo Ministro Nelson Jobim, decidiu que "ficou afastada a ofensa ao art. 149, da CF/1988, que exige lei complementar para a instituição de contribuição de intervenção no domínio econômico". O Superior Tribunal de Justiça[13] já se havia pronunciado no mesmo sentido.

Todas essas decisões, aliadas aos fundamentos expostos acima, apontam para a dispensa de lei complementar na instituição das contribuições de intervenção no domínio econômico.

Afastada a necessidade de lei complementar, resta investigar que outros significados podem ser extraídos da expressa referência feita pelo art. 149 da Constituição ao art. 146, III.

### *3.2 Aplicação do Código Tributário Nacional às contribuições interventivas*

Afirmar que as contribuições interventivas se sujeitam às "normas gerais de direito tributário" significa afirmar a submissão desses tributos às prescrições do Código Tributário Nacional, no que for pertinente.

Cabe ressalvar que o Código Tributário Nacional nem sempre teve natureza de lei complementar. Sua introdução no sistema de direito positivo foi efetuada por meio da Lei ordinária, n. 5.172/1966, porém tendo sido recepcionado pela Constituição de 1988, art. 34, § 4º, ADCT, para dispor sobre matéria reservada à lei complementar, esse diploma só poderá ser revogado por lei complementar. Daí caber a conclusão de que o CTN foi equiparado à lei complementar. Hugo de Brito Machado trata dessa questão ao asseverar: "Na verdade o Código Tributário Nacional continua sendo uma lei ordinária. Ocorre que ele trata de matéria que, hoje, está reservada a lei complementar. Matéria que hoje somente por lei complementar pode ser tratada. Assim, é evidente que seus dispositivos, que tratam de matéria hoje privativa de lei complementar, só por essa espécie normativa podem ser alterados".[14]

9. REsp 196.151-RJ, publicado em 3.5.1999.

10. Outros dois precedentes podem ser apontados sobre a mesma matéria no STJ: REsp 71.494-PR e REsp 148.723.

11. RE 138.284-8-CE, *DJU* 28.8.1992.

12. RE 214.206, *DJU* 29.5.1998.

13. Decisão plenária, unânime, sobre o RE 138.284-8-CE, publicado em 28.8.1992.

14. *Curso de Direito Tributário*, pp. 73-74.

Pois bem, a lei complementar contém uma série de enunciados que condicionam a competência tributária. Com efeito, é no Código Tributário Nacional que o intérprete identificará os enunciados que prescrevem: obrigação tributária, lançamento, crédito e suas formas de extinção.[15] Tudo aquilo que não é prescrito expressamente para uma espécie tributária – como os impostos, por exemplo – pode ser aplicado, com as devidas cautelas, às contribuições interventivas.[16]

Com mais esta ressalva, fica demonstrado de que forma a lei complementar tributária atua como instrumento introdutor de enunciados de competência tributária, aplicáveis às contribuições interventivas.

## *Conclusões*

*1.* A lei complementar tributária é veículo introdutor de normas infraconstitucionais que, por expressa prescrição do art. 146, introduz enunciados prescritivos no sistema de direito positivo, que compõem a norma de competência tributária.

*2.* A lei complementar tributária desempenha três funções: dispõe sobre conflitos de competência; regula limitações constitucionais ao poder de tributar e prescreve normas gerais de direito tributário.

*3.* Não constitui obstáculo à edição de contribuições interventivas a inexistência de lei complementar dispondo sobre hipótese de incidência possível, base de cálculo e contribuintes possíveis das contribuições interventivas. Essa exigência é feita de modo expresso e específico para os impostos, não se estendendo às demais espécies tributárias.

*4.* O Código Tributário Nacional atua como se lei complementar fosse, na disciplina das "normas gerais de direito tributário", especialmente para dispor sobre obrigação, lançamento, crédito, prescrição e decadência desses tributos.

15. Ao enfrentar este tema, Ricardo Mariz de Oliveira defende que: "pode-se constatar que algumas das disposições do CTN (...) podem ser aplicadas às contribuições de intervenção, sem necessidade de qualquer inovação ou declaração expressa, notadamente as de letra 'b'". Vale dizer, o CTN aplica-se às contribuições interventivas naquilo que é prescrito para os tributos de forma geral: "obrigação, lançamento, crédito, prescrição e decadência tributários" ("Contribuições de intervenção no domínio econômico – Concessionárias, permissionárias e autorizadas de energia elétrica – 'Aplicação obrigatória de recursos' (Lei n. 9.991)", p. 382).

16. Ainda por força do art. 146, III, *c*, as contribuições interventivas se sujeitam aos enunciados, introduzidos por lei complementar, que venham a dispensar tratamento adequado ao ato cooperativo praticado por sociedade cooperativa.

## *Referências bibliográficas*

CARRAZZA, Roque Antonio. *Curso de Direito Constitucional Tributário*. 11ª ed., São Paulo, Malheiros Editores, 1998.

CARVALHO, Paulo de Barros. *Curso de Direito Tributário*. 17ª ed., São Paulo, Saraiva, 2006.

COELHO, Sacha Calmon Navarro. *Comentários à Constituição de 1988: Sistema Tributário*. 8ª ed., Rio de Janeiro, Forense Universitária, 1999.

ENTERRÍA, Eduardo García. "Hermenêutica e supremacia constitucional", *Revista de Direito Público* 77, São Paulo, Ed. RT.

FERRAZ JR., Tércio Sampaio. "Segurança jurídica e normas gerais de direito tributário", *Revista de Direito Tributário* 17-18, São Paulo.

MACHADO, Hugo de Brito. *Curso de Direito Tributário*. 20ª ed., São Paulo, Malheiros Editores, 2002.

MARTINS, Natanael. "As contribuições ao FUST e ao FUTTEL", in GRECO, Marco Aurélio (coord.). *Contribuições de Intervenção no Domínio Econômico e Figuras Afins*. São Paulo, Dialética, 2001.

OLIVEIRA, Ricardo Mariz de. "Contribuições de intervenção no domínio econômico – Concessionárias, permissionárias e autorizadas de energia elétrica – 'Aplicação obrigatória de recursos' (Lei n. 9.991)", in GRECO, Marco Aurélio (coord.). *Con-*

*tribuições de Intervenção no Domínio Econômico e Figuras Afins*. São Paulo, Dia-lética, 2001.

SCHOUERI, Luis Eduardo. "Algumas considerações sobre a contribuição de intervenção no domínio econômico no sistema constitucional brasileiro. A contribuição ao programa universidade-empresa", in GRECO, Marco Aurélio (coord.). *Contribuições de Intervenção no Domínio Econômico e Figuras Afins*. São Paulo, Dialética, 2001.

CADERNOS DE DIREITO TRIBUTÁRIO

# O MALHO E O CINZEL NA APLICAÇÃO DO DIREITO. UMA ANÁLISE FRENTE AO NOVO PARADIGMA INTRODUZIDO POR MEIO DO GIRO LINGÜÍSTICO

PHILIPPE ANDRÉ ROCHA GAIL

Especialista em Direito Tributário pela Coordenadoria-Geral de Especialização, Aperfeiçoamento e Extensão – COGEAE, PUC/SP. Mestrando em Direito Tributário pela PUC/SP. Advogado e Consultor Jurídico

*Introdução. 1. Pressupostos metodológicos: 1.1 Ciência e método; 1.2 O movimento denominado "giro lingüístico"; 1.3 O critério de verdade. 2. O Direito: 2.1 O Direito como objeto cultural; 2.2 Direito positivo como objeto da Ciência do Direito; 2.3 Enunciado prescritivo e norma jurídica. 3. O processo de construção do sentido: 3.1 O percurso de geração do sentido; 3.2 A semiótica, o texto e o contexto; 3.3 Os eixos de organização da linguagem: paradigma e sintagma. 4. A interpretação do(no) Direito: 4.1 Interpretação autêntica e não autêntica; 4.2 O legalismo exegético e a intenção do legislador; 4.3 A evolução da reflexão hermenêutica e a conseqüente impossibilidade da busca pela vontade do legislador; 4.4 A interpretação em Kelsen (o malho); 4.5 O significado de base e os jogos de linguagem como um dos limites à interpretação (o cinzel). 5. Considerações finais. Bibliografia.*

## *Introdução*

A idéia de escrever um trabalho sobre a aplicação do Direito nasceu das constantes perplexidades, compartilhadas entre colegas no dia-a-dia de minha profissão como advogado, acerca dos valores e limites que norteiam e balizam o processo de aplicação do Direito, protagonizados pelos juízes no exercício de suas funções judicantes.

Ou seja, quais os valores a serem observados pelos julgadores? Qual o limite do processo de interpretação? Qual seria o correto paradigma a ser seguido pelo Judiciário? Até que ponto a intenção do legislador deve interferir na aplicação de uma norma? Qual o papel da doutrina nesse contexto? Qual o papel da sociedade?

Foi no seio das construtivas discussões havidas no decorrer do curso de Teoria Geral de Direito, de coordenação do Professor Paulo de Barros Carvalho, realizado no Instituto Brasileiro de Estudos Tributários em 2006, que novamente emergiram tais questionamentos e pudemos delinear algumas premissas que integram este trabalho, a fim de melhor entendermos o fenômeno da aplicação do Direito.

Tais premissas somente puderam ser firmadas a partir da força da influência trazida pelo movimento filosófico denominado "giro lingüístico" e seus reflexos no âmbito da Teoria do Conhecimento.

Nesse contexto, a analogia feita entre o malho e o cinzel na aplicação do Direito será melhor compreendida no decorrer deste trabalho, que por sua vez não visa exaurir a questão, mas tão-somente demonstrar o um novo paradigma, legado de insignes pensadores, que não deve ser desprezado sob pena de atentarmos contra nossa própria história e desenvolvimento cultural da humanidade.

## *1. Pressupostos metodológicos*

### *1.1 Ciência e método*

Ciência é uma atividade essencialmente humana e complexa. Seu conceito pode ser definido como uma relação entre o sujeito cognoscente e o objeto cognoscível para a produção de juízos.

O saber científico é uma atividade de especialização, não tendo como compreender isoladamente a totalidade do objeto, daí a necessidade de estabelecer uma forma de surpreendê-lo a fim de reduzir complexidades e assim estabelecer uma metodologia para obtenção de uma proposição verdadeira dentro de determinado contexto.

### *1.2 O movimento denominado "giro lingüístico"*

O movimento denominado *linguistic turn* ou *giro lingüístico* expressou uma reviravolta na filosofia, superando a dualidade sujeito-objeto, intermediado pela linguagem, como instrumento de conhecimento, passando ela a ser responsável pela própria construção do objeto.

Nesse sentido, Manfredo Araújo de Oliveira[1] esclarece: "A reviravolta lingüística do pensamento filosófico no século XX, se centraliza, então, na tese fundamental de que é impossível filosofar sobre algo sem filosofar sobre a linguagem, uma vez que esta é o momento constitutivo de todo e qualquer saber humano, de tal modo que a formulação de conhecimentos intersubjetivamente válidos exige reflexão sobre sua infra-estrutura lingüística. É nesse sentido que K.-O. Apel vai dizer que a Filosofia Primeira não é mais a pesquisa a respeito da natureza ou das essências das coisas ou dos entes (ontologia), nem tampouco a reflexão sobre as representações ou conceitos da consciência ou da razão (teoria do conhecimento), mas reflexão sobre a significação ou sentido das expressões lingüísticas (análise da linguagem)".

Tathiane dos Santos Piscitelli,[2] ao tratar sobre esse movimento, afirma que "passa-se então, a se considerar que a linguagem constrói a realidade. O indivíduo não utiliza a linguagem para construir o conhecimento, mas é a linguagem que constitui o indivíduo tal como esse se apresenta. As 'coisas que estão no mundo' não possuem existência própria. Somente poderão existir mediante a compreensão que se dá pela linguagem".

Assim, o giro lingüístico se dá com a inflexão da filosofia para o estudo da linguagem como mediadora e constitutiva do conhecimento intersubjetivamente válido.

### *1.3 O critério de verdade*

Uma das principais conseqüências do giro lingüístico foi a mudança do critério de verdade. A verdade passa a ser uma construção lingüística. A prova disso está no fato de que os objetos não se insurgem contra as teorias que as descrevem. A afirmação ou negação de uma tese é feita por outra tese. Por isso, a verdade não se dá pela correspondência entre a proposição e o objeto a ser interpretado, mas sim pelo consenso de verdade entre aqueles que lidam com a teoria.[3]

1. Manfredo Araújo Oliveira, *Reviravolta Lingüístico-Pragmática na Filosofia Contemporânea*, 2ª ed., p. 13.

2. Tathiane dos Santos Piscitelli, *Os Limites da Interpretação das Normas Tributárias*, Cap. I, item 1.1.1.

3. Tácio Lacerda Gama, *Contribuição de Intervenção no Domínio Econômico*, p. 33.

Diante da mudança de paradigma e tomando a linguagem como ponto de partida na construção de todo e qualquer conhecimento passaremos a analisar as inflexões causadas nas diversas maneiras de conhecer a aplicar o Direito.

## *2. O Direito*

### *2.1 O Direito como objeto cultural*

Para que exista ciência, é imprescindível que as proposições formuladas estejam direcionadas a um objeto. O Direito dada a sua imanente complexidade constitutiva é um fenômeno que pode ser observado sob diversos aspectos tais como a filosofia jurídica, a sociologia, historiologia, axiologia, psicologia, lógica, porém, independente do ângulo que o observador se posiciona para observá-lo, é necessário sabermos sob qual tipo de objeto a que estamos nos referindo.

Saber-se qual o tipo de objeto o qual estamos nos referindo é ponto de partida para se ingressar nos meandros do conhecimento a fim de sabermos qual método a ser empregado para surpreendê-lo.

Nesse sentido, Carlos Cossio[4] afirma que: "un objeto tiene que ser tratado con un método adecuado a su naturaleza, hemos de elucidar los diversos métodos gnoseológicos que corresponden a los objetos ideales, naturales y culturales, así como aclarar el acto de conocimiento con que se constituyen dichos métodos".

Foi com base na Teoria dos Objetos desenvolvida dentro do contexto filosófico da fenomenologia existencialista husserliana, que Cossio,[5] ao verificar os critérios de ingresso na classe de cada objeto, inseriu o Direito dentro da classe dos objetos culturais:

| *Objetos* | *1ª Característica* | *2ª Característica* | *3ª Característica* |
|---|---|---|---|
| ideais | irreais: não têm existência | não estão na experiência | neutros ao valor |
| naturais | reais: têm existência | estão na experiência | neutros ao valor |
| culturais | reais: têm existência | estão na experiência | valiosos positiva ou negativamente |
| metafísicos | reais: têm existência | não estão na experiência | valiosos positiva ou negativamente |

Os objetos metafísicos serão deixados de lado por não trazerem nenhuma referência útil ao objetivo deste trabalho, assim como fizeram os autores que trataram sobre a teoria dos objetos aplicada ao Direito. Machado Neto,[6] ao tratar sobre a supracitada classificação, diz ele reconhecer as três regiões ônticas que constituem objeto do conhecimento científico, a saber: *a*) os objetos ideais que se caracterizam por serem a-espaciais e atemporais, não se darem na experiência e serem neutros do valor, e cujo ato cognoscitivo é a intelecção, que se realiza através do método *racional-educativo* (*ou racional-dedutivo*); *b*) os objetos naturais, espaciais e temporais, que se dão na experiência, são neutros ao valor e cujo processo de conhecimento é a explicação, realizável pelo método *empírico-indutivo*; *c*) os objetos culturais, que são espaciais e temporais, estão na experiência, são positivamente ou negativamente valiosos e são conhecidos mediante o processo gnoseológico da compreensão, por meio do método *empírico-dialético*.

Assim, para Cossio,[7] os objetos culturais tem existência, estão na experiência e são valiosos. Por estarem ao alcance da experiência não prescindem de um subs-

4. Idem ibidem.

5. Carlos Cossio, *La Teoría Egológica del Derecho y el Concepto Jurídico de Libertad*, 2ª ed., p. 56.

6. Antonio Luis Machado Neto, *Teoria da Ciência Jurídica*, p. 147.

7. *Apud* Antonio Luis Machado Neto, *Teoria da Ciência Jurídica*, p. 147.

trato ou suporte fático e um sentido sustentado por esse suporte que é onde reside o caráter valioso ou desvalioso do bem cultural, qualquer que seja ele. Conforme esse suporte seja um objeto físico, um pedaço do mundo natural, como o mármore numa estátua, ou uma conduta humana, como um ato moral, teremos os objetos culturais divididos em *mundanais* e *egológicos*, respectivamente.

Foi com base nessas premissas que Cossio concebeu a Teoria Egológica, situando o Direito como um objeto cultural, cujo suporte fático seria a conduta regulada pela norma e não a norma em si. A esse respeito, Machado Neto esclarece que o egologismo jurídico vira pelo avesso a hermenêutica, ao considerar que a interpretação é da conduta e não da lei ou da norma, que esta é apenas o estilo de pensamento do jurista, regulado por uma lógica do dever-ser.

Apesar de concordarmos com o jurista argentino no que diz respeito a considerar o Direito como um objeto cultural, situamos o enunciado jurídico prescritivo como sendo o suporte fático para, a partir dele, verificarmos a conduta, e construirmos um significado.

Por outro lado, há que se frisar que a conduta, descrita no antecedente de uma norma jurídica, deve ser entendida como verdadeira fonte do Direito e não como suporte fático, vez que é dela que o Direito se alimenta para sua autopoiese.

Dessa forma, o processo dialético consiste na análise do texto legal e o fato social nele previsto, num movimento de encaixe a fim de que ocorra a subsunção deste àquele.

### *2.2 Direito positivo como objeto da Ciência do Direito*

Enquanto permanecemos no campo dos objetos naturais torna-se relativamente fácil fazer a distinção entre o objeto e a ciência que se ocupa de estudá-lo, assim, como exemplo, podemos citar a vida e a biologia; os astros e a astronomia; o mundo natural e a física entre outros.

Ocorre que, ao transpormos nossa atenção para os objetos culturais, tal distinção torna-se menos evidente vez que tanto o objeto como a ciência que se ocupa de estudá-los, ambos, são constituídos pela linguagem, invariavelmente.

Sob esta rubrica, apoiamos nosso trabalho na esteira de Kelsen ao fazer a clara distinção entre Ciência do Direito e seu respectivo objeto de estudo, as normas jurídicas, ou seja, o direito positivo.

Paulo de Barros ao citar Kelsen, esclarece que "o direito é um fenômeno complexo, sendo que uma forma de estudá-lo sem ter de enfrentar o problema de sua ontologia é isolar as manifestações normativas, ou seja, ali onde houver direito, haverá, necessariamente, normas jurídicas".[8]

Insta salientar que a norma jurídica foi colocada em evidência por Kelsen não para reduzir o Direito às normas, nem tampouco para suprimir os valores do Direito, mas tão-somente para permitir a construção de uma Teoria Científica, onde se tornou possível situarmos o específico campo do sujeito enquanto observador (Ciência do Direito, Ser, Estática) e seu objeto de estudo (direito positivo, dever-ser, dinâmica).

### *2.3 Enunciado prescritivo e norma jurídica*

Já vimos que a linguagem é ínsita ao Direito, uma vez que ela é, ao mesmo tempo, Ciência e objeto de seu estudo, porém com funções de linguagem distintas, ou seja, linguagem descritiva e prescritiva ou metalinguagem e linguagem objeto, respectivamente.

Identificada a classe de objetos de nosso estudo como sendo o direito positivo, compreendido como conjunto dos enunciados prescritivos inseridos no ordena-

8. Paulo de Barros Carvalho, *Direito Tributário – Fundamentos Jurídicos da Incidência*, p. 19.

mento jurídico, é mister trazermos a diferenciação entre enunciados prescritivos e normas jurídicas.

Paulo de Barros[9] é contundente ao afirmar que uma coisa são os enunciados prescritivos, isto é, usados na função pragmática de prescrever condutas; outra, as normas jurídicas, como significações construídas a partir dos textos positivados e estruturados consoante a forma lógica dos juízos condicionais, compostos pela associação de duas ou mais proposições prescritivas.

Embora ambas se expressem na função conativa (imperativa) da linguagem, os enunciados se apresentam como frases soltas, atômicas, plenas de sentido, enquanto as normas jurídicas são dotadas de estrutura lógico-formal a fim de produzirem uma unidade completa de significação deôntica.

Nesse sentido, a norma jurídica é a construção do sentido, formulada a partir da leitura dos enunciados prescritivos, de estrutura lógica definida, constituída de um lado por um antecedente (descritor de condutas objetivas) e, de outro, por um conseqüente (prescritor de condutas), ambos ligados por um dever-ser neutro numa relação de implicação, onde, verificada a ocorrência do antecedente, instala-se automática e infalivelmente a relação jurídica prevista no conseqüente modalizada em: proibido, obrigatório e permitido, onde, formalizando, teríamos o seguinte: D = (p- > q), ou seja, verificada a ocorrência de "p" então deve ser "q".

### *3. O processo de construção do sentido*

#### *3.1 O percurso de geração do sentido*

A forma como se dá a produção de sentido a uma norma jurídica é a razão de ser desse trabalho e para melhor focarmos as etapas que compreendem esse processo, utilizaremos o esquema concebido por Paulo de Barros,[10] que se dedicou ao tema e efetuou uma divisão, para fins didáticos, no percurso de geração do sentido, que consiste na incisão do texto jurídico-positivo nos seguintes subsistemas:

a) *Conjunto de enunciados tomados no plano da expressão:*

É o primeiro plano de contato do intérprete (S1) com a mensagem produzida pelo texto jurídico. São as marcas de tinta inseridas no papel que integram o conjunto de letras, as palavras, as frases, os períodos e os parágrafos, produzidos pelos órgãos de criação do direito e organizados de forma gramaticamente correta. Configura a única porção objetiva dos integrantes da comunidade comunicacional, sendo que tudo mais será entregue ao teor das subjetividades. É o plano onde serão verificadas as pesquisas morfológicas e sintáticas dos vocábulos empregados.

b) *Conjunto dos conteúdos de significação dos enunciados prescritivos*:

É o momento de ingresso no plano do conteúdo (S2), onde o intérprete tendo isolado o suporte físico do texto que pretende compreender, avança para atribuir-lhe valores unitários aos vários signos que se encontram na mensagem selecionando significações e compondo sentido. Nessa etapa já se tem a formação de enunciados no sentido de proposição, substância significativa que se pode adjudicar à base material que lhe dá sustentação física. É a atividade intermediária que consiste na interpretação de enunciados compreendidos isoladamente para depois serem confrontados com outros enunciados.

c) *Conjunto articulado das significações normativas – O sistema de normas jurídicas "stricto sensu"*:

Nesta etapa o exegeta promove a contextualização dos conteúdos obtidos com a finalidade de produzir unidades com-

9. Idem, p. 24.
10. Idem, p. 60.

pletas de sentido para as mensagens deônticas com estrutura sintática definida.

d) *O conjunto de vínculos de coordenação e subordinação que se estabelecem entre as regras jurídicas – Contexto*:

No ápice do processo interpretativo, compete ao exegeta organizar as normas numa estrutura escalonada, presentes os laços de coordenação e subordinação entre as unidades construídas, onde poderá ser verificado o contexto em que se insere a mensagem normativa.

### *3.2 A semiótica, o texto e o contexto*

A semiótica é a ciência dos signos que estuda os fenômenos da representação. O signo é a unidade e o objeto de estudo da semiótica, assim como a norma é a unidade e o objeto da Ciência do Direito. Os signos relacionam objetos a significados. As normas relacionam proposições.

O falar em linguagem remete o pensamento, forçosamente, para o sentido de outro vocábulo: signo. Como unidade de um sistema que permite a comunicação inter-humana, signo é um ente que tem o *status* lógico de relação. Nele um suporte físico se associa a um significado e a uma significação.[11] É o denominado triângulo semiótico.

O *suporte físico* da linguagem idiomática é a palavra falada (ondas sonoras) ou a palavra escrita (depósito de tinta no papel). Esse dado – suporte físico – como o próprio nome indica, tem natureza física ou material. Refere-se a algo do mundo exterior ou interior, da existência concreta ou imaginária, atual ou passada, que é seu *significado*; e suscita em nossa mente uma noção ou idéia ou conceito que chamamos de *significação*.

Nessa conformação, o texto ocupa o tópico de suporte físico, base material para produzir-se a representação mental na consciência do homem (significação) e também, termo da relação semântica com os objetos significados. O texto é o ponto de partida para a formação das significações e, ao mesmo tempo, para a referência aos entes significados, perfazendo aquela estrutura triádica ou trilateral que é própria das unidades sígnicas. Nele, texto, as manifestações subjetivas ganham objetividade, tornando-se intersubjetivas. Em qualquer sistema de signos, o esforço de decodificação tomará por base o texto, e o desenvolvimento hermenêutico fixará nessa instância material todo o apoio de suas construções.[12]

O texto em sentido estrito restringe-se ao plano dos enunciados enquanto suportes de significações, de caráter eminentemente físico, expresso na seqüência material do eixo sintagmático. Mas não há texto sem contexto, pois a compreensão da mensagem pressupõe, necessariamente, uma série de associações que poderíamos referir como lingüísticas e extralingüísticas. Nesse sentido, aliás, a implicitude é constitutiva do próprio texto. Haverá, portanto, um contexto de linguagem, envolvendo imediatamente o texto como as associações do eixo paradigmático, e outro de índole extralingüística, contornando os dois primeiros.[13]

### *3.3 Os eixos de organização da linguagem: paradigma e sintagma*

Segundo os estudos lingüísticos, a linguagem e o processo de enunciação possuem dois níveis de organização ou dois eixos: o eixo vertical, paradigmático ou sincrônico e o eixo horizontal, sintagmático ou diacrônico. No eixo paradigmático estariam compreendidas operações relativas ao domínio que um usuário ou o emissor de uma mensagem possui a respeito do repertório lexical de uma língua como códi-

11. Utilizando a terminologia de Edmund Husserl: *suporte físico, significado e significação*.

12. Paulo de Barros Carvalho, *Direito Tributário – Fundamentos Jurídicos da Incidência*, pp. 17 e 18.

13. Idem.

go: o domínio do significado, variação que compreende, por exemplo, o conhecimento dos sinônimos e também dos antônimos. Já no eixo sintagmático, estariam compreendidas as operações ou ações lingüísticas que encerram o conhecimento da sintaxe de uma língua, as normas de encadeamento de uma seqüência de signos ou palavras, assim compreendidas, por exemplo, as noções de gramática.[14]

Sobre os referidos eixos de organização, Roman Jakobson[15] ao retomar o conceito introduzido por Charles Sanders Peirce, aduziu que duas são as referências que servem para interpretar o signo – uma o código e outra ao contexto, seja ele codificado ou livre; em cada um desses casos, o signo está relacionado com outro conjunto de signos lingüísticos, por uma relação de alternação no primeiro caso e de justaposição no segundo. Os constituintes de qualquer mensagem estão necessariamente ligados ao código por uma relação interna e à mensagem por uma relação externa. A linguagem, em seus diferentes aspectos, utiliza os dois modos de relação.

Os eixos não existem separadamente, são eles interdependentes. Na operação de aplicação do Direito podemos verificar a predominância do eixo paradigmático, que trabalha com os fenômenos de equivalências e com conceitos normativos.

Vale dizer que, é por meio do eixo vertical ou paradigmático que o intérprete analisa determinado fato social e confronta com determinada conduta prevista no antecedente de uma norma jurídica verificando as similitudes para que então seja realizada a subsunção do fato à norma e, conseqüentemente, ocorra a aplicação do Direito.

Também é no eixo paradigmático que estão inseridos os valores a que vinculam a atividade interpretativa. Para Kelsen a positivação do Direito é uma somatória ou seqüência de atos ou juízos de valor, estando compreendidas a elaboração tanto da norma que estatui como devida uma conduta, como daquela que aplica esta norma a um caso concreto, declarando a existência de uma conduta historicamente localizada como correspondente à norma. Ambos os atos que produzem estas normas são, para Kelsen, juízos de valor. Sendo os juízos de valor expressões de preferibilidade, a valoração dos fenômenos e objetos é uma operação em que há um predomínio do eixo de seleção ou paradigmático da linguagem jurídica.[16]

Identificado o eixo paradigmático como predominante no ato de aplicação do Direito, cabe agora analisarmos quais são os limites para a produção das significações contidas nos textos normativos e qual a efetiva mudança de paradigma, tema deste artigo.

## *4. A interpretação do(no) Direito*

### *4.1 Interpretação autêntica e não autêntica*

Vimos até agora que interpretar consiste numa atividade cultural valorativa de atribuir significado aos signos, bem como esclarecemos que o direito positivo se manifesta por meio da linguagem, razão pela qual interpretar o Direito – interpretar os enunciados prescritivos – seria trabalhar com o eixo paradigmático atribuindo valores aos signos nele inseridos para a construção do enunciado proposicional dotado de estrutura lógico-sintática definida, ou seja, a norma jurídica.

A fim de não confundirmos o mundo do ser com o mundo do dever-ser, é imprescindível estabelecermos que, "existem duas espécies de interpretação que devem ser distinguidas claramente uma da outra: a interpretação do Direito pelo órgão que o

14. Clarice von Oertzen Araújo, *Semiótica do Direito*, p. 27.

15. Roman Jakobson, *Lingüística e Comunicação*, p. 41.

16. Clarice von Oertzen Araújo, *Semiótica do Direito*, p. 40.

aplica e a interpretação do Direito que não é realizada por um órgão jurídico, mas por uma pessoa privada e, especialmente pela ciência jurídica".[17]

### *4.2 O legalismo exegético e a intenção do legislador*

Em oposição ao jusnaturalismo, com a publicação do Código de Napoleão em 1804, surge no século XIX o movimento denominado positivismo legalista ou legalismo exegético, para o qual a tarefa do cientista seria apenas a mera exegese do texto legal.

As correntes mais extremas desse movimento defendem que a sentença judicial deve fundamentar-se exclusivamente no texto legal, sendo a interpretação mera exegese dos textos e, sua finalidade, a descoberta da intenção psicológica do legislador.

Para Machado Neto, as conseqüências hermenêuticas de tais princípios teóricos são fáceis de antecipar. Se o objetivo do jurista é conhecer a intenção psicológica do legislador, então, a interpretação é mera exegese e o método que se há de utilizar é o gramatical ou literal. Se a lei é plena, se ela contém todo o direito, então a simples inteligência das palavras da lei (*verba legis*) e do seu espírito (*mens legis*) é o suficiente. Somente quando a expressão legal era obscura ou incompleta fazia-se mister apelo ao método lógico para desentranhar a procurada vontade subjetiva do legislador.[18]

Marcelo Neves[19] compara a escola da exegese como sendo um modelo de interpretação que se pode denominar, semioticamente, "sintático-semântico". Para a referida escola, essa concepção resultava de um "culto ao texto da lei" como a expressão precisa da intenção do legislador, que era elevada ao primeiro plano.

A perspectiva subsuntiva, ou silogística, entende que a norma geral constitui a premissa maior, dentro do qual o caso concreto se coloca como premissa menor, possibilitando a decisão, esta equivalente à conclusão do silogismo.[20]

Sob esta rubrica, a atividade interpretativa é meramente lógica dedutiva, cabendo ao intérprete apenas descobrir o único sentido juridicamente possível dos textos legais. Embora tal movimento tenha ocorrido há mais de um século, ainda permanece arraigado no Judiciário e nos demais aplicadores e observadores do Direito, como demonstram inúmeros juristas e recentes julgados.[21]

Carlos Maximiliano[22] entendia que interpretar é a busca do esclarecimento, do significado verdadeiro de uma expressão; é extrair de uma frase, de uma sentença de uma norma, tudo o que na mesma contém. Aproximava-se – e não é temerário afirmar isto – da tese objetivo-idealista defendida por Emilio Betti, pela qual era possível a reprodução do sentido originário da norma. A tradição hermenêutica inaugurada por Maximiliano no Brasil tem uma similitude com a hermenêutica normativa de Betti, isto em uma hermenêutica que dá regras para a interpretação, as quais dizem respeito tanto ao objeto como ao sujeito da interpretação.[23]

Mais recentemente, para Maria Helena Diniz[24] interpretar é explicar, esclarecer, dar o verdadeiro significado do vocá-

17. Hans Kelsen, *Teoria Pura do Direito*, 4ª ed., p. 464.

18. Antonio Luis Machado Neto, *Compêndio de Introdução à Ciência do Direito*, p. 21.

19. Marcelo Neves, *Entre Têmis e Leviatã: uma Relação Difícil*, p. 197.

20. João Maurício Adeodato, *Jurisdição Constitucional à Brasileira: Situação e Limites*, p. 329.

21. *V.g.*, RE 134.059-8-AM. No julgamento do referido recurso o Ministro Francisco Resek defende a não-incidência do IPVA sobre aeronaves com base na *mens legislatoris*.

22. Carlos Maximiliano, *Hermenêutica e Interpretação do Direito*, 8ª ed., pp. 13, 315 e ss.

23. Lênio Luiz Streck, *Hermenêutica Jurídica e(m) Crise*, 6ª ed., pp. 97 e 98.

24. Maria Helena Diniz, in Tathiane dos Santos Piscitelli, Cap. I, item 1.2, *Os Limites da Interpretação das Normas Tributárias*, p. 31.

bulo, extrair da norma, tudo que nela se contém, revelando seu sentido apropriado para a vida real e conducente a uma decisão.

José Eduardo Soares de Melo[25] perfilha do mesmo entendimento e defende que "todo e qualquer aplicador do Direito deve sempre, descobrir o real sentido a regra jurídica, apreender seu significado e extensão".

### *4.3 A evolução da reflexão hermenêutica e a conseqüente impossibilidade da busca pela vontade do legislador*

Como bem assevera Eros Grau:[26] "Essa concepção – que nele põe vigorosa ênfase e privilegia o pensamento do legislador – passou por um processo de transformação ainda não completamente apreendido pelos que se dedicam ao estudo do direito e pelos que o operam".

A evolução da reflexão hermenêutica permitiu a superação da concepção da interpretação como técnica de subsunção do fato no álveo da previsão legal e instalou a verificação de que ela se desenvolve a partir de pressuposições.[27]

Como vimos, o suporte fático (dado lingüístico) por meio do qual se manifestam as normas jurídicas são os textos jurídicos ou os enunciados prescritivos, cujos significados serão atribuídos pela atividade do intérprete na construção do sentido, razão pela qual não há que se falar em sentido antes do processo de interpretação, mas somente de signos e vocábulos inseridos no texto.

Lourival Vilanova[28] é de cirúrgica precisão ao afirmar que a norma não é a oralidade ou a escritura da linguagem, nem é o ato de querer ou pensar ocorrente no sujeito emitente da norma, ou no sujeito receptor da norma, nem é tampouco a situação objetiva que ela denota. A norma jurídica é uma estrutura lógico-sintática de significação.

Já vimos que não existe texto sem contexto, ou seja, partimos sempre do texto em sentido estrito, instância material desprovida de significações, meros dados lingüísticos da mensagem, que só se completam quando se faz surgir um sentido produzido pelo intérprete, inserido na profundidade do contexto, no plano do conteúdo, onde teremos a visão do texto em sentido amplo.

Como bem asseverou Tathiane Piscitelli,[29] "Parte da dogmática jurídica ainda permanece alheia à virada lingüística ocorrida na filosofia, razão pela qual segue defendendo a possibilidade de se encontrar, no texto da lei, a *intenção do legislador*. Essa doutrina baseia-se na necessidade de se buscar o sentido das normas jurídicas como forma de descobrir a vontade e intenção do legislador no processo de introdução de normas no sistema. O intérprete teria por objetivo enunciar o verdadeiro sentido da norma, que corresponderia ao pensamento do legislador expresso no texto da lei (interpretação autêntica)".

Ainda a esse respeito, a mesma autora cita uma passagem na obra de Wittgenstein onde o filósofo assim ilustra a referida ação em comento: "Imagina que uma pessoa, com a expressão facial da dor, aponta para sua cara e diz 'abracadabra'. Nós fazemos-lhe a pergunta: 'o que queres dizer'? E sua resposta é: 'Quero dizer que tenho dores de dentes'. O teu pensamento imediato é: como é que, com aquela palavra, querer dizer dores de dentes? E, no entanto, num outro contexto, terias afirmado que a atividade mental de querer dizer isto ao aquilo

25. José Eduardo Soares de Melo, *Curso de Direito Tributário*, pp. 157-158.

26. Eros Roberto Grau, *Ensaio e Discurso sobre a Interpretação/Aplicação do Direito*, p. 15.

27. Idem, p. 31.

28. In Paulo de Barros Carvalho, texto inédito, *Curso de Teoria Geral do Direito, Interpretação das Normas Jurídicas*, p. 75.

29. Tathiane dos Santos Piscitelli, *Os Limites da Interpretação das Normas Tributárias*, Cap. I, item 1.2.

é, justamente, o que é mais importante no uso da linguagem (IF 665)".[30]

Assim nenhum comando normativo, seja ele trazido por força constitucional ou infraconstitucional, não está imune de interpretação. A busca pelo sentido somente será alcançada dentro de um determinado contexto social (jogo de linguagem) em que está inserido o intérprete, seja ele aplicador do Direito ou investigador com propósitos científicos.

Utilizando o esquema concebido por Paulo de Barros, como foi exposto no item 3.1, o sentido do texto nunca é obtido no plano da expressão (S1), mas é sempre dele que o intérprete parte para atribuir valores unitários aos vários signos que se encontram na mensagem selecionando significações e compondo sentido.

Verificada a impossibilidade da busca pela intenção do legislador, da vagueza e ambigüidade que permeiam os textos jurídicos, cabe agora estabelecermos qual o limite deve nortear o intérprete do Direito, principalmente quando nos referimos aos intérpretes autênticos, a fim de evitar decisionismos e arbitrariedades.

### *4.4 A interpretação em Kelsen (o malho)*

Na primeira metade do século XX, a hermenêutica jurídica dominante, sem negar a relevância da dimensão sintática no processo interpretativo, tende a enfatizar-lhe o aspecto semântico. Cabe falar, então, de um modelo "semântico-sintático" de interpretação do Direito. Nessa linha, pode-se apontar a Teoria Pura do Direito. Nela, já se reconhece o problema da vagueza e ambigüidade dos termos e expressões jurídicas, cabendo ao intérprete determinar o quadro semântico das aplicações juridicamente corretas. A delimitação desse quadro é, porém, intermediada por operações lógico sintáticas.[31]

Kelsen propõe que, "o Direito a aplicar forma, em todas as hipóteses, uma moldura dentro da qual existem várias possibilidades de aplicação, pelo que é conforme ao Direito todo o ato que se mantenha dentro desse quadro ou moldura, que preencha esta moldura em qualquer sentido possível".[32]

E conclui, "sendo assim, a interpretação de uma lei não deve necessariamente conduzir a uma única solução como sendo a única correta, mas possivelmente a várias soluções que – na medida em que apenas sejam aferidas pela lei a aplicar – têm igual valor, se bem que apenas uma delas se torne direito positivo no ato do órgão aplicador do Direito – no ato do tribunal especialmente".[33]

Nesse sentido, uma decisão juridicamente correta para o mestre de Viena seria aquela que se tivesse amparo sintático no sistema normativo sendo que seus pressupostos de validade são: ter sido produzida por um agente competente (intérprete autêntico) e mediante procedimento previsto em lei, rechaçando, dessa forma, a antiga concepção de aplicação como resultado de um silogismo jurídico onde apenas uma norma jurídica era admitida como seu produto.

Ocorre que, com apenas esses requisitos o aplicador do Direito tem condições de produzir qualquer norma quase que desprezando seu aspecto semântico e pragmático, ou seja, o intérprete autêntico tem ampla liberdade e condições de formular juízos, independente do contexto que estivesse inserido oferecendo incontornáveis decisionismos e arbitrariedades.

Com base nessa ampla liberdade do aplicador do Direito fazemos analogia com

30. *Apud* Tathiane dos Santos Piscitelli, *Os Limites da Interpretação das Normas Tributárias*, Cap. I, item 1.2.

31. Marcelo Neves, *Entre Têmis e Leviatã:...*, cit., p. 197.

32. Hans Kelsen, *Teoria Pura do Direito*, 4ª ed., p. 467.

33. Idem ibidem.

o malho. Esse instrumento, um martelo feito de ferro que deveria ser utilizado em conjunto com o cinzel para desbastar a pedra bruta (direito positivo), representa neste trabalho toda a força e poder trazida pela obra do mestre de Viena, porém, quando utilizado sozinho, somente pode causar destruição, ou no caso do direito, a construção de normas jurídicas com a conseqüente aplicação do direito fora do contexto, sem precisão, "sem-sentido".

O cinzel, por sua vez, é uma ferramenta cortante manejada pela mão esquerda é destinada a receber a aplicação de força do malho, dando-lhe direção desbastando a pedra bruta, por mais dura que esta seja, simboliza o discernimento, a ponderação. Juntos o malho e o cinzel representam a ponderação, a precisão, a justiça, razão pela qual aplicar o Direito sem a observância do contexto social que está inserido o intérprete, sem observância dos jogos de linguagem e do significado de base dos signos é como utilizar o malho sem o cinzel ou mesmo a força sem a razão.

### *4.5 O significado de base e os jogos de linguagem como um dos limites à interpretação (o cinzel)*

Na segunda metade do século XX, a Teoria do Direito caminhou no sentido de considerar a interpretação do Direito, sobretudo como um problema de determinação semântica do significado dos textos jurídicos, condicionada pragmaticamente. Pode-se falar aqui de um modelo "semântico-pragmático". As operações sintáticas serviriam à delimitação estrutural dos contornos lógico-sistemáticos da interpretação. Porém, a tônica do processo hermenêutico recairia na busca do sentido normativo dos textos jurídicos em contextos históricos específicos.[34]

Tal mudança, como vimos, deu-se em razão da influência do movimento denominado "giro lingüístico" onde a linguagem deixa de ser instrumento de conhecimento na relação sujeito-objeto, passando a ser ela responsável pela própria construção do objeto.

A esse respeito Tathiane Piscitelli,[35] com grande maestria, afirma que: "A condição de possibilidade de compreensão é, então, o ser-no-mundo e o acesso a esse mundo tão-só é possível pela linguagem, o que justifica a afirmação do filósofo: 'a linguagem é a morada do ser'. Note-se que, como bem salienta Streck, afirmar ser a linguagem totalidade não implica dizer que ela (linguagem) cria o mundo. Este existe independentemente de enunciação. No entanto, as coisas que estão no mundo somente existem se compreendidas".

A segunda obra de Wittgenstein, *Investigações Filosóficas*, critica a antiga concepção de linguagem simplesmente designando objetos por meio de palavras, da forma como foi abordada no *Tratactus Logicus*, para dar lugar à consideração do contexto de ação em que estão inseridas.

Segundo Oliveira,[36] para Wittgenstein esses contextos de ação são chamados de formas de vida (IF 7, 19, 23), e a linguagem para ele é sempre uma parte, um constitutivo de determinada forma de vida, e sua função, por isso, é sempre relativa à forma de vida determinada, à qual está integrada; ela é uma maneira segundo a qual os homens interagem, ela é a expressão de práxis comunicativa interpessoal. Tantas são as formas de vida existentes, tantos são os contextos praxeológicos, tantos são os modos de uso de linguagem, ou como Wittgenstein se expressa, tantos são os *jogos de linguagem*.

Baseado na fenomenologia de Husserl, seu maior discípulo, Heidegger, propõe um novo paradigma para a linguagem, mantendo seu caráter instrumental da relação en-

34. Marcelo Neves, *Entre Têmis e Leviatã:...*, cit., p. 199.

35. Tathiane dos Santos Piscitelli, *Os Limites da Interpretação das Normas Tributárias*, p. 24.

36. Manfredo de Araújo de Oliveira, *Reviravolta...*, cit., p. 138.

tre o sujeito e o objeto, porém, levando-se em consideração a linguagem como dado constitutivo da realidade e da relação originária dela com o homem.

Oliveira,[37] ao comentar essa mudança de paradigma em Heidegger, assevera: "(...) nunca abandonamos a linguagem, mas sempre falamos a partir dela. Nosso ser-no-mundo, é, portanto, lingüisticamente mediado, de tal maneira que é por meio da linguagem que ocorre a manifestação dos entes a nós".

Ou seja, houve também a mudança da postura objetivante em relação à linguagem, para dar lugar à hermenêutica do eis-aí-ser, como ser-no-mundo, razão pela qual sua fenomenologia é denominada de existencialista e ter exercido grande influência em Sartre.

Gadamer, como discípulo de Heidegger, prossegue no raciocínio fenomenológico e ressalta a influência histórica em sua hermenêutica a fim de demonstrar que a compreensão jamais se perfaz isolada da história.

Nesse diapasão Tahiane Piscitelli[38] afirma que para Gadamer a história não nos pertence, mas que somos nós que pertencemos à história. Portanto, sujeito e objeto são dados históricos e não ônticos. A questão é saber o que significa para a compreensão do homem ser carregado por uma história, que se articula para nós como linguagem dada pela tradição. Portanto, trata-se de elucidar a historicidade da compreensão.

Dessa forma, temos que o uso da linguagem é algo historicamente adquirido, impregnados de valores que foram preservados por uma determinada sociedade, motivo pelo qual os significados das palavras não podem ser meramente dados, mas construídos levando-se em consideração a significação de base, o contexto histórico e os valores, razão pela qual, repisamos a assertiva de não poder haver texto sem contexto.

### 5. *Considerações finais*

Demonstrada a impropriedade de uma aplicação silogística do Direito, assim como pretendeu o movimento legalista e da platônica tentativa de resgatar a intenção do legislador, tivemos o surgimento de outro movimento que conferiu ao intérprete a força da possibilidade de criação de mais de uma norma jurídica que poderia ser considerada válida no âmbito do Direito, assim como propõe o quadro interpretativo kelseniano.

Contudo, tal movimento sofreu fortes influências de importantes movimentos teóricos e filosóficos que não devem passar despercebidos, tais como o comentado "*giro lingüístico*" que elevou a linguagem para além de simples instrumento, passando a ser ela própria constitutiva do objeto, modificando ainda o critério de verdade, antes por correspondência, agora por consenso, dando maior importância ao âmbito pragmático da linguagem; somado à fenomenologia husserliana que deu nascimento à *Teoria dos Objetos* e forneceu elementos para que Cossio pudesse classificar o Direito como *objeto cultural*, constituído pela linguagem e pleno de valores, cujo método para conhecimento proposto seria o *empírico-dialético*; potencializado pela *Teoria dos Signos – Semiótica* concebida inicialmente por Saussure e Charles Sanders Peirce que permitiram uma análise dos signos mediante seus aspectos semânticos, sintáticos e pragmáticos; todos fortalecidos pela coerência da Lógica Deôntica de von Wrigth.

Todas as teorias citadas não se excluem mutuamente, trabalham em conjunto para melhor conhecerem o objeto estudado. Quanto maiores os ângulos de visão fornecidos ao observador do Direito, melhor será seu conhecimento e mais adequada sua aplicação.

O Direito não deve ser somente força ou coação, mas força agindo em conjunto

37. Manfredo de Araújo de Oliveira, *Reviravolta...*, cit., p. 206.

38. Idem ibidem.

com a razão, sobretudo no seio de um Estado Democrático de Direito.

São por essas razões que a tônica que sempre deve nortear os intérpretes, principalmente os autênticos, é trabalho em conjunto do malho com o cinzel para a produção de uma obra perfeita e acabada, representada por uma decisão que não deixa de ser produzida por agente competente e mediante procedimento previsto em lei, mas, principalmente, porque leva em consideração o contexto em que está inserido o intérprete respeitando o uso da linguagem como algo historicamente adquirido, cujos significados não podem ser meramente dados ou extraídos, porém construídos.

### *Bibliografia*


ABBAGNANO, Nicola. *Dicionário de Filosofia*. Trad. Alfredo Bosi e Ivone Castilho Benedetti. 4ª ed., São Paulo, Martins Fontes, 2003.

ADEODATO, João Maurício. *Jurisdição Constitucional à Brasileira: Situação e Limites*.

ARAÚJO, Clarice von Oertzen. "Fato e evento tributário – Uma análise semiótica", in SANTI, Eurico Marcos Diniz de (coord.). *Curso de Especialização em Direito Tributário: Estudos Analíticos em Homenagem a Paulo de Barros Carvalho*. Rio de Janeiro, Forense, 2005.

CARVALHO, Paulo de Barros. *Teoria da Norma Tributária*. 3ª ed., São Paulo, Max Limonad, 1998.

______. *Curso de Direito tributário*. 15ª ed., São Paulo, Saraiva, 2002.

______. *Direito Tributário: Fundamentos Jurídicos da Incidência*. 4ª ed., São Paulo, Saraiva, 2006.

COSSIO, Carlos. *La Teoría Egológica del Derecho y el Concepto Jurídico de Libertad*. 2ª ed., Abeledo-Perrot, 1964.

GAMA, Tácio Lacerda. *Contribuição de Intervenção no Domínio Econômico*. Quartier Latin, 2003.

GRAU, Roberto Eros. *Ensaio e Discurso sobre a Interpretação/Aplicação do Direito*. São Paulo, Malheiros Editores, 2002.

JAKOBSON, Roman. *Lingüística e Comunicação*. São Paulo, Cultrix, 1991.

KELSEN, Hans. *Teoria Pura do Direito*. 4ª ed., Coimbra, Armênio Amado, Editor Sucessor.

MACHADO NETO, Antonio Luis. *Teoria da Ciência Jurídica*. Saraiva, 1975.

______. *Compêndio de Introdução à Ciência do Direito*. Saraiva, 1988.

MELO, José Eduardo Soares de. *Curso de Direito Tributário*. São Paulo, Dialética, 2002.

MOUSSALLEM, Tárek Moysés. *As Fontes do Direito Tributário*. São Paulo, Max Limonad, 2001.

______. *Revogação em Matéria Tributária*. São Paulo, Noesis, 2005.

NEVES, Marcelo. *Entre Têmis e Leviatã: uma Relação Difícil*. Martins Fontes, 2006.

OLIVEIRA, Manfredo Araújo de. *Reviravolta Lingüístico-Pragmática na Filosofia Contemporânea*. 2ª ed., Loyola, 2005.

PEIRCE, Charles S. *Semiótica*. São Paulo, Perspectiva, 1990.

PISCITELLI, Tathiane dos Santos. *Os Limites da Interpretação das Normas Tributárias*. Dissertação de Mestrado defendida na Faculdade de Direito da USP, 2006.

STRECK, Lênio Luiz. *Hermenêutica Jurídica e(m) Crise*. 6ª ed., Livraria do Advogado, 2005.

VILANOVA, Lourival. *As Estruturas Lógicas e o Sistema do Direito Positivo*. São Paulo, Max Limonad, 1997.

______. *Causalidade e Relação no Direito*. 4ª ed., São Paulo, Ed. RT, 2000.

WITTGENSTEIN, Ludwig. *Tractatus Lógico-Philosophicus*. São Paulo, EDUSP, 1994.

# ESTUDOS & COMENTÁRIOS

## A REPETIÇÃO DO INDÉBITO TRIBUTÁRIO E O DENOMINADO PRINCÍPIO DA RESERVA DO POSSÍVEL


DALTON LUIZ DALLAZEM*

Mestre (PUC/SP) e Doutor (UFPR) em Direito Tributário.

Professor Adjunto de Direito Tributário da PUC/PR – Graduação, Especialização e Mestrado. Advogado


Pretendo propor algumas reflexões sobre a repetição do indébito tributário e sua eventual conexão com o chamado *princípio da reserva do possível.*

O pagamento indevido de um tributo é fato jurídico que confere ao titular do dever de seu pagamento o direito à devolução do *quantum* indevidamente pago. O fundamento jurídico infraconstitucional genérico da repetição do indébito tributário encontra-se no art. 165, cumulado com o art. 168, ambos do Código Tributário Nacional. Ali também haverá de estar albergada a hipótese de declaração de inconstitucionalidade, situação mais comum de aplicação do instituto.

Eis que o prestigioso pensar é de Aliomar Baleeiro: "Os tributos resultantes de *inconstitucionalidade*, ou de ato ilegal e arbitrário, são os casos mais freqüentes de aplicação do inciso I do art. 165" (grifo nosso).[1]

Marcelo Fortes de Cerqueira lapidou esse entendimento para concluir que "(...) o fundamento jurídico positivo da norma geral e abstrata que atribui o direito à repetição no Sistema Tributário Brasileiro há de ser encontrado na própria Constituição Federal. É mais especificamente no Sistema Constitucional Tributário e nos princípios constitucionais regentes da matéria que o art. 165 do CTN, que outorga o direito à restituição do indevidamente pago, encontra seu fundamento último de validade".[2]

Logo, "(...) não existisse a norma geral e abstrata veiculada pelo art. 165 do CTN, mesmo assim remanesceria o direito à devolução do indevidamente recolhido aos cofres públicos".[3]

O princípio constitucional da estrita legalidade tributária seria então, segundo Cerqueira, o suporte da repetição de indébito.

Acrescentamos, com Paulo Roberto Lyrio Pimenta, a moralidade, a boa-fé e a


* E-mail: *dalton.dallazem@globo.com*.


1. *Direito Tributário Brasileiro*, 11ª ed., atualizada por Misabel Abreu Machado Derzi, Rio de Janeiro, Forense, 2000, p. 881.

2. *Repetição do Indébito Tributário*, São Paulo, Max Limonad, 2000, pp. 282-283. Idêntica linha de pensamento adota James Marins, *Direito Processual Tributário Brasileiro (Administrativo e Judicial)*, 2ª ed., São Paulo, Dialética, 2002, pp. 407-408.

3. Marcelo Fortes de Cerqueira, *Repetição do Indébito Tributário*, ob. cit., p. 282.

proibição do enriquecimento sem causa;[4] e com Eduardo Domingos Bottallo, o direito de propriedade.[5]

Ouçamos também, sobre o assunto, Celso Antônio Bandeira de Mello:

"De todo modo, como se vê, por um ou outro fundamento, o certo é que não se pode admitir que a Administração se locuplete à custa alheia e, segundo nos parece, o enriquecimento sem causa – que é um princípio geral do Direito – supedaneia, em casos que tais, o direito do particular indenizar-se pela atividade que proveitosamente dispensou em prol da Administração, ainda que a relação jurídica se haja travado irregularmente ou mesmo ao arrepio de qualquer formalidade, desde que o Poder Público haja assentido nela, ainda que de forma implícita ou tácita, inclusive a ser depreendida do mero fato de havê-la boamente incorporado em seu proveito, salvo se a relação irrompe de atos de inquestionável má-fé, reconhecível no comportamento das partes ou mesmo simplesmente do empobrecido.

"Tem-se, portanto, que a regra geral, que o princípio vetor na matéria, evidentemente é – e não pode deixar de ser – o da radical vedação ao enriquecimento sem causa. Logo, para ser excepcionado, demanda o concurso de sólidas razões em contrário, quais sejam: a prova, a demonstração robusta e substanciosa de que o empobrecido obrou com má-fé, concorrendo, deliberada e maliciosamente para a produção de ato viciado do qual esperava captar vantagem indevida. É que, em tal caso, haverá assumido o risco consciente de vir a sofrer prejuízos, se surpreendida a manobra ilegítima em que incorreu. Fora daí, entretanto, seria iníquo sonegar-lhe a recomposição do desgaste patrimonial decorrente da relação jurídica travada com o patrocínio do Poder Público, sob a égide de sua autoridade jurídica, mas ao depois considerada inválida" (*sic*).[6]

Isso posto, é lícito considerar que, permitir a repetição do indébito, daquilo que, pago indevidamente, em razão da inconstitucionalidade da norma instituidora do tributo, significa afirmar o prestígio da legalidade, da moralidade, da boa-fé, da proibição do enriquecimento sem causa e do direito de propriedade.

Pois bem! Neste ponto é necessário registrar que há um bom número de ações diretas de inconstitucionalidade tramitando no Supremo Tribunal Federal questionando a constitucionalidade de tributos em vigor no ordenamento jurídico brasileiro, e há, ainda, incontáveis ações ajuizadas no âmbito do controle difuso de constitucionalidade.

Alguns daqueles questionamentos envolvem milhões, talvez bilhões de Reais que necessitariam ser devolvidos às pessoas físicas e jurídicas que os tenham pagado.

O chamado *princípio da reserva do possível* é um instituto pouco estudado sob a perspectiva aqui proposta. Trata-se de um instituto que analisa o balanceamento entre a concretização de um ou mais direitos fundamentais (no caso da repetição do indébito tributário precipuamente a legalidade) determinada pelo Poder Judiciário e as restrições orçamentárias para tanto. É possível investigar, nesse passo, se podemos encontrar limites normativos concernentes ao orçamento público a impedir ou dificultar a devolução do tributo pago indevidamente. Ainda: se é lícito defender a idéia de que os direitos fundamentais violados em relação a um determinado setor da sociedade devem ser recompostos a qualquer preço, em detrimento da maioria social, a qual ficará temporariamente privada, por conta da devolução do dinheiro aqueloutra classe, de investimentos públicos.

4. *Efeitos da Decisão de Inconstitucionalidade em Direito Tributário*, São Paulo, Dialética, 2002, p. 126.

5. *Fundamentos do IPI*, São Paulo, Ed. RT, 2002, p. 119.

6. "O princípio do enriquecimento sem causa em direito administrativo", *Revista de Direito Administrativo* 210/25-35, Rio de Janeiro, out.-dez. 1997, p. 33.

A propósito do tema aqui versado é inarredável a menção aos arts. 27 da Lei n. 9.868/1999 e 11 da Lei n. 9.882/1999, que propiciaram uma evolução teórica no tratamento dos efeitos da declaração de inconstitucionalidade em termos abstratos.

Tais preceitos assim dispõem: "ao declarar a inconstitucionalidade de lei ou ato normativo, e tendo em vista razões de segurança jurídica ou de excepcional interesse social, poderá o Supremo Tribunal Federal, por maioria de dois terços de seus membros, restringir os efeitos daquela declaração ou decidir que ela só tenha eficácia a partir de seu trânsito em julgado ou de outro momento que venha a ser fixado".[7]

Com tal providência, "(...) habilitou-se, formalmente, o nosso Supremo Tribunal Federal a mitigar e temperar os efeitos drásticos dos julgamentos constitucionais, em ordem a preservar a segurança e a estabilidade de determinadas relações jurídicas consumadas sob a égide da norma expurgada do sistema de direito positivo e que não devam ser abaladas pela ordinariedade dos efeitos retroativos de tais julgados".[8]

Mesmo antes da edição dessa lei, já se pensava que, em ação direta ou ação declaratória, poderia o Supremo Tribunal Federal determinar o grau de retroatividade da decisão (mínima, máxima, média) ou ainda atribuir efeitos *ex nunc*, sempre fundamentadamente.[9]

A inspiração do legislador brasileiro encontra-se no art. 282 da Constituição de Portugal de 1976 (com a redação da Lei Constitucional n. 1, de 1982), expresso nos seguintes termos:

Art. 282. (Efeitos da declaração de inconstitucionalidade ou de ilegalidade).

1. A declaração de inconstitucionalidade ou de ilegalidade com força obrigatória geral produz efeitos desde a entrada em vigor da norma declarada inconstitucional ou ilegal e determina a repristinação das normas que ela, eventualmente, haja revogado.

2. Tratando-se, porém, de inconstitucionalidade ou de ilegalidade por infração de norma constitucional ou legal posterior, a declaração só produz efeitos desde a entrada em vigor desta última.

3. Ficam ressalvados os casos julgados, salvo decisão em contrário do Tribunal Constitucional quando a norma respeitar a matéria penal, disciplinar ou de ilícito de mera ordenação social e for de conteúdo menos favorável ao argüido.

4. Quando a segurança jurídica, razões de eqüidade ou interesse público de excepcional relevo, que deverá ser fundamentado, o exigirem, poderá o Tribunal Constitucional fixar os efeitos da inconstitucionalidade ou da ilegalidade com alcance mais restrito do que o previsto nos números 1 e 2.

Afirmamos que é questionável a constitucionalidade do nosso preceito, tanto que foi argüido como inconstitucional na ação direta de inconstitucionalidade n. 2.258-0, ajuizada pelo Conselho Federal da Ordem dos Advogados do Brasil, sob o fundamento de ser ofensivo ao Estado Democrático de Direito e à legalidade. Logo, a matéria ali contida somente poderia advir do poder constituinte originário.[10]

Não há, por enquanto, pronunciamento do Supremo Tribunal Federal.

Na doutrina, manifestam-se, entre outros, no rumo da constitucionalidade: Patrícia Calmon Nogueira da Gama,[11] Gilmar

7. Doravante, para evitar a repetição, nos reportaremos apenas ao art. 27 da Lei n. 9.868/1999, mas as conclusões a seu respeito estendem-se, por óbvio, ao art. 11 da Lei n. 9.882/1999.

8. Carlos Roberto de Siqueira Castro, "Da declaração de inconstitucionalidade e seus efeitos em face das Leis ns. 9.868 e 9.882/1999", in Daniel Sarmento (org.), *O Controle de Constitucionalidade e a Lei 9.868/1999*, Rio de Janeiro, Lumen Iuris, 2002, pp. 39-99, p. 97.

9. Osvaldo Luiz Palu, *Controle de Constitucionalidade. Conceito, Sistemas e Efeitos*, São Paulo, Ed. RT, 1999, p. 158.

10. Havia proposta nesse sentido durante os trabalhos da Assembléia Nacional Constituinte, fomentada pelo então Senador Maurício Corrêa, mas que não logrou aprovação. Há ainda, sobre o assunto, uma outra ação direta, a de n. 2.154-2, que, por identidade de objeto, foi apensada à de n. 2.258-0.

11. "Breves anotações sobre o controle abstrato de constitucionalidade à luz da Lei 9.868/1999", *RT* 778/91-99, São Paulo, ago. 2000.

Ferreira Mendes,[12] Teori Albino Zavascki,[13] Daniel Sarmento,[14] Hugo de Brito Machado,[15] James Marins,[16] Alexandre de Moraes,[17] Zeno Veloso[18] e Regina Maria Macedo Nery Ferrari.[19]

Oswaldo Luiz Palu entende como inconstitucional apenas a interpretação que permitiria ao Supremo Tribunal Federal determinar a continuidade da aplicação da lei inválida a casos futuros.[20]

Não obstante reconhecer a constitucionalidade do preceito em questão, pondera Hugo de Brito Machado: "(...) embora a Lei n. 9.868/1999, seguindo o entendimento predominante na jurisprudência do Supremo Tribunal Federal, implicitamente atribua efeitos retroativos à decisão que declara a inconstitucionalidade de lei ou outros atos normativos, é de se esperar que a Corte Maior, valendo-se da ressalva feita pelo art. 27 da referida lei, negue esse efeito retroativo sempre que o mesmo signifique a criação ou a majoração de tributo, ou ainda, de um modo geral, imponha gravames ao cidadão".[21]

Em trabalho publicado anteriormente à edição da lei, reconheceu Carlos Roberto de Siqueira Castro: "Não há, verdadeiramente, preceito ou princípio, explícito ou implícito, a impedir, entre nós, a adoção, pela via decisional pretoriana, seja, de um lado, em caráter geral, do efeito prospectivo para as decisões proclamatórias da inconstitucionalidade dos atos normativos, seja, de outro lado, a discricionariedade judicial que habilite o STF a definir, no controle *em tese* ou *concentrado* pelo mecanismo da ação direta, a natureza dos efeitos (*ex tunc*, *ex nunc* ou alguma combinação temporal intermediária) do acórdão que proclama a inconsistência de uma lei em face da Constituição da República".[22]

Pela inconstitucionalidade temos, exemplificativamente: Paulo Roberto Lyrio Pimenta,[23] Américo Bedê Freire Júnior,[24] Eduardo Rocha Dias,[25] José Adércio Leite Sampaio,[26] Ivo Dantas,[27] Lênio Luiz Streck,[28] Ives Gan-

12. *Controle de Constitucionalidade. Aspectos Jurídicos e Políticos*, São Paulo, Saraiva, 1990, pp. 287-345.

13. *Eficácia das Sentenças na Jurisdição Constitucional*, São Paulo, Ed. RT, 2001, p. 49.

14. "A eficácia temporal das decisões no controle de constitucionalidade", in José Adércio Leite Sampaio e Álvaro Ricardo de Souza Cruz (coords.), *Hermenêutica e Jurisdição Constitucional*, Belo Horizonte, Del Rey, 2001, pp. 9-45.

15. "Declaração de inconstitucionalidade e direito intertemporal", *Revista Dialética de Direito Tributário* 57/72-87, São Paulo, jun. 2000.

16. "Notas acerca da recente Lei das Ações Diretas – LAD (Lei 9.868/1999)", *Revista Dialética de Direito Tributário* 57/88-97, São Paulo, jun. 2000.

17. *Jurisdição Constitucional e Tribunais Constitucionais: Garantia Suprema da Constituição*, São Paulo, Atlas, 2000, pp. 279-281.

18. *Controle Jurisdicional de Constitucionalidade*, 3ª ed., Belo Horizonte, Del Rey, 2003, pp. 190, 193.

19. *Efeitos da Declaração de Inconstitucionalidade*, 5ª ed., São Paulo, Ed. RT, 2004, pp. 268-354.

20. *Controle de Constitucionalidade...*, cit., 2ª ed., pp. 186-187.

21. "Declaração de inconstitucionalidade e direito intertemporal", cit., p. 87.

22. "Da declaração de inconstitucionalidade e seus efeitos", *Revista dos Tribunais – Cadernos de Direito Constitucional e Ciência Política* 21/7-39, São Paulo, out.-dez. 1997, pp. 32-33. Seu entendimento em prol da constitucionalidade da Lei n. 9.868/1999 restou confirmado in Daniel Sarmento (org.), *O Controle de Constitucionalidade e a Lei 9.868/1999*, cit., pp. 39-99.

23. *Efeitos da Decisão de Inconstitucionalidade em Direito Tributário*, cit., p. 99.

24. "A inconstitucionalidade da regulamentação dos efeitos do controle de constitucionalidade em abstrato através de lei ordinária", *Revista Dialética de Direito Tributário* 56/19-24, São Paulo, mai. 2000.

25. "Alterações no processo de controle abstrato de constitucionalidade e a extensão do efeito vinculante à ação direta de inconstitucionalidade e à argüição de descumprimento de preceito fundamental", *Revista Dialética de Direito Tributário* 55/50-70, São Paulo, abr. 2000.

26. "Discurso de legitimidade da jurisdição constitucional e as mudanças legais do regime de constitucionalidade no Brasil", in Daniel Sarmento (org.), *O Controle de Constitucionalidade e a Lei 9.868/1999*, cit., pp. 165-218.

27. *O Valor da Constituição. Do Controle de Constitucionalidade como Garantia da Supralegalidade Constitucional*, 2ª ed., Rio de Janeiro, Renovar, 2001, pp. 244-246.

28. *Jurisdição Constitucional e Hermenêutica. Uma Nova Crítica do Direito*, Porto Alegre, Livraria do Advogado, 2002, pp. 425-426.

dra da Silva Martins,[29] Ingo Wolfgang Sarlet[30] e Octavio Campos Fischer.[31]

Em razão dos fundamentos que passamos a explanar, ladeamo-nos aos últimos, para com eles propugnar a invalidade do dispositivo legal em questão.

*Prima facie*, deve-se tomar muito cuidado na busca de soluções importadas para problemas domésticos, não obstante ser inegável a importância do direito comparado para a melhor compreensão do nosso próprio direito.

Contudo, a solução para os problemas do nosso sistema jurídico deve ser buscada no nosso próprio sistema jurídico. Quando legislações são importadas de outros países, é essencial ao intérprete conhecer o contexto jurídico onde estão originalmente inseridas, para que equívocos não sejam cometidos ao desenrolar-se a interpretação no sistema receptor.[32]

Feita a advertência, lembramos, com Lênio Luiz Streck que "(...) as Constituições da Alemanha, da Itália, da Espanha e de Portugal expressamente prevêem a elaboração de uma lei orgânica do Tribunal Constitucional, onde estará estabelecido o processo e o procedimento que deverá ser seguido pelo Tribunal Constitucional no exercício da jurisdição constitucional, mediante o controle de constitucionalidade. A Constituição do Brasil não fez qualquer previsão nesse sentido".[33]

Carece, portanto, de legitimidade formal o art. 27 da Lei n. 9.868/1999, por falta de previsão constitucional acerca da possibilidade de sua edição.[34]

Digna de nota, também, a conclusão de Américo Bedê Freire Júnior: "O 'poder' controlado (no caso o legislativo) não possui delegação constitucional para expedir regras sobre a maneira de como se realizará o controle de seus atos (o controle de constitucionalidade das leis que edita)".[35] O raciocínio é correto. Parece-nos, contudo, e com a devida vênia, que há um pequeno equívoco, na medida em que o ilustre Promotor de Justiça maranhense defende a inclusão da profligada regra via emenda constitucional, a qual também possui limites. Com efeito, decorre do *princípio da tripartição de funções* que a outorga de competências encontra amparo na Constituição, e *não há, de fato, atribuição no sentido de que o próprio "poder" regule as formas de seu controle por outro "poder"*. Logo, uma emenda no sentido proposto também seria inconstitucional, por ofensa ao art. 60, § 4º, III, da CF.

A invalidade, portanto, além de formal, é também material.

29. "Descumprimento de preceito fundamental: eficácia das decisões", in André Ramos Tavares e Walter Claudius Rothenburg (orgs.), *Argüição de Descumprimento de Preceito Fundamental: Análises à Luz da Lei n. 9.882/1999*, São Paulo, Atlas, 2001, p. 173.

30. "Argüição de descumprimento de preceito fundamental: alguns aspectos controversos", in André Ramos Tavares e Walter Claudius Rothenburg (orgs.), *Argüição de Descumprimento de Preceito Fundamental:...*, cit., pp. 157-165.

31. Octavio Campos Fischer, *Os Efeitos da Declaração de Inconstitucionalidade no Direito Tributário Brasileiro*, Rio de Janeiro, Renovar, 2004, pp. 217-218.

32. José Roberto Vieira bem demonstrou, em relação às medidas provisórias, o resultado catastrófico de uma interpretação equivocada, no Brasil, dos *provvedimenti provvisori* italianos. Esquece-se que há um pano de fundo estrutural a nortear a interpretação dos dispositivos brasileiros: nosso regime é presidencialista; o regime italiano é parlamentarista (*Medidas Provisórias em Matéria Tributária: as Catilinárias Brasileiras*, São Paulo, 1999, Tese de Doutorado em Direito, PUC/SP, pp. 214-224).

33. *Jurisdição Constitucional e Hermenêutica...*, cit., p. 425.

34. Lênio Luiz Streck, *Jurisdição Constitucional e Hermenêutica...*, cit., p. 426. O autor entende que toda a lei é formalmente inconstitucional. Temos dúvidas quanto a isso. Talvez seja possível encontrar respaldo constitucional para o tratamento legislativo de questões meramente procedimentais do controle abstrato. Seja como for, tal análise excede os limites deste trabalho.

35. "A inconstitucionalidade da regulamentação...", cit., p. 23.

Não percamos de vista ainda, conforme apurou Walter Claudius Rothenburg, as circunstâncias em que editada a Lei n. 9.868/1999: "Há todavia, um dado conjuntural que não deve ser esquecido: a Lei n. 9.868 surge no bojo de uma série de inovações legislativas patrocinadas pelo atual Governo Federal, *de suspeitos propósitos*. Citem-se a Emenda Constitucional n. 3, de 17 de março de 1993, que instituiu a ação declaratória de constitucionalidade; a Lei n. 8.437, de 30 de junho de 1992, sobre a concessão de medidas cautelares contra atos do Poder Público, recentemente alterada pela Medida Provisória n. 1984, que amplia a possibilidade de suspensão de liminares concedidas por juízos inferiores e que teve diversas inconstitucionalidades suscitadas, a maior parte delas rechaçada pelo Supremo Tribunal Federal, em julgamento de 23 de agosto de 2000; a Lei n. 9.494, de 10 de setembro de 1997, que, dentre outras disposições, estabeleceu, para a sentença da ação civil pública, efeitos apenas 'nos limites da competência territorial do órgão prolator' (art. 2º), pelo que diversos especialistas sustentam a desconsideração da inovação; e sobretudo a Lei n. 9.882, de 3 de dezembro de 1999, que 'dispõe sobre o processo e julgamento da argüição de descumprimento de preceito fundamental'. Todos esses diplomas traduzem tentativas de 'verticalização' do controle jurisdicional, visando restringir o poder dos juízos inferiores e concentrá-los nos tribunais, especialmente os superiores" (*sic*) (grifo nosso).[36]

Em se admitindo a lei como constitucional, nada impede, por exemplo, que o Poder Legislativo entenda que no âmbito tributário existe um excepcional interesse social e edite uma lei caracterizando que nesses casos o efeito é sempre *ex nunc*. "Ora, se o Congresso pode regular genericamente os efeitos do controle de constitucionalidade, sob a aparência de uma discricionariedade para o Poder Judiciário, poderá legislar a nível menor e 'facilitar' o trabalho do Judiciário, elencando algumas situações para determinado efeito, tal como acontece com a proibição de concessão de tutela antecipada contra a Fazenda Pública" (*sic*).[37]

Mais: será que há respaldo jurídico para a atribuição dessa competência discricionária ao Supremo Tribunal Federal, mediante lei ordinária (ou mesmo emenda constitucional) se é ele próprio quem vai dizer, depois, da constitucionalidade dessa atribuição?

E ao argumento de que a lei apenas consolidou as múltiplas decisões do Supremo Tribunal Federal em matéria de controle de constitucionalidade, a resposta de José Adércio Leite Sampaio: "Poderemos admitir o argumento de que o legislador em grande escala apenas reconheceu as regras do controle de constitucionalidade desenvolvidas e aplicadas pela jurisprudência do Supremo Tribunal Federal. Mas *o argumento cai num simples discurso de autoridade que não suporta a dupla inquietação manifestada acima: nem é* ***certo*** *que o Supremo Tribunal possa construir o próprio modelo de fiscalização de constitucionalidade, nem* ***correto*** *que o faça solipcisticamente, como se fossem os ministros artífices e intérpretes de suas próprias funções, fazeres e destino*. Além do mais, as inovações legais ultrapassaram em muito o perfil do sistema de controle de constitucionalidade desenvolvido pelo Tribunal, por exemplo, com o reforço da presunção de legitimidade constitucional da lei (art. 10 da Lei n. 9.868/1999 e art. 4º, § 2º, da Lei n. 9.882/1999) e *com a extensão sem fronteiras do poder de modulação dos efeitos ablativos da declaração de inconstitucionalidade (art. 27 da Lei n. 9.868/1999*

36. "Velhos e novos rumos das ações de controle abstrato de constitucionalidade à luz da Lei n. 9.868/1999", in Daniel Sarmento (org.), *O Controle de Constitucionalidade e a Lei 9.868/1999*, cit., p. 271.

37. Américo Bedê Freire Júnior, "A inconstitucionalidade da regulamentação...", cit., p. 23.

*e art. 11 da Lei n. 9.882/1999)*" (*sic*) (grifo nosso).[38]

Além disso, deve-se atentar para o alto grau de abertura interpretativa contida no dispositivo. Como encontrar balizas no Texto Supremo para delimitar em que casos seria indubitável a ocorrência dos requisitos exigidos: *segurança jurídica ou excepcional interesse social*?

Ainda que a segurança jurídica congregue alguns balizamentos orientados a realizá-la (os quais não impedem eventuais desvirtuamentos),[39] o interesse social, qualificado de excepcional, depende da visão que cada um tenha das coisas.[40]

É a indagação de Lênio Luiz Streck: "(...) o que se pode entender por 'excepcional interesse social'? E qual é o 'outro momento' de que fala a Lei? (...) Tal possibilidade enfraquece a força normativa da Constituição, em virtude da possibilidade de manipulação dos efeitos, a partir de vagos e ambíguos fundamentos da existência de *razões de segurança jurídica ou de excepcional interesse social*" (*sic*).[41]

Toda a segurança jurídica do contribuinte, construída nos preceitos que compõem as "vedações constitucionais ao 'poder de tributar', estaria comprometida com a cláusula 'excepcional interesse social'". Lembremos que o Brasil conta com um verdadeiro *estatuto constitucional dos contribuintes*.[42] O receio é o de que se confunda interesse social com interesse fazendário.[43]

Basta, para especularmos, a declaração de inconstitucionalidade de uma lei tributária, com eficácia a partir de sua publicação no *Diário Oficial* (art. 28 da Lei n. 9.868/1998), para arredar qualquer intenção de repetir o indébito.[44]

Não se trata da supervalorização do contribuinte, mas da *concretização da segurança jurídica*, tão reclamada nos dias atuais, em que a Constituição parece perder sua força normativa. No embate cidadão-Estado, a segurança não pode ser relegada a um plano secundário. Se quisermos falar de limites aos direitos dos contribuintes, teremos os prazos de decadência ou prescrição aplicáveis aos diversos institutos.

No dizer autorizado de Paulo Bonavides: "As Constituições existem para o

38. "Discurso de legitimidade...", cit., pp. 210-211.

39. Lembremos, com Luís Roberto Barroso, a crise de identidade que a idéia de segurança jurídica enfrenta nos dias atuais: "(...) princípios constitucionais voltados para a segurança jurídica – como o respeito aos direitos adquiridos, os direitos de igualdade e o devido processo legal – são tratados como estorvos reacionários. Não se teme o horror jurídico. Os tempos não parecem estar para miudezas como pessoas, seus sonhos, seus projetos e suas legítimas expectativas" (*Temas de Direito Constitucional*, Rio de Janeiro, Renovar, 2001, pp. 49-50). Aroldo Gomes de Mattos anota que a segurança jurídica, no Brasil, infelizmente, não passa de um mito e de uma construção utópica dos intérpretes da Constituição, pois, na prática, não se verifica a proteção em face dos abusos e desmandos cometidos pelos poderes constituídos ("Segurança jurídica tributária", *Revista Dialética de Direito Tributário* 102/33-44, São Paulo, mar. 2004).

40. Manoel Gonçalves Ferreira Filho, "O sistema constitucional brasileiro e as recentes inovações no controle de constitucionalidade (Leis n. 9.868, de 10 de novembro e n. 9.982, de 3 de dezembro de 1999)", *Revista de Direito Administrativo* 220/1-17, Rio de Janeiro, abr.-jun. 2000, p. 12.

41. *Jurisdição Constitucional e Hermenêutica...*, cit., pp. 541, 545.

42. Por ser oportuna, segue a cita de Antônio Roberto Sampaio Dória: "O elenco dos princípios tributários – tributários pelo conteúdo porém constitucionais pela fonte da qual promanam – formulados de forma expressa ou implícita, compõe o que se designa por Direito Constitucional Tributário" (*Direito Constitucional Tributário e "Due Process of Law"*, 2ª ed., Rio de Janeiro, Forense, 1986, p. 4).

43. Confira-se a indagação de Ingo Wolfgang Sarlet sobre a cláusula "excepcional interesse social": "(...) e por que não razões de 'Estado' ou, melhor ainda, de 'Governo'?" ("Argüição de descumprimento de preceito fundamental:...", cit., p. 163). Chama a atenção o autor para o alto grau de variações significativas que podem ser atribuídas à expressão. Esse amplo baú semântico propicia insegurança.

44. Admitimos, é verdade, a declaração em abstrato com efeitos *ex nunc* (em qualquer caso), porém com uma diferença: fica mantida a possibilidade de o contribuinte pleitear a repetição do indébito pago no período de vigência da lei declarada inconstitucional.

homem e não para o Estado; para a sociedade e não para o Poder. Robespierre, sem embargo da insânia revolucionária que o acometeu nos dias do Terror, proferiu uma verdade lapidar quando disse: 'A Declaração de Direitos é a Constituição de todos os povos'".[45]

A inspiração lusitana, portanto, não tendo logrado aprovação no trabalho do poder constituinte originário, foi infeliz agora no âmbito da legislação ordinária.[46]

E a título de ilustração do quanto acima advertimos sobre o direito comparado, anotamos que, segundo a redação do art. 222, 1, da Constituição portuguesa, "o Tribunal Constitucional é composto por treze juízes, sendo dez *designados pela Assembléia da República* e três cooptados por estes" (grifo nosso). Por sua vez, "seis de entre os juízes designados pela Assembléia da República ou cooptados são obrigatoriamente escolhidos de entre juízes dos restantes tribunais e os demais de entre os juristas" (grifo nosso) (art. 222, 2). Além do mais, ao contrário dos Ministros que integram o Supremo Tribunal Federal no Brasil, *os juízes do Tribunal Constitucional português não gozam da vitaliciedade*, visto que seu mandato "(...) tem a duração de nove anos, e não é renovável" (art. 222, 3).

Apesar das críticas que são desferidas ao sistema de indicações do Tribunal Constitucional lusitano, por contemplar (a exemplo do Brasil) uma única fonte de designação,[47] o sistema é mais democrático que o brasileiro porquanto se trata da Assembléia da República, órgão que congrega os representantes do povo. Não que o presidente da República (no caso brasileiro) não seja também representante do povo, porque eleito por ele (ou pela maioria dele), mas haveremos de convir que o órgão legislativo é mais representativo, por várias razões, do que o presidente da República. Além disso, na hipótese de o Tribunal Constitucional pretender andar de braços dados com quem lhe indicou (ou vice-versa), é mais difícil a convergência de numerosas vontades (expressas pelo órgão legislativo) visando a tal propósito do que a manifestação da vontade única do presidente da República.

Seja como for, recordemos com André Ramos Tavares que "(...) a criação de um Tribunal ou Corte – a designação aqui é o que menos importa – com a função de garante da Constituição tem de estar ancorada na sua independência relativamente ao Governo e ao Parlamento, para que só assim possa desempenhar com êxito a missão para a qual foi chamado" (*sic*).[48]

45. *Curso de Direito Constitucional*, 4ª ed., São Paulo, Malheiros Editores, 1993, p. 271.

46. Noticia J. J. Gomes Canotilho que o Tribunal Constitucional português tem aproveitado de forma excessiva a autorização constitucional de manipulação dos efeitos da sentença de inconstitucionalidade (*Direito Constitucional e Teoria da Constituição*, 5ª ed., Coimbra, Almedina, 2002, p. 1.005). Também Rui Medeiros, que após endossar a verificação de Canotilho, afirma com veemência o caráter de excepcionalidade da restrição de efeitos, que exige fundamentação à luz do caso concreto: "Ora, se é indiscutível – e já o dissemos linhas atrás – que a necessidade de evitar uma total ruptura financeira do Estado constitui fundamento jurídico-constitucional bastante para limitar os efeitos da declaração de inconstitucionalidade de uma norma tributária, não é menos verdade que a restrição de efeitos apresenta, mesmo neste domínio, carácter excepcional. Logo, o Tribunal Constitucional não deve, por princípio, restringir os efeitos das declarações de inconstitucionalidade de leis tributárias inconstitucionais, não podendo subestimar as especiais cautelas com que o legislador constitucional rodeou a obrigação de imposto e os direitos fundamentais conferidos constitucionalmente aos contribuintes" (*A Decisão de Inconstitucionalidade*, Lisboa, Universidade Católica, 1999, pp. 689, 707, 711 e 722). Observe-se assim que mesmo em Portugal a restrição de efeitos em matéria tributária é tratada com muito cuidado.

47. Cf. Alexandre de Moraes, *Jurisdição Constitucional e Tribunais Constitucionais*..., cit., p. 182.

48. *Tribunal e Jurisdição Constitucional*, São Paulo, Celso Bastos, 1998, p. 154. Segundo Nelson Nery Júnior, "A ilegitimidade do STF como Corte Constitucional está na nomeação vitalícia dos ministros (deveria haver mandato por prazo determinado) e no fato de que os poderes Judiciário e Legislativo não participam eficazmente da escolha de seus membros, como seria correto (o Senado apenas aprova ou rejeita o nome proposto pelo Presi-

Alexandre de Moraes, bem a propósito, enumera primorosas sugestões no sentido de que se busque a conversão do Supremo Tribunal Federal em verdadeiro Tribunal Constitucional, dentre as quais destacamos: a escolha de seus membros de maneira proporcional pelos representantes dos Poderes Executivo, Legislativo e Judiciário e a instituição de mandatos com duração determinada e sem recondução após seu término.[49]

Pois bem, aqui chegados, afirmamos a proposição pelo efeito *ex nunc* da declaração de inconstitucionalidade em abstrato, e consignamos uma premissa importante: as decisões do STF proferidas no controle concentrado ou no controle difuso seguidas da expedição da Resolução pelo Senado Federal não desconstituem automaticamente as relações jurídicas tributárias anteriores que com elas conflitam. Não basta a tais relações jurídicas a incompatibilidade com a Constituição; "(...) é indispensável que essa incompatibilidade seja também reconhecida por ato estatal específico, com força vinculativa, ato esse que, nas situações examinadas, não existia à época em que as referidas relações jurídicas foram constituídas".[50] E o ato estatal específico poderá reconhecer a incompatibilidade (invalidade) e concluir pela manutenção da relação jurídica estribada na lei declarada inconstitucional.

A propósito, a Suprema Corte dos Estados Unidos, por exemplo, desde o caso *Likletter vs. Walker* (*leading case* na matéria até hoje), entende que a questão da retroatividade ou prospectividade dos efeitos da declaração de inconstitucionalidade não decorre de princípio ou preceito sediado na Constituição. Trata-se de uma questão de política judicial (*judicial policy*), sujeita à livre valoração judicial apreciável em cada caso concreto consoante os valores da justiça constitucional.[51]

Assim, o efeito *ex nunc* aqui propugnado não significa que as relações jurídicas concretamente constituídas sob a égide da lei declarada inconstitucional não possam ser revistas. Consideramos que essa revisão deve sofrer, caso a caso,[52] análise administrativa ou judicial, segundo os parâmetros delineados pela própria Constituição.

Afinal, como diz José Adércio Leite Sampaio, a promoção dos direitos fundamentais (os quais, pela importância que revelam, são erigidos em princípios) é tendencialmente muito mais realizável no controle difuso, ou até mesmo "misto" à moda antiga (antes da Lei n. 9.868/1999), do que na figura disforme que nos revela o sistema brasileiro.[53] Entretanto, é muito improvável que o Supremo Tribunal Federal acolha a argüição de inconstitucionalidade proposta. Sobre essa impressão, o traslado das meditações do Procurador da República e catedrático mineiro é inevitável:

"É paradoxal concluirmos, a essa altura, que a única saída para a reafirmação do papel de garante constitucional do Supremo Tribunal Federal seja o reconhecimento da inconstitucionalidade das mudanças legislativas. Mas o paradoxo parece insolúvel: ou bem o Tribunal reconhecerá a ilegitimidade constitucional, reduzindo, em parte, o seu poder, ou bem as declarará legítimas e, então, prestigiará o quadro de

dente da República). O Executivo, portanto, é o único dos três poderes que pode indicar e nomear juiz integrante do tribunal constitucional federal brasileiro" (*Princípios do Processo Civil na Constituição Federal*, São Paulo, Ed. RT, 1992, p. 18).

49. *Jurisdição Constitucional e Tribunais Constitucionais...*, cit., pp. 289-299.

50. Teori Albino Zavascki, *Eficácia das Sentenças na Jurisdição Constitucional*, cit., p. 55.

51. Cf. Carlos Roberto de Siqueira Castro, "Da declaração de inconstitucionalidade e seus efeitos", cit., p. 18.

52. Aqui nos sentimos seguros na companhia de Hugo de Brito Machado: "Os efeitos da incidência da lei ou outro ato normativo cuja inconstitucionalidade foi declarada somente podem ser questionados pela via própria, vale dizer, mediante a ação cabível em cada caso concreto" (Hugo de Brito Machado, "Efeitos da declaração de inconstitucionalidade", *Revista Trimestral de Direito Público* 6/221-225, São Paulo, 1994, p. 225).

53. "Discurso de legitimidade...", cit., p. 210.

desvalia constitucional apresentado. Neste último cenário, as críticas ao elitismo estarão mais vivas do que nunca, não sobrando, ao fundo, sequer a resposta dogmática de previsão constitucional expressa. Teremos de nos escorar, então, sob o peso das críticas do construtivismo ético e da teoria da gênese crítica dos sistemas normativos, na legitimidade extraída da *praxis* do Tribunal.

"Haverá motivos bastantes para otimismo?"[54]

De qualquer maneira, permanece a esperança de que o STF atribua, pelo menos, uma interpretação conforme a Constituição ao dispositivo questionado. Vem a calhar, nesse aspecto, nossa proposição de atribuir efeito *ex nunc* às decisões abstratas do STF, deixando ao crivo do Poder Judiciário ou da Administração Fazendária, caso a caso, a deliberação sobre o período de vigência da lei declarada inconstitucional. Em matéria tributária, o impacto social das decisões daquela Corte será menor quando guiado por tais parâmetros.

Já se encaminhando para o desfecho, resgate-se a advertência quanto ao perigo – quase que uma espada de Dâmocles – da expressão "*excepcional interesse social*" contida no art. 27 da Lei n. 9.868/1999, acima analisado. Basta invocar a hipótese para afastar os princípios constitucionais enumerados como garantidores do direito à repetição do indébito tributário.

Felizmente, o Supremo Tribunal Federal já rechaçou, em numerosas oportunidades, as chamadas "*razões de Estado*", mas não sabemos o que sucederá em tempos de crescentes contestações aos critérios de nomeação dos Ministros de nossa Suprema Corte – nada populares, aliás.

Citamos, exemplificativamente, o seguinte julgado:

> É preciso advertir que as razões de Estado – quando invocadas como argumento de sustentação da pretensão jurídica do Poder Público ou de qualquer outra instituição – representam expressão de um perigoso ensaio destinado a submeter, à vontade do Príncipe (o que é intolerável), a autoridade normativo-hierárquica da própria Constituição da República, comprometendo, desse modo, a idéia de que o exercício do poder estatal, quando praticado sob a égide de um regime democrático, está permanentemente exposto ao controle social dos cidadãos e à fiscalização de ordem jurídico-constitucional dos magistrados e Tribunais.[55]

Seriam justificáveis - as chamadas razões de Estado - segundo Paulo Roberto Lyrio Pimenta:

"(...) quando houver uma situação *excepcional* que leve a Corte, mediante a aplicação do princípio da proporcionalidade, a afastar os princípios da legalidade, da moralidade, da boa-fé, da nulidade da norma inconstitucional e do enriquecimento sem causa, para atingir determinado fim protegido pela Constituição. Exemplifiquemos: em caso de ocorrência de guerra externa, a CF (art. 154, II) permite que seja afastado o princípio da reserva de competências tributárias. Nesta situação, é possível que o STF confira eficácia prospectiva à pronúncia de inconstitucionalidade, caso seja adequada ao alcance de determinado fim: evitar o colapso financeiro do Estado, envolvido em conflito internacional. (...).

"Em matéria tributária essa questão foi discutida pelo Pretório Excelso no julgamento da Ação Direta de Inconstitucionalidade n. 1.102, que tinha por objeto as expressões 'empresários' e 'autônomos', contidas no art. 22, I, da Lei 8.212/1991. Naquela ocasião, o Ministro Relator, Maurício Corrêa, manifestou-se pela atribuição de eficácia prospectiva à pronúncia de inconstitucionalidade, por entender que a aplicação do princípio da nulidade traria

54. Idem, pp. 210-211.

55. "Brasil, STF, AgR em AI n. 236.546, Caixa Econômica Federal e Adilson dos Santos Almeida e Outros. Rel.: Ministro Celso de Mello, 24.8.1999", *Revista de Direito Administrativo* 218/222-225, Rio de Janeiro, out.-dez. 1999.

conseqüências drásticas para o orçamento da Seguridade Social. Todavia, a Corte, por maioria, rejeitou este entendimento, atribuindo, por conseguinte, eficácia retroativa à decisão" (grifo nosso).[56]

Logo, salvo a excepcionalíssima lembrança de Pimenta, sem prejuízo de outras que porventura possam ser suscitadas, desde que comprovadamente justificadas, deve prevalecer o direito à repetição do indébito.[57] "Se a coletividade se beneficiou em detrimento do patrimônio de determinada pessoa (contribuinte onerado), esta mesma coletividade deve suportar os ônus para recompor o que foi indevidamente feito, posto que a supremacia da Constituição não pode se submeter a alegações de que os fins justificariam os meios, nem que a existência de 'razões de Estado' impediriam o ressarcimento do sujeito atingido" (*sic*).[58]

56. *Efeitos da Decisão de Inconstitucionalidade em Direito Tributário*, cit., p. 129.

57. Com a adaptação para o nosso raciocínio no sentido de que a eficácia da decisão será sempre *ex nunc*, mas nessa hipótese restrita (que não excluiria outras nas quais houvesse a cabal comprovação do grave colapso financeiro do Estado) haveria a manutenção do vigor da norma inconstitucional no período entre sua publicação e a declaração.

58. Marco Aurélio Greco e Helenilson Cunha Pontes, *Inconstitucionalidade da Lei Tributária – Repetição do Indébito*, São Paulo, Dialética, 2002, p. 76. Acerca da problemática aqui versada, consultem-se as anotações sobre a chamada "reserva do possível", in Sergio Fernando Moro, *Desenvolvimento e Efetivação Judicial das Normas Constitucionais*, São Paulo, Max Limonad, 2001, pp. 98-100; também Octavio Campos Fischer, *Os Efeitos da Declaração de Inconstitucionalidade...*, cit., pp. 22-30.

# RESPONSABILIDADE TRIBUTÁRIA E O SUPERSIMPLES

HUGO DE BRITO MACHADO SEGUNDO

Mestre em Direito pela UFC. Doutorando em Direito Constitucional
pela Universidade de Fortaleza (Unifor). Membro do ICET – Instituto Cearense de Estudos Tributários.
Professor de Processo Tributário da Pós-Graduação da Unifor.
Professor de Direito Tributário da Faculdade Christus e da Faculdade Farias Brito. Advogado

*1. Introdução. 2. Responsabilidade de sócios e dirigentes de pessoas jurídicas. Breve retrospecto da jurisprudência. 3. Tratamento tributário diferenciado e favorecido e a invalidade dos ônus a ele não inerentes. 4. Seriam os §§ 3º e 4º do art. 78 da LC 123/2006 aplicáveis às pessoas jurídicas em geral? 5. Interpretação adequada do disposto nos §§ 3º e 4º do art. 78 da LC 123/2006. 6. Conclusões.*

## *1. Introdução*

Iniciada a vigência da LC 123/2006, que institui o Estatuto Nacional da Microempresa e da Empresa de Pequeno Porte, muitas são as dúvidas em torno da interpretação de seus dispositivos, especialmente em relação aos que instituem o sistema unificado de recolhimento de tributos ("Supersimples"), cuja elevada complexidade faz com que a sua sigla seja, no mínimo, uma ironia.

De suas diversas disposições, colhemos para análise, neste trabalho, apenas a constante do seu art. 78, especificamente no que diz respeito à responsabilidade tributária, a saber:

> Art. 78. As microempresas e as empresas de pequeno porte que se encontrem sem movimento há mais de 3 (três) anos poderão dar baixa nos registros dos órgãos públicos federais, estaduais e municipais, independentemente do pagamento de débitos tributários, taxas ou multas devidas pelo atraso na entrega das respectivas declarações nesses períodos.
>
> § 1º. Os órgãos referidos no *caput* deste artigo terão o prazo de 60 (sessenta) dias para efetivar a baixa nos respectivos cadastros.
>
> § 2º. Ultrapassado o prazo previsto no § 1º deste artigo sem manifestação do órgão competente, presumir-se-á a baixa dos registros das microempresas e as das empresas de pequeno porte.
>
> § 3º. A baixa, na hipótese prevista neste artigo ou nos demais casos em que venha a ser efetivada, inclusive naquele a que se refere o art. 9º desta Lei Complementar, não impede que, posteriormente, sejam lançados ou cobrados impostos, contribuições e respectivas penalidades, decorrentes da simples falta de recolhimento ou da prática, comprovada e apurada em processo administrativo ou judicial, de outras irregularidades praticadas

pelos empresários, pelas microempresas, pelas empresas de pequeno porte ou por seus sócios ou administradores, reputando-se como solidariamente responsáveis, em qualquer das hipóteses referidas neste artigo, os titulares, os sócios e os administradores do período de ocorrência dos respectivos fatos geradores ou em períodos posteriores.

§ 4º. Os titulares ou sócios também são solidariamente responsáveis pelos tributos ou contribuições que não tenham sido pagos ou recolhidos, inclusive multa de mora ou de ofício, conforme o caso, e juros de mora.

Pedimos especial atenção do leitor para os §§ 3º e 4º, pois já existe quem veja neles determinação para que sócios de pessoas jurídicas respondam sempre pelos débitos tributários destas, mesmo no caso de mero inadimplemento, independentemente de terem sido dissolvidas de forma irregular.[1] Seria o reconhecimento da "vontade do legislador" de estabelecer essa responsabilidade em termos mais amplos que os admitidos pela jurisprudência do STJ.

Neste texto, verificaremos se tal compreensão do art. 78, §§ 3º e 4º, é válida, e, sobretudo, se não há outra forma de entender tais dispositivos, mais coerente com sua redação e com o sistema no qual estão encartados.

## 2. *Responsabilidade de sócios e dirigentes de pessoas jurídicas. Breve retrospecto da jurisprudência*

Em face do disposto no art. 134, VII,[2] do CTN, entende-se que sócios de sociedades de pessoas somente respondem por débitos tributários destas quando presentes, cumulativamente, os seguintes requisitos: (*i*) em caso de liquidação; (*ii*) havendo impossibilidade de se exigir (a rigor, de se receber) o valor da própria pessoa jurídica; (*iii*) pelos atos em que intervierem ou pelas omissões de que forem responsáveis. Daí porque o STJ tem decidido que "a dissolução irregular da pessoa jurídica é causa que, a teor do art. 134, VII, do CTN, permite a responsabilização solidária do sócio pelos débitos da sociedade por cotas de responsabilidade limitada. (...)".[3]

Mas é preciso que o sócio tenha participado da dissolução irregular. Se o sócio retira-se da sociedade, mas o faz "em data anterior ao encerramento irregular da sociedade, tal fator não se presta a fazê-lo suportar as dívidas fiscais assumidas, ainda que contraídas no período em que participava da administração da empresa".[4] Pela mesma razão, se a dissolução da sociedade limitada se deu *regularmente*, não se há de cogitar da responsabilidade de seus sócios.[5]

1. Anderson Furlan, "A LC 123/2006 e a responsabilidade tributária", *Revista Dialética de Direito Tributário* 140/7 e ss.

2. "Art. 134. Nos casos de impossibilidade de exigência do cumprimento da obrigação principal pelo contribuinte, respondem solidariamente com este nos atos em que intervierem ou pelas omissões de que forem responsáveis: (...); VII – os sócios, no caso de liquidação de sociedade de pessoas."

3. STJ, 1ª T., REsp 728.461-SP, Rel. Ministro Teori Albino Zavascki, j. 6.12.2005, *DJ* 19.12.2005, p. 251.

4. Idem. No mesmo sentido: 1ª T., REsp 651.684-PR, Ministro Teori Albino Zavascki, *DJ* 23.5.2005; 2ª T., REsp 436.802-MG, Ministra Eliana Calmon, *DJ* 25.11.2002.

5. "A jurisprudência tem identificado como ato contrário à lei, caracterizados da responsabilidade pessoal do sócio-gerente, a dissolução irregular da sociedade, porque a presunção aí é a de que os bens foram distraídos em benefício dos sócios ou de terceiros, num e noutro caso em detrimento dos credores; não se cogita, todavia, dessa responsabilidade, se a sociedade foi dissolvida regularmente, por efeito de insolvência civil processada nos termos da lei. (...)" (STJ, REsp 45.366-SP, Rel. Ministro Ari Pargendler, *DJ* 28.6.1999).

O mesmo vale para a hipótese de falência: "(...) A massa falida é responsável pelas obrigações a cargo da pessoa jurídica, podendo a execução ser redirecionada para o sócio-gerente desde que verificadas as condições previstas no art. 135 do CTN. A quebra não autoriza o redirecionamento automático para os sócios-gerentes. (...)" (STJ, 2ª T., EDcl no REsp 361.656-SP, Rel. Ministro Peçanha Martins, j. 16.3.2006, *DJ* 11.4.2006, p. 238). No mesmo sentido: "A falência não configura modo irregular de dissolução da sociedade, pois além de estar prevista legalmente, consiste numa faculdade estabelecida em favor do comerciante impossibilitado de honrar os

Além da hipótese de dissolução irregular, o sócio pode eventualmente responder mesmo diante da subsistência da pessoa jurídica, se houver praticado infração de lei, contrato social ou estatutos, nos termos do art. 135, III,[6] do CTN. Nesse caso, porém, só pode ser validamente forçado a responder quando, atuando na condição de órgão da pessoa jurídica, tenha extravasado os limites dentro dos quais o ato seria considerado do órgão e não dele como pessoa física. Responde, em outros termos, se for sócio-gerente, mas "por ser gerente, não por ser sócio".[7]

Registre-se, contudo, que mesmo aquele que ostenta a denominação de "diretor" pode não ser responsável, por não haver praticado atos de gestão. Naturalmente, o ônus de provar essa peculiaridade será dele, mas, de qualquer sorte, em tais hipóteses não haverá responsabilidade nos termos do art. 135, III, do CTN.[8]

Quanto a esse ato "contrário à lei", praticado pelo diretor, gerente ou administrador, a jurisprudência, durante algum tempo, divergiu em torno da questão de saber se estaria ele configurado com o mero não recolhimento do tributo. Isso porque, se por um lado o não pagamento do tributo realmente é ato contrário à lei, admitir-se que o dirigente responda pessoalmente, no caso de mero inadimplemento, implicaria, no caso de sociedades limitadas, transformar a *exceção de uma regra* em uma *regra sem exceção*. De fato, considerando-se que o descumprimento de qualquer dever jurídico, pela sociedade, é contrário à ordem jurídica, o diretor poderia ser chamado a responder pessoalmente sempre, por qualquer débito.

A questão, na verdade, foi resolvida, muito adequadamente, diferenciando-se a infração à lei praticada pela sociedade, da infração à lei praticada pelo dirigente, pessoalmente. No primeiro caso, o dirigente não teria extravasado as suas competências como órgão. E no segundo, sim. A distinção entre um ato pessoal do dirigente e um ato do órgão diretoria, por ele representado, está na vantagem. O ato contrário à lei capaz de ensejar a responsabilidade do diretor, portanto, é aquele contrário aos interesses do Fisco, mas também contrário aos interesses da própria pessoa jurídica, que favoreça pessoalmente o diretor ou um terceiro. Por isso, "(...) a simples falta de pagamento do tributo não configura, por si só, circunstância que acarrete a responsabilidade solidária dos terceiros, nomeada-

compromissos assumidos" (STJ, 2ª T., REsp 697.115-MG, Rel. Ministra Eliana Calmon, *DJ* 27.6. 2005). Ao contrário, o regular processamento de uma falência não é causa para a responsabilização de sócios e dirigentes: "(...) a executada foi dissolvida regularmente por processo falimentar encerrado, sem que houvesse quitação total da dívida, razão pela qual carece o Fisco de interesse processual de agir para a satisfação débito tributário. 3. Inocorrentes quaisquer das situações previstas no art. 135 do CTN (atos praticados com excesso de poderes ou infração de lei, contrato social ou estatuto), não há se falar em redirecionamento. 4. Inexiste previsão legal para suspensão da execução, mas para sua extinção, sem exame de mérito, nas hipóteses de insuficiência de bens da massa falida para garantia da execução fiscal. Deveras, é cediço na Corte que a insuficiência de bens da massa falida para garantia da execução fiscal não autoriza a suspensão da execução, a fim de que se realize diligência no sentido de se verificar a existência de co-devedores do débito fiscal, que implicaria em apurar a responsabilidade dos sócios da empresa extinta (art. 135 do CTN). Trata-se de hipótese não abrangida pelos termos do art. 40 da Lei 6.830/1980 (precedentes: 2ª T., REsp 718.541-RS, Rela. Ministra Eliana Calmon, *DJ* 23.5.2005, e 2ª T., REsp 652.858-PR, Rel. Ministro Castro Meira, *DJ* 16.11. 2004)" (STJ, REsp 755.153-RS, Rel. Ministro Luiz Fux, *DJ* 1.12.2005, pp. 308-309, *RDDT* 126/193).

6. "Art. 135. São pessoalmente responsáveis pelos créditos correspondentes a obrigações tributárias resultantes de atos praticados com excesso de poderes ou infração de lei, contrato social ou estatutos: (...); III – os diretores, gerentes ou representantes de pessoas jurídicas de direito privado."

7. REsp 260.524-RS, *RDDT* 75/2001, p. 226.

8. "O sócio em questão era integrante da Diretoria, porém, não participava da direção da sociedade como gerente e, assim sendo, a gerência e a administração não ficaram a seu cargo, fato que o exclui da responsabilidade tributária prevista no Código Tributário Nacional" (STJ, 1ª T., AgR no REsp 809.640-DF, Rel. Ministro Francisco Falcão, j. 6.4.2006, *DJ* 4.5.2006, p. 148).

mente dos sócios-gerentes, pelos débitos tributários da empresa (art. 135 do CTN) (...)".[9] Na verdade, "a responsabilidade do administrador depende da comprovação da prática de ato ilícito que tenha encoberto a obrigação tributária ou diminuído as garantias do crédito tributário".[10]

Posteriormente, esboçou-se no STJ uma tese segundo a qual os requisitos exigidos pelos arts. 134 e 135 para responsabilizar sócios e dirigentes de pessoas jurídicas não seriam aplicáveis em execuções de débitos para com a previdência social, em função do disposto na Lei 8.620/1993, que preconiza a responsabilidade solidária de todos os sócios, independentemente de dolo, culpa, nexo causal com o inadimplemento, dissolução da sociedade ou mesmo do próprio exercício da gerência. Tal tese, porém, foi rejeitada pela 1ª Seção daquela Corte, e não é mais acolhida por suas Turmas. É o que se depreende da seguinte ementa:

> (...) A 1ª Seção do STJ, no julgamento do REsp 717.717-SP, Ministro José Delgado, sessão de 28.9.2005, consagrou o entendimento de que, mesmo em se tratando de débitos para com a Seguridade Social, a responsabilidade pessoal dos sócios das sociedades por quotas de responsabilidade limitada, prevista no art. 13 da Lei 8.620/1993, só existe quando presentes as condições estabelecidas no art. 135, III, do CTN. (...) Para que se viabilize a responsabilização patrimonial do sócio-gerente na execução fiscal, na sistemática do art. 135, III, do CTN, é indispensável que esteja presente uma das situações caracterizadoras da responsabilidade subsidiária do terceiro pela dívida do executado. (...) Segundo a jurisprudência do STJ, a simples falta de pagamento do tributo não configura, por si só, nem em tese, situação que acarreta a responsabilidade subsidiária dos sócios (EREsp 374.139-RS, 1ª Seção, Ministro Castro Meira, *DJ* 28.2.2005) (...).[11]

Estes os termos em que a jurisprudência permite a responsabilização de sócios e dirigentes de pessoas jurídicas, quando estas adotam forma societária que contém limitação a essa responsabilidade.

Poder-se-ia dizer, contudo, que o entendimento consagrado em tais julgados foi construído em torno de dispositivos do Código Tributário Nacional, que tem *status* de lei complementar. Não seria imponível, portanto, em face da LC 123/2006, que, tendo igual hierarquia, e sendo posterior, poderia modificar tudo o que consta do CTN.

Diante dessa objeção, antes de examinar a redação do art. 78 da LC 123/2006, devemos, para constatar a viabilidade jurídica de tal ampliação no regramento dado pelo CTN à matéria, investigar dois pontos, a saber: (*i*) validade de um tratamento tributário *mais gravoso* para MEs e EPPs; (*ii*) eventual fundamento constitucional dos arts. 134, VII, e 135, III, do CTN.

### *3. Tratamento tributário diferenciado e favorecido e a invalidade dos ônus a ele não inerentes*

Como forma de assegurar a um maior número de pessoas o direito à *livre iniciativa*, em nítido exemplo de aplicação do princípio da isonomia em seu sentido material, o art. 179 da CF/1988 determina: "A União, os Estados, o Distrito Federal e os Municípios dispensarão às microempresas e às empresas de pequeno porte, assim definidas em lei, tratamento jurídico diferenciado, visando a incentivá-las pela simplificação de suas obrigações administrativas, tributárias, previdenciárias e creditícias, ou pela eliminação ou redução destas por meio

9. STJ, 1ª T., REsp 753.821-PR, Rel. Ministro Teori Albino Zavascki, j. 16.3.2006, *DJ* 3.4.2006, p. 262.

10. TRF-4ª R., 2ª T., AC 2003.72.08.005559-6-SC, j. 1º.6.2005, *DJ* 7.7.2004, p. 376.

11. STJ, 1ª T., REsp 815.369-MT, Rel. Ministro Teori Albino Zavascki, j. 28.3.2006, *DJ* 10.4.2006, p. 161. No mesmo sentido: STJ, 2ª T., REsp 798.287-RS, Rel. Ministro Peçanha Martins, j. 2.2.2006, *DJ* 28.3.2006, p. 213.

de lei". No mesmo sentido, o art. 170, IX, da CF/1988 preconiza a concessão de "tratamento favorecido para as empresas de pequeno porte constituídas sob as leis brasileiras e que tenham sua sede e administração no País".

Tais disposições, como se sabe, constam do texto constitucional desde a sua promulgação, em 1988, tendo havido apenas mudança na redação do inciso IX do art. 170, que lhe ampliou o alcance. Mais recentemente, com a edição da EC 42/2004, inseriu-se ainda outra determinação nessa mesma linha, no art. 146 da Constituição, que agora dispõe caber à lei complementar traçar normas gerais em matéria tributária sobre a "definição de tratamento diferenciado e favorecido para as microempresas e para as empresas de pequeno porte, inclusive regimes especiais ou simplificados no caso do imposto previsto no art. 155, II, das contribuições previstas no art. 195, I e §§ 12 e 13, e da contribuição a que se refere o art. 239".

São três normas, portanto, prescrevendo a concessão de tratamento diferenciado *e favorecido* aos pequenos empreendimentos. Diante delas, parece-nos de clara invalidade ato normativo infraconstitucional que, a pretexto de dar-lhes cumprimento ou efetividade, em verdade conceda tratamento *desfavorecido*, ou *mais gravoso* às MEs e EPPs.

Por tratamento mais gravoso ou desfavorecido deve-se entender todo disciplinamento que implique desvantagem para a ME ou para a EPP em relação às demais empresas, *e que não seja inerente à simplificação também determinada constitucionalmente*.

A simplificação no cálculo do imposto de renda, por exemplo, faz com que o contribuinte recolha esse imposto em face de percentual de sua receita, tal como ocorre no âmbito da sistemática do lucro presumido. Não se deduzem despesas, que por isso não precisam ser registradas e documentadas em uma complexa escrituração contábil. Nesse contexto, a indedutibilidade de despesas não é algo "gravoso", pois, conquanto seja ônus não imposto às empresas em geral, se optantes pelo regime do lucro real, é intrínseca e inerente à simplificação. Não há como calcular o imposto de renda de forma simplificada, dispensando a complexa apuração do lucro real, sem se recorrer a uma incidência sobre um percentual da receita. O mesmo se pode dizer da impossibilidade de serem aproveitados os créditos de ICMS, relativos à sistemática da não-cumulatividade, também necessária à simplificação e de certa forma compensada pela redução na alíquota desse imposto.

Em outras palavras, deve-se fazer um balanceamento, ou uma ponderação, entre esses dois princípios ou mandamentos de otimização: simplificação (redução de obrigações acessórias) e favorecimento (redução das obrigações principais). Qualquer ônus, ou restrição a direito, que não seja *adequado*, *necessário* e *proporcional em sentido estrito* para viabilizar a simplificação será inconstitucional, por desproporcionalidade.

Relativamente à responsabilidade tributária, não parece que a sua pura e simples ampliação, para membros de sociedades optantes pelo Simples, seja necessária, adequada, ou mesmo que tenha qualquer tipo de ligação com a simplificação e a desoneração determinadas constitucionalmente. Assim, a visão de que no art. 78 da LC 123/2006 se estaria atribuindo responsabilidade tributária ilimitada e irrestrita a membros de sociedades empresariais deveria, para continuar sendo objeto de uma discussão razoável, ser sustentada de uma das seguintes formas:

*a*) os parágrafos em questão diriam respeito apenas às MEs e EPPs, que, como forma de contrapartida pelos benefícios concedidos pela LC 123/2006, teriam de abrir mão das limitações à responsabilidade pessoal de seus membros aplicável às sociedades em geral; *ou*

*b*) tais parágrafos não seriam pertinentes apenas às MEs e EPPs, pois não seria admissível tratamento mais gravoso apenas para elas. Veiculariam, na verdade, norma aplicável a todas as pessoas jurídicas, inclusive não optantes pelo Simples Nacional e mesmo não classificadas como ME ou EPP.

A interpretação "a" deve ser de logo descartada. Responsabilizarem-se ilimitada e solidariamente todos os sócios de uma sociedade comercial, mesmo no caso de mero inadimplemento do tributo pela pessoa jurídica ainda em funcionamento, não tem relação alguma com seu enquadramento como ME ou EPP, nem com sua adesão ao Simples. Não é medida adequada para se obter qualquer tipo de simplificação, nem, por conseguinte, necessária para isso.

Quanto à interpretação "b", que vê no art. 78 em comento uma espécie de norma "explicitante" do "verdadeiro" sentido dos arts. 134 e 135 do CTN, aplicável às sociedades em geral, é estranho que tenha sido encartada em disposição inerente às MEs e EPPs, em redação que faz remissão apenas a elas. Se é o caso de investigar os misteriosos desígnios de um fictício legislador racional, por que não teria ele alterado os próprios artigos do CTN?

Na verdade, dar interpretação de tamanha amplitude para uma regra excepcional, fazendo com que alcance diversas situações por ela não expressamente contempladas, contraria princípio geral de hermenêutica que recomenda exatamente o inverso. Vejamos, contudo, se tal interpretação, ainda que possível no plano infraconstitucional, teria amparo na Constituição.

### *4. Seriam os §§ 3º e 4º do art. 78 da LC 123/2006 aplicáveis às pessoas jurídicas em geral?*

Caso se entenda que os §§ 3º e 4º do art. 78 da LC 123/2006 estariam a determinar a responsabilidade irrestrita de sócios e dirigentes de pessoas jurídicas pelo mero inadimplemento de tributos por parte destas, de forma "explicitante" do "verdadeiro sentido" dos arts. 134 e 135 do CTN, sendo por isso aplicáveis às sociedades empresariais em geral, ter-se-ia, em verdade, a extinção da figura das pessoas jurídicas para fins tributários. Ou, se não a extinção, a sua automática desconsideração, para fins de responsabilidade tributária. Seriam pessoas jurídicas apenas para o efeito de submeterem seus membros a um regime tributário diferente (*v.g.*, IRPJ em vez de IRPF), mas não porque fossem pessoa distinta da de seus integrantes, como enunciava, de modo tautológico até, o art. 20 do Código Civil de 1916.

Tal conclusão, no entanto, teria conseqüências bastante graves.

Primeiro, tornaria sem efetividade diversos dispositivos constitucionais que fazem alusão à existência de pessoas jurídicas, ao direito de constituí-las, às restrições à sua desconstituição compulsória etc. Muitos, inclusive, considerados como veículos de direitos fundamentais (*v.g.*, CF/1988, art. 5º, incisos XVII, XVIII, XIX, XX e XXI[12]).

Segundo, traria à atividade empresarial uma insegurança muito elevada, malferindo o disposto nos arts. 5º, *caput*,[13] e 170, *caput*, da CF/1988.[14] Ao iniciar um novo

12. "XVII – é plena a liberdade de associação para fins lícitos, vedada a de caráter paramilitar; XVIII – a criação de associações e, na forma da lei, a de cooperativas independem de autorização, sendo vedada a interferência estatal em seu funcionamento; XIX – as associações só poderão ser compulsoriamente dissolvidas ou ter suas atividades suspensas por decisão judicial, exigindo-se, no primeiro caso, o trânsito em julgado; XX – ninguém poderá ser compelido a associar-se ou a permanecer associado; XXI – as entidades associativas, quando expressamente autorizadas, têm legitimidade para representar seus filiados judicial ou extrajudicialmente (...)."

13. "Todos são iguais perante a lei, sem distinção de qualquer natureza, garantindo-se aos brasileiros e aos estrangeiros residentes no País a inviolabilidade do direito à vida, à liberdade, à igualdade, à segurança e à propriedade, nos termos seguintes: (...)."

14. "A ordem econômica, fundada na valorização do trabalho humano e na livre iniciativa, tem por fim assegurar a todos existência digna, confor-

negócio, que pode ser mais um dentre vários já bem sucedidos e em andamento, o investidor não estaria comprometendo apenas o capital investido, mas todo o seu patrimônio, e mesmo os seus outros negócios já em andamento, independentemente da forma societária escolhida. Algo mais ou menos como estabelecer que todos os investimentos no mercado financeiro, desde a caderneta de poupança até o mais agressivo fundo de investimentos em ações, teriam a mesma possibilidade de rendimento negativo e até de perda do patrimônio não aplicado.

Terceiro, poderia criar situações de violação à capacidade contributiva, com a responsabilização pelo pagamento de um tributo sendo atribuída a quem não praticou o fato signo presuntivo da capacidade contributiva que serve de fato gerador à obrigação correspondente, nem dele tirou qualquer proveito. Quem tem algum conhecimento da atividade empresarial sabe que muitas empresas têm em seu quadro societário, até figurando como detentores de poderes de administração, pessoas que não participam do funcionamento da sociedade e ali constam apenas por serem da família de quem efetivamente conduz o negócio, sendo certo que a atribuição de responsabilidade tributária não é campo inteiramente livre para o legislador infraconstitucional, devendo-se respeito ao disposto no art. 145, § 1º, da CF/1988.

Não se nega que o Estado deve arrecadar tributos, sendo esta a sua principal fonte de custeio. Não se nega que os tributos sejam importantes para que se prestem os serviços públicos dos quais a sociedade necessita. A questão é que tais premissas não são suficientes para autorizar a conclusão de que membros de pessoas jurídicas, seja qual for a forma societária adotada, responderiam pelo mero não pagamento de tributos por parte delas. Afinal, é até desnecessário dizer, os fins, por mais nobres que sejam, não justificam o uso de quaisquer meios.

me os ditames da justiça social, observados os seguintes princípios: (...)."

## *5. Interpretação adequada do disposto nos §§ 3º e 4º do art. 78 da LC 123/2006*

Feitas essas ponderações, pedimos ao leitor que leia novamente o art. 78 da LC 123/2006.

Deve-se perceber, de saída, que os parágrafos estão – como é natural na técnica legislativa – todos relacionados à situação descrita no *caput*, que é a permanência de uma ME ou de uma EPP em situação de inatividade "de fato" por mais de três anos. E mais: alude o mencionado *caput* à possibilidade de a empresa nessa situação "dar baixa" em seus registros nos órgãos competentes, *independentemente do pagamento de tributos e penalidades eventualmente pendentes*.

A norma veicula providência salutar, principalmente para as empresas às quais é especificamente destinada (MEs e EPPs), pois resolve problema comum nesse tipo de empreendimento: a empresa encerra suas atividades "de fato", mas seus titulares não conseguem dar baixa nos registros correspondentes por conta de "pendências", inclusive de multas pela não apresentação de declarações relativas ao período em que a empresa já estava inativa "de fato" mas ainda registrada como juridicamente em funcionamento.

É a essa situação, e só a ela, que se aplicam os §§ 3º e 4º do art. 78 da LC 123/2006, não só porque é isso o que consta de sua redação, mas especialmente porque essa interpretação os coloca em perfeita sintonia, e não em antagonismo, com os arts. 134, VII, e 135, III do CTN, e com a jurisprudência em torno deles corretamente construída.

Realmente, se a pessoa jurídica está "sem movimento" há três anos, mas ainda consta nos registros competentes como "ativa", e se mesmo assim subsiste passivo tributário (ou de qualquer outra natureza), operou-se a sua liquidação "de fato", não acompanhada do procedimento legalmente estabelecido para tanto. Em outras palavras, pode-se falar em sua *dissolução irregular*, hipótese que já autoriza, para as empresas em geral, o redirecionamento da execução fiscal para os seus sócios e dirigentes.

Não fosse o art. 78, a baixa seria condicionada ao pagamento dos tributos pela sociedade, que não teria como desaparecer "de direito" sem quitá-los. O dispositivo em comento apenas simplifica o processo de baixa, trazendo, contudo, a contrapartida necessária em seus parágrados: a baixa nos seus termos não impede a posterior exigência dos tributos pendentes. Afinal, se a empresa pôde "desaparecer" sem maiores formalidades, a colocação de alguém como responsável por eventuais débitos remanescentes é uma decorrência direta e necessária dessa simplificação. Razoável, e coerente com os dispositivos constitucionais relativos às MEs e EPPs.

E nem se diga que, segundo o § 3º do art. 78 da LC 123/2006, a responsabilidade nele prevista seria invocável no caso baixa "na hipótese prevista neste artigo ou nos demais casos em que venha a ser efetivada", não dizendo respeito, portanto, apenas ao caso de inatividade referido no *caput*. Isso seria pior que interpretar o parágrafo dissociado do *caput*, pois significaria interpretar *uma parte* do parágrafo dissociada do restante desse mesmo parágrafo.

Com efeito, o tal § 3º prescreve simplesmente que a baixa – tenha o motivo que tiver – "não impede" sejam lançados e cobrados tributos e multas, sejam eles decorrentes de infração de lei, de mero inadimplemento, ou de qualquer outra circunstância. E realmente não poderia impedir, sob pena de se inviabilizar o próprio recebimento da obrigação, à míngua de sujeito passivo. Se a pessoa jurídica desaparece, deve subsistir a possibilidade, em tese, de se responsabilizarem terceiros, sócios, dirigentes ou titulares. Mas essa possibilidade não é, nem o dispositivo afirma que seja, diferente ou mais ampla que a já prevista no CTN, conforme já resenhado em item anterior deste texto. Tudo dependerá da forma escolhida (*v.g.*, firma individual ou sociedade limitada), das circunstâncias em que ocorreu a baixa etc.

Tanto que, em seguida, no mesmo parágrafo se destaca que somente nas hipóteses previstas naquele artigo (de baixa por inatividade durante três anos) os membros podem ser considerados solidariamente responsáveis. É conferir:

> 3º. A baixa, na hipótese prevista neste artigo ou nos demais casos em que venha a ser efetivada, inclusive naquele a que se refere o art. 9º desta Lei Complementar, não impede que, posteriormente, sejam lançados ou cobrados impostos, contribuições e respectivas penalidades, decorrentes da simples falta de recolhimento ou da prática, comprovada e apurada em processo administrativo ou judicial, de outras irregularidades praticadas pelos empresários, pelas microempresas, pelas empresas de pequeno porte ou por seus sócios ou administradores, reputando-se como solidariamente responsáveis, *em qualquer das hipóteses referidas neste artigo*, os titulares, os sócios e os administradores do período de ocorrência dos respectivos fatos geradores ou em períodos posteriores.

Ainda que se trate de mero inadimplemento do tributo por parte da pessoa jurídica, portanto, somente serão solidariamente[15] responsáveis os seus membros nas hipóteses referidas no art. 78 da LC 123/2006, vale dizer, no caso de baixa decorrente de inatividade por três anos, que, como visto, está entre as hipóteses de responsabilidade tributária já admitidas pelo STJ.

15. Registre-se que, como a pessoa jurídica, nesse caso, terá sido "baixada", a solidariedade a que alude a proposição em comento diz respeito aos seus membros uns em relação aos outros, exatamente como a doutrina tem interpretado o "solidariamente" contido no art. 134 do CTN. Não diz respeito a uma solidariedade entre a sociedade (que já nem existe) e os seus membros.

### *6. Conclusões*

Em razão do que vimos nos itens antecedentes, podemos concluir, em suma, que:

*a*) a responsabilidade tributária de sócios de pessoas jurídicas referida nos §§ 3º e 4º do art. 78 da LC 123/2006 não representa um indevido tratamento desfavorecido ou mais gravoso concedido às MEs e EPPs, pois os citados parágrafos devem ser vistos em conjunto com o *caput* do art. 78, no qual estão encartados, que se reporta à ME ou à EPP que permanecer "sem movimento" por mais de três anos, sem, contudo, ter providenciado a sua regular liquidação. Nesse caso, a sua "baixa" nos órgãos competentes poderá ser feita independentemente do pagamento de tributos, mas, em contrapartida, os sócios poderão responder por eventuais débitos;

*b*) o desaparecimento "de fato" de uma ME ou EPP sem o pagamento dos tributos devidos, com a posterior "baixa" da empresa fundada nas facilidades concedidas pelo art. 78 da LC 123/2006, enquadra-se nas hipóteses de responsabilidade tributária de sócios e dirigentes já admitidas pelo Superior Tribunal de Justiça com amparo nos arts. 134, VII, e 135, III do CTN;

*c*) os citados parágrafos (bem como o *caput* do artigo em que estão inseridos) não se aplicam a pessoas jurídicas que não se enquadrem como ME ou EPP, e tampouco a estas, quando não se estiver cogitando de sua extinção ou "baixa".

# PLANEJAMENTO TRIBUTÁRIO E DESCONSIDERAÇÃO DO NEGÓCIO JURÍDICO: Análise do parágrafo único do art. 116 do CTN à luz do direito positivo

FLORENCE HARET

Doutoranda pela Faculdade de Direito do Largo São Francisco/Universidade de São Paulo. Pesquisadora do IBET

*I – Introdução. II – Noções preliminares sobre o ato de desconsideração, planejamento tributário e elisão fiscal. III – A teoria dos atos jurídicos: o problema volitivo na desconsideração do negócio jurídico. IV – A desconsideração do negócio jurídico na forma da lei. V – As espécies de infração tributária e a desconsideração do negócio jurídico. VI – Processo administrativo federal e a desconsideração do negócio jurídico. VII – Conclusão.*

## *I – Introdução*

Em janeiro de 2001, por influência de direito comparado, veio à luz no sistema jurídico tributário brasileiro o instituto da "norma antielisiva", introduzido pelo parágrafo único do art. 116 do Código Tributário Nacional (CTN). Sem relevar, neste momento, o perigo de se transportar figuras de outros domínios jurídicos, que não aquele que subjaz o contexto normativo brasileiro, sem a sua devida adaptação à realidade que passa a integrar, verifica-se que já na expressão "norma antielisiva" há defeito expressional, uma vez que se proibi ("anti") aquilo que é permitido pelo direito ("elisão"). É, pois, ao mesmo tempo, negação e afirmação de uma mesma norma.

Sem perder de vista essas notas preliminares, mas deixando-as de lado para fins científicos, verifica-se que "Planejamento tributário e desconsideração do negócio jurídico", indiscutivelmente, é tema atual e extremamente controvertido; basta observar (*i*) as disparidades de opiniões em sentenças e/ou acórdãos dos mais variados Tribunais, (*ii*) a divergência de pontos de vista pelos julgadores, (*iii*) decisões com fundamento em critérios extrajurídicos; tudo isso contribuindo a disseminar, em planos jurídico-tributários, uma insegurança sem precedente. Estaria o planejamento tributário com seus dias contados pela dicção do parágrafo único do art. 116? Creio que não. E nem mesmo se, efetivamente, a Medida Provisória 33/2002 tivesse sido convertida em Lei, seria possível impedi-lo.

Este artigo visa, justamente, sistematizar a figura do planejamento tributário; e, sob o ponto de vista do direito positivo, observar a elisão fiscal a partir das normas do ordenamento posto – válidas, vigentes e eficazes – que formalizam os critérios objetivos para se considerar um ato lícito ou ilícito, aptos, portanto, a autorizar à Autoridade Administrativa a desconsiderar negócio jurídico tributário pelos vícios do próprio ato, mediante a aplicação das regras postas no sistema. O presente estudo tem por escopo, portanto, eliminar o grau de subjetivismo que vem contaminando a análise deste tema, em razão de adotar o critério volitivo ou mesmo econômico como parâmetro no julgamento das questões relativas à elisão fiscal. O resultado a que se quer chegar é, justamente, delimitar o recorte que o direito positivo confere à autonomia negocial e à liberdade privada, bem como os limites objetivos da competência administrativa em desconsiderar o negócio jurídico.

### *II – Noções preliminares sobre o ato de desconsideração, planejamento tributário e elisão fiscal*

Tenhamos que *planejamento fiscal* é expressão que está na moda e, por essas e outras razões, paulatinamente, vem sendo impregnada por uma forte conotação negativa. O motivo disso decorre da introdução do parágrafo único do art. 116, do CTN,[1] pela Lei complementar 104/2001 e das diferentes interpretações que vem sendo dado a este texto de direito posto. Na exposição de motivos, que acompanhou o Projeto, obtendo por resultado a referida Lei Complementar, entendeu o legislador ser necessária inclusão, no âmbito da legislação brasileira, de *norma que permita à autoridade tributária desconsiderar atos ou negócios jurídicos praticados com a finalidade da elisão, constituindo-se, dessa forma, em instrumento eficaz para o combate aos procedimentos de planejamento tributário adotados com abuso de forma ou de direito*. A partir deste extrato textual, tomam-se três motes que serão analisados pontualmente neste artigo:

(1) norma que permita à autoridade tributária *desconsiderar atos ou negócios* jurídicos praticados

(2) com a *finalidade da elisão*,

(3) constituindo-se, dessa forma, em instrumento eficaz para o combate aos procedimentos de *planejamento tributário adotados com abuso de forma ou de direito*.

A despeito de se verificar extraordinário impacto à comunidade jurídica com o ingresso da "regra antielisiva", a desconsideração de negócio jurídico não é previsão legal nova no sistema. Há muito já existia, no entanto, vinha em artigos tão esparsos no ordenamento jurídico que não chegou a causar o choque que a disposição expressa do parágrafo único do art. 116, do CTN até hoje vem fomentado.

Demoremo-nos, porém, num ponto: a semelhança de efeitos jurídicos entre o instituto da anulação e da desconsideração. Ao aproximar estas figuras próprias do direito positivo, encontraremos na primeira o mesmo sentido de *desaparecimento do ato negocial* no sistema normativo posto, porém, com a particularidade de se dar apenas em planos estritamente tributários, à diferença da anulação, que produz o mesmo efeito, contudo, em todo o ordenamento jurídico.

É oportuno lembrar que, no domínio das imposições tributárias, tanto para o lançamento quanto para a "desconsideração do negócio jurídico", estamos diante de atividade vinculada, e não discricionária; aliás, revele-se, outrossim, que ao desconsiderar, necessariamente a autoridade administrativa deverá lançar de ofício tributo que entende devido, acrescido de multas e correções monetárias. A este ponto é que se pode inferir a diferença entre o instituto em análise e a figura da revogação. O rigor metodológico, neste aspecto, é imprescindível. Não se poderia entender que desconsiderar

1. "Parágrafo único. A autoridade administrativa poderá desconsiderar atos ou negócios jurídicos praticados com a finalidade de dissimular a ocorrência do fato gerador do tributo ou a natureza dos elementos constitutivos da obrigação tributária, observados os procedimentos a serem estabelecidos em lei ordinária."

negócio jurídico seja hipótese de revogação dado que o efeito daquela, em planos tributários, não se dá em razão de conveniência ou oportunidade pela Autoridade Administrativa, mas, sim, por entender os atos legais porém ilícitos em planos arrecadatórios. Apontando para a possível *economia fiscal*, como resultado da opção adotada por um particular a um específico negócio jurídico, o Poder Público vem assumindo postura de que, em assim sendo, teria a aptidão para desconsiderar o ato negocial qualificando este como ilícito tributário.

Cumpre ressaltar, neste sentido, que a desconsideração, verdadeiro retrato de atividade vinculada, não poderia ultrapassar a competência rígida que lhe é imputada por lei, anulando negócios privados em vista de argumentos extrajurídicos ou mesmo motivado pela conveniência ou oportunidade da desconsideração do ato para fins fiscais (como se depreenderia de um verdadeiro ato revogatório em âmbito tributário). Anular é o único verbo compatível ao instituto em análise, pelo qual a Administração reconhece a ilegalidade do ato para fins estritamente de tributação. Descabe, portanto, no ato de desconsideração, aludir a qualquer critério de conveniência ou oportunidade, como se revogação fosse.

Enquanto na anulação dá-se efeito de expulsão total do ato no sistema jurídico por meio de procedimento previsto em lei, a desconsideração o repele parcialmente, circunscrevendo seus efeitos anulatórios a um determinado subdomínio, o tributário. Está aí a similaridade entre estes institutos. Tanto em um quanto em outro deverá haver previsão legal permissiva que denota os fatos típicos, o procedimento e os prazos que circunscreve a matéria; sempre submetidos aos ditames do devido processo legal. Isto posto, *invalidação ou anulação por motivo de ilegalidade* em planos restritivos tributários equivale, simetricamente, ao termo *desconsideração do negócio jurídico*.

Com essas anotações, cite-se alguns exemplos significativos da presença da desconsideração de ato negocial em planos privados. No Código Civil de 2002, o parágrafo único do art. 45 prescreve competência à autoridade em anular a constituição das pessoas jurídicas de direito privado, por defeito do ato respectivo; na mesma linha, o parágrafo único do art. 48 daquele diploma, que prescreve o direito de anular decisões constitutivas de pessoa jurídica, quando violarem lei ou estatuto, ou forem eivadas de erro, dolo, simulação ou fraude. Ainda no direito das empresas, no título dos negócios jurídicos, mais especificamente, dos seus defeitos, citem-se, concisamente, o art. 171 do CC/2002 acerca das hipóteses de anulação de ato jurídico viciado[2] e o art. 178 do CC/2002[3] ao determinar os diferentes motivos que enseja a sua anulação. Sempre na referida lei, relevam-se a disposição do § 4º do art. 1.078, do CC/2002 ao tratar do direito de se anular o ato de aprovar, sem reserva, o balanço patrimonial e o resultado econômico. Ainda no domínio privado, as hipóteses anulatórias do nome empresarial quando constituído com violação de lei ou contrato, asseguradas pelo art. 116 do CC/2002.

Em breve síntese, discorre-se, aqui, algumas das mais variadas hipóteses previstas em lei, sendo possível encontrar tantas outras pela simples leitura dos textos prescritivos de conduta. Há que se entender, pelo exposto, que tanto *desconsideração de negócio jurídico*, quanto *planejamento tributário* já existiam a muito no direito. Desconsiderar um negócio jurídico era e continua sendo nada mais que uma das formas de anulação do ato, circunscri-

2. Por incapacidade relativa do agente ou por vício resultante de erro, dolo, coação, estado de perigo, lesão ou fraude contra credores.

3. "É de quatro anos o prazo de decadência para pleitear-se a anulação do negócio jurídico, contado: I – no caso de coação, do dia em que ela cessar; II – no de erro, dolo, fraude contra credores, estado de perigo ou lesão, do dia em que se realizou o negócio jurídico; III – no de atos de incapazes, do dia em que cessar a incapacidade."

to a um determinado subdomínio do ordenamento. Por seu turno, observando o fenômeno em toda sua complexidade, o direito positivo jamais impediu, em termos legais, a figura do planejamento. Inclusive, recepciona o seu resultado, sob todos os efeitos em lei admitidos, quando este estiver em perfeita sintonia com a ordem normativa. Esta, inclusive, é a interpretação que se deve tomar a partir do princípio ontológico de que "tudo que não estiver juridicamente proibido, estará permitido", preceito determinante do próprio regime jurídico privado.

Apesar de ser previsão implícita no ordenamento, este preceito rege as relações entre particulares e entre estes e a Administração Pública com a mesma intensidade que os princípios constitucionais expressos. É norma de "competência privada", que delimita por exclusão a capacidade negocial do particular. E mesmo que assim não se entenda, tal entendimento poderia ser obtido dos conceitos de liberdade do art. 5º da CF/1988, em sentido lato, ou também dos arts. 1º, IV e 170, ambos da CF/1988 que garantem a liberdade de iniciativa, a livre concorrência, o livre exercício da atividade econômica, e que resumem, todos, o conceito de *autonomia privada*. São previsões, que, colocadas nos altiplanos da Constituição autorizam o setor privado a estruturar sua vida e seus negócios ao seu modo, até os limites do modelo negocial que o direito positivo prevê.

Sob este enfoque e no esforço de conceituar o *Planejamento Tributário*, verifica-se de suma importância analisar as palavras empregadas na expressão, partindo-se do plano da literalidade textual às construções de significado. *Planejar* é verbo que promove uma ação de arquitetar algo, de programar alguma coisa para frente; logo, enseja uma intenção de fazer ou realizar algo voltado para o futuro. Ao se transportar esta noção ao direito positivo, o planejamento tributário torna-se um dado pré-jurídico, que, em outras palavras, traduz a atividade psicofísica do exegeta do direito em projetar a estrutura da norma, sem que ainda a tenha efetivamente positivado. Está em planos hipotéticos, abstratos, e somente se atingir o seu resultado, concretizando a vontade em planos jurídicos, é que o direito compreenderá, ao seu modo, este agir cognitivo do particular. Sem isso, o planejamento é figura desconhecida do sistema normativo. Dito de outro modo, ao planejar, inexiste substrato deôntico para permitir qualquer tipificação a uma dada hipótese. Não há norma. O fato, ainda não juridicizado, encontra-se fora do domínio do direito; inexistente, portanto, para o mundo do ordenamento justamente por não ter sido introduzido por uma estrutura normativa válida.

Isto posto, o contribuinte tem todo o direito de planejar seus negócios da forma que mais lhe aprouver; e, se deste projeto surtir enunciado de direito válido, seu único requisito é estar em planos de legalidade, ou seja, nos estritos termos da tipicidade – que requer subsunção do fato à norma – e nos moldes dos princípios constitucionais tributários que constituem esta específica ordem jurídica. A Constituição, por todos os preceitos já expostos, garante este direito (pré-suposto) do contribuinte em organizar sua atividade negocial, mesmo que tenha por objetivo suportar menor ônus tributário. Não está neste critério a identificação da ilicitude. Entender o contrário é ignorar os direitos fundamentais que lhe são assegurados, bem como é fortalecer a estrutura estatal a ponto de suplantar a própria repartição competencial, tão bem delimitada no texto supremo, conferindo poderes excessivos à Autoridade Administrativa.

Vale recordar que o regime público está submetido a outro princípio ontológico, oposto àquele acima mencionado, prescrevendo que "tudo que não estiver juridicamente permitido, estará proibido" aos representantes estatais. Nestes termos, a competência dos órgãos públicos deve se limitar aos termos da lei e às figuras positivadas em direito; antes da norma, é vedado qualquer restrição. E mais, ao adotar critério extrajurídico – economia fiscal – maculase a própria atividade da Administração em desconsiderar o negócio, uma vez que ela adota parâmetros desconhecidos ao próprio ordenamento posto.

Nesta linha e ainda na tentativa de delimitar a noção *planejamento tributário*, cumpre investigar a qualidade "tributário" que complementa o significado da expressão em análise. Na medida em que todo atributo tem por objetivo distinguir a palavra que qualifica, é imprescindível tomá-lo como diferença específica à delimitação da idéia contida no termo. Direito tributário é o ramo do ordenamento positivo que circunscreve todas as relações entre Fisco e contribuinte. Sua base normativa está assentada na Constituição Federal que, em termos rígidos, delimitou as competências legais dos entes tributantes, justapondo a estas uma série de princípios que norteiam a atividade tributária, desde a instituição do tributo até o momento de sua cobrança. Sendo assim, todo conceito que se circunscreve a este universo exige, em toda extensão, o cumprimento efetivo destes princípios, e, no caso em tela, essencialmente: da segurança jurídica, da certeza do direito, da legalidade em matéria tributária, da tipicidade e da garantia do devido processo legal.

O planejamento, enquanto plano pré-jurídico, pode ou não se ater a estas noções de direito tributário. Quando, porém, é escolhida a forma negocial pelos particulares, introduzida ao universo jurídico mediante linguagem competente, o planejamento desnatura-se em razão de seu próprio ingresso em nível sistêmico, assumindo caráter de ato normativo. Eis a elisão fiscal. Neste momento, todos os preceitos constitucionais acima expostos deverão ser obedecidos, como forma de garantia e limite tanto da atividade do particular quanto daquel'outra da Administração Pública. Somente com sua não-observância que se estará diante de hipótese de ilicitude. Importante lembrar que princípio nenhum objetiva privilegiar alguém; quer, sim, fazer prevalecer os valores da própria ordem positivada. Neste ponto, somente com o ato jurídico posto adquire-se critério formal para julgamento da licitude, entendido aquele como fonte objetiva para avaliação da autoridade administrativa, segundo os ditames supremos de direito tributário.

Na exposição de motivo acima referida, procura-se combater os procedimentos de *planejamento tributário adotados com abuso de forma ou de direito*. Pondere-se, aqui, que o termo em análise está sendo usado neste texto já como ato jurídico, unidade pertinente ao sistema, ou seja, é norma individual e concreta válida, porém maculada de *vício na forma*, entendida esta como plano específico de expressão determinada e exigida por lei, ou de *vício de direito*, de onde se infere todos os outros defeitos do ato que atingem diretamente um de seus requisitos, conforme se depreende da leitura dos arts. 171 e 178 do CC/2002.

Por todo exposto, verifica-se que *planejamento tributário significa atividade psicofísica do contribuinte em projetar, cronologicamente para frente, protótipos de norma tributária que tenha por objetivo economia fiscal*. Na medida em que é um dado pré-jurídico, tem o intérprete total direito em planejar seus negócios da forma que mais lhe aprouver, estando constrito aos ditames constitucionais da segurança jurídica, da legalidade em matéria tributária, da tipicidade e do devido processo legal apenas e tão-somente quando verter o resultado desta atividade em norma jurídica válida no sistema. Por via de conseqüência, quando a expressão estiver sendo usada à moda de ato juridicamente posto, norma individual e concreta válida, estamos diante de elisão fiscal. Neste tocante, sim, o intérprete, atribuído de competência, deve aplicar a este conceito toda matéria aludida ao ato posto.

### *III – A teoria dos atos jurídicos: o problema volitivo na desconsideração do negócio jurídico*

Sabemos que *ato jurídico* é concepção que porta em si a idéia de norma. No direito, traduz-se por exercício efetivo, em planos individuais e concretos, da faculdade de agir juridicamente. Ou seja, articulando as formas do direito, o exegeta, guarnecido pela capacidade de produzir norma, que lhe atribui o direito positivo, constitui o fato mediante linguagem das provas, instaurando o antecedente do enunciado normativo individual e concreto, e, por meio do vínculo deôntico, formalizando o conseqüente prescritivo de conduta. Como toda palavra, é estrutura jurídica de significação que porta, em seu bojo, a polissemia processo/produto, isto é, podemos identificar no ato jurídico tanto as marcas da enunciação (de onde será possível reconstruir o aspecto volitivo da norma, ensejado pelo parágrafo único do art. 116 do CTN) como também o seu produto (a norma como enunciado deôntico). Encerra-se nele, portanto, dois pontos de vista: aquele que prioriza o produto normativo e aquel'outro que ressalta o processo.

Nestes termos, analisar o *ato jurídico* pressupõe dois objetos cognitivos que encerram, em si, dois momentos epistemológicos: (*i*) o texto, a norma individual e concreta, de onde se identifica no ato os elementos que integram a relação deôntica de implicação – análise intra-normativa; e (*ii*) o contexto jurídico, ou seja, a perspectiva inter-normativa, pela qual se identifica a operação de subsunção e os requisitos procedimentais presentes na estrutura da norma jurídica válida. Atente-se que o aludido contexto é estritamente aquele do direito positivo pois, dentro do fechamento que lhe é estrutural, o sistema normativo não admite de outro tipo.

Paulo de Barros Carvalho, em brilhante paralelismo entre os universos jurídicos e lingüísticos, entende *não haver texto sem contexto*.[4] As premissas levadas em conta nesta frase observa a unidade do direito positivo, que, por meio de regras de subordinação e coordenação, constrói o significado sistêmico presente em cada um dos elementos constitutivos do todo. Norma é significação que, sob um ponto de vista, é texto, unidade, mas só atinge sua completude de sentido quando semanticamente contextualizada no sistema. Tais ponderações fornecem amparo à problemática da figura da elisão fiscal, conferindo substrato para elucidar o sentido da norma controvertida não apenas como fenômeno isolado, mas como parte de um todo.[5] A expressão "elisão fiscal" é adotada, aqui, como o planejamento realizado por meio de ato jurídico, introduzido pelo agente privado. Ela vem a enaltecer a concepção acima exposta, impulsionando o exegeta ao trato da matéria sempre sob esses dois pontos de vista indissociáveis.

Como o resultado do planejamento tributário pode ensejar em *ato jurídico*, hipótese de elisão fiscal, torna-se necessário analisar esta figura normativa sob estes dois enfoques. Como texto, o ato será constituído por diversos elementos que lhe dão forma – significante – e conteúdo – significação. Aqui estão as partes componentes da sustância do ato: (*i*) motivação ou descrição do motivo do ato; (*ii*) sujeito enunciador ou emissor da norma; (*iii*) sujeito receptor ou destinatário da norma; (*iv*) nexo normativo relacional da norma; e (*v*) conduta prescritiva modalizada pelo relacional. Por outro lado, como conjunto sistemático indissociável, o contexto aparecerá recuperado na implicitude do texto. Sob esta perspectiva, ao se deparar com as inter-relações de subordinação e coordenação, a análise jurídico-contextual passará a ser o momento em que se constrói a estrutura de sentido completa da norma jurídica. Dentre os requisitos extrínsecos, caracterizadores do contexto implícito do *ato jurídico*, estão as noções de (a) autoridade ou agente competente; (b) objeto lícito; (c) procedimento previsto em lei; (d) publicidade em sentido lato; (e) motivo do ato; e (f) finalidade ou objetivo.

4. Paulo de Barros Carvalho, *Direito Tributário: Fundamentos Jurídicos de Incidência*, 4ª ed., rev. e atual., São Paulo, Saraiva, p. 18.

5. Claus-Whilhelm Canaris, *Pensamento Sistemático e Conceito de Sistema na Ciência do Direito*, intr. e trad. de A. Menezes Cordeiro, 2ª ed., São Paulo, Fundação Calouste Gulbenkian, p. 156.

Retomando a análise da exposição dos motivos da Lei Complementar 104/2001, cumpre ressaltar que dentre as razões que o legislador optou como critério determinante para o encontro dos limites conceptuais da desconsideração do negócio jurídico está a *finalidade da elisão*. Buscando amparo nos dicionários, a palavra "finalidade" é definida como a *intenção ou motivação para a realização ou existência (de algo); objetivo, propósito, fim*. Vê-se, em um só tempo, a *finalidade* caracterizada por fundamentos intra-normativos do ato – como motivação – por requisitos extrínsecos daquele mesmo – tal qual finalidade ou objetivo – e, por último, por elementos fora do sistema normativo – ao assumir a *intenção* como conteúdo constitutivo deste conceito.

Ora, foi justamente nesta terceira perspectiva que muitas decisões dos Tribunais têm buscado guarida para desconsiderar ato ou negócio jurídico. Fala-se em "querer declarado", "o ser e o não-ser da intenção do contribuinte", "intentio factis" e "intentio juris", "intenção de evitar a aplicação do regime tributário mais oneroso", em "negócios falsos e mentirosos", em "divergência da vontade real e a vontade declarada" e tantas outras que servem de exemplo ao apego à estrutura volitiva – o querer por detrás do dever – que precede a norma.

A este respeito, tenhamos que no domínio do direito e, em razão do princípio da estrita legalidade, mais latente no sistema tributário, não há como conceber a idéia *intenção* como critério delimitador da juridicidade – licitude ou ilicitude – de um ato jurídico posto pelo particular. Seria abalar as estruturas constitucionais, rompendo com a própria noção sistêmica de direito tributário. Nesta atitude, joga-se para o alto a repartição constitucional, os princípios de direitos fundamentais do contribuinte como segurança jurídica, certeza de direito, liberdade, legalidade, bem como outorga à Administração Pública carta branca para qualificar, à sua maneira, a vontade do particular ao produzir determinado negócio jurídico, e, a partir dela, construir a ilicitude como bem entender. Admitir isso é negar todo esforço legislativo produzido pelas Casas Legislativas até hoje.

Captar o fenômeno do direito é compreendê-lo como sistema autopoiético que tanto para o ingresso quanto para a expulsão de qualquer uma de suas unidades componentes, será necessário recorrer a um processo e, por meio dele, se alcance um produto, ambos prescritos, passo a passo, em lei. Processo e produto normativos são construções que o ordenamento mesmo cria mediante a enunciação de notas, gerais e abstratas. Tudo está na lei e mesmo em hipóteses de lacuna, a resposta deve ser tirada dela, observando-se os cânones principiológicos que regem o específico subdomínio do direito que se manifesta nas diferentes controvérsias que podem surgir. A subsunção do fato à norma nada mais é que o traduzir do fato em planos concretos para os termos abstratos; da delimitação dos indivíduos que compõem os pólos da relação ao seu sentido geral. A tipicidade em direito tributário planta suas raízes neste fenômeno, exigindo exata adequação do fato à norma. Sem subsunção do evento descrito à hipótese normativa, não há incidência e, conseqüentemente, inexiste introdução de novo enunciado no sistema.

É por essas e outras que *intenção* é idéia destituída de *senso jurídico* para qualificar os atos de direito positivo. Neste subdomínio, são lícitos ou ilícitos os negócios firmados tendo em vista critérios objetivos que estão na lei. A determinabilidade destes elementos por meio da linguagem da prova exige notas formalmente indicadas ou indicáveis, requisito este à própria constituição do tipo jurídico. Nesta mesma linha, discorre Claus-Whilhelm Canaris ao afirmar ser *designadamente mais fácil demonstrar a mera adequação "formal" de um valor, do que comprovar a sua justiça e adstringibilidade "material" (de lege lata)*.[6] Saber se a intenção do particular ao

6. Idem, p. 177.

praticar o ato negocial é justa ou não, é verdadeira ou não, tem objetivos estritamente fiscais ou não, é questão que só pode ser resolvida quando existente lei que enumere, ponto a ponto, os elementos caracterizadores deste fato. Sem isso, só se pode tomar como vício do ato, aqueles que já conhecidos do direito civil, do direito comercial, etc. Conclui-se, portanto, que a *finalidade* não poderá ser caracterizada por elementos extrajurídicos. A *intenção*, para ser considerada no ordenamento posto, deve se apropriar de conteúdo normativo, constitutivo do ato negocial. É, nesta linha, que ela se desgarra do subjetivismo que lhe é próprio para se corporificar como inter-relação, ou melhor, materializar-se em condutas intersubjetivas. Neste momento, deixa de ser *intenção* para adquirir *status* de norma no direito posto.

Excluída a terceira hipótese acima referida, as atenções se voltam, agora, para os dois critérios aludidos: motivação e objetivo. De um lado, tome-se para fins de análise o elemento intra-normativo da *motivação do ato*. O termo, neste estudo, assume sentido de lugar e momento em que a linguagem das provas, articulada pelo agente competente, constituirá o enunciado do fato jurídico, com base na hipótese normativa, produzindo o fenômeno da subsunção do fato à norma. É o querer formalizado na medida da lei. Motivação, neste sentido, autentica o sistema e prevê diretrizes seguras à tipicidade e legalidade exigidas pelo direito tributário.

Outra é a visão sob o ponto de vista extrínsecos, ou seja, pelo objetivo exposto do ato. Releve-se, bem assim, que *objetivo* ou *finalidade* são observados como pressuposto ou requisito do ato, isto é, referem-se sempre à construção de fato jurídico tributário, em sentido inter-normativo, sob a perspectiva procedimental prescrita em lei. De uma e outra maneira, objetivou-se conceituar finalidade dentro dos limites da própria noção de *ato jurídico* – produto – constituído a partir de um procedimento de subsunção e implicação, delimitado em lei – processo. Não buscam fundamento no querer daquele que enuncia a norma mas no "querer do direito", sistêmico, que se traduz objetivamente em linguagem das provas. Nestes termos, pondere-se, por fim, que essas noções levam a um emparelhamento entre motivo e finalidade do ato, por aplicação terminológica imprópria do que se entende por *motivo*, sendo necessário, portanto, elucidar este assunto ainda no propósito de delimitar este termo no quadro da elisão. Retomando, *motivo* é a razão imediata ou o fundamento que deu impulso ao particular em produzir o negócio jurídico. Já finalidade é o resultado efetivo do ato, sempre previsto em notas gerais e abstratas no texto legal ou, em termos individuais e concretos, quando subsumido o fato típico à norma. Importante notar neste aspecto que o motivo, por muitas vezes, pode ser considerado como a "finalidade a que se pretende chegar"; no entanto, a despeito desta idéia induzir o entrelaçamento dessas noções, o conceito de motivo não engloba a finalidade, na forma como ela é concebida em lei ao ato jurídico. Frise-se que finalidade encampa noções de valor sistêmico, que o direito mesmo dispõe e exige no ato, e não valor ideológico, do próprio particular. Neste ponto é que reside a viabilidade prática em se avaliar a vontade do ato no direito positivo, tendo em vista que somente aí se encontra a precisão e a objetividade das previsões em lei. Releva-se, a este respeito, que apesar de circunscreverem região de cunho psicológico, os atos produzidos pela vontade do agente são prescritos pelo direito posto, condição de sua própria existência no sistema, e seu propósito, em muitos casos, também se encontram determinados na lei; quando não o estão, são desconsiderados como critério objetivo que localizam juridicamente o ato. A vontade nele deverá, portanto, estar em consonância com a *finalidade legítima do ato*, que se reduz à finalidade apontada pela lei e pelos valores superiores do direito positivo.

Partindo-se do pressuposto de que elisão fiscal é ato válido e lícito, para todos os efeitos, no ordenamento jurídico brasileiro, *finalidade da elisão* encampa noções de valor superior no sistema tributário, que exige no ato elisivo adequação (*i*) à segurança jurídica; (*ii*) à estrita legalidade do fato à norma; e (*iii*) à tipicidade. É na linha diretiva da Constituição Federal que haverão de pautar-se todos os atos administrativos componentes deste procedimento.

### *IV – A desconsideração do negócio jurídico na forma da lei*

Neste momento, torna-se imprescindível a análise da atividade administrativa em tela que, hoje, encontra amparo no parágrafo único do art. 116. Releve-se, de partida que, a este respeito, a Medida provisória 66/2002 pretendeu regular o procedimento da "regra antielisiva" nos moldes de seus arts. 13 a 19. A despeito de não ser mais possível que se torne aplicável o referido texto, tomemo-lo para fins científicos. A aludida norma trouxe como motivos de desconsideração de ato ou negócio jurídico a "falta de propósito negocial" e o "abuso de forma". Propósito é vocábulo que, em planos jurídicos, torna-se inaplicável: (*i*) é *intenção* e, logo, é critério volitivo extrajurídico impassível de delimitar conceptualmente os fatos jurídicos tributários; e (*ii*) é *futuro*, aspecto temporal que inviabiliza a liquidez e certeza a que prescindem as figuras do direito tributário para que sejam exigíveis. Vale recordar, reforçando o argumento, que somente é fato jurídico aquilo que foi positivado em norma individual e concreta. Fato futuro, em planos positivados, é hipótese geral e abstrata, tão-só. Neste sentido, a própria acepção deste diploma legal torna impossível imputá-lo como critério oponível à desconsideração dos atos jurídicos, sob pena de infringir diretamente a Constituição Federal.

Por outro lado, a norma "antielisiva" autoriza a desconsideração por "abuso de forma". Neste caso, entendo que está em completa sintonia com o ordenamento vigente, inclusive, o apontamento pela Medida Provisória deste único critério – forma – é, neste ponto, restritiva das hipóteses de desconsideração, pois, caso se tomasse apenas este diploma, somente os vícios de forma estariam sob o amparo da norma antielisiva. Esta, contudo, não é minha opinião. A despeito de entender improcedente adotar critérios de outros subdomínios tal qual o econômico – economia fiscal – ou aquel'outro de psicologia humana – verdadeira vontade do ato praticado – verifica-se no direito positivo que o instituto da desconsideração está submetido aos domínios da anulação do ato, recepcionado pelo direito tributário nos moldes do art. 110 do CTN; logo, todos os defeitos do ato jurídico, em planos privados, são recepcionados na figura da *elisão fiscal*.

Tendo em vista esses comentários, cumpre agora delimitar o campo de atuação da atividade administrativa nos termos do parágrafo único do art. 116. A propósito, retoma-se a exposição de motivos pela qual diz ser a regra antielisiva norma que permite à autoridade tributária desconsiderar atos ou negócios jurídicos praticados. As questões que se levantam são: qual o limite para esta desconsideração? É possível presumir a conduta ilícita no ato? Até que ponto este procedimento está adstrito aos ditames da ordem tributária e ao devido processo legal? A este respeito, entendo que a regra do parágrafo único do art. 116, do CTN, deve ser lida com bastante ponderação, não nos esquecendo de observar o plano contextual do sistema jurídico a que todo conceito de lei exige para que, diante destas reflexões, seja possível ao intérprete dar a real dimensão daquilo que vem disposto pelo texto positivo.

No tocante à aplicabilidade dos primados supremos, José Artur Lima Gonçalves, adotando o ponto de vista constitucionalista à figura em análise, entende oportunamente que "o legislador ordinário pode eleger negócios privados entabulados entre os particulares, como pressuposto para a instituição e cobrança de determinados tributos de sua competência impositiva. Mas não pode a fiscalização invadir a seara da liberdade privada, para manipular aqueles negócios jurídicos, com o intuito de 'forçar' o reconhecimento da ocorrência do fato tributável, deturpando-o em suas peculiaridades. Trata-se de determinação constitucional, que exige o respeito à autonomia da vontade como própria condição de validade do exercício legítimo da competência tributária, e da própria atividade administrativa concernente à fiscalização e controle de arrecadação de tributos, que no Brasil se submete, de forma absoluta e incontornável, ao princípio da estrita legalidade ou tipicidade tributária".[7]

Aponte-se que o parágrafo único do art. 116 do CTN firma-se nos pressupostos do ordenamento jurídico tributário devendo-se levar em conta, nesta tarefa, tanto os ditames constitucionais já mencionados como aquel'outro do art. 110 do CTN. O conceito de elisão fiscal e da desconsideração do negócio jurídico, apresentamse, para muitos, como institutos novos ou inovadores do sistema jurídico tributário, no entanto, são figuras que nele já firmavam suas bases, bastando-se observar, a este respeito, que todo seu conteúdo já se encontram definidos pelo próprio ordenamento posto. Aplica-se perfeitamente, ao momento de análise, afirmação de Claus-Whilhelm Canaris, que vem a contribuir de forma decisiva na delimitação da força destes preceitos em matéria de planejamento tributário e desconsideração do ato negocial: "E porque o sistema objectivo é constituído, segundo a opinião aqui apresentada, por valores fundamentais ou por princípios fundamentais de Direito, isso iria pressupor que aquelas figuras novas respeitam a valores que, de antemão estavam imanentes ao nosso Direito privado. (...) O reconhecimento de um novo instituto não significa, de facto, qualquer modificação do sistema objectivo, mas apenas uma alteração no científico uma vez que os valores relevantes já se continham de antemão, na lei e apenas não eram reconhecidos no seu alcance total".[8]

O *novo* na elisão fiscal ou na desconsideração do negócio jurídico encontra-se apenas no *modus* de aproximação do exegeta a esta matéria, ou melhor, à maneira de enxergar o fenômeno que já estava no direito posto. Em assim dizendo, sem abandonar os princípios constitucionais e tendo-os sempre em vista, verifica-se que a atividade da Autoridade Administrativa em desconsiderar negócios jurídicos deverá encontrar limites, também, no art. 110 do CTN. Há, portanto, uma dupla negação que inviabiliza a Autoridade Administrativa, ao seu bel-prazer, conferir poderes a si mesmo, extrapolando a própria previsão normativa superior. O Estado Democrático de Direito, tão defendido pelos Poderes Públicos, deve ser neste ponto vangloriado por elas mesmas, como exemplo de seu efetivo cumprimento, pois estão nestas atitudes a verdadeira consolidação das diretrizes axiológicas supremas do sistema normativo.

## *V – As espécies de infração tributária e a desconsideração do negócio jurídico*

A Constituição Federal de 1988 ao recepcionar o Código Tributário Nacional, originalmente Lei Ordinária, como Norma Geral de Direito Tributário, nos moldes do art. 146 da CF/1988, conferiu poderes a este diploma em preceituar o modo como se deve dar a interpretação e a integração da Legislação Tributária. Foi o que fez, negativamente, em seu art. 110 do CTN. Ficou vedado, por este preceito, a qualquer legislador tributário *alterar a definição, o conteúdo e o alcance de institutos, conceitos e formas de direito privado, utilizados, expressa ou implicitamente, pela Constituição Federal, pelas Constituições dos Estados, ou pelas Leis Orgânicas do Distrito Federal ou dos Municípios, para definir ou limitar competências tributárias*. É partin-

7. José Artur Lima Gonçalves, *Planejamento Tributário Internacional*, IBET, Justiça Tributária, p. 423.

8. Claus-Whilhelm Canaris, ob. cit., pp. 116-118.

do-se disso que entendo prejudicada qualquer nova noção de ato negocial ilícito ou mesmo conferindo nova forma ao procedimento de desconsideração do negócio jurídico quando já existente, ainda que esparsos, diversos artigos de lei tratando sobre este mesmo assunto.

Firmadas estas reflexões e tendo em vista o preceito do art. 110 do CTN, tenho que a Autoridade Administrativa poderá desconsiderar atos ou negócios jurídicos que apresentarem *defeito do ato respectivo*, isto é, quando *violarem lei ou estatuto*. Em resumo, permite-se a desconsideração somente quando o contribuinte, por meio de ato negocial, *violar a lei*, conceito que abarca tanto a figura da *fraude à lei* quanto a de *abuso de direito*. Importante notar ainda que *fraude à lei* (art. 166, VI, do CC/2002) é conceito gênero que abrange a simulação; da mesma forma que abuso de direito (art. 187 do CC/2002) é o conjunto composto por dois outros subdomínios: abuso de poder (incompetência) e abuso de forma. Todos estes termos fazem parte de um universo maior que é a *fraude* (art. 72 da Lei 4.502/1964) e a *sonegação* (art. 71 da Lei 4.502/1964).

Em termos legais, fraude é *toda ação ou omissão dolosa tendente a impedir ou retardar, total ou parcialmente, a ocorrência do fato gerador da obrigação tributária principal*, ou a excluir ou modificar as suas características essenciais, de modo a reduzir o montante do imposto devido a evitar ou diferir o seu pagamento. Sonegação, por suas vez, é *toda ação ou omissão dolosa tendente a impedir ou retardar, total ou parcialmente, o conhecimento por parte da autoridade fazendária* da ocorrência do fato gerador da obrigação tributária principal, sua natureza ou circunstância materiais; e das condições pessoais de contribuinte, suscetíveis de afetar a obrigação tributária principal ou o crédito tributário correspondente. Enquanto a primeira, fraude, observa a ilicitude sob o ponto de vista da teoria da norma, ou melhor, da teoria dos atos administrativos, por tratar da própria ocorrência do fato gerador; a segunda, *sonegação*, toma o mesmo fato sob outra perspectiva, da teoria das provas, traçando a ilicitude em observância à ação ou omissão do contribuinte para o desconhecimento do fato pela autoridade fazendária. Apesar de tratarem de assuntos de ordens diversas, uma e outra dizem respeito à *constituição do fato jurídico* típico da norma, ou, em outras palavras, da norma que dispõe sobre a própria ilicitude.

Delimitando-se estes campos de ilícito e homogeneizando todas elas sob as duas perspectivas de fraude e sonegação, verifica-se que o fato típico ilícito, que, uma vez caracterizado, atribui à autoridade competência para desconsiderar o negócio jurídico produzido, é constituído por três critérios: (*i*) fato normativo típico; (*ii*) dolo do contribuinte na elaboração do ato negocial; e (*iii*) finalidade jurídica ilícita no ato. Vale ressaltar que a caracterização de quaisquer destes conceitos dependem da comprovação efetiva das notas apontadas por lei.

### *VI – Processo administrativo federal e a desconsideração do negócio jurídico*

Cumpre, em pontos finais, ater-se à expressão "observados os procedimentos a serem estabelecidos em lei ordinária" na regra do parágrafo único do artigo em análise. Dois indicativos remetem este tema à noção de *eficácia técnica*, quais sejam, "a serem estabelecidos" e "em lei ordinária". Ao utilizar-se de tempo verbal futuro, o enunciado em tela remete à elaboração de um projeto, necessariamente, *a posteriori*. Programa-se uma atividade legislativa futura para organizar os procedimentos que deverão ser observados na aplicabilidade deste parágrafo único. Ao complementar a previsão de atividade legislativa pela referência "em lei ordinária", o legislador deixa claro o *modus* pelo qual entende ser necessária a imposição da regra adjetiva, ou seja, segundo o modelo dos arts. 61 a 69 da CF/1988, com aprovação da lei por maioria simples dos membros das duas Casas Legislativas. A aludida expressão, ao mesmo tempo em que indica a forma como se deve proceder à elaboração legislativa, reafirma a necessidade de uma lei que discorra sobre a matéria tratada. A observância de procedimentos a serem estabelecidos em lei ordinária passa a ser condição à juridicização dos fatos e, conseqüentemente, à própria possibilidade de desconsideração do negócio jurídico.

Paulo de Barros Carvalho, debruçando-se sobre o tema, com a seriedade que lhe é ínsita, conceitua a eficácia/ineficácia técnica de uma regra jurídica: "Diremos ausente a eficácia técnica de u'a norma (ineficácia técnico-sintática) quando o preceito normativo não puder juridicizar o evento, inibindo-se o desencadeamento de seus efeitos, tudo (a) pela falta de outras regras de igual ou inferior hierarquia, consoante sua escala hierárquica, ou, (b) pelo contrário, na hipótese de existir no ordenamento outra norma inibidora de sua incidência".[9] É precisamente nesta primeira hipótese (a) que se enquadra o problema trazido pela "regra antielisiva". Falta ao parágrafo único lei ordinária *específica* que confere a seqüência sintática exclusiva que lhe é demandado pelo seu próprio conteúdo expressional. E tem-se até hoje o silêncio legislativo a este respeito. Contudo, não será pela ausência de especificidade que se tornará inaplicável.

Apesar de muitos autores entenderem o parágrafo único do art. 116 do CTN como norma ineficaz, tecnicamente, tenho demonstrado, pelos próprios argumentos até agora expostos, ser a desconsideração nada mais do que uma espécie de anulação e, deste modo, todos os seus preceitos já se encontram positivados em lei. Em outras palavras, a "norma antielisiva" é eficaz, em termos sintáticos, na medida em que se apóia em todos os preceitos de direito privado que circunscreve a matéria. Ausente regra específica, de igual ou inferior hierarquia, que dê suporte sintático à aludida norma, inovando a atividade administrativa na forma em que se procede à anulação do ato ou negócio jurídico por ilicitude, a autoridade fiscal, continuará submetida aos procedimentos tradicionalmente observados no processo administrativo.

Levemos em conta essas injunções para ressaltar, no processo administrativo federal, as previsões – possibilidade e procedimento – dos arts. 59, 60 e 61 do Decreto 70.235/1972 que tratam do tema submetido à apreciação. A Autoridade Administrativa, para que possa decretar nulo o ato negocial praticado pelo particular, e, conseqüentemente, desconsiderá-lo em termos fiscalizatórios, tem como imposição necessária que se enquadre em uma das hipóteses de nulidade do art. 59 ou quaisquer outras previstas, na lei, em direito privado. Isto posto, para a invalidação dos atos ou negócios jurídicos realizados, cabe a Autoridade Fiscal provar três requisitos que constituem a ocorrência de ilicitude, quais sejam, (*i*) fato típico; (*ii*) dolo; e (*iii*) finalidade jurídica ilícita no ato negocial. Os critérios são objetivos e, como já mencionado, não se submetem ao julgamento de conveniência ou utilidade da própria Autoridade Administrativa, pois a desconsideração é competência vinculada.

A este respeito, não há que se falar em "estratagema do particular para revestir o ato de outra forma", pois o direito só admite como ilícito aqueles fatos tipificados em lei como tal e desde que provado fato típico; dolo e finalidade ilícita do ato. Da mesma forma, não subsiste, para fins de anulação do ato, em planos jurídicos, referência a "fato econômico" – economia fiscal –, justificando a ilicitude pelo propósito do contribuinte em escolher, de todas possíveis, a forma lícita menos onerosa. Por outro lado, situação diversa é aquela em que o fato jurídico, a despeito de ter teor econômico, é jurisdicizado pelo sistema, nos exatos moldes normativos. Nesta hipótese, ele está como representação jurídica, ou seja, enquadra-se perfeitamente sob o ponto de vista jurídico, no modelo que este subsistema social requer. Somente nesta segunda pers-

9. Paulo de Barros Carvalho, *Curso de Direito Tributário*, 19ª ed., São Paulo, Saraiva, 2007, p. 83.

pectiva é que se pode avaliar o fato como lícito ou ilícito, pois, justamente, aqui há substrato jurídico para que o exegeta faça sua avaliação segundo o quadro sistêmico do direito.

Colho o ensejo para reiterar que, no universo das ocorrências no mundo social, é possível ao intérprete tomar de um mesmo evento, duas diferentes formas factuais, ou melhor, dois recortes lingüísticos: um sob o ponto de vista do direito positivo – fato jurídico – e outro sob a perspectiva econômica – fato econômico – submetido cada qual aos ditames de seus respectivos sistemas. Tenhamos que a Constituição, de forma implícita, veda atribuição de um dever, ao contribuinte, em optar por alternativa tributária que lhe resulte maior carga fiscal. Não há imposição de tal índole e é um disparate pensar que isso seria possível. Pois, infelizmente, é o que vem sendo feito de forma velada em decisões dos Tribunais.

Retornemos da digressão para considerar, em comentários ligeiros, a questão probatória que enseja este tema nas estruturas das imposições tributárias. Adotando pressuposto de que o direito é, propaga, e cria a própria realidade jurídica,[10] sob o seu senso normativo, podemos dizer que somente pelas notas da hipótese legal é que se define e prova a ilicitude do negócio jurídico praticado pelo particular, na estrita legalidade do ato. No tocante a esta matéria, em penalidade tributária, observa-se que, embora revista caracteres próprios, a ilicitude do ato está intimamente ilaqueada à efetiva e devida demonstração da subsunção do fato à hipótese da infração descrita na lei, em todos os elementos do ato ilícito, tendo-se a tipicidade neste caso apreendida em sua totalidade semântica. Em direito tributário penal, a referência a este princípio carrega maior peso e é tomando ele como ponto de partida que se veda a constituição do fato típico ilícito por meros indícios de prova. A Administração tem o ônus da prova e esta deverá ser cabal nos três elementos constitutivos do ato ilícito, vale recordar, (*i*) fato normativo típico; (*ii*) dolo e (*iii*) finalidade jurídica ilícita do ato.

Por esse ângulo, merece aplausos sinceros e reconhecimento o voto de Sueli Efigênia Mendes de Britto, que, em sua decisão, deixa claro o limiar entre prova e não-prova do fato típico (indício de prova), bem como todas as outras abordagens com relação ao tema em tela anotadas ao longo deste artigo com o objetivo de identificar o que são estes *atos ou negócios jurídicos praticados com a finalidade da elisão* a que caracteriza a "regra antielisiva" que, ao modo do parágrafo único do art. 116 do CTN, constitui-se como *instrumento eficaz para o combate aos procedimentos de planejamento tributário adotados com abuso de forma ou de direito*. Em termos objetivos, elucidou com clareza a necessidade de produção de prova cabal pela Autoridade Administrativa nesta matéria, estando apta a desconsiderar o negócio jurídico somente nestes termos. Leia-se:

> A seqüência de operações realizadas a toque de caixa é o mais forte indício de que todas as operações foram realizadas com o fim de impedir a ocorrência do fato gerador da obrigação tributária principal, ou a excluir ou modificar as suas características essenciais de modo a reduzir o montante do imposto devido.
>
> *Mas é apenas um indício*, como a validade das operações independem do tempo de duração dos efeitos dos negócios realizados e da vontade interna de pagar menos imposto, a conclusão a que chega é que *a situação fática apresentada pela fiscalização não se enquadra em qualquer das hipóteses fixadas pelo art. 102 do Código Civil de 1916*. Considerando que a regra do parágrafo único do art. 116 do CTN, incluído pela Lei Complementar

10. Aproveito-me da idéia do filósofo tcheco Vilém Flusser, que em seu *Língua e Realidade* (2ª ed., 1ª imp., Ed. Anna Blume, São Paulo, 2005), deixa claro, no próprio índice da obra, os três "capítulos" de toda realidade lingüística: (I) a língua é realidade, (II) a língua forma realidade e (III) a língua cria realidade.

104 de 10 de janeiro de 2001, é meramente declaratória e por isso depende de regulamentação, e que a simulação não foi provada (RIR/1994, art. 894, § 1º) *os negócios os atos jurídicos praticados pelo recorrente são considerados válidos e sobre o valor recebido pela venda das ações não pode incidir imposto*[11] (grifos meus).

Desde logo cumpre fazer observação importante e que atina ao momento da própria análise. Na relação jurídico-tributária ora considerada – infração subjetiva[12] –, o *ônus probandi* compete ao Fisco, *ab initio*, pois para tributar e executar a Autoridade Pública tem o poder-dever de investigar, diligenciar, demonstrar e provar a ocorrência, ou não, do fato jurídico tributário ou da prática de infração praticada no sentido de preencher os princípios da segurança jurídica, da estrita legalidade em matéria tributária, da tipicidade, do devido processo legal, do contraditório e da ampla defesa. A este respeito, Paulo de Barros Carvalho[13] faz o alerta: "Nos autos de infração, o agente limita-se a circunscrever os caracteres fácticos, fazendo breve alusão ao cunho doloso ou culposo da conduta do administrado. Isto não basta. Há de provar, de maneira inequívoca, o elemento subjetivo que integra o fato típico, com a mesma evidência com que demonstra a integração material da ocorrência fáctica". Neste sentido, o particular somente terá o *ônus probandi*, em contrário, quando a Autoridade Administrativa apresentar prova com força constitutiva de fato e a razão deste preceito probatório só se dá por observância às garantias constitucionais do contraditório e da ampla defesa, ou seja, decorre do direito de defesa do contribuinte e não para fins de facilitar a atividade fiscalizatória da Administração Pública.

Cabe registrar, em que pese a relevância da matéria, que o elemento dolo, constitutivo do fato típico que leva à desconsideração do negócio jurídico tributário, não pode ser presumível. Para caracterizar o dolo, torna-se imprescindível que a Autoridade esteja apta a provar o vínculo entre a participação do agente e o resultado obtido pela assunção desta ou daquela forma negocial, sob pena de não se ver com a competência de desconsiderar a atividade do particular para fins fiscalizatórios. Admitir a presunção como prova cabal do dolo é afrontar desmedidamente os direitos fundamentais consagrados no Texto Supremo. E, por todo exposto, deve-se ter em mente a excelente conclusão do grande jurista e filósofo do direito Paulo de Barros Carvalho: "O dolo e a culpa não se presumem, provam-se".[14]

### *VII – Conclusão*

Em planos de análise, este estudo pretendeu demonstrar de forma objetiva a necessidade de eliminar o grau de subjetivismo no trato da matéria, objetivando caracterizar segundo os modelos do direito positivo, tanto o que é *planejamento tributário* quanto a *desconsideração do negócio jurídico* pela Autoridade Pública e o objeto em que recai a aludida atividade – a *elisão fiscal*.

No esforço de se estabelecer um recorte jurídico à autonomia negocial e à liberdade privada, observou-se a ambigüidade da expressão *planejamento tributário* que, em essência, é um dado pré-jurídico, mas vem sendo utilizada, muitas vezes, como norma individual e concreta resultante de atividade negocial pelos particulares. Nesse sentido, é retomada, vezes sem conta, na expressão *elisão fiscal*. Relevando a plasticidade do conceito *planejamento* no trato com a matéria, tenhamos que *planejamento tributário* é, reconhecidamente, atividade psicofísica do contribuinte em

11. 1º Conselho de Contribuintes, 6ª Câmara, Processo 10865.002040/2002-40, Acórdão 106-14.479, Rela. Sueli Efigênia Mendes de Britto, p. 32.

12. Pois contem dolo ou culpa em seu fato típico.

13. Paulo de Barros Carvalho, *Curso de Direito Tributário*, 19ª ed., cit., p. 547.

14. Ob. cit., p. 547.

projetar, cronologicamente para frente, protótipos de norma tributária que tenha por objetivo economia fiscal. Nesta medida, tem o intérprete total direito em planejar seus negócios da forma que mais lhe aprouver, estando constrito aos ditames constitucionais da segurança jurídica, legalidade em matéria tributária, tipicidade e devido processo legal apenas e tão-somente quando verter o resultado desta atividade em norma jurídica válida no sistema. Ao amoldar o *planejamento tributário*, em oposição ao conceito acima descrito, tal qual *elisão fiscal* vem sendo assumida, aquele e esta serão tidos por ato válido e lícito para todos os efeitos no ordenamento jurídico brasileiro.

Justamente para atender às estipulações dessa índole é que *finalidade da elisão*, apontada na exposição de motivos da LC 114/2001 como critério propulsor à atividade administrativa para desconsiderar o negócio, não poderá ser entendida como critério volitivo do ato para fins de servir como parâmetro na apreciação de questões relativas a este instituto. Em assim entendendo, estar-se-ia a caminho da corrupção do princípio da legalidade pelo subjetivismo da volição que não é próprio do direito posto. Finalidade, ao ser considerada pelo direito positivo, desgarra-se do subjetivismo que lhe é elementar para tornar-se *inter-relação* e, neste ponto, deixa de ser *intenção* para encontrar-se como norma de direito posto. Porta em si noções de valor sistêmico superior, que exige, no ato elisivo, adequação (*i*) à segurança jurídica; (*ii*) à estrita legalidade do fato à norma; e (*iii*) à tipicidade. Nesse ponto, é preciso dizer enfaticamente que está na linha diretiva da Constituição Federal a estrutura de fundo de todo ato administrativo componente deste procedimento.

Quanto aos limites objetivos da competência administrativa em desconsiderar o negócio jurídico, verificou-se haver uma dupla proibição: (*i*) os ditames supremos da Constituição; e (*ii*) a norma prescrita no art. 110 do CTN. É pela leitura em conjunto destes preceitos que se tornam efetivos os limites competenciais para desconsiderar o ato negocial produzido pelos particulares para fins fiscalizatórios, ficando negado, à mesma, que extrapole sua capacidade, por motivos de conveniência e adequação. Por esse modo, é forçosa a ilação de que desconsiderar negócio jurídico está intimamente relacionada à figura da anulação no direito positivo. É, portanto, atividade vinculada nos estritos termos da lei. À diferença desta última, ao desconsiderar o negócio jurídico, a Autoridade Administrativa está limitada a tornar nulo o ato negocial somente no universo do subdomínio tributário, ou seja, para fins fiscalizatório; porém, a despeito da extensão dos efeitos em direito admitido, eles são os mesmos: o desaparecimento do ato no universo jurídico determinado.

A regra do parágrafo único do art. 116 do CTN, apesar de alguns autores entenderem faltar-lhe eficácia técnica, é atividade que se encontra estipulada nos diferentes diplomas de direito privado. Caracteriza-se por ser vinculada, isto é, deve ter, sob todos os aspectos, base legal que institua o procedimento e o seu resultado para fins "antielisivos". É vedado à Autoridade Pública desconsiderar negócio jurídico sob fundamentos extralegais, tais quais os argumentos de cunho econômico – economia fiscal – ou mesmo psicológicos – a verdadeira vontade do ato. O fato típico ilícito, apto a conferir capacidade à autoridade administrativa para anulação do negócio jurídico, em planos estritamente tributários, é constituído por três critérios que devem estar objetivamente relatados em lei e descritos no ato de desconsiderar o negócio jurídico: (*i*) fato normativo típico ilícito; (*ii*) dolo do contribuinte na elaboração do negócio jurídico; e (*iii*) finalidade jurídica ilícita no ato. A caracterização de quaisquer destes elementos, para este fim, depende da comprovação efetiva das notas apontadas por lei – prova cabal –, que constituem o ato segundo os três critérios acima apresentados. É vedado à Autoridade

Administrativa presumir ou provar por meio de "indícios" (que nada mais é que uma não-prova) o dolo com o objetivo de constituir a ilicitude do negócio privado. Em apertada síntese, vê-se que é somente dentro desses limites que será possível assumir a viabilidade prática da regra contida no parágrafo único do art. 116 do CTN.

# O ART. 138 DO CTN E OS TRIBUTOS ADMINISTRADOS PELA SECRETARIA DA RECEITA FEDERAL DO BRASIL

CELIA MARIA DE SOUZA MURPHY

Auditora-Fiscal da Receita Federal do Brasil. Membro da Equipe de Orientação e Consulta da Divisão de Tributação da Superintendência da Receita Federal na 8ª Região Fiscal. Instrutora de Imposto de Renda de Pessoa Jurídica e Contribuição Social sobre o Lucro Líquido na Escola de Administração Fazendária – ESAF. Bacharel em Direito pela Universidade São Marcos-SP e Direito Tributário pelo IBET/SP. Mestranda em Direito Tributário pela PUC/SP

*1. Introdução. 2. Delimitação do tema. 3. Origem do art. 138 do CTN. 4. Objetivo e alcance da regra do art. 138 do CTN. 5. As multas: 5.1 As multas de mora; 5.2 As multas de ofício. 6. O art. 138 do CTN e a multa de mora. 7. O art. 138 do CTN e as multas isoladas. 8. O art. 138 do CTN e o parcelamento. Bibliografia.*

## *1. Introdução*

O art. 138 do Código Tributário Nacional – CTN sempre suscitou controvérsias, sendo seu texto aberto a inúmeras interpretações, muitas vezes conflitantes.

Tomamos por pressuposto, no presente estudo, que a interpretação mais adequada da norma jurídica é aquela que melhor garante os valores nela inseridos. Nesse escopo, entendemos ser objetivo da norma veiculada pelo art. 138 do CTN trazer o infrator da lei tributária de volta para uma situação de regularidade, visando o interesse público. Sob esse enfoque, analisamos os aspectos mais polêmicos da norma.

As questões que provocam maiores divergências entre o Fisco Federal, doutrinadores e Tribunais são as que dizem respeito ao efetivo alcance do dispositivo, particularmente se, além de afastar as multas de oficio, ele pode ser utilizado para o fim de suprimir também as multas de mora e as multas isoladas. Discute-se ainda se é possível afastar a multa na ocorrência de denúncia espontânea acompanhada do parcelamento do tributo correspondente.

Muito explorado em tempos recentes, o tema ainda é instigante, mesmo se considerarmos que o Superior Tribunal de Justiça – STJ vem, cada vez mais, firmando posições e pacificando entendimentos. O art. 138 do CTN, pela sua riqueza interpretativa, vale o debate.

## *2. Delimitação do tema*

O art. 138 do Código Tributário Nacional prevê a exclusão da responsabilidade pela denúncia espontânea da infração, acompanhada, se for o caso, do pagamento do tributo devido e dos juros de mora, ou do depósito da importância arbitrada pela autoridade administrativa, quando o montante do tributo depender de apuração. Para esse fim, denúncia espontânea é aquela apresentada antes do início de qualquer procedimento administrativo ou medida de fiscalização, relacionados com a infração.

É espontânea, portanto, a denúncia da infração cometida pelo sujeito passivo, antes da existência de procedimento administrativo ou medida de fiscalização, relacionados com a infração, da qual o sujeito passivo tenha sido regularmente notificado. Se o Fisco houver dado ciência ao sujeito passivo quanto ao início de qualquer procedimento fiscal relacionado com a infração a ser denunciada, fica afastada a possibilidade da denúncia espontânea. Por outro lado, se a infração se refere a matéria estranha àquela objeto da fiscalização ou do procedimento administrativo já iniciado, é possível a sua denúncia espontânea.

Bernardo Ribeiro de Moraes[1] caracteriza a denúncia espontânea pela ocorrência, em conjunto, dos seguintes fatores:

*a*) o interessado deve comunicar à autoridade administrativa a existência da infração;

*b*) a comunicação deve ser apresentada antes de qualquer procedimento administrativo ou medida de fiscalização, relacionada com a infração;

*c*) a comunicação deve ser acompanhada, "se for o caso", do pagamento do tributo devido, juros de mora e correção monetária,[2] ou do depósito da importância arbitrada pela autoridade administrativa, quando o tributo depender de apuração.

### *3. Origem do art. 138 do CTN*

O atual art. 138 do CTN originou-se do art. 289 do Anteprojeto do Código Tributário Nacional, que tinha, então, o seguinte teor:[3]

> Art. 289. Excluem a punibilidade:
>
> A denúncia espontânea da infração pelo respectivo autor ou seu representante, antes de qualquer ação fiscal, acompanhada do pagamento, no próprio ato, do tributo devido e dos juros de mora, ou do depósito da importância arbitrada pela autoridade administrativa competente, se o montante do tributo depender de apuração.
>
> O êrro de direito ou sua ignorância, quando excusáveis.
>
> § 1º. Sem prejuízo das hipóteses em que, face às circunstâncias do caso, seja excusável o êrro de direito para os efeitos previstos na alínea II dêste artigo, considera-se tal o êrro, a que seja induzido o infrator leigo por advogado, contador, economista, despachante ou pessoa que se ocupe profissionalmente de questões tributárias.
>
> § 2º. As causas de exclusão da punibilidade previstas neste artigo não se aplicam:
>
> Às infrações de dispositivos da legislação tributária referentes a obrigações acessórias;
>
> Aos casos de reincidência específica.

O texto original foi suprimido, e, em seu lugar, foi proposto o art. 174 do Projeto do Código Tributário Nacional:[4]

> Art. 174. A responsabilidade é excluída pela denúncia espontânea da infração, acompanhada do pagamento do tributo devido e dos juros de mora, ou do depósito da importância arbitrada pela autoridade administrativa, quando o montante do tributo devido dependa de apuração.
>
> Parágrafo único. Não se considera espontânea a denúncia apresentada depois do início de qualquer procedimento administrativo ou medida de fiscalização.

1. *Compêndio de Direito Tributário*, pp. 626-627.
2. A correção ou atualização monetária foi extinta a partir de janeiro de 1995.
3. Rubens Gomes de Sousa, *Anteprojeto de Código Tributário Nacional*, p. 71.
4. Instituto Brasileiro de Direito Financeiro, *Codificação do Direito Tributário*, p. 233.

Observa-se que o texto do Projeto é muito próximo do texto final do art. 138 do CTN, a seguir transcrito, e no qual estão grifadas as diferenças entre os dois:

> Art. 138. A responsabilidade é excluída pela denúncia espontânea da infração, acompanhada, *se for o caso*, do pagamento do tributo devido e dos juros de mora, ou do depósito da importância arbitrada pela autoridade administrativa, quando o montante do tributo devido dependa de apuração.
>
> Parágrafo único. Não se considera espontânea a denúncia apresentada depois do início de qualquer procedimento administrativo ou medida de fiscalização, *relacionados com a infração*.

Analisando-se o Relatório apresentado por Rubens Gomes de Sousa, Relator-Geral do Projeto do Código Tributário Nacional,[5] depreende-se que os arts. 172 a 174 do Projeto, que, no texto final, vieram a constituir os arts. 136 a 138 do Código Tributário Nacional, regulavam a responsabilidade penal. O art. 172 (atual art. 136), ao estabelecer que "salvo disposição de lei em contrário, a responsabilidade por infrações da legislação tributária independe da intenção do agente ou do responsável e da efetividade, natureza e extensão dos efeitos do ato", visava tratar as infrações fiscais de forma objetiva, isto é, como fatos concretos, independentemente de suas causas intelectuais ou de seus efeitos materiais. O art. 173 do Projeto (art. 137 do CTN) tinha por objetivo abrir exceções ao princípio da objetividade firmado no art. 172 (art. 136 do CTN), determinando responsabilidade penal pessoal, nos casos em que a personalização fosse decorrente da natureza da infração ou das circunstâncias de sua prática. E a regra do art. 174 do Projeto (art. 138 do CTN) tinha por objetivo abrir uma exceção ao princípio da objetividade veiculado pelo art. 172 (atual art. 136), admitindo a exclusão da responsabilidade penal sempre que houvesse denúncia espontânea da infração e sua simultânea reparação.

O art. 138 do Código Tributário Nacional foi, assim, criado com o intuito de incentivar a denúncia espontânea das infrações caracterizadas como crimes. A denúncia espontânea da infração penal acompanhada do respectivo pagamento constituiria a reparação da infração cometida, excluindo a responsabilidade penal.

### *4. Objetivo e alcance da regra do art. 138 do CTN*

Mesmo que tenha sido essa a intenção do legislador do Código Tributário Nacional, o texto aprovado não faz qualquer menção à responsabilidade penal. Não se pode, então, limitar a abrangência do dispositivo somente a essa circunstância. Sendo assim, tendo em vista não ter o legislador restringido o escopo da regra à exclusão da responsabilidade penal, entendemos que o art. 138 do CTN exclui a responsabilidade por todas as infrações tributárias.

O art. 138 do CTN prevê a exclusão da responsabilidade pela denúncia espontânea da infração, desde que acompanhada, se for o caso, do pagamento do tributo devido e dos juros de mora, ou do depósito da importância arbitrada pela autoridade administrativa, quando o montante do tributo devido depender de apuração.

Uma análise criteriosa do dispositivo indica que a regra por ele veiculada visa incentivar o sujeito passivo a denunciar espontaneamente uma infração por ele cometida, proporcionando, com isso, a obtenção de um benefício mútuo, tanto para o sujeito ativo como para o sujeito passivo: o infrator, por um lado, evita que lhe seja aplicada uma multa de ofício, e o Estado, por outro, tem o benefício do recebimento do tributo que, de outra forma, talvez nunca viesse a ser recolhido. O dispositivo incentiva, assim, o sujeito passivo a, espontaneamente, denunciar a ocorrência de um evento tributário anteriormente ocultado. É o caso, por exemplo, da sonegação de in-

5. Ministério da Fazenda, *Trabalhos da Comissão Especial do Código Tributário Nacional*, pp. 244-245.

formações em declarações previamente apresentadas, da aquisição ou da venda de mercadorias sem emissão de nota fiscal, da falta de pagamento de tributo e de atos que configurem crimes contra a ordem tributária.

Importante ressaltar que, na interpretação do art. 138 do CTN, deve-se ter em mente que, visando o interesse público, o seu objetivo é trazer o infrator para uma situação de regularidade. Observa-se, todavia, que muitas das interpretações atribuídas ao art. 138 do CTN têm acabado por incentivar a inadimplência e o descumprimento de deveres instrumentais, contrariando o interesse público.

Contraria o interesse público a interpretação que incentiva a inadimplência, ao oferecer ao infrator da legislação tributária a prerrogativa de recolher o tributo devido extemporaneamente sem a obrigação de indenizar a Fazenda Pública pela inconveniência que a sua inadimplência causou. Entender-se não ser devida multa de mora nos casos de denúncia espontânea e simultâneo recolhimento do tributo e juros de mora e, por outro lado, ser devida multa de mora quando a entrega da declaração preceder o pagamento a destempo pode constituir um estímulo a que o sujeito passivo só entregue a declaração prevista em lei quando tiver certeza de que pode recolher o tributo no prazo.

## 5. *As multas*

O direito tributário admite, de um modo geral, dois tipos de multas: as multas de mora e as multas de lançamento de ofício. Aplicam-se as primeiras a situações de atraso no recolhimento de tributo ou no cumprimento de um dever instrumental, desde que em procedimento espontâneo; as últimas, em procedimento de ofício, quando apurada a falta ou insuficiência de recolhimento de tributo ou quando verificada a falta de cumprimento de um dever instrumental ou o seu cumprimento em desacordo com a legislação.

As multas, de mora ou de ofício, respectivamente, devidas no cumprimento em atraso dos deveres instrumentais ou aplicadas quando verificada a sua falta ou o seu cumprimento em desacordo com a legislação, são denominadas multas isoladas, porque não estão vinculadas ao pagamento de um tributo.

Sendo assim, uma vez decorrido o prazo estatuído em lei, sem que o sujeito passivo tenha adimplido o dever legal, podem ocorrer duas situações: (*i*) o sujeito passivo paga espontaneamente o tributo, ou cumpre espontaneamente o dever instrumental, ou ambos, incidindo em encargos de mora; ou (*ii*) o sujeito passivo não efetua o recolhimento do tributo devido (total ou parcialmente), e/ou não cumpre o dever instrumental ou não o cumpre de acordo com a legislação, e fica sujeito a uma ação fiscal, na qual ocorre o lançamento de uma multa punitiva pelo descumprimento da obrigação de dar, de fazer, ou de ambas.

### *5.1 As multas de mora*

No direito civil, incorre em mora o devedor que não cumpre, culposamente, a prestação devida, na forma, tempo e lugar estipulados.[6]

No direito tributário, está em mora o sujeito passivo que não cumpre o dever previsto em lei (obrigação de dar ou de fazer) na data fixada.

As multas de mora pelo atraso no cumprimento dos deveres instrumentais constam de legislação específica, são totalmente desvinculadas do pagamento de tributo e são, por esse motivo, denominadas multas isoladas.

A multa de mora pelo atraso no recolhimento do tributo, doravante denominada simplesmente multa de mora, incidente no recolhimento espontâneo dos tributos federais e atualmente disciplinada na Lei n. 9.430, de 1996, tem seu fundamento de

6. Maria Helena Diniz, *Dicionário Jurídico*, v. 3, p. 307.

validade no art. 161 do CTN, o qual prevê que o crédito não integralmente pago no vencimento é acrescido de juros de mora, seja qual for o motivo determinante da falta, sem prejuízo da imposição das penalidades cabíveis.

O art. 61 da Lei n. 9.430, de 1996, prevê a incidência de multa de mora quando o pagamento de tributos e contribuições federais administrados pela Secretaria da Receita Federal do Brasil for feito espontaneamente, mas fora dos prazos previstos na legislação específica. A multa de mora é calculada à taxa de trinta e três centésimos por cento por dia de atraso, aplicada sobre o valor do tributo devido. O percentual de multa a ser aplicado fica limitado a vinte por cento do valor do tributo.

A multa de mora constitui, pelas suas características, um mecanismo para desestimular o atraso no pagamento de tributos, fazendo com que o inadimplemento seja desvantajoso para o sujeito passivo. Por outro prisma, visa a indenizar a Fazenda Pública pelas perdas decorrentes da falta da disponibilização do recurso correspondente ao valor do tributo inadimplido na data definida em lei. O credor, no caso o Estado, por não dispor do recurso na data prevista em lei, perdeu oportunidades, deixou de implementar seus programas, investimentos e dispêndios. A multa de mora é, portanto, totalmente desprovida de qualquer caráter punitivo, e deve ser recolhida em procedimento espontâneo do sujeito passivo, sempre que a obrigação for cumprida extemporaneamente.

Sobre o assunto, a então Secretaria da Receita Federal emitiu o Parecer Normativo CST n. 61, de 1979 (*DOU* 26.10.1979), o qual estabelece a distinção entre as multas punitivas e compensatórias, classificando a multa de mora na segunda categoria. De acordo com mencionado ato normativo, a multa de mora tem natureza compensatória por não se destinar a afligir o infrator, mas a compensar o sujeito ativo pelo prejuízo suportado em virtude do atraso no pagamento que lhe era devido. Classifica-a como uma penalidade de caráter civil, posto que comparável à indenização prevista no direito civil.

Nesse mesmo sentido, a Procuradoria-Geral da Fazenda Nacional, em seu Parecer PGFN LXXIX, de 31.10.1979 (*DOU* 14.11.1979), definiu que a multa de mora tem natureza compensatória, não configurando penalidade ou sanção.

Esse posicionamento afina-se com a doutrina clássica de Rubens Gomes de Sousa,[7] para quem a mora é simplesmente o não pagamento do tributo no prazo devido, é o pagamento em atraso. Em suas palavras, a "mora, a rigor, não é propriamente uma penalidade, porque se destina, não tanto a punir o contribuinte que pagou fora do prazo, mas a compensar o Estado pelo prejuízo que sofreu com o atraso no recebimento do que lhe era devido. Nessas condições, a sua natureza é comparável à das indenizações por prejuízos, previstas no direito civil, e por isso se diz que a mora é uma penalidade de caráter civil".

Paulo de Barros Carvalho,[8] ao tratar do tema, ensina que "as multas de mora são (...) penalidades pecuniárias, mas destituídas de nota punitiva. Nelas predomina o intuito indenizatório, pela contingência de o Poder Público receber a destempo, com as inconveniências que isso normalmente acarreta, o tributo a que tem direito. Muitos a consideram de natureza civil, porquanto largamente utilizadas em contratos regidos pelo direito privado. Essa doutrina não procede. São previstas em leis tributárias e aplicadas por funcionários administrativos do Poder Público".

Ruy Barbosa Nogueira[9] também entende que a simples mora no pagamento não constitui infração. Na sua opinião, o sujeito passivo deve a multa de mora quando não paga ou vai pagar o tributo fora do prazo marcado, e a lei tenha assim sancionado

7. *Compêndio de Legislação Tributária*, ed. póstuma, pp. 139-140.

8. *Curso de Direito Tributário*, 16ª ed., p. 514.

9. *Curso de Direito Tributário*, 15ª ed., p. 199.

esse atraso. Salienta não ter a multa de mora o caráter de punição, mas de indenização pelo atraso no pagamento.

Salientamos que o caráter indenizatório da multa de mora não é aceito por parte da doutrina, e vem sendo afastado pela jurisprudência.

*5.2 As multas de ofício*

Multas de ofício são aquelas lançadas pelo agente da fiscalização, em programa específico, quando observado o descumprimento, pelo sujeito passivo, de um dever previsto em lei tributária. Podem ser lançadas em decorrência da falta de recolhimento do tributo. Podem também ser lançadas pela falta de cumprimento de um dever instrumental ou pelo seu cumprimento em desacordo com a legislação, casos em que recebem a denominação de multas isoladas, por serem desvinculadas do pagamento de tributo.

As multas de ofício são multas mais gravosas que as decorrentes do procedimento espontâneo, e são também denominadas "multas punitivas".

A multa de ofício, diferentemente da multa de mora, tem por finalidade punir o infrator pelo descumprimento de um dever previsto em lei. Enquanto a multa de mora está limitada a 20% do valor do tributo devido, a multa de lançamento de ofício pode chegar a 150%, nos casos de evidente intuito de fraude.

Nesse sentido, o sujeito passivo que não recolher, integral ou parcialmente, os tributos federais no prazo previsto em lei, ou não cumprir seus deveres instrumentais ou formais ("obrigações acessórias") no prazo também previsto em lei, fica sujeito a um procedimento fiscal, no qual é lançada uma multa de ofício. A multa é calculada sobre a totalidade ou diferença não recolhida de tributo ou contribuição, à razão de 75% nos casos de falta de pagamento ou recolhimento, pagamento ou recolhimento após o vencimento do prazo, sem o acréscimo de multa moratória, de falta de declaração e nos de declaração inexata, se não houver evidente intuito de fraude. Nos casos de sonegação, fraude ou conluio (Lei n. 4.502, de 30 de novembro de 1964, arts. 71, 72 e 73), as multas incidem em percentual ainda mais elevado (150%), independentemente de outras penalidades administrativas ou criminais cabíveis (Lei n. 9.430, de 1996, art. 44, § 1º, com a redação dada pela Lei n. 11.488, de 15 de junho de 2007).

O já mencionado Parecer Normativo CST n. 61, de 1979, em seu subitem 4.2, define multa punitiva (multa de ofício pela falta de recolhimento de tributo) como aquela fundada no interesse público de punir o sujeito passivo inadimplente, proposta por ocasião do lançamento.

***6. O art. 138 do CTN e a multa de mora***

Atualmente, procedimento largamente utilizado no âmbito tributário federal é o denominado "lançamento por homologação". Previsto no art. 150 do Código Tributário Nacional, ocorre para os tributos cuja legislação atribui ao sujeito passivo o dever de antecipar o pagamento do tributo, sem que haja prévio exame por parte da autoridade administrativa. O sujeito passivo fica obrigado a calcular o valor do tributo devido, efetuar o pagamento em data prevista em lei, e entregar, dentro de um prazo também previsto em lei, uma declaração, na qual constam os valores devidos. A referida declaração é o suporte físico de uma norma individual e concreta formulada pelo próprio sujeito passivo, na qual, na forma prevista em lei, constitui o fato jurídico tributário e a obrigação tributária dele decorrente. A declaração deve ser levada ao conhecimento da entidade tributante, como visto, em um prazo estipulado em lei.

Nesse cenário, no qual o sujeito passivo tem o dever de antecipar o pagamento do tributo sem prévio exame da autoridade lançadora, questiona-se se é possível haver denúncia espontânea, como ela se opera, se é ou não devida multa de mora no procedimento, e em quais circunstâncias.

O Superior Tribunal de Justiça, em recentes julgados, vem se manifestando no sentido de que é possível a aplicação do art. 138 do CTN, com o afastamento da multa de mora aos tributos sujeitos ao "lançamento por homologação", desde que nas seguintes situações:

*a*) o sujeito passivo apresenta a declaração prevista em lei após o prazo legalmente estipulado e, simultaneamente, efetua o recolhimento do tributo e dos juros de mora;

*b*) o sujeito passivo, sem apresentar a declaração prevista em lei, efetua o recolhimento extemporâneo do tributo acompanhado dos juros de mora.

Nesse entendimento, só seria devida a multa de mora nos casos em que o recolhimento do tributo fosse posterior à apresentação da declaração prevista em lei. Nesse caso, segundo o Tribunal Superior, ao recolher o tributo devido, o sujeito passivo deveria fazê-lo acompanhar da multa de mora, além dos juros de mora, pois, nessas circunstâncias, ocorreria atraso no recolhimento do tributo, e não denúncia espontânea. O Superiot Tribunal de Justiça entende que, com a apresentação da declaração, constituído o crédito tributário, o pagamento a destempo configuraria a mora.

Como visto, é nosso entendimento que a multa de mora não se presta, propriamente, a punir o sujeito passivo por uma infração cometida. Se, por um lado, os juros de mora cobrados no recolhimento do tributo após o prazo legal têm por finalidade remunerar o capital (principal) em função desse atraso, a multa de mora, além de desestimular a inadimplência, objetiva indenizar o Estado pela inconveniência causada pelo sujeito passivo à Fazenda Pública, pela não disponibilização do valor do tributo na data prevista, acarretando o atraso na utilização desse recurso pelo Estado para o fim a que se destina, em seus programas, dispêndios e investimentos.

Uma vez decorrido o prazo previsto em lei para o pagamento do tributo, em consonância com o previsto no art. 161 do CTN, sobre o valor devido incidem juros, sem prejuízo das penalidades cabíveis, aí incluída a multa de mora, prevista no art. 61 da Lei n. 9.430, de 1996. A multa de mora acompanha o tributo até o seu pagamento espontâneo, se houver, e tem caráter indenizatório, porque visa à reparação ao Estado pela falta da disponibilidade do recurso correspondente ao valor do tributo, na data estabelecida em lei. Não constitui, portanto, punição a uma infração cometida pelo sujeito passivo.

Sobre o tema, assim se manifesta a Procuradoria-Geral da Fazenda Nacional, por meio do Parecer PGFN LXXIX, de 31.10.1979:

> A exclusão da responsabilidade mesmo nos casos em que o contribuinte haja procedido nos plenos termos do art. 138, não o desobriga ao pagamento dos juros, da correção monetária e da multa moratória, porque nenhum deles configura penalidade ou sanção, visto suas naturezas compensatória, dos juros e da multa, e de atualização, no caso da correção monetária.

O Parecer Normativo CST n. 61, de 1979 (*DOU* 26.10.1979), da Secretaria da Receita Federal, igualmente, trata a multa de mora como uma penalidade que não se destina a afligir o infrator, mas a compensar o sujeito ativo pelo prejuízo suportado em virtude do atraso no pagamento que lhe era devido. Na esteira do pensamento de Rubens Gomes de Sousa, classifica-a como uma penalidade de caráter civil, posto que comparável à indenização prevista no direito civil. Prevê, assim, que, em decorrência disso, nem a própria denúncia espontânea é capaz de excluir a responsabilidade por esses acréscimos, via de regra, chamados moratórios.

A multa de mora, de fato, apresenta características bem diversas das multas denominadas punitivas: incide a partir da data em que o tributo deveria ter sido recolhido e não o foi, e acompanha o tributo até o momento do seu pagamento espontâneo. Não havendo pagamento espontâneo e iniciada uma ação fiscal ou procedimento de cobrança por parte da Administração, fica afastada a espontaneidade do sujeito passivo. O procedimento de ofício enseja o lançamento de uma multa de cunho punitivo, pela falta do pagamento do tributo.

No tocante ao afastamento da multa de mora, Paulo de Barros Carvalho[10] ensina que a denúncia espontânea, promovida com a observância dos requisitos previstos, isto é, anterior a uma ação fiscal ou a qualquer iniciativa da Administração no sentido de promover a cobrança do tributo, tem a virtude de evitar a aplicação de multas de natureza punitiva, porém não afasta os juros de mora e a multa de mora, de índole indenizatória e destituída do caráter de punição.

A multa de mora, portanto, por não constituir propriamente uma punição por infração cometida, mas mera indenização ao Estado pela inconveniência de receber o valor do tributo a destempo, não deve, no nosso entender, ser afastada com a denúncia espontânea do tributo. Com a denúncia espontânea, o que se exclui é a possibilidade de lançamento de uma multa de ofício pela falta de pagamento do tributo.

Na interpretação e na aplicação do art. 138 do Código Tributário Nacional, entendemos que se deve sempre considerar que o objetivo da norma, norteado pelo princípio da primazia do interesse público sobre o interesse privado, é estimular a regularização da situação fiscal do sujeito passivo, por meio da denúncia espontânea de uma infração, tendo como vantagem, para o Estado, o recolhimento do tributo, e, para o sujeito passivo, evitar a aplicação da multa correspondente à infração cometida e denunciada antes do início de um procedimento fiscal ou de cobrança a ela relativo.

Conforme abordado anteriormente, acreditamos que oferecer ao infrator da legislação tributária a prerrogativa de recolher a destempo o tributo devido sem a devida indenização ao Estado pela inconveniência que o atraso no recolhimento do tributo causou (representada pela multa de mora) seria um estímulo à inadimplência. Entendemos ainda contrariar o interesse público a interpretação que admite a exclusão da multa de mora na denúncia espontânea acompanhada do recolhimento do tributo, mas exige-a no pagamento do tributo a destempo, existindo prévia apresentação de declaração: esta orientação constitui um estímulo à não entrega da declaração nos casos em que o sujeito passivo não possa efetuar o recolhimento.

Como visto, o Supremo Tribunal Federal não compactua com esse posicionamento. O Tribunal Superior considera denúncia espontânea a apresentação da declaração fora do prazo previsto em lei, desde que acompanhada do pagamento do tributo devido e dos juros de mora, afastando a multa de mora, pois considera infração o simples atraso no procedimento como um todo. Recentes julgados têm reafirmado ser posição do Superior Tribunal de Justiça que a regra do art. 138 do CTN não estabelece distinção entre multa moratória e punitiva com o fito de excluir apenas esta última em caso de denúncia espontânea (AgR no REsp 402.839-SP, de 15.12.2005). A multa de mora fica afastada se o contribuinte recolheu o imposto devido, acompanhado dos juros de mora e correção monetária espontaneamente, antes de qualquer medida administrativa por parte do fisco (REsp 512.231-RS, de 16.12.2004).

Por outro lado, está bem sedimentado no Superior Tribunal de Justiça o entendimento de que não ocorre denúncia espontânea na situação em que o pagamento se referir a tributo constante de prévia DCTF ou outra declaração dessa natureza, prevista em lei. O STJ considera que, nessas hipóteses, a declaração formaliza a existência do (constitui o) crédito tributário, e, constituído o crédito tributário, o seu recolhimento a destempo, ainda que pelo valor

10. *Curso de Direito Tributário*, 16ª ed., p. 512.

integral, não enseja o benefício do art. 138 do CTN (1ª Seção, Ag nos EREsp 804.785-PR, de 27.9.2006; REsp 855.436-RS, 1ª T., de 12.9.2006; REsp 726.741-PR, de 25.10.2005).

O Conselho de Contribuintes tem, em geral, seguido o entendimento do Superior Tribunal de Justiça. No caso do afastamento da multa de mora pela denúncia espontânea, contudo, parece não ter ainda sedimentado completamente a sua posição. Diferentes entendimentos têm sido emitidos nos Acórdãos daquele Colegiado:

*a) A denúncia espontânea afasta a multa de mora*

A denúncia espontânea ao Fisco, de débito em atraso, acompanhada do pagamento do tributo acrescido da correção monetária e dos juros de mora, nos termos do art. 138 do CTN, exclui a aplicação da penalidade, inclusive multa de mora (Acórdão 203.06.597, de 7 de junho de 2000; Acórdão 302-34302, de 6 de julho de 2000).

O pagamento do tributo, mesmo fora do prazo regulamentar, antes de qualquer ação positiva da Fazenda Nacional no sentido de exigi-lo, implica a dispensa do recolhimento da multa moratória (CSRF, Acórdão CSRF/01-03.559, de 5 de novembro de 2001).

A retificação espontânea de Declaração de Importação, acompanhada do recolhimento da cabível diferença de tributos e respectivos juros moratórios configura a denúncia espontânea de que trata do art. 138 do CTN, elidindo, na forma deste comando, a exigibilidade de multa de mora ou multa de ofício (Acórdão 303-33047, de 25 de abril de 2006).

No caso concreto, não se apurando qualquer prévia confissão de dívida tributária em declaração da contribuinte, e espontaneamente recolhendo o tributo devido aos cofres públicos sem qualquer procedimento fiscalizatório, é de se reconhecer a aplicabilidade do art. 138 do CTN para afastar a penalidade moratória (Acórdão 101-95439, de 22.3.2006).

*b) A denúncia espontânea não afasta a multa de mora*

A denúncia espontânea objeto do art. 138 do CTN refere-se a outras infrações que não o mero inadimplemento de tributo, pelo que não elide a multa de mora. Esta também não é dispensada no parcelamento, a não ser que lei específica disponha o contrário, pelo que incabível a sua restituição, ainda que o parcelamento no qual foi aplicada tenha sido concluído de forma regular (Acórdão 203-10050, de 15 de março de 2005).

A denúncia espontânea objeto do art. 138 do CTN refere-se a outras infrações que não o mero inadimplemento de tributo, pelo que descabe excluir a multa de mora no caso de recolhimento em atraso (Acórdão 203-10016, de 23 de fevereiro de 2005). A multa de mora é sempre devida. A responsabilidade a que alude o art. 138 do CTN é relativa a infrações outras que não o mero inadimplemento, tais como os ilícitos tributários penais, dolosos (sonegação, fraude, conluio e outros crimes contra a ordem tributária) e outros ilícitos tributários, não dolosos (não prestação de informações obrigatórias às autoridades fazendárias, declarações inexatas, etc.). Nos casos de denúncia espontânea, fica afastada a multa punitiva, mas é devida a multa de mora (Acórdão proferido pelo 2º CC no processo n. 11060.001585/2003-48, em 8 de dezembro de 2005).

## *7. O art. 138 do CTN e as multas isoladas*

Multas isoladas são aquelas devidas pelo descumprimento de deveres instrumentais ou formais, as denominadas "obrigações acessórias". Essas multas podem ter ou não caráter punitivo, conforme sejam de mora ou de ofício, e são desvinculadas do pagamento de tributo.

Há divergências na interpretação do art. 138 do CTN quanto à possibilidade de sua aplicação a fim de afastar uma multa isolada. O cerne da questão está na expressão "se for o caso", inserida no *caput* do referido dispositivo legal ("A responsabilidade é excluída pela denúncia espontânea da infração, acompanhada, *se for o caso*, do pagamento do tributo devido e dos juros de mora, ou do depósito da importância arbitrada pela autoridade administrativa, quando o montante do tributo depender de apuração" – grifou-se).

Segundo Luciano Amaro,[11] a expressão "se for o caso", contida no *caput* do art. 138, explica-se porque algumas infrações não acarretam, diretamente, a falta de pagamento do tributo, como é o caso da falta de cumprimento das denominadas "obrigações acessórias".

Leandro Paulsen[12] também entende que a denúncia espontânea alcança as obrigações acessórias, tendo em vista que a sua não apresentação constitui infração à legislação tributária, podendo ensejar multa quando previsto em lei. A expressão "se for o caso", em sua opinião, cumpre justamente o papel integrador das obrigações acessórias, deixando claro que nem sempre o cumprimento da obrigação tributária implica pagamento de tributo, porque há os deveres formais de fazer, não-fazer ou tolerar, que caracterizam as obrigações acessórias.

Não é esse o nosso entendimento. Analisemos o texto do *caput* do art. 138 do Código Tributário Nacional:

> A responsabilidade é excluída pela denúncia espontânea da infração, acompanhada, se for o caso, do pagamento do tributo devido e dos juros de mora, ou do depósito da importância arbitrada pela autoridade administrativa, quando o montante do tributo dependa de apuração.

Observa-se que o texto da lei limita as situações de exclusão da responsabilidade a duas hipóteses: (*a*) a denúncia espontânea da infração acompanhada do pagamento do tributo devido e dos juros de mora, ou (*b*) a denúncia espontânea da infração acompanhada do depósito da importância arbitrada pela autoridade administrativa, quando o montante do tributo depender de apuração. Não há terceira hipótese. A expressão "se for o caso" designa a possibilidade de exclusão da responsabilidade às duas situações previstas. Sendo assim, fica excluída, por completo, a possibilidade de o dispositivo em comento afastar as multas denominadas isoladas, haja vista serem elas totalmente desvinculadas do recolhimento ou do depósito de qualquer valor a título de tributo. As multas isoladas são devidas pelo descumprimento das denominadas "obrigações acessórias", as quais constituem obrigações de fazer, e não de dar.

Como visto, o art. 138 do Código Tributário Nacional só admite o afastamento da responsabilidade pela infração cometida se acompanhada ou do recolhimento do tributo correspondente acrescido dos juros de mora ou do depósito da importância arbitrada pela autoridade administrativa, quando o montante do tributo depender de apuração. No caso das ditas "obrigações acessórias", não há tributo correspondente, porque tais deveres são desvinculados do pagamento de tributo.

Por esse motivo, as infrações pelo descumprimento das obrigações acessórias são consideradas, por alguns doutrinadores, "infrações formais". Ruy Barbosa Nogueira[13] classifica as infrações tributárias, em razão de sua natureza, em infrações substanciais e formais. As primeiras ocorrem quando um dos sujeitos (o Fisco ou o contribuinte) desatende elementos da "obrigação principal". Como exemplos, cita a omissão da exigência ou o excesso de cobrança pelo funcionário e a falta de pagamento ou o pagamento a menor pelo devedor. Infração formal é aquela verificada quando um dos sujeitos age contra a forma prescrita, ou seja, contra os requisitos de

11. *Direito Tributário Brasileiro*, p. 425.
12. *Direito Tributário – Constituição e Código Tributário à Luz da Doutrina e da Jurisprudência*, pp. 970-971.
13. *Curso de Direito Tributário*, 15ª ed., p. 194.

procedimento, as chamadas formalidades regulamentares. Conclui que as infrações substanciais atingem diretamente o poder de tributar, enquanto que as infrações formais atingem o poder de regular e de regulamentar.

Nessa linha, consideradas formais as infrações por descumprimento dos deveres instrumentais, o STJ vem se posicionando no sentido de que o art. 138 não se aplica às denominadas "obrigações acessórias". Está praticamente pacificada naquele Tribunal Superior a jurisprudência que é legal a exigência da multa moratória pelo descumprimento de obrigação acessória autônoma, visto que a denúncia espontânea não alberga a prática de ato puramente formal (AgR no REsp 669.851-RJ, de 22.2.2005). As responsabilidades acessórias autônomas, sem qualquer vínculo direto com a existência do fato gerador do tributo, não estão, portanto, segundo o STJ, alcançadas pelo art. 138 do CTN (REsp 726.741-PR, de 25.10.2005; REsp 213.067-MG, de 26.10.2004).

No mesmo sentido, já em 8.11.1999, a Câmara Superior de Recursos Fiscais havia exarado o Acórdão CSRF/02.08.829, assim ementado:

> *DCTF. Denúncia espontânea.* É devida a multa pela omissão na entrega da Declaração de Contribuições e Tributos Federais. *As responsabilidades acessórias autônomas, sem qualquer vínculo direto com a existência do fato gerador do tributo, não estão alcançadas pelo art. 138, do CTN.* Precedentes do STJ. Recurso a que se dá provimento (grifou-se).

Nesse diapasão, o Acórdão CSRF n. 02-01.046, de 18.6.2001 dá conta que o "princípio da denúncia espontânea não inclui a prática de ato formal, não estando alcançado pelos ditames do art. 138 do Código Tributário Nacional". Mais recentemente, a 2ª Câmara do 1º Conselho de Contribuintes entendeu que o instituto da denúncia espontânea, previsto no art. 138 do CTN, não alberga a multa de mora decorrente do descumprimento, pelo contribuinte, de obrigação acessória, formal, autônoma e sem qualquer vínculo direto com a existência de fato gerador de tributo, de entregar, no prazo previsto na legislação, a declaração do imposto de renda retido na fonte (Acórdão 102-47115, de 18.10.2005).

É esse mesmo o entendimento da Secretaria da Receita Federal do Brasil. Segundo reiteradas manifestações exaradas pelas Delegacias da Receita Federal do Brasil de Julgamento, o art. 138 do Código Tributário Nacional é inaplicável ao cumprimento extemporâneo das "obrigações acessórias". Segundo aquele órgão da administração direta, a entrega a destempo da declaração de rendimentos sujeita a pessoa jurídica ao pagamento da multa legalmente prevista, ainda que realizada antes do início de qualquer procedimento de ofício, face à inexistência de vínculo direto das obrigações acessórias autônomas com o fato gerador do tributo.

### *8. O art. 138 do CTN e o parcelamento*

O art. 138 do CTN prevê a exclusão da responsabilidade pela denúncia espontânea da infração, acompanhada, se for o caso, do pagamento do tributo devido e dos juros de mora, ou do depósito da importância arbitrada pela autoridade administrativa, quando o montante do tributo dependa de apuração.

O dispositivo não menciona, em seu bojo, a possibilidade de afastar a responsabilidade pela infração cometida com a denúncia espontânea acompanhada de parcelamento do débito. Por óbvio, não se pode entender parcelamento onde a lei estipula expressamente pagamento ou depósito: pagamento, parcelamento e depósito são institutos distintos.

Na verdade, a Administração Tributária nunca aceitou que o parcelamento fosse admitido como pagamento para os fins propostos no art. 138 do CTN. O dispositivo legal fixa que a denúncia espontânea deve ser acompanhada do pagamento do tributo devido e dos juros de mora. Por pagamento do tributo devido deve-se entender pagamento integral, e a denúncia espontânea e o pagamento do tributo devem ser simultâneos. O parcelamento, por sua própria definição, pressupõe o pagamento em parcelas, isto é, não permite que a denúncia espontânea e o pagamento integral do tributo ocorram no mesmo momento.

Nesse sentido, o extinto TFR editou a Súmula 208, com o seguinte teor:

> A simples confissão da dívida, acompanhada do seu pedido de parcelamento, não configura denúncia espontânea.

Durante muito tempo, o Superior Tribunal de Justiça seguiu a orientação da Súmula 208 do Tribunal Federal de Recursos, mas após alguns anos, deixou de fazê-lo, passando a entender que só poderia ser exigido o pagamento integral imediato caso não fosse facultado ao contribuinte parcelar a sua dívida. Sustentando o afastamento da responsabilidade pela infração cometida com a denúncia espontânea acompanhada de parcelamento, o Tribunal Superior acreditava não ser possível punir o contribuinte pelo exercício de um direito previsto em lei, no caso, o parcelamento. Se a própria lei admitia o pagamento parcelado, o Fisco não poderia exigir, de imediato, o pagamento do todo para fins de afastamento da multa.

Em meados de 2002, quando do julgamento do REsp 378.795-GO e do REsp 284.189-SP, o STJ retomou a aplicação da Súmula 208 do extinto Tribunal Federal de Recursos, e vem persistindo nesse posicionamento, que já está pacificado. Tanto a 1ª quanto a 2ª Turma vem mantendo o entendimento que o parcelamento não equivale ao pagamento, e, com isso, vem defendendo que a denúncia espontânea da infração, acompanhada de pedido de parcelamento não é suficiente para afastar a multa correspondente.

O Conselho de Contribuintes tem, via de regra, seguido as posições do Superior Tribunal de Justiça, e neste caso não tem sido diferente. Seus Acórdãos têm propugnado que não se aplica o disposto no art. 138 do Código Tributário Nacional ao caso de pagamento parcelado de débito confessado pelo sujeito passivo (Acórdão 204-00557, de 13.9.2005; Acórdão 105-15195, de 6.7.2005).

Contribuiu para a convergência de opiniões acima apontada o advento da Lei Complementar n. 104/2001, que introduziu no Código Tributário Nacional o art. 155-A, § 1º, o qual estipula que:

> Art. 155-A. (...).
>
> § 1º. *Salvo disposição de lei em contrário, o parcelamento do crédito tributário não exclui a incidência de juros e multas.*

Tornou-se, portanto, pacífico o entendimento, compartilhado pela Administração Pública, pelo STJ e Conselho de Contribuintes, que o art. 138 não é aplicável à denúncia espontânea acompanhada de pedido de parcelamento.

### *Bibliografia*

AMARO, Luciano. *Direito Tributário Brasileiro*. 2ª ed., São Paulo, Saraiva, 1998.

CARVALHO, Paulo de Barros. *Curso de Direito Tributário*. 16ª ed., São Paulo, Saraiva, 2004.

DINIZ, Maria Helena. *Dicionário Jurídico*. 4 vs., São Paulo, Saraiva, 1998.

INSTITUTO BRASILEIRO DE DIREITO FINANCEIRO. *Codificação do Direito Tributário*. Rio de Janeiro, 1955.

MINISTÉRIO DA FAZENDA. *Trabalhos da Comissão Especial do Código Tributário Nacional*. Rio de Janeiro, 1954.

MORAES, Bernardo Ribeiro de. *Compêndio de Direito Tributário*. 3ª ed., Rio de Janeiro, Forense, 1997.

NOGUEIRA, Ruy Barbosa. *Curso de Direito Tributário*. 15ª ed., São Paulo, Saraiva, 1999.

PAULSEN, Leandro. *Direito Tributário – Constituição e Código Tributário à Luz da Doutrina e da Jurisprudência*. 6ª ed., Porto Alegre, Livraria do Advogado, 2004.

PEIXOTO, Marcelo Magalhães; LACOMBE, Rodrigo Santos Masset (coords.). *Comentários ao Código Tributário Nacional*. São Paulo, MP, 2005.

SOUSA, Rubens Gomes de. *Anteprojeto de Código Tributário Nacional*. Rio de Janeiro, Departamento de Imprensa Nacional, 1953.

______. *Compêndio de Legislação Tributária*. Ed. póstuma, São Paulo, Resenha Tributária, 1981.

# O ART. 110 DO CTN E A IMPOSSIBILIDADE DE TEXTO LEGAL LIMITAR O ATO DE INTERPRETAÇÃO E A CONSTRUÇÃO DE SENTIDO DAS NORMAS JURÍDICAS

BIANCA MIZUKI DIAS DOS SANTOS

Mestranda em Direito Tributário pela PUC/SP. Especialista em Direito Tributário pelo Instituto Brasileiro de Estudos Tributários. Advogada em São Paulo

*I – Introdução. II – Direito, linguagem, direito positivo, Ciência do Direito e sistema. III – Definição do conceito de norma jurídica e a contextualização com o direito positivo e a Ciência do Direito. IV – Percurso gerador de construção de sentido das normas jurídicas e os limites do ato de interpretação. V – Métodos de interpretação sob a perspectiva de Lourival Vilanova. VI – Impossibilidade de limitação de ato de interpretação pela regra contida no art. 110 do CTN.*

## *I – Introdução*

O presente trabalho tem como objetivo estabelecer as premissas relativas à construção de sentido das normas jurídicas e com base nessas premissas, demonstrar a impossibilidade de regra de texto positivo limitar ou mesmo direcionar o ato de interpretação para o fim de construção do sentido das normas jurídicas.

Escolhemos fazer um corte metodológico, para que a análise ora proposta seja feita à luz do art. 110 do Código Tributário Nacional, mas sem dúvida, as premissas aqui adotadas podem ser aplicadas para qualquer regra de texto positivo que pretenda restringir ou direcionar o ato de interpretação.

O presente trabalho tratará do ato de interpretação considerando tanto aspectos da hermenêutica jurídica como aspectos da semiótica, uma vez que qualquer que seja o método adotado, fatalmente levará à construção do sentido das normas jurídicas.

No tocante à semiótica, serão evidenciadas ainda todas as etapas do processo gerador de construção de sentido e seus planos de linguagem, bem como os sistemas do direito positivo e da Ciência do Direito, na medida em que a construção do sentido das normas jurídicas abrange aspectos desses sistemas e suas particularidades.

Demonstrar-se-ão, a título de exemplo, alguns métodos de interpretação que levam à construção do sentido das normas jurídicas, tomando como referência as considerações de Lourival Vilanova.

Além disso, será demonstrado por que texto legal, na condição de enunciado prescritivo (como será abordado mais adiante), não pode limitar ou direcionar o ato de interpretação, eis que, os enunciados que pretendem restringir o ato de interpretação também podem ser objeto dessa atividade intelectiva.

Fixadas essas premissas, passa-se a enunciar o contexto lingüístico dentro do qual são construídos os sentidos das normas jurídicas e os sistemas do direito positivo e da Ciência do Direito, por onde tramitam essas normas.

## *II – Direito, linguagem, direito positivo, Ciência do Direito e sistema*

Antes mesmo de tratar do ato de interpretação como corolário da construção do sentido das normas jurídicas, é importante ressaltar a forma pela qual o Direito se manifesta para atingir o seu objetivo, qual seja, disciplinar as relações intersubjetivas. No caso do direito tributário, as relações jurídicas tributárias.

O Direito é um objeto cultural e se expressa através da linguagem para regular as relações interpessoais, proibindo, permitindo ou obrigando condutas, que são os modais deônticos do direito positivo. O Direito é, portanto, um fato comunicacional e se manifesta através da linguagem.

Linguagem, língua e fala são termos que não se confundem e são indissociáveis entre si. São elementos muito importantes para o processo de comunicação, pois é através desses elementos que os atos de vontade se manifestam, como é o caso do ato de interpretação.

Linguagem é a capacidade do ser humano para comunicar-se através de signos cujo conjunto sistematizado é a língua. Língua é o sistema de signos em vigor em uma determinada comunidade, utilizada como instrumento de comunicação entre seus membros. Fala é ato individual de seleção e de atualização em face da língua, que é instituição e sistema.

Roland Barthes[1] assevera que "língua e fala estão, portanto, numa relação de compreensão recíproca; de um lado, a Língua *é o tesouro depositado pela prática da Fala nos indivíduos pertencentes a uma mesma comunidade*, e, por ser uma soma coletiva de marcas individuais, ela só pode ser incompleta no nível de cada indivíduo isolado; a Língua existe perfeitamente apenas na *massa falante*".

Tanto o direito positivo, como a Ciência do Direito, que o estuda, se expressam através da linguagem, entretanto, os tipos e funções de linguagem são diferentes – ou pelo menos, prevalecem de forma diferente.

A ciência, como toda sistematização de informações relativa a um determinado objeto, se ocupa do estudo e da pesquisa desse objeto. O objeto da Ciência do Direito é o direito positivo que dentro inúmeras acepções, pode ser definido como um sistema de normas jurídicas válidas em determinado espaço de tempo e de lugar, postas para disciplinar as condutas humanas.

E justamente por regular as relações entre as pessoas, é que a linguagem do direito positivo é prescritiva, ou seja, dá comandos, ao passo que a linguagem da Ciência do Direito é descritiva, na medida em que descreve as normas jurídicas construídas a partir dos textos positivos.

A Ciência do Direito é sobrelinguagem em relação ao direito positivo, que por sua vez é linguagem-objeto da Ciência do Direito. A linguagem da Ciência do Direito é do tipo científica, ou seja, rica nos planos sintático e semântico (planos da Semiótica), o que afasta as vaguezas e ambigüidades, e cuja função é descritiva, pois descreve as normas jurídicas.

Já no direito positivo, prevalece a linguagem do tipo técnica, um misto de linguagem natural e científica, cuja função é prescritiva, pois tem como finalidade prescrever condutas humanas.

Podemos afirmar que a linguagem da Ciência do Direito está num patamar superior à linguagem do direito positivo no processo de formalização da linguagem, uma

1. Roland Barthes, *Elementos de Semiologia*, trad. Izidoro Blikstein, São Paulo, Cultrix, p. 19.

vez que a linguagem da Ciência do Direito seria vertida de termos científicos, enquanto a linguagem do direito positivo seria apenas técnica, muitas vezes, carente de um rigor científico.

O direito positivo cria a realidade normativa que antes não existia, para regular as condutas humanas, através das normas que são criadas pelo próprio Direito. Já a Ciência do Direito não cria normas, mas apenas as descreve, ou seja, as proposições normativas da Ciência do Direito não prescrevem direitos ou obrigações, podendo ser verdadeiras ou falsas (Lógica Apofântica).

Já as normas jurídicas do direito positivo interferem nas relações intersubjetivas, permitindo, proibindo ou obrigando, sendo, portanto, válidas ou inválidas (Lógica Deôntica), a depender do sistema as quais estão inseridas, já que o conceito de validade está ligado ao critério de pertinência a um dado sistema.

Segundo Paulo de Barros Carvalho,[2] "entre outros traços que separam as duas estruturas de linguagem pode ser salientada a circunstância de que a cada qual corresponde uma lógica específica: ao direito positivo, à lógica deôntica (lógica do dever-ser, lógica das normas); à Ciência do Direito, à lógica apofântica (lógica das ciências, lógica alética ou lógica clássica). Em função disso, as valências compatíveis com a linguagem das normas jurídicas são diversas das aplicáveis às proposições científicas. Das primeiras, dizemos que são válidas ou não-válidas. Quanto aos enunciados da ciência, usamos os valores verdade e falsidade. As proposições que o jurista formula sobre o direito positivo podem ser verdadeiras ou falsas. Paralelamente, há diferença importante no campo semântico e também no pragmático, bastando lembrar que as proposições normativas se dirigem para a região material da conduta ao passo que as científicas simplesmente descrevem seu objeto, sem nele interferir".

2. Paulo de Barros Carvalho, *Curso de Direito Tributário*, São Paulo, Saraiva, 2004, pp. 3-4.

Dentro desse contexto e das diferenças das funções e dos tipos de linguagem do direito positivo e da Ciência do Direito, podemos afirmar a existência de um sistema do direito positivo e um sistema da Ciência do Direito, partindo-se da premissa de que sistema é o conjunto de elementos que preenchem os critérios de pertinência.

Assim, preenchem os critérios de pertinência do sistema do direito positivo, as normas jurídicas, ao passo que no sistema da Ciência do Direito, são as proposições descritivas que fazem parte deste sistema.

No que se refere à estrutura de cada um dos sistemas, o sistema do direito positivo é formado por normas jurídicas dispostas de forma hierárquica (fundamentação e derivação) em que as normas de superior hierarquia valem como fundamento de validade das normas de inferior hierarquia. E de acordo com o pensamento de Kelsen,[3] toda e qualquer norma teria como fundamento uma norma hipotética fundamental.

### *III – Definição do conceito de norma jurídica e a contextualização com o direito positivo e a Ciência do Direito*

O presente trabalho tem por objeto o estudo as possíveis limitações impostas pelo art. 110 do Código Tributário Nacional ao ato de interpretação e, por conseqüência, à construção de sentido das normas jurídicas.

A norma jurídica, definida como a significação construída a partir da leitura do texto legal, está na mente do intérprete, pois é um fenômeno lingüístico, fruto de um ato de vontade, qual seja, o ato de interpretação.

Assim, a norma jurídica não está nem no direito positivo nem na Ciência do Direito. Então, qual seria o motivo de contextualizar a norma jurídica com o sistema do

3. Hans Kelsen, *Teoria Pura do Direito*, trad. João Baptista Machado, São Paulo, Martins Fontes, 2006.

direito positivo e o sistema da Ciência do Direito?

Porque não existe texto sem contexto, ou seja, não há como falar em norma jurídica, ou mesmo, a construção do seu sentido, sem mencionar os sistemas do direito positivo e da Ciência do Direito, embora a norma jurídica não esteja precisamente em um ou outro.

Fato é que toda a construção do sentido da norma jurídica inicia-se, obrigatoriamente, a partir do contato com os enunciados prescritivos dos textos de lei (direito positivo); e no que concerne à Ciência do Direito, a norma jurídica é o seu objeto mediato (o objeto imediato seria o enunciado prescritivo, como bem asseverou Tárek Moysés Moussalém[4]).

Hans Kelsen[5] salienta que "na afirmação evidente de que o objeto da ciência jurídica é o Direito, está contida a afirmação – menos evidente – de que são as normas jurídicas o objeto da ciência jurídica, e a conduta humana só o é na medida em que é determinada nas normas jurídicas como pressuposto ou conseqüência, ou – por outras palavras – na medida em que constitui conteúdo de normas jurídicas".

Justificadas essas premissas, passamos a analisar a definição do conceito de norma jurídica e, após, as considerações acerca do percurso gerador do seu sentido sob a ótica da semiótica e seus planos de linguagem.

O que o texto positivo apresenta para o intérprete, *a priori*, é um conjunto de enunciados prescritivos, ou seja, frases completas, revestidas de sentido, mas que não possuem estrutura lógica de um antecedente implicando um conseqüente. O enunciado prescritivo é chamado de norma jurídica em sentido amplo, pois desprovida de carga deôntica.

4. Tárek Moysés Moussalém, *Revogação em Matéria Tributária*, São Paulo, Noeses, 2005, p. 103.

5. Hans Kelsen, *Teoria Pura do Direito*, cit., p. 79.

Já a norma jurídica possui estrutura lógica de um antecedente implicando um conseqüente, através de um dos três modais deônticos: proibido, permitido ou obrigatório (não existe um quarto modal, em face do princípio do quarto excluído). Assim, o Direito só consegue alcançar e disciplinar as condutas humanas através das normas jurídicas, proibindo, permitindo ou obrigando condutas.

Por sua vez, a norma jurídica não está escrita em lugar algum. A norma jurídica é um juízo, uma significação que o sujeito constrói a partir dos enunciados prescritivos dos textos de lei, e o sentido da norma jurídica é construído a partir de atos de interpretação feitos pelo homem.

De acordo com a doutrina de Paulo de Barros Carvalho[6] "a norma jurídica é a significação que obtemos a partir da leitura dos textos do direito positivo. Trata-se de algo que se produz em nossa mente, como resultado da percepção do mundo exterior, captado pelos sentidos. Vejo os símbolos lingüísticos marcados no papel, bem como ouço a mensagem sonora que me é dirigida pelo emissor da ordem. Esse ato de apreensão sensorial propicia outro, no qual associo idéias ou noções para formar um juízo, que se apresenta, finalmente, como proposição".

A construção do sentido da norma jurídica está vinculada a um ato de vontade, e como qualquer interpretação é feita através da linguagem, podemos concluir que a interpretação é um fenômeno lingüístico.

Ainda sobre a estrutura lógica da norma jurídica, a proposição-antecedente descreve um evento de possível ocorrência no mundo, ao passo que a proposição-conseqüente prescreve a conseqüência da realização desse evento. Nesse caso, o antecedente está ligado ao conseqüente pela causalidade jurídica, ou seja, uma vez ocorrendo o evento descrito no antecedente, infalivelmente implicará a relação jurídica prevista no seu conseqüente.

6. Paulo de Barros Carvalho, *Curso*, cit., p. 8.

## *IV – Percurso gerador de construção de sentido das normas jurídicas e os limites do ato de interpretação*

Semiótica ou semiologia é a ciência que estuda os signos. A Semiótica abrange todo e qualquer sistema de comunicação, desde os mais singelos e primitivos até os sistemas mais complexos, dos idiomas naturais e das linguagens formalizadas das ciências.

Os neopositivistas preocuparam-se em analisar os princípios básicos das ciências, reduzindo o campo filosófico à epistemologia e esta à semiótica. A linguagem era de suma importância para os neopositivistas e a semiótica possibilitava a análise dos signos sob três dimensões: sintático, semântico e pragmático.

O processo de construção de sentido da norma jurídica através dos planos de linguagem da Semiótica implica atos de interpretação. É através do ato de interpretação que o sujeito constrói o sentido do objeto estudado. Desse modo, entendemos que ato de interpretação, construção de sentido e linguagem são indissociáveis, pois antes da interpretação não há sentido nem norma jurídica.

Por certo, para se construir o sentido de dado objeto é necessário realizar atos de interpretação, e a forma de comunicação entre o intérprete e o objeto é feito através da linguagem.

Já foi dito que o direito positivo se manifesta através da linguagem e se apresenta por meio de textos positivos. No primeiro contato que o intérprete tem com o texto positivo, só é possível identificar um emaranhado de enunciados prescritivos. O sentido da norma jurídica só é construído por atos de interpretação realizados pelo sujeito cognoscente, após esse primeiro contato visual.

Uma das formas de construção do sentido da norma jurídica é através dos planos de linguagem da semiótica (percurso gerador de sentido da norma jurídica). Nesse percurso, o sujeito percorre quatro subdomínios ou planos. O plano *S1* é o plano do suporte físico, ou seja, do texto de lei. É através dele que o intérprete inicia o ato de interpretação, pelo contato visual. O plano *S2* é o plano das significações dos enunciados prescritivos. O plano *S3* é o plano da construção do sentido das normas jurídicas. E, por fim, o plano *S4*, que é o plano de sistematização das normas jurídicas, organizadas em um eixo de coordenação e subordinação. Vê-se, portanto, que à medida que o intérprete vai alcançando níveis mais elevados desse "percurso", a investigação da linguagem é diferente.

O percurso gerador de sentido é formado por atos de interpretação e compreensão. Pode-se dizer que para construção do sentido da norma jurídica, inicialmente deve-se ter a presença do ser cognoscente e um suporte físico, pois esses são elementos obrigatórios para o início da construção do sentido da norma jurídica (ser cognoscente, que no contato com o suporte físico, passa a construir o sentido por meio das significações que lhe vem à mente).

Ao tratar dos planos de linguagem semióticos, Paulo de Barros Carvalho[7] ressalta que "cumpridas todas essas diligências, poderá o intérprete dizer que construiu o sentido da norma jurídica, empreendimento intelectual e emocional que não lhe custou pouca energia. Sendo ele órgão do sistema, terá agora de formalizá-lo em linguagem competente, surgindo mais elementos objetivados no plano S1. Caso não seja, terá igualmente de exará-la em linguagem própria, o que importa reconhecer que, do subsistema S3 voltará ao subconjunto S1, nele consignando a marca física de sua construção exegética".

Mas não é só isso. A interpretação sofre limitações dentro do próprio fenômeno lingüístico. Isso quer dizer que a interpretação é limitada pela consciência histórica do intérprete e pelo uso da língua. Pela consciência histórica do sujeito, pois, ao

7. Paulo de Barros Carvalho, *Fundamentos Jurídicos da Incidência*, São Paulo, Saraiva, 2004, p. 79.

interpretar, o fará dentro dos limites culturais e históricos. A interpretação não se dá fora dos seus limites culturais, eis que além dessas fronteiras não há compreensão, logo, não há linguagem. O sujeito, ao realizar a interpretação, o faz com base nos pré-conceitos que lhe são inerentes. E são justamente esses pré-conceitos que formam a história do intérprete, já que este está inserido dentro de uma sociedade, dirigida por certos valores em um determinado momento histórico.

Outro limite de interpretação é o momento histórico vivido pelo intérprete e o uso da língua. Isto porque, a língua sofre evoluções, de modo que novos vocábulos são criados e outros simplesmente deixam de ser usados (desuso). Ao interpretar, o sujeito levará em conta os usos da língua, considerando suas transformações com o decorrer do tempo.

Desse modo, a construção do sentido da norma jurídica está vinculada à percepção histórica, pois a construção do sentido se dá com atos de interpretação, e ao assim fazê-lo, o intérprete, utilizando-se dos pré-conceitos já inerentes em sua mente (resultado também de fatos históricos) terá como base o momento histórico em que vive e o uso do código (língua) utilizado nesse tempo histórico.

Ao citar a posição do filósofo Hans-Georg Gadamer, Tathiane dos Santos Piscitelli[8] elucida que "o conceito de consciência histórica em Gadamer é fundamental para que se entenda a definição do filósofo de compreensão. Para ele, a compreensão de textos é sempre um projetar: *tão logo apareça um primeiro sentido no texto, o intérprete prelineia um sentido do todo.* Esse primeiro sentido somente vem à tona pelo fato de o intérprete possuir expectativas de sentido no momento da leitura do texto ou ainda, preconceitos que influem na compreensão do texto. Tais pré-conceitos ou pré-juízos são informados pela consciência histórica do intérprete, na atividade de compreensão de qualquer texto".

Vale dizer, ainda, que não existe texto sem contexto. Assim, considerando o texto como o suporte físico, toda a organização de seus enunciados prescritivos se dá dentro de um contexto de linguagem, seja no plano do contexto lingüístico (sintático, semântico ou pragmático, para citar os planos semióticos), seja no plano do contexto extralingüístico (histórico), tal como já evidenciado, que seria o uso da língua e os pré-juízos concebidos pelo intérprete.

### *V – Métodos de interpretação sob a perspectiva de Lourival Vilanova*

É certo que a interpretação das normas de direito tributário não difere da interpretação das normas de outros ramos do Direito, a não ser pelos princípios específicos que são próprios do direito tributário.

Queremos, dessa forma, deixar claro que os métodos de interpretação (tanto da hermenêutica jurídica como da semiótica), podem ser utilizados na construção de sentido de normas jurídicas, independentemente do ramo do Direito.

Nesse sentido, Alfredo Augusto Becker[9] foi incisivo ao dizer que "modernamente, para tranqüilidade de todos, chegou-se à conclusão, tão verdadeira quanto simples, que as leis tributárias são regras jurídicas com estrutura lógica e atuação dinâmica idêntica às das demais regras jurídicas, e, portanto, interpretam-se como qualquer outra lei, admitem todos os métodos de interpretação jurídica e não existe qualquer peculiar princípio de interpretação das leis tributárias".

Existem vários métodos de interpretação (literal, histórica, sistemática, etc.) que podem ser utilizados pelo intérprete para a construção do sentido das normas jurídicas. O método, por sua vez, é a forma utilizada pelo sujeito para se aproximar do

8. Tathiane dos Santos Piscitelli, Dissertação de Mestrado apresentada na USP, 2005, p. 25.

9. Alfredo Augusto Becker, *Teoria Geral do Direito Tributário*, 2ª ed., São Paulo, Lejus, p. 113.

objeto estudado, de modo que a depender do corte metodológico e do enunciado prescritivo a ser interpretado para construção do sentido da norma, um ou outro método de interpretação poderá ser mais útil.

Desse modo, se pela leitura de um único artigo o intérprete não consegue construir o sentido da norma jurídica, então terá que se aproximar de outros artigos (até mesmo de outros textos de lei) para construir sua significação. Este é o método de interpretação sistemática.

Já a interpretação literal é aquela que leva em conta as estruturas gramaticais e morfológicas do texto positivo de forma isolada.

Na interpretação histórica são considerados os aspectos do tempo em que incide a norma e as condições evolutivas de sua ocorrência.

Não existe um método de interpretação melhor do que outro, mas sim, um método que seja mais adequado que outro para construção do sentido da norma, pois prevalece o entendimento de que a interpretação do Direito é um fenômeno lingüístico, pois o Direito se manifesta através da linguagem e só interpretando e compreendendo sua linguagem, que se poderá conhecer o direito positivo.

Assim, todo e qualquer método de interpretação (seja ele literal, histórico, sistemático, etc.) dos textos positivos tem sua relevância, pois é por meio dos métodos de interpretação que o sujeito consegue se aproximar do objeto pesquisado para compreendê-lo, e no caso do direito positivo, construir o sentido das normas jurídicas, que interferem nas relações intersubjetivas para discipliná-las.[10]

10. Diz Savigny que os elementos gramatical, lógico, histórico e sistemático não configuram quatro espécies de interpretação dentre as quais devemos escolher conforme nosso gosto e arbítrio, mas diversas atividades que devem intervir conjuntamente para que se possa chegar a uma interpretação lograda. Cf. citação de Christiano José Andrade, *Hermenêutica Jurídica no Brasil*, São Paulo, Ed. RT, 1991, p. 32.

Segundo Lourival Vilanova,[11] "a norma não é a oralidade ou a escritura da 'linguagem', nem é o 'ato-de-querer ou pensar' ocorrente no sujeito emitente da norma, ou no sujeito receptor da norma, nem é, tampouco, a 'situação objetiva' que ela denota. A norma jurídica é uma estrutura lógico-sintática de significação: a norma conceptua fatos e condutas, representa-os não como desenho intuitivo, imagem reprodutiva (que somente pode ser do concreto – há normas abstratas) de 'fatos-eventos' e 'fatos-condutas'. Representa-os como significações objetivas – endereçadas ao objetivo – confirmáveis ou não na espécie de eficácia ou ineficácia por parte das situações objetivas (os *states-of-affairs*)".

Lourival Vilanova, ao salientar que "a norma não é a oralidade ou a escritura da 'linguagem', nem é o 'ato-de-querer ou pensar' ocorrente no sujeito emitente da norma (...)", afasta o entendimento de que a interpretação do direito positivo busca a vontade do legislador (*mens legislatoris*). Ou seja, para esse autor, a interpretação do Direito é fenômeno lingüístico, na medida em que o Direito se manifesta através da linguagem, de modo que a interpretação não é no sentido da intenção do legislador, e sim na compreensão da linguagem prescritiva do direito positivo.

E esse é justamente o nosso entendimento acerca da impossibilidade de regra de direito positivo pretender limitar ou direcionar o ato de interpretação, pois a interpretação é fruto do juízo criado na mente do sujeito, não sofrendo qualquer tipo de restrição.

Ainda, na mesma passagem, Vilanova complementa o pensamento ao afirmar que "(...) nem é, tampouco, a 'situação objetiva' que ela denota". Parece-nos que o ilustre Jurista afasta a possibilidade de construção do sentido da norma jurídica através do método de interpretação literal do

11. Lourival Vilanova, *Norma Jurídica/Proposição Jurídica: Significação Semiótica*, Ed. do Governo do Estado de Pernambuco, Secretaria da Educação e Cultura, p. 10.

texto de lei (interpretação objetiva). Referido método de interpretação não se prestaria para a construção do sentido da norma jurídica, pois limita o ato de interpretação às estruturas gramaticais e morfológicas do enunciado prescritivo, quando nem sempre as palavras dizem realmente o que querem dizer.

Tal entendimento é plenamente plausível, já que a linguagem do direito positivo é técnica, ou seja, é um misto de linguagem natural com linguagem científica e encontra-se, muitas vezes, com vícios de linguagem, tais como ambigüidades e vaguezas, o que prejudica a construção do sentido.

### *VI – Impossibilidade de limitação do ato de interpretação pela regra contida no art. 110 do CTN*

Já foi dito que a construção do sentido das normas jurídicas se dá através de atos de interpretação, iniciado com o contato do ser cognoscente com um texto de lei.

Ao realizar os atos de interpretação, o sujeito já possui pré-conceitos na sua mente, gerados por fatos históricos e que podem ajudar na construção do sentido, já que a compreensão de determinado objeto está em constante renovação, pois novas formas de construção de sentido vão ocupando espaços antes preenchidos por pré-conceitos (círculos concêntricos) e assim por diante.

Os limites ao ato de interpretação são justamente aqueles inerentes ao próprio sujeito, ou seja, sua concepção histórica e o uso da língua. Não há como pensar em limites à atividade de interpretação que são exteriores ao intérprete, pois, como já elucidado, o ato de interpretar é um ato de vontade do homem.

Nada obstante a interpretação se tratar de um ato de vontade, que pode ser feito por qualquer sujeito, desde que conheça os códigos (língua) utilizados no suporte físico para iniciar os atos de interpretação e compreensão, muitas vezes o legislador pretende limitar a atividade de interpretação dos textos positivos, como é o caso do art. 110 do Código Tributário Nacional.

Esse tipo de limitação dos atos de interpretação é conhecido como "dirigismo hermenêutico", ou seja, é o legislador direcionando ou limitando o ato de interpretação.

Christiano José de Andrade,[12] ao citar Savigny, salienta que "sobre esse sentido surgiu uma questão que se cindiu nas teorias subjetiva e objetiva. Para a teoria subjetiva, a sede do sentido da norma é a vontade do legislador (*mens legislatoris*) e para a teoria objetiva, é a vontade da lei (*mens legis*) que fica assim personificada".

O art. 110 do CTN estabelece que "a lei tributária não pode alterar a definição, o conteúdo e o alcance de institutos, conceitos e formas de direito privado, utilizados, expressa ou implicitamente, pela Constituição Federal, pelas Constituições dos Estados, ou pelas Leis Orgânicas do Distrito Federal ou dos Municípios, para definir ou limitar competências tributárias".

No nosso sistema do direito positivo existem outras regras que se encaixariam no conceito de "dirigismo hermenêutico", entretanto, escolhemos fazer um corte metodológico para analisarmos apenas o art. 110 do Código Tributário Nacional, por tratar de matéria tributária e constitucional.

Em linhas gerais, o art. 110 do Código tributário Nacional proíbe as pessoas jurídicas de direito público interno alterarem os conceitos e definições estabelecidos no âmbito do direito privado para limitar competências tributárias. É, portanto, um exemplo típico de dirigismo hermenêutico, pois é uma tentativa de limitação do processo de interpretação.

O que o referido artigo pretende é limitar o ato de interpretação para construção de normas jurídicas de acordo com o quanto definido no âmbito do direito privado quando o assunto for tributação.

12. Christiano José Andrade, *Hermenêutica Jurídica no Brasil*, cit., p. 17.

É o caso, por exemplo, de diversas discussões[13] relacionadas à definição de um termo pelo direito civil e a impossibilidade de construção de normas jurídicas com base em definições de conceitos estabelecidos por outros ramos do Direito, que não seja, especificamente o direito privado, em face da limitação imposta pelo art. 110 do Código Tributário Nacional.

O art. 110 do CTN, como as demais regras do sistema do direito positivo, são objetos de interpretação, ou seja, até mesmo as regras que parecem querer limitar o ato de interpretação, também elas são passíveis de serem interpretadas.

Não se pode esquecer que a construção de sentido das normas jurídicas pela interpretação não está, de maneira alguma, condicionada à vontade do legislador, até porque, isso é humanamente impossível. Qualquer que seja a regra do ordenamento jurídico, não há como resgatar a real intenção do legislador ao editar referida regra, de modo que, essa intenção do legislador, como alguns defendem, é intangível.

A interpretação do Direito é genuinamente um fenômeno lingüístico dotado de um ato de vontade do homem, ou seja, se existem limites à interpretação para construção do sentido das normas jurídicas, a partir do texto de lei, esses limites são sempre intrínsecos ao homem.

Assim, por serem intrínsecos ao intérprete, pode-se afirmar que os limites à atividade de interpretação seriam apenas os limites do uso da língua e a percepção histórica do sujeito (pré-conceitos).

Desse modo, está abandonada a idéia que prevaleceu por muito tempo no sentido de que a interpretação deveria ser feita na busca da vontade do legislador, fenômeno conhecido como "dirigismo hermenêutico", como se a real interpretação fosse aquela que atingisse a intenção do legislador.

Conforme exposto no presente artigo, tal entendimento vai de encontro às premissas aqui adotadas, pois o ato de interpretação é fenômeno lingüístico e que os únicos limites ao ato de interpretar seriam aqueles relacionados à própria linguagem (repertório) e à concepção histórica do intérprete.

Assim, nem o art. 110 do Código Tributário Nacional nem qualquer outra regra de texto positivo pode limitar ou mesmo direcionar o ato de interpretação para construção do sentido das normas jurídicas que disciplinam as condutas intersubjetivas, por ser referida atividade intelectiva manifestação lingüística, limitada unicamente por aspectos intrínsecos ao intérprete, nunca por aspectos exteriores ao sujeito cognoscente, como seria o caso da busca da vontade do legislador (*mens legislatoris*).

13. P.ex., o caso da Lei n. 9.718/1998 e a definição dos conceitos de faturamento e receita bruta.

# NÃO-INCIDÊNCIA DE ISS SOBRE FRANQUIA

ANDRÉIA FOGAÇA MARICATO
Mestranda em Direito Tributário pela PUC/SP. Professora Assistente do COGEAE PUC/SP. Advogada

*Introdução. 1. O sistema constitucional brasileiro e a rígida discriminação das competências tributárias. 2. Regra-matriz do ISS em face da Constituição Federal de 1988: 2.1 Critério material; 2.2 Critério espacial; 2.3 Critério temporal; 2.4 Critério pessoal; 2.5 Critério quantitativo. 3. Da Lei Complementar n. 116/2003. 4. Diferença entre franquia e prestação de serviço: 4.1 Do conceito de prestação de serviço; 4.2 Do contrato de franquia: 4.2.1 Da natureza jurídica da franquia; 4.2.2 Franquia não é serviço. 5. Da não tributação das atividades-meio relativas ao contrato de franquia. 6. Da não-incidência do ISS sobre os contratos de franquia: 6.1 Inconstitucionalidade da tributação das atividades de franquia pelo ISS; 6.2 Da afronta ao art. 110 do CTN; 6.3 Do entendimento jurisprudencial. Conclusões.*

## *Introdução*

O imposto sobre serviço de qualquer natureza, de competência dos Municípios, expresso no art. 156, inciso III, da Magna Carta, por longas datas traz temas de grande discussão na doutrina e jurisprudência.

No presente trabalho, trataremos sobre a inclusão da atividade de franquia na lista anexa à Lei Complementar n. 116/2003. Tema este não recente, mas que sempre provoca grandes debates.

Mesmo antes de qualquer previsão legal na lista de serviço anexa ao Decreto-lei n. 406/1968, com a redação dada pela Lei Complementar n. 56/1987, os Municípios e o Distrito Federal já exigiam o pagamento das prestações decorrente dos contratos de franquia celebrados entre franqueadores e franqueados, por entenderem que a atividade de franquia se encaixa no conceito de locação de bens móveis.

Com a introdução desta nova norma no ordenamento jurídico, diversas alterações foram feitas no Decreto-lei n. 406/1968, além da nova lista de serviços tributáveis pelo ISS.

A Lei Complementar n. 116/2003, autorizou expressamente os Municípios e o Distrito Federal a tributarem o franqueamento e suas atividades-meio pelo referido imposto, ou seja, os Municípios e o Distrito Federal passaram a ter uma legislação que vigore a cobrança do ISS nas atividades de franquia não precisando enquadrá-la nos contratos de locação de bens móveis.

Demonstraremos que tal tributação viola o texto constitucional, uma vez que a Lei Complementar altera o conceito de prestação de serviço expresso na Constituição, a fim de estendê-lo aos contratos de franquia.

Assim, analisaremos primeiramente o sistema constitucional brasileiro e sua rigidez; após, faremos a análise da regra-matriz de incidência do Imposto sobre Serviço de Qualquer Natureza perante a Magna Carta; passaremos para diferenças conceituais de prestação de serviço *franchising*; até a violação ao texto constitucional. Tudo para demonstrar que o ISS não incide sobre atividade de franquia.

### *1. O sistema constitucional brasileiro e a rígida discriminação das competências tributárias*

Sistema jurídico é uma expressão ambígua, assim como a maior parte dos vocábulos, podendo ser empregada para referir diversos significados, que, em alguns contextos, pode provocar a falácia do equívoco.

O Professor Geraldo Ataliba[1] define sistema como o conjunto unitário e ordenado de elementos, em função de princípios coerentes e harmônicos. E sistema normativo como o conjunto ordenado e sistemático de normas, construído de acordo com os princípios coerentes e harmônicos, em função dos objetivos socialmente consagrados (em torno de um fundamento comum). Assim, as constituições formam um sistema.

Para o Professor Paulo de Barros Carvalho,[2] o sistema aparece como o objeto formado de porções que se vinculam debaixo de um princípio unitário ou como a composição de partes orientadas por um vetor comum. Onde houver um conjunto de elementos relacionados entre si e aglutinados perante uma referência determinada, teremos a noção fundamental de sistema.

José Artur Gonçalves Lima, define sistema como um "conjunto harmônico, ordenado e unitário de elementos reunidos em torno de um conceito fundamental ou aglutinante".[3] Segundo Juan Manoel Terán, *apud* José Artur, um conjunto ordenado de elementos segundo um ponto de vista unitário.

Assim, pode-se designar como sistema, tanto a Ciência do Direito, quanto o direito positivo (ordenamento). Todavia, há quem discorde deste entendimento, por ter dúvidas no que concerne à amplitude significativa da locução, não faltando inclusive aqueles que negam a possibilidade de o direito positivo apresentar-se como sistema. Já a Ciência do Direito, sim, organizando descritivamente o material colhido do direito positivo, atingiria o nível de sistema.

Contudo, este não é o nosso entendimento. Enquanto conjunto de enunciados prescritivos que se projetam sobre a região material das condutas interpessoais, o direito positivo há de ter um mínimo de racionalidade para ser compreendido pelos sujeitos destinatários, circunstância esta que lhe garante a condição de sistema.

Seguindo o entendimento acima dos ilustres Professores, é possível ver a ordem jurídica brasileira como um sistema de normas, concebido pelo homem para motivar e alterar a conduta no seio da sociedade. As normas jurídicas formam um sistema, na medida em que se relaciona de várias maneiras, segundo um princípio unificador. Esse sistema apresenta-se composto por subsistemas que se entrecruzam em múltiplas direções, mas que se afunilam na busca do fundamento último de validade semântica que é a Constituição. E esta, por sua vez, constitui também subsistema, sobre todos os demais, em virtude de sua privilegiada posição hierárquica, ocupando o tópico superior do ordenamento e hospedando as diretrizes substanciais que regem a totalidade da ordem jurídica nacional.

O sistema constitucional informa a organização do Estado, pois, sua ordem jurí-

1. *Sistema Constitucional Tributário Brasileiro*, São Paulo, Ed. RT, 1968, p. 3.
2. Parecer à Associação Brasileira de *Franchising*, p. 6.
3. *Imposto sobre a Renda – Pressupostos Constitucionais*, São Paulo, Malheiros Editores, 2002, p. 40.

dica apresenta normas dispostas numa estrutura hierarquizada, regida pela fundamentação ou derivação, que se opera tanto no aspecto material quanto no formal ou processual, o que lhe imprime possibilidade dinâmica, regulando, ele próprio, sua criação e seus modos de transformação.

Se examinarmos o sistema constitucional de baixo para cima, veremos que cada unidade normativa encontra-se fundada, material e formalmente, em normas superiores. Invertendo-se o prisma de observação, verifica-se que das regras superiores derivam, material e formalmente, regras de menor hierarquia. Todas as legislações devem estar em harmonia com o sistema constitucional.

Dentre os assuntos tratados pela Magna Carta, tem-se a competência legislativa tributária.

Os limites de toda a competência estão delimitados na Constituição, não podendo haver atropelos e desarmonias. Se, todavia, surgir algum problema, ela própria nos fornece os remédios jurídicos para afastá-los, fazendo com que as indesejáveis dissensões sejam afinal reconduzidas ao *status* de antes, da exata coordenação das pessoas políticas, debaixo de sua subordinação às normas constitucionais.[4]

Geraldo Ataliba,[5] já se manifestava neste sentido: "o sistema constitucional brasileiro é o mais rígido de quantos se conhece, além de complexo e extenso. Em matéria tributária tudo foi feito pelo constituinte, que afeiçoou integralmente o sistema, entregando-o pronto e acabado ao legislado ordinário, a quem cabe somente obedecê-lo, em nada podendo contribuir para plasmá-lo".

No Brasil as competências federais, estaduais, municipais e distritais, são reciprocamente autônomas, encontram-se expostas e garantidas na Lei Maior.

A discriminação da competência tributária pela Constituição Federal é minuciosa, na qual é relacionada, de forma pormenorizada, no campo tributário atribuindo a cada unidade federativa, fato este que não pode ser ignorado pelo legislador infraconstitucional.

Assim, partindo da premissa de que competência tributária é a aptidão que as pessoas jurídicas têm para expedir normas no ordenamento jurídico, observando é claro o seu procedimento legislativo. Dentro desta competência têm-se as que estabelecem sobre matérias tributárias, que vai desde a incidência, passando pela regra-matriz, até os direitos subjetivos de quem é titular, o sujeito ativo, e os correspondentes deveres cometidos ao sujeito passivo.[6]

Em suma, a competência tributária, é uma parcela da competência que os entes políticos possuem, para legislarem na produção de normas jurídicas relacionas a tributos.

Diante de tanta minúcia e da rigidez inerente à Constituição brasileira, a questão relativa à incidência ou não da norma jurídica de um imposto sobre determinado acontecimento do mundo social pressupõe a análise preliminar das disposições constitucionais correspondentes à figura do tributo. É o que faremos neste trabalho, a fim de examinar se pode ter-se como válida a percussão da regra-matriz do ISS sobre as prestações decorrentes do contrato de franquia e as atividades-meio que o compõem.

## 2. *Da regra-matriz do ISS em face da Constituição Federal de 1988*

A regra-matriz de incidência tributária é uma forma de simplificar os enunciados para melhor entender os tributos, possibilitando explicar questões jurídicas e mostrar os limites constitucionais que o le-

4. Roque Antonio Carrazza, *Curso de Direito Constitucional Tributário*, 19ª ed., 3ª tir., São Paulo, Malheiros Editores, 2004, p. 470.

5. *Sistema Constitucional Tributário Brasileiro*, cit., p. 21.

6. Paulo de Barros Carvalho, *Curso de Direito Tributário*, 17ª ed., São Paulo, Saraiva, 2006, p. 217.

gislador e aplicador da norma devem respeitar.[7]

Norma jurídica pode ser definida como o juízo hipotético condicional que construímos a partir da leitura dos textos, estruturados em hipótese e conseqüente. "A hipótese prevê um fato de conteúdo econômico, enquanto o conseqüente estatui um vínculo obrigacional entre Estado, ou quem lhe faça às vezes, na condição de sujeito ativo, e uma pessoa física ou jurídica, particular ou pública, como sujeito passivo, de tal sorte que o primeiro ficará investido do direito subjetivo público de exigir, do segundo, o pagamento de determinada quantia em dinheiro. Em contrapartida, o sujeito passivo será cometido do dever jurídico (ou dever subjetivo) de prestar aquele objeto".[8]

No descritor da norma (hipótese) tem-se o critério material que descreve o comportamento de uma pessoa, representado por um verbo e o seu complemento; condicionado no tempo (critério temporal) e na área delimitada (critério espacial). No conseqüente identificaremos o critério pessoal, com a presença do sujeito ativo e o sujeito passivo e o critério quantitativo que definirá o quanto devido através da base de cálculo e alíquota.[9]

### *2.1 Critério material*

Por força da própria Constituição da República, o antecedente de todas as espécies tributárias apresenta um ponto em comum, qual seja o antecedente se caracteriza por descrever uma específica situação de fato: uma conduta, de pessoa física ou jurídica.[10]

O critério material é o que informa o núcleo da conduta descrita no antecedente das normas tributárias, representado em termos morfológicos por um verbo pessoal e um complemento. Nesse sentido, leciona o Prof. Paulo de Barros Carvalho, o critério material de qualquer tributo é formado por um verbo pessoal de predicação incompleta, o que importa a obrigatória presença de um complemento.[11]

O critério material do imposto sobre serviço de qualquer natureza é prestar (verbo) serviço de qualquer natureza (complemento), excetuando-se os serviços de transporte interestadual e intermunicipal e de comunicação, definido no art. 156, III, da Constituição Federal é de competência dos Municípios, onde poderão instituir imposto sobre serviço de qualquer natureza, excetos os definidos no art. 155, II.[12]

Com base no princípio constitucional da capacidade contributiva,[13] segundo o qual, o fato que será objeto de tributação deve ser um fato presuntivo de riqueza. No caso do ISS não é qualquer prestação de serviço que será tributado. O prestar serviço que ensejará a incidência do tributo é o negócio jurídico, sob o regime de direito privado, com atividade-fim do prestador do serviço. Por exemplo, a pessoa física ou jurídica "A" contrata a pessoa física ou jurídica "B", em caráter oneroso e sem vínculo empregatício, para que lhe preste determinado serviço.

7. Idem, Parecer à Associação Brasileira de *Franchising*, pp. 12 e 13.

8. Idem, *Fundamentos Jurídicos da Incidência*, p. 80.

9. Idem, *Curso de Direito Tributário*, p. 239.

10. Luís César Souza Queiroz, *Curso de Especialização em Direito Tributário. Estudos Analíticos em Homenagem a Paulo de Barros Carvalho*, p. 245.

11. Ibid., p. 257.

12. Constituição Federal, art. 155: "Compete aos Estados e ao Distrito Federal instituir imposto sobre: (...); II – operações relativas à circulação de mercadorias e sobre prestações de serviços de transporte interestadual e intermunicipal e de comunicação ainda que as operações e as prestações se iniciem no exterior".

13. Constituição Federal, art. 145, § 1º: "sempre que possível os impostos terão caráter pessoal e serão graduados segundo a capacidade econômica do contribuinte, facultado a administração tributária, especialmente para conferir efetividade a esses objetivos, identificar, respeitados os direitos individuais e nos termos da lei, o patrimônio, os rendimentos e as atividades econômicas do contribuinte".

### *2.2 Critério espacial*

O Professor Paulo de Barros Carvalho[14] mais uma vez percuciente ao lecionar "O comportamento de uma pessoa, consistência material lingüisticamente representa por um verbo e o seu complemento, há de estar delimitado por condições espaciais e temporais, para que o perfil típico esteja perfeito e acabado, como descrição normativa de um fato. Seria absurdo imaginar uma ação humana, ou mesmo qualquer sucesso da natureza, que se realize independentemente de um lugar e alheio a determinado trado de tempo".

O critério espacial é o local onde o fato deve ocorrer, a fim de que irradie seus efeitos, expresso ou implícitos nas regras jurídicas.

No caso do ISS o critério espacial é o perímetro urbano (âmbito territorial) do Município ou do Distrito Federal,[15] onde o serviço foi prestado, tendo em vista a Constituição ter outorgado competência tributária para instituição do imposto sobre serviço de qualquer natureza aos Municípios e Distrito Federal.

### *2.3 Critério temporal*

Todo fato ocorre em um determinado instante, trazido pela norma tributária, neste preciso instante acontece o fato descrito, passando a existir o liame jurídico que amarra devedor e credor em função de um objeto.[16] O critério temporal demarca o exato instante que incidirá o imposto.

No imposto sobre serviço de qualquer natureza, o legislador constitucional nada dispõe sobre tal momento, mas como o critério temporal tem de estar relacionado ao critério material da hipótese da regra-matriz de incidência. O critério temporal no ISS é no momento de sua prestação. Antes disso não há que se falar em incidência de ISS sobre qualquer serviço prestado.

### *2.4 Critério pessoal*

O critério pessoal é o que informa os sinais que permitem identificar os sujeitos de direito referentes à relação intersubjetiva prescrita e que se biparte em ativo e o sujeito passivo.

Segundo o Prof. Geraldo Ataliba,[17] "o sujeito ativo é o credor da obrigação tributária. É a pessoa a quem a lei atribui à exigibilidade do tributo. Só a lei pode designar o sujeito ativo. Esta designação compõe a hipótese de incidência tributária, integrando seu aspecto pessoal".

Em regra geral, o sujeito ativo é a pessoa titular da competência tributária (União, Estados, Distrito Federal e Municípios).

O sujeito passivo é bem definido pelo Prof. Paulo de Barros,[18] "O sujeito passivo da relação jurídica tributária é a pessoa física ou jurídica, privada ou pública, de quem se exige o cumprimento da prestação: pecuniária, nos nexos obrigacionais, e insuscetível de avaliação patrimonial, nas relações que vinculam meros deveres instrumentais ou formais".

O sujeito ativo no ISS é o Município ou Distrito Federal; enquanto o sujeito passivo é o prestador do serviço.

### *2.5 Critério quantitativo*

O critério quantitativo é aquele que informa o quanto, em dinheiro, deve ser entregue pelo sujeito passivo ou dele retirado. Para se chegar a este valor, conjuga-se a base de cálculo com a alíquota.

O Professor Paulo de Barros Carvalho esclarece com percuciência o papel da base de cálculo e da alíquota na norma tri-

14. *Curso de Direito Tributário*, p. 181.

15. Constituição Federal, no art. 32, § 1º, e art. 147, o Distrito Federal é competente para instituir ISS.

16. Paulo de Barros Carvalho, *Curso de Direito Tributário*, p. 264.

17. Geraldo Ataliba, *Hipótese de Incidência Tributária*, p. 83.

18. *Curso de Direito Tributário*, p. 304.

butária: "a base de cálculo é a grandeza instituída na conseqüência da regra-matriz tributária, e que se destina, primordialmente, a dimensionar a intensidade do comportamento inserto no núcleo do fato jurídico, para que, a dimensionando-se à alíquota, seja determinado o valor da prestação pecuniária".[19]

A base de cálculo mensura o critério material, para se apurar o valor total do fato, que combinado com alíquota resulta no chamado débito tributário.

Pela base de cálculo se mensura a intensidade do comportamento inserto no núcleo do fato jurídico para efeito de tributação.[20]

A base de cálculo tem com funções: medir a intensidade do núcleo factual, nas proporções reais do fato (concreto) descrito pelo legislador; função objetiva, compondo a específica determinação do débito e a função comparativa por confirmar (a descrição absoluta do fato a hipótese), infirmar (desmentir a hipótese) e afirmar (em algumas hipóteses) o critério material expresso na composição do suposto normativo.

A alíquota é um termo de mandamento da norma tributária, que incide quando se consuma o fato jurídico dando o nascimento a obrigação tributária concreta.

Assim como a base de cálculo é obrigatória a presença da alíquota, pois, ao serem conjugadas, nascerá o valor da dívida a ser exigida pelo sujeito ativo em cumprimento da obrigação que nascera pelo acontecimento do fato típico.[21]

Há quem entenda que a alíquota é uma fração, porcentagem ou parte que se paga ao Estado do valor da base de cálculo. Todavia nem sempre é assim, muitas vezes a alíquota é o valor enquanto a base de cálculo é a fração ou porcentagem. O importante é não se esquecer que a função objetiva da alíquota é sua conjugação com base de cálculo formando o *quantum debeatur*.

No ISS que não seja fixo, a base de cálculo é o preço do serviço prestado, e a alíquota aplicada será a prevista na legislação vigente sobre o imposto.

### *3. Da Lei Complementar n. 116/2003*

A Lei Complementar n. 116 foi editada em 31 de julho de 2003, entrando em vigor em janeiro de 2004.

Além de revogar parcialmente disposições do Decreto-lei n. 406/1968,[22] introduziu a tributação do imposto sobre serviços de qualquer natureza – ISS sobre as atividades de franquia, conforme estabelecidos no item 17.08 (franquia, *franchising*) de sua lista de serviços anexa.

Em virtude da inclusão, pelo legislador complementar, das atividades de franquia dentre aquelas sujeitas ao ISS, os Municípios passaram a incorporar tal previsão aos seus ordenamentos jurídicos, passando a tributar também as referidas atividades pelo ISS.

Mesmo anteriormente a essa nova previsão da lei complementar de tributação pelo ISS das atividades de franquia, os Municípios já vinham de longa data exigindo tal obrigação tributária, com base no Decreto-lei n. 406/1968.

No entanto as fundamentações anteriormente utilizadas eram diferentes, pois, tais atividades sequer constavam na lista de serviços vigente. Tal cobrança por parte dos Municípios tinha como fundamento a introdução nas legislações municipais de dispositivos que estendiam o conceito de locação de bens móveis (item 79 da lista anexa ao Decreto-lei n. 406/1968), para a atividade de franquia.

19. *Curso de Direito Tributário*, p. 235.

20. Paulo de Barros Carvalho, *Fundamentos Jurídicos da Incidência*, p. 174.

21. Geraldo Ataliba, *Hipótese de Incidência Tributária*, p. 342.

22. Código Tributário Nacional, Decreto-lei 406, de 31 de dezembro de 1968, estabelece normas gerais de direito financeiro, aplicáveis aos Impostos sobre Operações Relativas à Circulação de Mercadorias e sobre Serviços de qualquer natureza.

Não podendo ser diferente, tal pretensão das municipalidades nunca teve respaldo dos Doutrinadores[23] do Direito, nem muito menos do Poder Judiciário,[24] sendo amplamente rechaçada pela completa falta de previsão legal, uma vez que é impossível tributar pelo ISS uma atividade que sequer pode ser considerada como prestação de serviço.

Em virtude do insucesso dos Municípios em manterem a cobrança pela equiparação absurda da atividade de franquia à de locação de bens móveis, questão já superada nos tribunais,[25] mais uma vez tenta indevidamente o Poder Executivo instituir tal exação, desta vez através da inclusão do item 17.08 na atual lista de serviços anexa à LC n. 116/2003.

Desta forma, com a edição da Lei Complementar n. 116/2003 e das leis municipais, a cobrança do ISS pelos Municípios, sobre as atividades de franquia, passou a encontrar previsão expressa na lei.

Todavia, mesmo com a inclusão da atividade de franquia nas atuais listas de serviços, tal cobrança continua indevida e inconstitucional como iremos demonstrar.[26]

### *4. Diferença entre prestação de serviço e franquia*

De forma clara e objetiva, passaremos a demonstrar que a aplicação da referida regra de tributação (incidência de ISS sobre atividade de franquia) é inviabilizada pelo simples fato das atividades de franquia não serem classificadas com "serviços", desta forma, impossibilitando seu alcance pelo ISS.

#### *4.1 Do conceito de prestação de serviços*

A prestação de serviço pode ser definida como uma obrigação de fazer, como ensinam alguns de nossos mais ilustres doutrinadores.

O Professor Aires Barreto,[27] afirma que: "a prestação de esforços humanos a terceiro (atividade-fim), com conteúdo econômico em caráter negocial, sob regime de direito privado, tendente à obtenção de um bem material ou imaterial".

No mesmo sentido, o Prof. Paulo de Barros Carvalho,[28] entende que: "Prestar

23. Prof. Aires Barreto, no *XVI Congresso Brasileiro de Direito Tributário*, publicado na *Revista de Direito Tributário* 87/142: "(...) o ISS incide em obrigação de fazer, embora o campo das obrigações de fazer seja mais largo do que aquele correspondente ao campo de incidência de ISS. (...) *Não pode a lei complementar dizer que a locação de bens móveis é serviço, quando nós sabemos que ela é protótipo da obrigação de dar, que não envolve qualquer obrigação de fazer*" (grifo nosso).

24. O STJ, em 2004, firmou entendimento, na vigência das disposições do Decreto-lei n. 406/1968, de que o Poder Público estava impossibilitado de tributar o *franchising* pelo ISSQN, considerando duas premissas: a) questão formal, decorrente da inexistência expressa de autorização legal para a tributação, *não podendo ser tributadas as franquias a título de "locação de bens móveis"*; e b) questão material, decorrente da natureza complexa dos contratos de franquia que inviabiliza a tributação pelo ISSQN, por não se tratar de contrato de prestação de serviços e, portanto, existir violação à competência tributária constitucionalmente outorgada aos Municípios.

25. REsp n. 403.799 do STJ, publicado no *DOU* de 26.4.2004: "O contrato de franquia não pode ser qualificado como uma espécie de contrato de locação de bem móveis, consoante entendeu a Corte de Origem, pois que configura um contrato complexo, autônomo e não subordinado a nenhuma outra figura contratual. Assim, em obediência ao princípio tributário que proíbe a determinação de qualquer tipo de fato gerador sem apoio em lei, não incide ISS sobre as atividades de contrato de franquia".

26. Luiz Rodolfo Cruz e Grabiel Hernan F. Villarreal, *Gazeta Mercantil*, 25.11.2004. Com a nova legislação, entretanto, a questão formal parece ter sido superada, passando o *franchising* a fazer parte do rol de serviços descritos em lei complementar, conforme exige o art. 156, inciso II, da Constituição Federal. Mas não verificamos a mesma sorte em relação às questões materiais, devendo ser discutidos os conceitos materiais do contrato de franquia de modo a se verificar se sua natureza específica comporta o enquadramento legal de prestação de serviços.

27. Parecer dado à Associação Brasileira de *Franchising*, p. 25.

28. Parecer à Associação Brasileira de *Franchising*, p. 23.

serviços é atividade irreflexiva, reivindicando, em sua composição, o caráter de bilateralidade (...). E mais, é imprescindível que o contrato bilateral tenha conteúdo econômico, fixando-se um preço em contraprestação à utilidade imaterial fornecida pelo prestador (...). A mais desse fator. É forçoso que a atividade realizada pelo prestador apresente-se sob forma de obrigação de fazer (...)" (trecho de cópia de Parecer).

Para os Professores Geraldo Ataliba e Aires F. Barreto,[29] serviço é "todo esforço humano desenvolvido em benefício de outra pessoa".

Aplicando a regra constitucional de serviço tributável, Aires Barreto,[30] conclui que, "dito de outra forma: o conceito constitucional de prestação de serviço tributável somente abrange: obrigações de fazer (e nenhuma outra)".

Aprofundando no conceito de obrigação de fazer, Maria Helena Diniz,[31] ensina, que: "A obrigação de fazer é o que veicula o devedor à prestação de um serviço como ato positivo, material ou imaterial, seu ou de terceiro, em benefício do credor ou de terceira pessoa".

Sendo assim, podemos afirmar acertadamente que se define como prestação de serviço, unicamente as atividades caracterizadas como obrigação de fazer, e que possam ser claramente delimitadas.

O Prof. Aires Barreto[32] conclui que "(...) o ISS incide em obrigação de fazer, embora o campo das obrigações de fazer seja mais largo do que aquele correspondente ao campo de incidência de ISS".

De forma diferente da franquia, as relações jurídicas de prestação de serviço, o sujeito passivo e ativo são claramente definidos, como visto, não havendo alterações entre tal aspecto, uma vez que em tal hipótese somente verifica uma única relação jurídica no curso de sua implementação, o que não se vê nos contratos de franquia.

### *4.2 Do contrato de franquia*

O *franchising* teve sua origem em 1860, por um empresa norte-americana, Singer Sewing Machine, que com o objetivo de ampliar sua rede de distribuição sem investimentos próprios, resolveu credenciar agentes em diversos pontos do território, cedendo-lhes sua marca, produtos, publicidade, técnica de vendas a varejo e *know-how*.

Após esta experiência a Coca-Cola e a General Motors seguiram o mesmo exemplo. Todavia, só em 1955 que foi criada de forma definitiva pelos irmãos Dicke e Maurice, da rede de lanchonetes McDonald's.

Atualmente, o *franchising* é adotado em todo o mundo inclusive na China e na Rússia, havendo milhares de franqueadores de todo o tipo de atividade.

O *franchising* teve sua primeira definição por Michel Kahn, como sendo uma técnica de desenvolvimento que permite a uma empresa conceder a licença de sua marca e seus métodos originais a uma terceira pessoa física ou jurídica, daí a considerá-la uma operação dupla, econômica e comercial.[33]

A Corte de Apelação de Paris, em decisão de 28 de abril de 1978, definiu franquia desta forma: "um método de colaboração entre duas ou várias empresas comerciais, uma franqueadora, outra franqueada, pelo qual a primeira, proprietária de um nome de uma razão social conhecidos, siglas, símbolos, marca de fábrica, comércio ou de serviços, bem como de *savoir-faire* particular, coloca a disposição de outra o

29. "ISS na Constituição pressuposto positivo – Arquétipo do ISS", *Revista de Direito Tributário* 37.

30. "ISS. Não-incidência sobre cessão de espaço em bem imóvel", *Revista de Direito Tributário* 76.

31. *Curso de Direito Civil Brasileiro*, p. 60.

32. *XVI Congresso Brasileiro de Direito Tributário*, publicado na *Revista de Direito Tributário* 87/142.

33. Michel Kahn, *apud* Jorge Lobo, *Contrato de Franchising*, p. 28.

direito de utilizar, mediante um pagamento ou outra vantagem, uma coleção de produtos ou de serviços, originais ou específicos, para explorar obrigatoriamente e totalmente segundo técnicas comerciais experimentadas, desenvolvidas e periodicamente recicladas, de uma maneira exclusiva, para o fim de realizar um melhor impacto sobre o mercado considerado e de obter um desenvolvimento acelerado da atividade comercial das empresas; esse contrato pode ser acompanhado de uma ajuda industrial, comercial ou financeira, permitindo a integração na atividade comercial do concedente franqueador em benefício do franqueado iniciando em uma atividade técnica original e num *savoir-faire* fora do comum, permitindo a manutenção da imagem de marca do serviço ou do produto vendido e o desenvolvimento da clientela por menor custo e com uma maior rentabilidade para as duas partes, que conservam juridicamente uma independência total".[34]

No Brasil, a Lei n. 8.955, de 15 de dezembro de 1994, incorporou, ao nosso direito positivo, o contrato de franquia empresarial, regulando-o em onze artigos.

### 4.2.1 Da natureza jurídica da franquia

No intuito de demonstrar o descabimento da incidência do ISS sobre as atividades de franquia, passamos neste primeiro momento a discorrer a cerca da natureza jurídica obrigacional de tal instituto.

Neste sentido, transcreve a seguir a definição legal da atividade de franquia, conforme estabelecido pelo art. 2º da Lei n. 8.955/1994 (Lei de Franquia).

> Art. 2º. Franquia empresarial é o sistema pelo qual um franqueador cede ao franqueado o direito de uso as marca ou patente, associado ao direito de distribuição exclusiva ou semi-exclusiva de produtos ou serviços e, eventualmente, também ao direito de uso de tecnologia de implantação e administração de negócios ou sistema operacional desenvolvidos ou detidos pelo franqueador, mediante remuneração direta ou indireta, sem que, no entanto, fique caracterizado vínculo empregatício.

Percebe-se, com a leitura do dispositivo legal acima transcrito, que o contrato de franquia se diferencia sobremodo de um simples contrato de prestação de serviço, pois, apresenta uma multiplicidade de obrigações entre as partes (franqueador e franqueado).[35] Tal aspecto fica mais evidente ainda no momento em que se visualiza, na prática, o conjunto obrigações de cada partes.[36]

Assim, verifica-se que a franquia, enquanto relação jurídica complexa, que impõe deveres heterogêneos indivisíveis para ambas as partes (obrigações de dar, de fazer e não-fazer), nas quais, os sujeitos ativo e passivo se alteram em cada uma dessas relações/obrigações jurídicas, diferencia-se por completo das relações de simples prestação de serviço.

De forma clara e precisa, Aires Barreto[37] define atividade de franquia como: "(...) um contrato misto, do tipo complexo. Ao franqueador incumbe, conforme visto, fundamentalmente, conceder licença para

34. Newton Silveira, *Novos Contratos Empresariais*, pp. 160-161.

35. "Não-incidência do ISS sobre os contratos de franquia", *Gazeta Mercantil*, 25.11.2005. Franqueador, geralmente é uma pessoa jurídica que detém a marca, idealiza, formata e concede a franquia, assim como todo o negócio. Franqueado pode ser uma pessoa física ou jurídica que adere a rede de franquia empresarial, disponibilizando trabalho e recursos para operar um negócio com determinada marca, de acordo com os padrões estabelecidos e supervisionados pelo franqueador.

36. Ana Vecchi e Paulo Ancona, *apud* Luiz Rodolfo Cruz e Grabiel Hernan F. Villarreal, *Gazeta Mercantil*, 25.11.2004. "O *franchising* deve ser implantado por meio de uma forma de gestão empresarial completa, e não apenas como uma estratégia mercadológica de expansão. Entendemos por gestão empresarial todos os aspectos que envolvem pessoas, processos, administração, estratégias, controles, níveis decisórios e tudo o que diz respeito à empresa, e não só à sua atuação mercadológica".

37. Parecer à Associação Brasileira de *Franchising*, p. 27.

o uso da marca. A essa obrigação se conjugaram elementos: contratos complexos, prestações típicas inteiras ou elementos mais simples de outros contratos. Tem-se ai uma unidade contratual. Não há como separar estes diversos elementos porque, absorvidos, fundidos, amalgamados no contrato de franquia, perdem totalmente sua individualidade deixando de ser autônomos. Dentre eles, despontam as atividades necessárias a consecução da franquia, sob pena de desnaturação do contrato".

No mesmo sentido o Prof. Eduardo Amorim de Lima,[38] entende que, "o contrato de franquia empresarial é um contrato de cessão de direitos, no qual o franqueador cede ao franqueado o direito de uso de marca ou patente, bem como *know-how*, por intermédio do qual auferira renda".

Disso tudo resulta a conclusão do Professor Marçal Justen Filho,[39] "(...) franquia é contrato que permite amplas variações e combinações. Em todo caso, trata-se e um contrato normativo, complexo, de natureza associativa e de organização. As atividades desenvolvidas pelas partes, em decorrência da franquia, não podem ser isoladamente consideradas, portanto há um plexo indissociável de deveres de dar, fazer e não-fazer. Essas peculiaridades inviabilizam considerar as atividades de cada parte como uma prestação de serviço à outra, essencialmente em vista de um fim comum que todos os envolvidos buscam realizar. Não há possibilidade de individualizar uma remuneração específica como correspondente a um dever determinado imposto as partes. Por tudo, é inviável eleger essas atividades de franquia para integrar a materialidade da hipótese de incidência do ISS (...)".

Orlando Gomes[40] é criterioso a respeito: "com o vocábulo *franchising* designa-se a operação pela qual um empresário concede a outro o direito de usar a marca de produto seu como assistência técnica para sua comercialização, recebendo, em troca, determinada remuneração".

Em suma, o contrato de franquia não constitui em uma simples prestação de serviço (obrigação de fazer); tem-se na franquia um conjunto indissociável de obrigações de dar, de fazer, de não-fazer, distanciando do conceito constitucional de serviço do art. 156, inciso II, da Magna Carta.[41]

### *4.2.2 Franquia não é serviço*

Tendo em vista a natureza obrigacional dos contratos de franquia (franquia e prestação de serviço) desde já resta evidente a completa diferença entre ambos. Em outras palavras, atividade de franquia não corresponde à simples prestação de serviço (entendida como simples obrigação de fazer), por parte do franqueador e seus franqueados.

As multiplicidades das relações mútuas entre o franqueador e o franqueado, ainda que dentre estas se encontrem obrigações de fazer, é impossível identificar qual das partes assumiria o perfil de prestador de esforço humano para produção de utilidades, bem como qual das partes seria a beneficiária de tal utilidade.

Ora, em sendo impossível a definição de prestação de serviço, bem como do prestador e seu beneficiário, fica mais do que evidente a impossibilidade do alcance de tal relação pelo ISS.

Há de se destacar, que outro aspecto de diferenciação entre os contratos de franquia e os de prestação de serviços, refere-se aos prazos previstos para a duração da relação obrigacional em cada uma das situações.

De acordo com a Lei n. 8.955/1994, os contratos de franquia não possuem um prazo legalmente definido para encerramento, podendo ter sua vigência no tempo que for determinado pelas partes.

38. *Revista Dialética* 102/58.

39. "ISS e as atividades de *franchising*", escrito na *Revista de Direito Tributário* 64/254.

40. *Contratos*, p. 528.

41. "Não-incidência do ISS sobre os contratos de franquia", *Gazeta Mercantil*, p. 2.

Por outro lado, de acordo com o art. 598,[42] do Código Civil, em se tratando de prestação de serviço, o prazo máximo a ser estipulado pelas partes contratantes é de quatro anos.

Sendo assim, fica mais do que clara a diferença entre os dois institutos, não havendo meios para se aplicar o mesmo tratamento jurídico-tributário para ambos os casos, quando a natureza da atividade for fato determinante da regra aplicável.

Tal diferenciação das atividades de franquia e a simples prestação de serviço já foram reiteradamente reconhecidas pelas Cortes Superiores de nosso Poder Judiciário. Nesse sentido:

• Tributário. ISS. *Franchising* ou contrato de franquia. DL n. 406/1969. Lei n. 8.955/1994. Precedentes. *Não sendo o contrato de franquia uma simples prestação de serviço mas de natureza complexa*, não consta no rol das atividades especificadas pela Lei n. 8.955/1994, para fins de tributação do ISS (grifo nosso) (STJ, 2ª T., REsp n. 189.255-RJ, Rel. Ministro Francisco Peçanha Martins, *DJ* 3.6.2002, p. 169).

• Processual civil e tributário. Agravo regimental. Ausência de prequestionamento. ISS. *Franchising*. Decreto-lei n. 406/1968. Lei n. 8.955/1994. Precedentes. Sobrestamento. Ato discricionário do Relator. 1. O acórdão *a quo* julgou parcialmente procedente ação anulatória de débito fiscal na qual se objetivava a declaração de nulidade dos autos de infração bem como a declaração de inexistência de relação jurídico-tributária, ao fundamento de que a prestação de serviços franqueada pela EBCT estaria imune à cobrança do ISSQN. (...) 3. O art. 2º da Lei n. 8.955/1994 define o contrato de franquia do modo seguinte: "Franquia empresarial é o sistema pelo qual o franqueador cede ao franqueado o direito de uso de marca ou patente, associado ao direito de distribuição exclusiva ou semi-exclusiva de produtos ou serviços, e eventualmente, também ao direito de uso de tecnologia de implantação e administração de negócio ou sistema operacional desenvolvidos ou detidos pelo franqueador, mediante remuneração direta ou indireta, sem que, no entanto, fique caracterizado vínculo empregatício". 4. O *franchising*, em sua natureza jurídica, é "contrato típico, misto, bilateral, de prestações recíprocas e sucessivas com o fim de se possibilitar a distribuição, industrialização ou comercialização de produtos, mercadorias ou prestação de serviços, nos moldes e forma previstos em contrato de adesão" (Adalberto Simão Filho, *Franchising*, 3ª ed., São Paulo, Atlas, 1998, pp. 36-42). 5. O conceito constitucional de serviço tributável somente abrange: "a) as obrigações de fazer e nenhuma outra; b) os serviços submetidos ao regime de direito privado não incluindo, portanto, o serviço público (porque este, além de sujeito ao regime de direito público, é imune a imposto, conforme o art. 150, VI, *a*, da Constituição); c) que revelam conteúdo econômico, realizados em caráter negocial – o que afasta, desde logo, aqueles prestados a si mesmo, ou em regime familiar ou desinteressadamente (afetivo, caritativo, etc.); d) prestados sem relação de emprego – como definida pela legislação própria – excluído, pois, o trabalho efetuado em regime de subordinação (funcional ou empregatício) por não estar *in comércio*" (Aires F. Barreto, "ISS – Não-incidência sobre franquia", in *Revista de Direito Tributário* 64/216-221, Malheiros Editores). 6. O *contrato de franquia é de natureza híbrida, em face de ser formado por vários elementos circunstanciais, pelo que não caracteriza para o mundo jurídico uma simples prestação de serviço, não incidindo sobre ele o ISS*. Por não ser serviço, não consta, de modo identificado, no rol das atividades especificadas pela Lei n. 8.955/1994, para fins de tributação do ISS. (...) (STJ, 1ª T., AgRg no Ag 581.593-MG, Rel. Ministro José Delgado, j. 21.9.2004, *DJ* 3.11.2004, p. 143, v.u.) (grifo nosso).

42. Código Civil, art. 598: "A prestação de serviço não se poderá convencionar por mais de quatro anos, embora o contrato tenha por causa o pagamento de dívida de quem presta, ou se destine à execução de certa e determinada obra. Neste caso, decorridos quatro anos, dar-se-á por fim do contrato, ainda que não concluída a obra".

### 5. *Da não tributação das atividades-meio relativas ao contrato de franquia*

Cabe ainda rechaçar qualquer raciocínio no sentido de se estender o alcance do ISS às atividades que componham o negócio de franquia, isoladamente consideradas, ainda que se verifiquem "obrigações de fazer" dentre tais atividades.

Em outras palavras, ainda que, dentre as múltiplas obrigações da franqueada, se verifiquem atividades que correspondam a uma "obrigação de fazer", enquanto parte integrante do contrato de franquia (sem a qual o mesmo ocorre o risco de ser desnaturar), não há que se falar em incidência do ISS sobre tais atividades.

Dessa forma, ainda que tais atividades, isoladamente, se caracterizem como "obrigação de fazer", não pode ser alcançada pelo imposto municipal, uma vez que correspondem a mera atividades-meio do contrato de franquia, ou qual como já enfaticamente demonstrado não correspondem em hipótese alguma, a representação de serviços, sujeita o ISS.

Cumpre esclarecer o que são consideradas atividades-meio, as quais são imprescindíveis para o fiel cumprimento do contrato de franquia.

Sobre a matéria em questão discorre o Professor Paulo de Barros Carvalho,[43] "o contrato de franquia objetiva possibilitar que terceiros explorem um produto ou marca, conferindo-se ao franqueado benefícios decorrentes da experiência, qualidade e publicidade do franqueador. Para tanto o franqueador presta uma espécie de assistência técnica, sendo fixado em cada contrato e podendo constituir, por exemplo, na (I) assistência técnica em relação ao bom funcionamento do aparelho; (II) colaboração em publicidade; (III) auxílio contábil, relativo à adoção de determinada espécie de escrituração; (IV) instruções e treinamentos voltados ao exercício da atividade franqueada; dentre outros. Tais são atividades exercidas com instrumentos que viabilizam o contrato de franquia. Não tem um fim em si mesma, estando voltada, unicamente, ao implemento da cessão do direito de uso da marca franqueada. São, portanto, atividades-meio, cujo escopo é ver realizado o franqueamento, seu objetivo último".

Verifica-se que em qualquer ramo de atividade existem atividades-meios como, por exemplo, no caso de advogados, mesmo que datilografem seus trabalhos serão prestadores de serviços de datilografia.

Neste sentido é o entendimento do Prof. Aires Barreto:[44]

"Não se pode confundir a execução de meras atividades-meio com a prestação de serviço ou com atividades que serviço não são. É preciso distinguir a consistência do esforço humano prestado a outrem, sob o regime de direito privado, com o conteúdo econômico das ações intermediárias, que tornam possível seja um 'fazer', seja um 'dar' para terceiros.

"Em toda e qualquer atividade, há 'ações-meio', cujo custo é direta ou indiretamente agregado ao preço (seja do serviço, seja da operação mercantil, seja de operações financeiras, seja de quaisquer outras). Mas isto não pode conduzir ao absurdo de se pretender tomá-la isoladamente, como se cada uma delas fosse uma atividade autônoma, independente, dissociada daquela que constitui a atividade-fim."

Como regra, essas atividades não possuem qualquer finalidade mercantil, não tendo nenhuma mensuração econômica, uma vez que não são cobrados valores individualizados quando de sua realização.

Nos contratos de franquia os valores pagos pelos franqueados a título de taxa de franquia ou de *royalties*,[45] são referentes

43. Parecer à Associação Brasileira de *Franchising*, p. 21.

44. Parecer à Associação Brasileira de *Franchising*, p. 18.

45. Lei n. 8.955/1994, art. 3º, inciso VII, definiu *royalties* como sendo uma remuneração periódica pelo uso do sistema, da marca ou em troca dos serviços efetivamente prestados pelo franqueador ao franqueado.

ao contrato total, ao contrato de franquia como um todo, e não com relação às atividades realizadas isoladamente.

Destaque-se ainda que, mesmo que os custos dessas atividades estejam agregados ao preço final do serviço não é possível separá-los isoladamente, como se fossem atividades individualizadas independentes.

Sendo assim, somente podem ser tributadas pelo ISS as atividades expressamente previstas na lista de serviços, e que sejam desempenhadas como fim ou objeto, não podendo ser tributadas suas etapas, processos intermediários necessários à obtenção do fim, ou seja, não se pode confundir assistência técnica, instrumental, treinamento ou avaliação pessoal enquanto atividade-meio, com assistência técnica, instrumental, treinamento ou avaliação pessoal com atividade-fim.

Tal entendimento se encontra plenamente amparado pela jurisprudência. Nesse sentido já se manifestou o STJ e o STF:

> • Tributário. ISS. Serviços acessórios prestados por bancos. Não-incidência. Lista anexa ao DL n. 406/1968. Taxatividade.
>
> Os serviços de datilografia, estenografia, secretaria, expediente, etc., prestados pelos bancos não possuem caráter autônomos, pois, inserem-se no elenco das operações bancárias originais, executadas de forma acessória, no propósito de viabilizar o desempenho das atividades-fins inerentes às instituições financeiras (...)" (STJ, 1ª T., REsp 69.986-SP, Rel. Ministro Demócrito Reinaldo, *DJ* 30.10.1995, p. 36.734).
>
> • Tributário. Imposto sobre serviços. Atividades bancárias. Custódia de títulos, elaboração de cadastro, expediente. Serviços sem autonomia própria, inseparáveis da atividade financeira, que não suscitam o imposto municipal sobre serviço.
>
> Nem se pode subsumir na alínea 14 da lista, alusiva à datilografia, estenografia e expediente, eis que, nos estabelecimentos bancários, tais atividades apenas correspondem a meios de prestação dos serviços e não a estes próprios, que consistem na coleta e confronto de dados financeiros e administrativos.
>
> O item "expediente" desperta idêntica recusa. É apenas a expressão de serviços variados, prestados no exercício de atividades-meio do comércio bancário, que, como diz o acórdão recorrido, "não chegam a constituir um serviço próprio, autônomo" (STF, no acórdão proferido no RE 97.804-SP).

Portanto, não é possível tomar as partes pelo todo, sem ofender a CF, e é o que ocorre no caso dos serviços tributados pelo ISS nas atividades de franquia.

Como plenamente demonstrado nos itens anteriores, resta mais do que claro a não sujeição das atividades de franquia ao ISS. No mesmo sentido, desde já, deve ser afastada toda e qualquer argumentação no sentido de considerar sujeitas ao ISS atividades (meio) que compõem o negócio da franquia.

## *6. Da não-incidência[46] do ISS sobre os contratos de franquia*

A lei complementar não tem o condão de ampliar o campo de tributação das pessoas políticas, pois isto, a ela está vedada alterar a definição, conteúdo e alcance de conceitos de direito privado utilizados pela Constituição Federal para definir as competências tributárias. Veremos que as alterações introduzidas pela Lei Complementar n. 116/2003 afronta a Magna Carta e devem ser expulsos do ordenamento jurí-

46. Geraldo Ataliba, *Hipótese de Incidência Tributária*, pp. 45 e 46. A incidência tributária é a subsunção do fato a hipótese de incidência com a aplicação da norma ao fato; é aplicação do direito ao fato ocorrido no mundo fenomênico. Exemplo da fenomenologia da incidência tributária, é parecido com uma descarga elétrica sobre uma barra de ferro. Recebendo a descarga, a barra passa a ter forças para atrair metais. Mas a barra de ferro não deixa de ser de ferro, só se torna apta a atrair metais devido à descarga. A incidência é a descarga elétrica. Em contrapartida se dá a não-incidência, quando um fato não se amolda a hipótese de incidência e o direito não poderá ser aplicado.

dico, como o item 17.08 em discussão, que descreve a franquia com sendo um serviço.

### *6.1 Inconstitucionalidade da tributação das atividades de franquia pelo ISS*

A tributação do ISS sobre atividade que não se caracteriza como serviço, como no caso da franquia, é completamente inconstitucional, uma vez que viola, diretamente, as regras de competência tributária estabelecida na Constituição.

Em primeiro lugar, deve-se relembrar que a norma constitucional, através de seu art. 156, III, estabeleceu, aos Municípios e Distrito Federal, a competência para tributar pelo ISS as atividades que correspondam a serviços de qualquer natureza, quando definidos em lei complementar.[47]

Pode-se verificar que para a instituição do ISS, pelos Municípios, devem ser obedecidos, simultaneamente, dois requisitos fundamentais contidos no art. 156, inciso III, da Constituição Federal, quais sejam:

a) a atividade objeto de tributação deve obrigatoriamente corresponder a um serviço de qualquer natureza (que não os previstos no art. 155, II, da CF);

b) tais atividades devem estar definidas em lei complementar.

Por todo o exposto anteriormente, é possível identificar o descumprimento do requisito fundamental acima transcrito, uma vez que, como já enfaticamente demonstrado: a atividade de franquia não corresponde à prestação de serviço.

Nesse cenário, ainda que a atividade objeto de tributação se encontre perfeitamente definida em lei complementar, caso a mesma não corresponda a prestação de um serviço, tal hipótese de tributação padecerá de invalidade por não obedecer à regra constitucional.

Em outras palavras, para que ocorra a incidência do ISS, não basta somente que a atividade a ser tributada esteja somente em lei complementar, mas também que se configure juridicamente como um serviço de qualquer natureza, em obediência a Magna Carta.

Assim, não pode a Lei Complementar n. 116/2003, instituir a tributação do ISS sobre uma atividade que não se caracteriza juridicamente como prestação de serviço uma vez que tal prática figura como clara violação do disposto no art. 156, III, da CF.

Caso fosse admitido entendimento diverso, estaria a Lei Complementar alterando a própria determinação das regras de competência prevista na Constituição Federal, que é inadmissível.

Sobre a matéria em questão, manifestou o Professor Paulo de Barros Carvalho:[48]

"A Constituição Federal confere aos Municípios competência para instituir imposto sobre serviço de qualquer natureza, não compreendidos, no art. 155, II, definidos em lei complementar. É intuitivo perceber que além de serem 'definidos' em lei complementar, o texto constitucional exige que haja 'serviços de qualquer natureza'. Não pode o legislador complementar, portanto, relacionar atividade que não se enquadra no conceito de 'serviços'. Se aceitássemos o contrário, estaríamos ressalvando para o campo delicado e perigoso das invasões de competência, por quanto o legislador da União, produzindo normas de legislação complementar, estaria investido do poder ilimitado de chamar para o domínio legislativo do ISS atividades submetidas a imposto de outras pessoas políticas de direito constitucional interno (União, Estados e Distrito Federal).

"Tendo sido a competência tributária exaustivamente delimitada, pelo consti-

47. Constituição Federal, art. 156: "Compete aos Municípios e Distrito Federal instituir imposto sobre:

(...); II – serviços de qualquer natureza, não compreendidos no art. 155, II, definidos em lei complementar".

48. Parecer à Associação Brasileira de *Franchising*, p. 39.

tuinte ao legislador infraconstitucional, incluindo o complementar cabe a tarefa de regulamentá-las explicitando-as em seus pormenores: sempre, em conformidade com as prescrições constitucionais. Se assim não fizer, o produto legislativo deve ser desprezado pelo intérprete, inaplicado e retirado do ordenamento jurídico pelo órgão competente (...)."

Na mesma linha de entendimento ensina o Professor Aires F. Barreto:[49]

"Se a competência tributária é outorgada diretamente pela Constituição Federal, que disciplina de forma exaustiva, minudente e rígida, atribuindo a cada uma das pessoas políticas faixas privativas de sua competência – é imperioso concluir-se que os conceitos jurídicos utilizados pelo Texto Magno para definir essas faixas de competência tributária não podem ser alterados, pelo legislador infraconstitucional, complementar ou ordinário (...).

"Nem se diga que serviço é aquilo que a lei complementar disse que é, porque tal exegese derruiria todo sistema constitucional tributário (...).

"A expressão definidos em lei complementar não autoriza conceituar como serviço o que serviço não o é (...)."

O entendimento acima exposto acerca da proibição infraconstitucional altera os conceitos e institutos utilizados pela Constituição já foi objeto de reiterada jurisprudência.

Nesse sentido é a manifestação do Superior Tribunal de Federal – STF:

• Constituição. Alcance político. Sentido dos vocábulos. Interpretação. O conteúdo político de uma Constituição não é conducente ao desprezo do sentido vernacular das palavras, muito menos ao técnico, considerandos institutos consagrados pelo Direito. Toda a ciência pressupõe a adoção de escorreita linguagem, possuindo os institutos, as expressões e os vocábulos que revelam conceitos estabelecidos com a passagem no tempo, quer por força de estudos acadêmicos quer, no caso do direito, pela atuação dos Pretórios.

(...)

Realmente, a flexibilidade de conceitos, o câmbio dos sentidos deste, conforme os interesses em jogo, implicam, insegurança incompatível com o objeto da própria Carta que, realmente, é um corpo político, mas o é ante os parâmetros que encerra e esses não são imunes ao real sentidos dos vocábulos, especialmente os de contornos jurídicos. Logo, não merece agasalho o ato de dizer-se da colocação, em plano secundário, de conceito consagrados, buscando-se sem limites técnico, o sentido político das normas constitucionais (STF, Pleno, RE 166.723, Rel. Ministro Marco Aurélio).

O STF já reconheceu de forma clara a impossibilidade da legislação infraconstitucional alterar o conceito estabelecido nas regras constitucionais de delimitação das competências tributárias.

Tendo em vista o presente caso, merece destaque julgado do STF que aborda conceito constitucional de "serviços de qualquer natureza", reconhecendo a impossibilidade de tributar-se por ISS atividade que não se enquadre em tal conceito, independentemente de sua supervisão na lei complementar.

• A Suprema Carta Federal é conducente a glosar-se a cobrança de discrepantes daqueles nela previsto. Imposto sobre serviços – Contrato de locação. A terminologia constitucional do imposto sobre serviços revela o objeto da tributação. Conflita com a Lei Maior dispositivos que imponha o tributo considerado contrato de locação de bem móvel. Em direito, os institutos, as expressões e os vocábulos tem sido próprios, descabendo confundir a locação de serviços com a de móveis, práticas diversas regidas pelo Código Civil, cujas definições são de observância inafastável – art. 110 do CTN (STF, Pleno, RE 116.121-3-SP, Rel. Ministro Octávio Gallottti, *DJ* 25.5.2001).

49. "ISS não-incidência sobre cessão de espaço de bem imóvel", *Revista de Direito Tributário* 76, São Paulo, Malheiros Editores, 1999.

No que tange ao julgado acima mencionado, cabe ainda transcrever passagem do voto do Ministro Celso de Melo:

> O fato irrecusável é um só: a Constituição, quando atribui competência impositiva aos Municípios para tributar serviços de qualquer natureza, não compreendidos na competência de outra pessoa política, exige que só alcance, mediante incidência do ISS, os fatos que se possam qualificar juridicamente, como serviços.
>
> Cumpre assinalar, por necessário, especialmente em face das considerações expostas que a legislação tributária, emanada de qualquer das pessoas políticas, não podem alterar a definição, o conteúdo e o alcance de institutos, conceitos e formas de direito privado utilizados, expressa ou implicitamente, pela Constituição Federal, para definir ou limitar competências tributárias.

Assim, em vista da rigidez e exaustividade de nosso sistema constitucional tributário, conclui-se que o conceito jurídico de "serviços" utilizados pela Constituição Federal em seu art. 153, III, não pode ser alterado pelo legislador infraconstitucional, complementar ou ordinário, a fim de estender o âmbito de fatos jurídicos alcançados pela incidência do ISS.

O Professor Eduardo Amorim de Lima[50] entende: "que a única forma possível de se tributar os contratos de franquia, respeitando o atual sistema Tributário Brasileiro seria trilhar o caminho da competência residual da União, prevista no art. 154, I, da CF, pertencendo aos Estados e ao Distrito Federal, 20% do produto da arrecadação desse hipotético tributo, em atendimento ao art. 157, II, da CF".

Como isto não foi feito ao incluir o *franchising* na Lei Complementar n. 116/2003, é inconstitucional, por ofensa a clausula pétrea – art. 60, § 4º, I, da CF,[51] representando invasão de competência da União Federal ao possibilitar que os Municípios legislem sobre atividade comercial que não é serviço.

### *6.2 Da afronta ao art. 110 do CTN*

Além da conseqüência imediata da violação da regra de competência tributária estabelecida constitucionalmente, vale destacar que, a previsão, por lei complementar, de tributação pelo ISS, de atividade que não se caracterize como prestação de serviço, afronta diretamente o disposto no art. 110 do CTN.[52]

Dispõe o art. 110 do Código Tributário Nacional que não poderá o legislador alterar conceitos, definições e formas empregadas no direito privado se tais definições estiverem contidas no texto constitucional delimitando a competência tributária dos entes da Federação. Qualquer abuso de poder por parte do legislador deve ser repelido no ato de julgamento. "Caso o juiz assim não aja, estará este também consentindo com o abuso praticado pelo legislador, e portanto, indiretamente atingindo o teor do art. 110 do Código Tributário Nacional".[53]

De forma clara e precisa, é vedado ao legislador infraconstitucional alterar em qualquer hipótese, os conceitos, instituto e formas utilizadas pela Constituição Federal para delimitação de competência, conforme prescrito pelo art. 110 do Código Tributário Nacional.

Nesse sentido, o legislador infraconstitucional não pode, de forma alguma, alterar o conceito constitucional de serviços de qualquer natureza, a fim de alcançar pelo

50. "Da não-incidência do ISS sobre o *franchising* – Análise da questão à luz da Lei Complementar n. 116/2003", *Revista Dialética de Direito Tributário* 102/60.

51. Constituição Federal, art. 60, § 4º: "Não será objeto de deliberação a proposta de emenda tendente a abolir: I – a forma federativa de Estado"

52. Código Tributário Nacional, art. 110: "A lei tributária não pode alterar definição, conteúdo e alcance de institutos, conceitos e formas de direito privado, utilizados, expressa ou implicitamente, pela Constituição Federal, pelas Constituições dos Estados, ou pelas Leis Orgânicas do Distrito Federal ou dos Municípios, para definir ou limitar competências tributárias".

53. Tathiane dos Santos Piscitelli, *Os Limites à Interpretação das Normas Tributárias*, p. 90.

ISS atividades que não se encaixem em tal conceito, mesmo que prevista na lista de serviços.

Como bem apontou o ilustre Juiz Correia Lima, citando a doutrina de Marçal Justem Filho:

> Não se poderia, ademais, invocar uma pretensa autonomia do direito tributário frente ao direito privado. Não fora a superação dessa tese, diante da evidência da unidade do direito, ter-se-ia de reconhecer a inviabilidade de a lei tributária produzir uma ficção de serviço. A hipótese de incidência tributária pode apanhar, de modo abstrato, determinados eventos da realidade. Porém, não será facultado à lei tributária introduzir inovações ou alterações da realidade, através da hipótese de incidência. Se, em nome da autonomia do direito frente à realidade, fosse autorizada a criação ficcional de materialidades de hipótese de incidência, todos os princípios e garantias jurídicos estariam sacrificados. Não haveria necessidade de um sistema tributário discriminado, por exemplo, a competência tributária municipal quando fosse dado a lei considerar como serviço aquilo que, na realidade (jurídica), não o é.
>
> Irrecusável, assim, reconhecer o caráter complexo da franquia e sua compleição autônoma, não cabendo equipará-la a uma simples prestação de serviço ou venda de produtos do franqueador (EI 910.183-5/01, 1ª Cam. de Férias de julho 2000, j. 12.2.2001).

Assim, estando claramente sedimentado a não caracterização das atividades de franquia como prestação de serviços, bem como o entendimento quanto à impossibilidade de inclusão ou alteração de conceitos previstos pela Constituição Federal através de legislação infraconstitucional, pode-se concluir que a Lei Complementar n. 116/2003, mais uma vez afronta o sistema jurídico nacional, desta vez, no que tange à regra estabelecida no art. 110 do CTN.

### *6.3 Do entendimento jurisprudencial*

Devemos destacar que os fundamentos que afastam a incidência do ISS sobre as atividades de franquia já se encontram expressa e amplamente reconhecido, de forma reiterada, pela jurisprudência pátria.

Destaque-se que nossos tribunais superiores já apresentam jurisprudência pacificada acerca do expresso reconhecimento da natureza jurídica complexa do contrato de franquia, afastando-se da caracterização da prestação de serviço; da não abrangência das atividades de franquia dentro do conceito constitucional de serviço tributável estabelecido no art. 156, III, da CF.

Nesse sentido já manifestou o STJ:

> • Tributário. ISS. *Franchising*. Decreto-lei n. 406/1968. Lei n. 8.955/1994.
>
> 1. Acórdão *a quo* que julgou improcedente ação declaratória cumulada com repetição de indébito ajuizada pela recorrente, insurgindo-se contra a cobrança do ISS, ao argumento de não constar na lista de serviços anexa ao Decreto-lei n. 406/1968 (art. 79) a prestação dos serviços de franquia, sendo indevidos os pagamentos que efetuou.
>
> 2. O art. 2º da Lei n. 8.955/1994 define o contrato de franquia do seguinte modo: "Franquia empresarial é o sistema pelo qual o franqueador cede ao franqueado o direito de uso de marca ou patente, associado ao direito de distribuição exclusiva ou semi-exclusiva de produtos ou serviços, e eventualmente, também ao direito de uso de tecnologia de implantação e administração de negócios ou sistema operacional desenvolvido ou detidos pelo franqueador, mediante remuneração direita ou indireta, sem que, no entanto, fique caracterizado vínculo empregatício".
>
> 3. O *franchising*, em sua natureza jurídica, é "contrato típico, misto, bilateral de prestações recíprocas e sucessivas com o fim de se possibilitar a distribuição, industrialização ou comercialização de produtos, mercadorias ou prestação de serviços, nos moldes e formas previstos em contrato de adesão" (Adalberto Simão Filho, *Franchising*, 3ª ed., São Paulo, Atlas, 1998, pp. 36-42).
>
> 4. *O conceito constitucional de serviços tributável somente abrange*: a) as obrigações de fazer e nenhuma outra; b)

os serviços submetidos ao regime de direito privado não incluindo, portanto os serviços públicos (porque esta, além de sujeito ao regime de direito publico, é imune a impostos, conforme art. 150, VI, *a*, da CF); c) que revelam conteúdo econômico realizados em caráter negocial – o que afasta, desde logo, aquele prestados a si mesmo, ou em regime familiar ou desinteressadamente (afetivo, caritativo, etc.); d) prestados sem relação de emprego – como definida pela legislação própria – excluindo, pois, o trabalho afetado em regime de subordinação (funcional ou empregatício) por não esta in comércio (Aires F. Barreto, "ISS – Não-incidência sobre franquia", *Revista de Direito Tributário* 64/216-221, Malheiros Editores).

5. "A franquia é um contrato complexo nessa acepção. É inviável nela, divisar a configuração de uma pluralidade de contratos autônomos (senão em acepção que será adiante apontada), que se somam por justaposição. Não se trata de cumulação de contrato de cessão de marca com contrato de transferência de tecnologia e outros contratos, cada um com individualidade próprias. Há um plexo de deveres impostos a ambas as partes, onde a transferência de tecnologia é indissociável da cessão do uso de marca e dos demais pactos. Esses deveres não são unilaterais, muito pelo contrário. Incumbe a ambas as partes a execução de inúmeras obrigações de fazer. Isso torna inviável dissociação de obrigações de fazer, para fins de identificação de 'prestação de serviço'. É impossível, aliás, definir que presta serviço a quem, no âmbito do contrato de franquia, tal como é inviável apontar remuneração correspondente à prática de um dever específico. (...) Por decorrência e relativamente ao conjunto de atividades desenvolvidas pelas partes, em cumprimento aos plexos de deveres de fazer e de não-fazer, previsto no contrato de franquia, não se caracteriza prestação de serviços. Nem o franqueado presta serviço ao franqueador, nem vice-versa" (Marçal Justen Filho, em artigo intitulado "ISS e as atividades de *franchising*", publicado na *Revista de Direito Tributário* 64/242-256, Malheiros Editores).

6. O contrato de franquia é de natureza híbrida, em face de ser formado por vários elementos circunstanciais, pelo que não caracteriza para o mundo jurídico uma simples prestação de serviço, não incidindo sobre ele o ISS. Por não ser serviço, não consta, de modo identificado no rol das atividades especificadas pela Lei n. 8.955/1994, para tributação de ISS.

7. Recurso provido (STJ, 1ª T., REsp 222.246-MG, Rel. Ministro José Delgado, *DJ* 4.9.2000, p. 123).

• Tributário. ISS. *Franchising*. Franquia empresarial está conceituada no art. 2º da Lei n. 8.955/1994. O referido contrato é formado pelos seguintes elementos: distribuição, colaboração recíproca, preço, concessão, autorização e licenças, independência, métodos e assistência técnica permanente, exclusividade e contrato mercantil (Adalberto Simão Filho, *Franchising*, 3ª ed., São Paulo, Atlas, 1998, pp. 33-35).

Compreende-se os elementos supra que o referido contrato é formado por três tipos de relações jurídicas: licença para o uso da marca do franqueador pelo franqueado; assistência técnica a ser prestada pelo franqueador ao franqueado; a promessa e as condições de fornecimento dos bens que serão comercializados, assim como, se feitas pelo franqueador ou por terceiros indicados ou credenciados por este (Glória Cardoso de Almeida Cruz, em *Franchising*, 2ª ed., Forense).

*É portanto, contrato de natureza complexa afastando-se da caracterização de prestação de serviço*. ISS não devido em contrato de franquia. Ausência de previsão legal (...) (grifo nosso) (STJ, 1ª T., REsp 221.577-MG, Rel. Ministro Garcia Vieira, *DJ* 3.4.2000, p. 117).

• Tributário. ISS. *Franchising* ou contrato de franquia. DL n. 406/1968. Lei n. 8.955/1994. Precedente. *Não sendo o contrato de franquia uma simples prestação de serviço, mas de natureza complexa*, não consta no rol das atividades especificadas pela Lei n. 8.955/1994, para fins de tributação do ISS" (grifo nosso) (STJ, 2ª T., REsp 189.255-RJ, Rel. Ministro Francisco Peçanha Martins, *DJ* 3.6.2002, p. 169).

Com base em todos os fundamentos apresentados pode-se concluir que padecerá o vício de inconstitucionalidade e ilegalidade de toda e qualquer norma infraconstitucional, que estabelece a incidência do ISS sobre as atividades de franquia.

### *Conclusões*

Como visto a atividade de franquia não corresponde a uma simples prestação de serviço (entendida como simples obrigação de fazer), ainda que, a cessão de direito venha acompanhada pela execução de algumas atividades, como normalmente ocorre nas franquias, tal fator não altera a natureza jurídica de contrato complexo.

Trata-se de um contrato complexo, evolvendo múltiplas relações entre franqueado e franqueador, para atingir o objetivo último consistente na cessão de direito, sendo impossível desvinculá-las a fim de tributação pelo ISS, pois, fazem parte das atividades-meio e não da atividade-fim.

Pode-se concluir que a tributação de ISS sobre contrato de franquia, sempre padecerá de vício de inconstitucionalidade e ilegalidade de toda e qualquer norma infraconstitucional, que estabelece a incidência do ISS sobre as atividades de franquia.

No aspecto constitucional, tais normativos representam clara violação ao Texto da Carta Magna uma vez que configuram afronta direta à regra de competência estabelecida no art. 156, III, da CF.

Ainda sob a ótica constitucional, cabe destacar que a instituição de tributo sobre as remunerações decorrentes de contratos de franquia, tais quais taxas de franquia ou *royalties*, além de extrapolar a regra de competência constitucional estabelecida no art. 156, III, da CF, invade competência (residual) atribuída a União Federal, desta forma, violando diretamente o dispositivo no art. 154, I, da CF.[54]

De acordo com tal dispositivo apenas a União tem competência para instituir, via lei complementar, impostos *não cumulativos* cuja hipótese de fato gerador não se encontre prevista constitucionalmente.

Destaque-se ainda, no que se refere a tal dispositivo, a ofensa ao texto constitucional verifica-se também pelo fato de a hipótese em questão (ISS sobre franquia) corresponde a imposto cumulativo.

Por fim, ainda que decorrência lógica da afronta às regras constitucionais de competência, as normas em questão representam violação ao dispositivo do art. 110 do CTN, quando a lei altera o conceito constitucional de prestação de serviço.

Por todo o exposto resta de forma clara a não-incidência do ISS nas atividades de franquia e a flagrante inconstitucionalidade e ilegalidade da LC n. 116/2003, no que tange à previsão de tributação dos valores pagos pelos franqueados a franqueadora a título de taxas de franquia.

54. Código Tributário Nacional, art. 154: "A União poderá instituir: I – mediante lei complementar, impostos não previstos no artigo anterior, desde que sejam não cumulativos e não tenham fato gerador ou base de cálculo próprios dos discriminados nesta Constituição".

# ESTUDOS & COMENTÁRIOS

# A SEGURANÇA JURÍDICA NO DIREITO TRIBUTÁRIO. ASPECTOS CAÓTICOS

Luciano de Almeida Pereira

Mestrando em Direito Tributário pela PUC/SP. Advogado em São Paulo

*1. Introdução. 2. A interdisciplinaridade. 3. A linguagem no direito. 4. A teoria do caos. 5. Conclusão.*

## *1. Introdução*

Como de conhecimento geral, a Ciência Jurídica tem como objeto de estudo o Direito Posto (ou Direito Positivo), o texto de lei. Este, o Direito Posto, tem o fito de regrar as relações de intersubjetividade que se instala entre os utentes. Por outro giro, busca regrar as relações estabelecidas entre os indivíduos inseridos numa dada sociedade.

Por isso as normas jurídicas,[1] que são obtidas pela significação que o intérprete faz dos enunciados prescritivos contidos nos textos legais (por conta disto Paulo de Barros Carvalho diz que é o mínimo e irredutível de manifestação do deôntico), apresentar-se-ão, sempre, obrigando, permitindo ou proibindo algo.[2]

Entendendo que linguagem é toda e qualquer forma de comunicação, separemos a linguagem idiomática das demais, posto que, com essa, trabalharemos no direito. Inegável, pois, é a presença de linguagem no direito, inclusive no Direito Posto. Sim, porque na medida em que obriga, permite ou proíbe algo, está inexoravelmente instalada uma comunicação.

O legislador, de forma imperativa, determina como hão de ser as condutas, nas modalidades linhas acima destacadas, e o indivíduo acata sob pena de, assim não agindo, sofrer sanção prevista em lei[3] que, por sinal, também é linguagem.

1. A obtenção da norma jurídica, por muitos definida como norma jurídica estrito senso, pode ser efetivada por diversos caminhos. Por mera opção metodológica escolhemos o caminho da semiótica. O grande cientista a operar com a semiótica fora Charles Sanders Pierce, para quem, o homem significa o que o rodeia através de uma concepção triádica (*firstness*, *secondness* e *thirdness*). Desta sorte, os elementos do triângulo semiótico são: *Primeiro elemento*: suporte físico; *Segundo elemento*: significação; *Terceiro elemento*: significado. Este é o caminho que escolhemos para obter a norma jurídica. Por isso, dizer que a significação que um intérprete obtém a partir da leitura de um dado texto de lei.

2. Os modais deônticos são entes lógicos contidos no interior; no núcleo da norma jurídica, imprimindo, a estas, tom de obrigatoriedade, permissibilidade ou proibitividade.

3. Trata-se do que entendemos por norma jurídica completa. Temos o desenho da hipótese normativa de sorte que, concretizando a conduta alocada no antecedente, redundará no efeito deter-

Pronto. Temos emissor (legislador) e receptor (comandado) de uma mensagem de tal arte que, esta fora definitivamente efetivada. E, repisemos, isto só se mostra possível por conta de uma linguagem que acompanhava tal comunicação. Por ser impositiva, imperativa, norteando os indivíduos pertinente a suas condutas, indicando como estes devem agir, tem, o Direito Positivo, linguagem prescritiva de condutas. Como sabemos, a linguagem prescritiva presta-se a um comando; diz como algo deve ou não ser efetuado, por isso asseverar que é imperativa.

São instruções dizendo como proceder. Exemplo disto são os manuais que acompanham eletrodomésticos demonstrando, etapa a etapa, o que necessário para a instalação e funcionamento do objeto. A não observância de tais recomendações redundará, irrefragavelmente, no insucesso da empreitada.

De igual sorte se mostra uma receita "prescrita" por um médico. Suponhamos que nesta venha sublinhado que devemos tomar dois comprimidos ao dia. Se tomarmos apenas um, não teremos o efeito pretendido. Se, ao contrário, tomarmos três, poderemos ter problemas por excesso de medicação. Vê-se, então, que existe uma forma adequada, *in casu*, para agir. Assim funciona o Direito Positivo.

As condutas deverão ser realizadas em total harmonia com o preconizado em lei.

Por tais características, está submetida ao rigor da lógica deôntica, de tal sorte que suas proposições serão válidas ou inválidas (ou não válidas).

Assenta, a linguagem prescritiva de condutas, na linguagem natural e, no caso do direito, sendo fruto de um Poder Legislativo de um Estado Democrático de Direito, haveremos de encontrar legisladores das mais variadas formações, o que torna o discurso irregular, repleto de vaguidades[4] e ambigüidades.[5]

Na aparição das problemáticas suso aventadas, já é possível observarmos os primeiros indícios de caminhos não retilíneos, de uma certa imprevisibilidade, ao passo que, por conta disto, a conceituação, a classificação, a valoração ficará ao talante do intérprete que, ao definir algo, levará em conta sua atmosfera semântica,[6] sua carga empírica e os contextos históricos e sociais em que está inserido.[7] Isto, quiçá, justifica a disparidade de entendimentos, de posicionamentos e, até mesmo, de decisões de ordem judicial e administrativa.

Buscando dirimir estas questões, este aparente "caos" que a imprecisão provoca, entra em cena a ciência jurídica. Metalinguagem[8] que é em relação ao Direito Positivo, levamos os problemas gerados pela ambigüidade e pela vaguidade, dentre outros, ao sobrenível da ciência de tal arte que, nesta, encontraremos instrumentos adequados e fortes o suficiente para dirimir a, alhures mencionada, problemática que o Direito Posto cria.

## 2. *A interdisciplinaridade*

Somos defensores da interdisciplinaridade. Isto é certo, não afeta a pureza do direito. Como expusemos no título predecessor, a resolução das imprecisões, dos

minado pelo conseqüente. O descumprimento destes, que são normas primárias (ou endonorma na terminologia de Carlos Cóssio) redundará na imposição de uma sanção aplicada pelo Estado (Poder Judiciário). Trata-se da denominada norma secundária (ou perinorma na terminologia de Carlos Cóssio).

4. Vaguidade, num breve e apertado resumo, é a imprecisão que determinada palavra ou termo tem, dificultando, assim, a comunicação.

5. Várias acepções para o mesmo termo.

6. Neste sentido Márcio Pugliese em aula de Filosofia no Curso de Mestrado da PUC/SP.

7. Neste sentido Tathiane dos Santos Piscitelli, in *Limites à Interpretação das Normas Jurídicas Tributárias*, Dissertação de Mestrado, USP, 2006.

8. Vale ressaltar que a metalinguagem é uma linguagem de sobrenível, ou seja, está em um nível superior. Logo se, a exemplo disto, a ciência do direito fala sobre o direito posto, sua linguagem é metalinguagem com relação àquela encontrada nos textos de lei.

equívocos, a perseguição de uma aplicação e compreensão mais coerente do direito se deve à Ciência Jurídica. Mais precisamente à Teoria Geral do Direito.

Com esta passamos a compreender a separação entre Direito Posto e Ciência Jurídica (com suas peculiaridades), a formação da norma jurídica, as classificações, o surgimento das relações, a valoração dentre infindáveis elementos que compõe este grande conjunto denominado direito.

Para que isto seja possível e com o vigor e seriedade que se faz mister, temos de nos valer de outras ciências que não são puramente jurídicas.

*2.1 A Semiótica*

Como outrora dissemos, a obtenção de uma norma jurídica desfruta de vários caminhos suficientemente adequados para encontrá-la. Por opção e apreço à matéria, enfatizemos, valemo-nos, para tanto, da semiótica. Mas o que é semiótica senão um capítulo da Lingüística? Matéria, certamente, não encontrada na Ciência do Direito, ao menos tradicionalmente falando. O cientista que opta por esta adentra nos limites daquela ciência recortando a parte ideal para seu labor científico e, após isto, a traz para os limites da ciência do direito.

A utilização da semiótica pelo intérprete depende, infalivelmente, da feitura do denominado triângulo semiótico.[9] Neste teremos um primeiro elemento que equivale ao suporte físico; um segundo elemento condizente a significação e, por derradeiro, um terceiro elemento pertinente ao significado.[10]

Assim, podemos dizer que a leitura do triângulo semiótico pode ser traduzida como a significação que o intérprete tem a partir da abstração significativa de um dado signo, externando suas impressões. Noutras palavras, temos um suporte físico (objeto) onde o ser cognoscente dirigirá suas atenções. Automaticamente, um juízo, uma interpretação sígnica formar-se-á na mente do intérprete (significação). Num terceiro momento, externará seu juízo (significado).

Partindo, neste átimo, para uma conceituação mais refinada do termo, aponta-se que o triângulo semiótico é formado pelo *interpretante imediato* que é a impressão mais rústica ou primeira que se detém do signo; *interpretante dinâmico* que é uma resposta "*ativa*" da representação do objeto na mente do intérprete e, por fim, *interpretante final* que é o momento de articulações dos sentidos considerando "*convenções e hábitos*".[11]

Esta operação é, justamente, a utilizada para a obtenção da norma jurídica. Neste esforço, o exegeta atém-se ao texto de lei (suporte físico), obtendo uma impressão pessoal acerca do tema e, no ulterior momento, externa suas ilações. Por isso, como outrora asseveramos, a diferença de entendimentos, de posicionamentos. Pelo mesmo motivo encontramos decisões diversas acerca do mesmo tema e, até mesmo, em uma ação judicial na medida em que obtemos um resultado em primeiro grau de jurisdição e, após recurso competente, a decisão é reformada.

E, de igual sorte, encontramos decisões, posicionamentos, não usuais, fora de uma faixa de previsibilidade cultural se considerado o grau de aceitabilidade e de elasticidade de conceitos sobre um dado tema. Decisões deste jaez não vêm, necessariamente, acompanhada de dolo. Não. O homem dilata a realidade pelo viés de seu exercício mental, pela sua psique.

9. No que é pertinente ao tema, ficamos com a corrente de Charles Sanders Pierce, que traz, justamente, esta corrente trilateral, abdicando, assim, da semiologia (bilateral) de Ferdinand de Saussere.

10. Terminologia utilizada por Edmund Husserl, conforme preceitua Paulo de Barros Carvalho, in "Apostila de Filosofia do Direito e Lógica Jurídica", do Curso de Mestrado da PUC/SP.

11. Neste sentido, Clarice Von Oertzen de Araújo em "Fato e evento tributário – Uma análise semiótica" – *Curso de Especialização em Direito Tributário: Estudos Analíticos em Homenagem a Paulo de Barros Carvalho*, Forense, p. 338.

Assim, travando contato com o suporte físico, organiza as informações extraídas deste e alia com as experiências extraídas de seu mundo circundante.[12]

Emite suas opiniões que, no caso de um processo judicial, colocar-se-á em forma de sentença ou acórdão. Percebamos que o empirismo e os contextos histórico e social influenciarão diretamente nas impressões, nas conclusões dos intérpretes. Por isso invariavelmente encontramos expedientes deste quilate com uma abissal distância entre uma variação prevista para decisões pertinentes a um determinado caso e a efetivamente proferida. Esta falta de harmonia, esta variabilidade que tanto assusta, embute, em princípio, um aparente "caos" aos olhos de quem vê de forma apressada.

### *2.2 O percurso gerador de sentido*

Trata-se de um tema que vem sido propagado pelo Professor Paulo de Barros Carvalho. O percurso gerador de sentido das normas jurídicas encontra-se representado pelo plano S1, S2, S3 e S4. Certamente ao efetivar o primeiro contato com o denominado sistema, há de se indagar o que vem a ser o mesmo, qual sua pertinência. Ao estudá-lo com mais vagar, todavia, percebemos o largo grau de aplicabilidade que traz. Vejamo-lo então:

Em um breve e apertado resumo, temos S1 como sistema das configurações físicas (tinta impressa, resíduo de giz na lousa...); S2 como significações dos enunciados; S3 como momento de articulações dos sentidos (das significações) formando a norma jurídica e S4 como sua contextualização da norma no sistema.

Percebamos que o percurso gerador de sentido guarda grande similitude com a semiótica no que concerne a formação de sentido. Notemos. O S1 é o momento em que o intérprete trava o primeiro contato com o suporte físico. Percebe-se que nada mais é que dirigir suas atenções para um determinado suporte físico, base para a formação do alhures mencionado triângulo semiótico.

Em um segundo momento, temos os domínios do S2. Ao admitirmos este como o momento em que se forma a significação é, por outro giro, admiti-lo como o instante em que as impressões advindas da atenção empregada ao suporte físico (aqui no percurso gerador de sentido alocado nos domínios do S1) se concretizam na mente do intérprete. No caso da norma jurídica, ao menos na acepção em que nos referimos, trata-se do exato instante em que esta se formara.

Passemos para o momento do S3. Tem-se, este, como o momento das articulações de sentido, como linhas acima noticiamos. Pois bem, guarda grande similitude com o campo de atuação do S2. Atenta-se, contudo, que para a formação da norma jurídica não basta a mera apreensão. Não. Os sentidos têm que ser articulados, concatenados, experimentando as impressões para, a partir disto, redundar em um produto coerente; que se encontre numa prevista faixa de variabilidade, evitando, pois, o temido "caos" interpretativo que, deveras, há de traduzir resultados de difícil resolução e, quiçá, insolúveis.

Entremos, agora, nas províncias do S4. Momento em que a norma se contextualiza. É lançada perante o sistema buscando dado regramento perante a óptica do indivíduo que a interpretara. Talvez seja a única diferença, se traçado um paralelo, entre o percurso em tela e a semiótica.

Isto pelo fato de que a semiótica trabalha com o "triângulo semiótico" no que se refere à formação de sentido. Como notamos, o percurso gerador de sentido trabalha, hoje, com quatro pólos, quatro vertentes. Por isso, pelo nosso prisma, tem um elemento a mais na medida em que já trabalha com a norma jurídica efetivamente contextualizada.

Óbvio posto que a semiótica, como outrora dito, é parte integrante da lingüísti-

12. Seu contexto histórico e empirismo.

ca. O direito se apropria de parte dela para ajustar; dar maior precisão em seu método de interpretação. Natural, então, que nesta não tenha momento ou elemento adequado para tratar da contextualização da norma jurídica. Não tem este objetivo. Cabe ao cientista do direito dar o devido encaminhamento com o resultado colhido da interpretação que a semiótica possibilita.

### *2.3 A teoria dos valores*

Passamos os tópicos anteriores demonstrando, ainda que de forma sintética, formas, mecanismos para a obtenção da interpretação. Interpretação, esta, que, *in casu*, resultará em norma jurídica.

Mas o que é interpretar senão atribuir valor a um objeto seja natural, ideal, meta físico ou cultural?

Para chegarmos a uma conclusão acerca de valores, seguiremos o esteio dos ensinamentos de Paulo de Barros Carvalho. Atentando às suas lições, verificamos que valores são núcleos de preferibilidade o que concerne ao objeto em análise.

Por outro giro, ao atribuir valor a um dado objeto, o exegeta fá-lo-á de acordo com sua atmosfera semântica, sua carga empírica e contexto histórico em que está inserido (como bem ressalta Tathiane dos Santos Piscitelli[13]) o que, como oportunamente consignamos, formará as impressões percebidas por este. Isto fará com que, dentro de uma determinada margem de variabilidade prevista, o intérprete escolha os elementos que guardem relação e pertinência com os contextos acima descritos.

Tais fatos, então, fazem com que haja variabilidades, diferenças nas valorações atribuídas.

Outro ponto que se mostra mister, toca na relação ôntica dos valores. Sabemos que esta se divide nas regiões dos objetos naturais, ideais, metafísicos e culturais. Os valores, nesta seara, não são, não consistem. Simplesmente valem. Assim, seu "ser", seu "existir", estão imbricados, inexoravelmente, ao seu valer. "São" e "existem" na medida em que valem.

Sendo os objetos culturais construção do homem na medida em que trava contato com estes, o valor, em nossa visão, está inserido na região cultural no que toca a região ôntica do conhecimento. Sim porque se conceituando, ponderando, dentre outros exercícios psíquicos estamos, irrefragavelmente atribuindo valor.

Olhamos para um recipiente de tamanho pequeno com uma alça que possibilita pegá-lo. Neste mesmo objeto podemos despejar líquidos e outros elementos que nele caibam.

De acordo com nossa atmosfera semântica, com nossa carga empírica e com o contexto histórico em que estamos insertos, concluímos e conceituamos, atribuímos àquele objeto o valor de xícara.

Esta significação formada em nossa mente a partir do exame efetuado sobre o suporte físico em voga que, num posterior momento externara um significado, é resultado de um ato humano. Ato de conceituar, de valorar. Por isso nossa assertiva no sentido de que os valores estão alocados na região cultural do conhecimento.

Entretanto, há de se ressaltar, mais uma vez, que os valores só existem na medida em que valem. Não existem por si só. Isto, então, justifica a afirmação de que não possuem relação ôntica.

O que queremos demonstrar, em verdade, é que na medida em que se efetua o exercício de valorar, concretiza-se uma ação humana. Uma construção psíquica que, por isso, encontram-se apenas no tempo e não no espaço. Neste momento, o valor ocupa lugar na região cultural do conhecimento.

Por ser, a valoração, um exercício que observa os elementos já ditos, não são mensuráveis, quantificáveis. Isto num primeiro momento gera, deveras, dúvidas na

13. Tathiane dos Santos Piscitelli, *Limites à Interpretação das Normas Jurídicas Tributárias*, cit.

medida em que vemos objetos, obras de arte e tantos outros elementos com preços que, numa acepção semântica possível, traduz-se em valor atribuído.

Trata-se, pois, de uma mera referência que o mercado reclama para sua viabilidade. E, dessa forma, sentimo-nos à vontade para dizer que conceituar, mensurar uma norma jurídica é atribuir valor a esta.

Lembremos que a norma jurídica é a significação formada na mente do exegeta que assim se formara após o exame de um suporte físico que, *in casu*, é o direito posto. Esta significação é fruto de uma conceituação. É, pois, uma valoração.

Por isso tão importante o estudo de tal teoria.

### *2.4 A teoria das classes e dos conjuntos*

Partamos da premissa de que classificar é categorizar; estabelecer uma categoria ou classe a algo.

Partindo da despretensiosa definição acima, consideremos algo como um todo que, para sua melhor compreensão, para seu melhor manuseio, há de se efetuar um corte, uma separação em classes. Neste exato ponto entra em foco a teoria das classes ou, igualmente denominada, teoria dos conjuntos.

A teoria dos conjuntos advém da matemática, tratando, esta, por óbvio, das propriedades dos conjuntos. Na teoria dos conjuntos, um conjunto é tido como um apanhado de objetos bem definidos. Estes são denominados de elementos ou membros do conjunto. Os objetos podem ser das mais variadas espécies: números, pessoas,... *normas jurídicas* etc.

Neste ponto, mostra-se de grande valia o estudo da teoria dos conjuntos ou teoria das classes. Tomemos como exemplo a norma jurídica, como suso grifamos. Esta é um conjunto que na medida em que classificamos vamos elegendo subconjuntos classificando-os de acordo com características que nos fazem destiná-las a um ou outro conjunto.

Nesse compasso, temos um "atributo",[14] norma jurídica, sendo desmembrada; partindo de um conceito geral para um específico. Partimos, então, do conjunto genérico norma jurídica para, num processo reducionista, divisá-las em norma jurídica em sentido lato ou em sentido estrito; norma jurídica de estrutura ou de conduta; norma jurídica primária ou secundária e assim por diante.

Conforme vamos separando tais subconjuntos, elegemos, inexoravelmente, "classes".[15] Destarte, cada norma é identificada consoante suas características inerentes e separadas à classe que a abarca. Daí o termo classificar.

Podemos, então, concluir que se N' (norma jurídica primária, por exemplo) é um membro de N (norma jurídica), então também é dito que N' *pertence a* N, ou que N' está em N. Neste caso, escrevemos N' ? N. Trata-se de um subconjunto próprio (pois todo elemento/subconjunto advindo deste é próprio). Em contraponto a este, temos os subconjuntos impróprios que, *in suma*, é subconjunto de um subconjunto.

Nesta seara, consideramos mister a observação que a classificação se dá num processo que parte da conotação para a denotação; de algo mais abrangente ou genérico para a especificidade. Por isso Tárek Moysés Moussallem[16] assevera que "*o aumento da conotação implica a diminuição da denotação*" (grifos postos).

Desta monta, mostra-se deveras importante o estudo, a aplicação da teoria dos conjuntos tanto na Ciência do Direito (ao passo que podemos, com maior precisão e de forma consciente, efetuar cisões meto-

14. Atributo para o Professor Paulo de Barros Carvalho é nome geral que denota uma série de objetos com mesmo atributo: com mesmas características. Teoria das classes: subsunção do fato à norma, p. 85.

15. Classes, por seu turno, no diapasão do Mestre paulista supra mencionado, é a extensão de um conceito geral ou universal.

16. Tárek M. Moussallem, *Revogação em Matéria Tributária*, São Paulo, Noeses, 2005, p. 40.

dológicas a fim de aproximar-se do objeto de análise) como no Direito Posto, de arte que, de igual sorte, se pode *classificar* o texto legal segundo a matéria legislada, em ordem hierárquica dentre outras tantas classificações.

### *2.5 Teoria das relações ou dos predicados poliádicos*

Paulo de Barros Carvalho,[17] citando Rudolf Carnap, ressalta que Lógica das Relações, também denominada Lógica dos Predicados, indica as propriedades, os adjetivos inerentes a um indivíduo.

Nesse passo, na composição de um enunciado proposicional, na verbalização das proposições, deparamo-nos, irrefragavelmente, com nomes de pessoas ou de objetos; com adjetivos de pessoas ou de objetos. Vale dizer, neste contexto, que tanto a tais características quanto aos nomes empregados, incluem-se, também, estes advindos da atribuição que o intérprete despende aos mesmos.

Malgrado, ao tratarmos de Teoria das Relações ou Teoria dos Predicados, estamos, de igual sorte, manuseando as relações instaladas entre indivíduos ou objetos. Estas, pois, são integrantes da teoria ora analisada.

Num breve e apertado resumo, então, podemos concluir que a Teoria das Relações ou Teoria dos Predicados se ocupa do estudo efetuado sobre os nomes e características (ou adjetivos) inerentes a um indivíduo ou objeto, bem como a nome ou característica (ou adjetivo) integrante de uma relação estabelecida entre objetos ou indivíduos.

Destarte, a Teoria dos Predicados (ou relações) atém-se a: nomes, qualidades (características ou adjetivos) e relações (ou interligações). Isto, é certo, implica dizer que haveremos de encontrar duas possibilidades de predicados ou sistemas: uma primeira atinente a adjetivos, características, ou nomes, atribuídas a um indivíduo ou objetos; e uma segunda que se ocupa da modalidade relacional que vincula dois ou mais indivíduos ou objetos.

Neste ponto pedimos vênia para traçar um paralelo. Sob nossa óptica, a Teoria das Relações encontra perfeita harmonia com a Teoria dos Conjuntos ou, também denominada Teoria dos Sistemas.

Sim, posto que ao separar os predicados em monádicos e poliádicos (como, logo a seguir, veremos), estamos separando em classes ou subclasses; em conjuntos ou subconjuntos. Por outro giro, estamos classificando tais elementos em predicados monádicos ou poliádicos.

Neste diapasão, temos que relação é a denominação e ou características que pessoas e objetos carregam, assim como o vínculo estabelecido entre estes.

Assim, ao falarmos de relação referente a um único indivíduo (quando nos referimos a denominações ou características) estamos diante de um *predicado monádico*.

Estes, talvez, guardam pouca relação com o direito, seja como ciência ou como texto legal, na medida em que, este, está imbuindo de cuidar das relações de *intersubjetividade* e não de relações de *intrasubjetividade*. Isto, em contranota, não implica afirmar estar, este, em total descompasso com o direito de tal feita que não encontra a menor utilidade ou uso. Há, de certo, situações; enquadramentos científicos para este, contudo, em pequeníssima escala. Exemplo disto é a Psicologia Forense onde o enfoque são características; relação do indivíduo para consigo mesmo. Por isso dissemos que, pelo nosso prisma, há pouca relação pouco usual.

Desta monta, cremos, que de grande valia se mostram os predicados poliádicos. Estes porque vinculam dois ou mais objetos; dois ou mais indivíduos. Por vincular dois sujeitos ou objetos, *ou mais*, recebem tal nome. Desta sorte, hão de ser:

• predicados diáticos – dois indivíduos;

17. Paulo de Barros Carvalho, *Teoria das Relações: Imputação Normativa*. Texto inédito.

• predicados triádicos – três indivíduos;

• predicados tetrádico – quatro indivíduos;

• predicados pentádico – cinco indivíduos.

Pelo fato de *todos*, tratarem de dois ou mais objetos ou indivíduos, são, irretorquivelmente, poliádicos.

Como cediço, a Ciência Jurídica (ou Ciência do Direito) tem por objeto o Direito Posto. Estuda-o com o esforço de descrevê-lo, apontando suas características, sua vaguidade, suas ambigüidades, mostrando-se um importante instrumento para minimizar tal problemática que, deveras, é presente. Isto sempre no olhar do intérprete, do cientista. Por isso temos divergências científicas.

O Direito Posto, é certo, tem o fito de regrar, cuidar das relações de intersubjetividade estabelecida entre os utentes. Por outro giro, trata das relações que se firmam entre indivíduos inseridos numa dada sociedade. Estas sempre se darão entre dois ou mais indivíduos.

Direcionando para a Teoria das Relações ou dos Predicados, mostra-se vital a utilização dos conceitos referentes aos predicados poliádicos por ser esta a modalidade de predicado que abarca a referida situação.

### *3. A linguagem no direito*

Percebamos que conquanto alguns indivíduos relutem contra esta ilação, as relações de intersubjetividade estão ao talante da interpretação. Por isso a importância da interdisciplinaridade. Por tal motivo importa o estudo da hermenêutica, da semiótica, da semântica, da linguagem dentre tantas outras.

O mundo é vertido em linguagem. E, neste átimo tratamos da acepção básica, essencial do termo.

Linguagem é toda e qualquer forma de comunicação. Nesse passo, a linguagem concerne a um sistema formado por elementos, como gestos, sons, sinais, símbolos ou palavras, que são usados para representar conceitos, idéias, significados e pensamentos.

Por assim ser, sentimo-nos seguros para afirmar que o direito é, *in totum*, vertido em linguagem. Isto porque em quaisquer de suas modalidades concretiza o fenômeno da comunicação.

De geral sabença, a ciência jurídica descreve seu objeto num evidente esforço cognoscitivo. Já o direito posto prescreve condutas indicando o modo pelo qual seus utentes devem agir, com normas de cunho permissivo, proibitivo ou obrigatório. Por isso a importância de divisar e diferençar as modalidades de linguagem que os acompanham (linguagem descritiva na ciência do direito e prescritiva no direito posto). Assim, evidente é que ao passo em que determina como as condutas hão de ser efetuadas exerce, infalivelmente, um papel comunicacional.

Isso nos leva a entender e, de certa forma, esperar disparidades entre opiniões, conceituações, afirmações sobre o mesmo tema, sobre a mesma questão. É, então, gerada a impressão de que estamos diante de uma inegável instabilidade, de uma *insegurança jurídica*. E isto, convenhamos, traz motivos suficientes para identificarmos um presente "caos". E este, por seu turno, traz uma imensa sensação de medo e insegurança.

Mas, há real motivo para tanto? O que é, em verdade, o tão temido "caos"? Buscando dirimir tais questões propusemo-nos a investigar tal fenômeno com o fito de identificar as margens em que se trabalha com este, dentro de uma já esperada variação. Para isso, passemos, doravante, a identificar e localizar os eventos e fatos jurídicos dentro de tal teoria.

Poderemos, então, verificar se as diferenças são "caos" de nocividade irreversível ou se, em verdade, encontra-se dentro da margem de previsibilidade.

### *4. A teoria do caos*

Salientamos de início que a Teoria do Caos é puramente matemática. Contudo, diante da interdisciplinaridade outrora aventada, utilizaremo-la por, cremos, ser, esta, de grande valia para a compreensão de diversos eventos que consideramos fora dos padrões aceitáveis de interpretação.

Por isso, então, as palavras doravante tecidas acerca de tal fração da ciência matemática dar-se-á de forma resumida, todavia, na proporção adequada para que possamos utilizá-la na ciência jurídica.

Teoria do Caos, *in suma*, é o estudo de um conjunto de objetos imbricados; que se inter-relacionam dentro de um sistema em comum.

Entre estes sistemas ou conjuntos, consideremos duas categorias: os lineares e os não lineares. Estes se divergem entre si na sua relação de causa e efeito.

No primeiro reflexo de um distúrbio tem, este, resposta absolutamente proporcional à intensidade de sua provocação. Na segunda, por seu turno, a resposta advinda da provocação inerente não é necessariamente proporcional à intensidade do distúrbio. A esta espécie de sistema; a tal modalidade de conjunto se aplica a Teoria do Caos.

Estuda, tal ciência, o comportamento aleatório; imprevisível dos sistemas demonstrando situações, ocorrências passíveis de deformidades, não retilinearidades ou, dito de outra forma, imprevisibilidades naturais do sistema como um todo.

Tais eventos nascem com pequenas alterações que num olhar menos atento parecem não guardar relação com eventos futuros e que, justamente por isso, compromete toda precisão do evento trazido à baila.

Um dos enfoques centrais da Teoria do Caos e, ao menos ao nosso ver, o que mais nos interessa, diz respeito aos comportamentos, às causas aleatórias, não retilíneas. Estes são regidos por ciências legitimadas, e, portanto, capazes, de predizer, de prever dois resultados para o mesmo evento.

O primeiro resultado mostra-se ordenado, retilíneo, dentro dos padrões aceitos e previstos de uma maneira geral. O segundo é, de igual sorte, uma resposta ordenada, entretanto, a resultante futura dos eventos é áspera, caótica. Trata-se, pois, de uma contradição previsível de resultados dentro de um dado sistema.

Exemplo clássico é imaginarmos uma poça ou uma bacia de água. Se jogarmos uma pedra, ondas serão formadas e propagar-se-ão até as margens ou bordas da mesma. É resultado de um reflexo. Tal processo dar-se-á de forma contínua dirigindo-se, novamente, às extremidades supra ditas, todavia, de forma distorcida em decorrência dos reflexos e interações derivados destas com as ondas anteriores.

Neste ponto começam a aparecer alguns movimentos caóticos, contudo, previsíveis. Trata-se de margens de erros convencionais apesar da aparente aleatoriedade. Entretanto, se começarmos a alçar pedras de forma contínua, a aparição de ondas será constante, com cruzamentos, de igual feita, constante gerando, pois, movimentos caóticos e, desta vez, imprevisíveis.

A interpretação, sobretudo das normas jurídicas, dos enunciados prescritivos gravados nos textos legais são exemplos clássicos de caos no direito. Ora, a interpretação é, em verdade, uma atribuição de valores. E como percebemos na fase preambular deste trabalho, a valoração é individual. Varia de um ser cognoscente para outro. Logo, temos uma variação previsível, tal qual o exemplo linhas acima descrito.

Por outro giro, em decorrência da valoração ser formada a partir da atmosfera semântica, da carga empírica, do contexto histórico-social em que o exegeta está inserido, por vezes deparamo-nos com interpretações completamente fora dos padrões aceitos. Trata-se de posicionamentos caóticos, contudo, previsíveis.

Disto apreendemos então, que decisões emitidas pelos nossos tribunais superiores que, por exemplo, nos causam estranheza, incompreensão são, em verdades, não retiliniedades previsíveis.

A exemplo disto, recentemente nossa Corte Maior, diante de uma questão que recaia sobre a violação, ou não, dos princípios da anterioridade e da irretroatividade, posicionara-se da seguinte forma:

*Tributário. Compensação/dedução. Imposto de Renda. CSL. Prejuízos fiscais e base de cálculo negativa. MP 812/1994. Lei n. 8.981/1995, arts. 42 e 58. Lei n. 9.065, arts. 15 e 16. Limitação de 30%. Constitucionalidade.*

1. A medida provisória é instrumento idôneo à veiculação de normas de direito tributário, sendo possível a reedição com cláusula de convalidação. Precedentes do Supremo Tribunal Federal (ADIMC n. 1.417, *DJU* de 22.3.1996, p. 8.233; ADIMC n. 1.533 e despacho presidencial na ADIMC n. 1.558-3, *DJU* de 4.2.1997).

2. A limitação à dedução de prejuízos fiscais e bases de cálculo negativas não violou qualquer dos princípios constitucionais invocados, sendo imperativa, para a compreensão do problema sob tal enfoque, a consideração da autonomia dos períodos-base como princípio ordenador do sistema tributário nacional, que se reflete na configuração da dedução, com transposição do resultado de um período para outro distinto, como benefício fiscal e, portanto, vinculado à específica regência legal.

3. A alteração da legislação, aplicando-se ao acertamento futuro das bases de cálculo, não acarreta a vulneração do princípio da irretroatividade, pois a lei aplicável, para a orientação do procedimento, é a vigente na data da dedução, quando possível é a implementação do "encontro de contas", e não a existente no momento em que apurados os prejuízos fiscais e as bases de cálculo negativas.

4. O princípio da anterioridade restou observado, em relação ao imposto de renda, face à publicação veiculada no *Diário Oficial* de 31.12.1994.

5. Embora esta Turma tenha reconhecido que, em relação à CSL, a incidência da limitação de 30% fica sujeita à implementação do prazo previsto no art. 195, § 6º, da Constituição Federal, computado da MP n. 812/1994, tal interpretação não interfere na solução do caso concreto, pois o contribuinte pretende a dedução das bases de cálculo negativas, a partir do exercício posterior em que consta a apuração de lucro tributável, mas em que já superado o prazo nonagesimal.

6. Reforma da sentença, com a inversão da sucumbência. (fl. 362)

A questão central se refere à constitucionalidade, ou não, no que tange à violação dos princípios suso aventados. Conhecido é o fato de que, no que refere ao Direito Tributário, o princípio da anterioridade determina que nenhum imposto será cobrado no mesmo exercício fiscal em que foi criado ou majorado.

Esta máxima, inclusive, encontra-se gravada no art. 150 de nosso diploma maior. Vejamo-lo:

Art. 150. Sem prejuízo de outras garantias asseguradas ao contribuinte, é vedado à União, aos Estados, ao Distrito Federal e aos Municípios:

(...).

III – cobrar tributos:

(...).

b) no mesmo exercício financeiro em que haja sido publicada a lei que os instituiu ou aumentou;

c) antes de decorridos noventa dias da data em que haja sido publicada a lei que os instituiu ou aumentou, observado o disposto na alínea *b*;

Exceções atinentes ao princípio da anterioridade estão alocados no enunciado prescritivo acima destacado, especificamente em seu § 1º: trata-se, basicamente, de impostos federais de função regulatória (Imposto de Importação, Imposto de Exportação, IOF e IPI). Afora estes, excetuam-se, de igual sorte, os impostos de guerra e as contribuições sociais.

Pois bem, percebamos que tal exceção não abarca outros dispositivos legais. E isso, é certo, inclui a indigitada medida provisória. Nesse passo, então, há de ser submetida aos princípios postos em evidência.

Contudo, não fora esta a opinião de nossos Ministros. Trata-se de uma valoração; esta varia como exaustivamente colocamos.

Por conta disto, encontramos um posicionamento diverso do que, em sua maioria, se tem como certo, qual seja: a legislação tributária há de observar os princípios da anterioridade e irretroatividade.

Tivéramos, *in casu*, uma decisão fora dos padrões, não retilínea. Porém, embora isso se mostre justificável se utilizarmos como pórtico a Teoria do Caos. Daí acharmos temeroso intitular uma decisão como errada ou equivocada.

Outro ponto que nos parece interessante destacar recai sobre o art. 110 do *Codex* Tributário Nacional. Neste dispositivo, reza o Legislador:

Art. 110. A lei tributária não pode alterar a definição, o conteúdo e o alcance de institutos, conceitos e formas de direito privado, utilizados, expressa ou implicitamente, pela Constituição Federal, pelas Constituições dos Estados, ou pelas Leis Orgânicas do Distrito Federal ou dos Municípios, para definir ou limitar competências tributárias.

Como havemos de notar, o enunciado prescritivo supra fala em alteração de conteúdo, conceitos. Trata-se, em verdade, de interpretação, valoração.

Ora, essa não é a função legislativa. Essa não é a característica da linguagem prescritiva de direito. Esta, como o próprio nome sugere, prescreve, determina, jamais interpreta.

Destarte um enorme precedente é aberto na medida em que o exegeta menos prudente toma como verdade absoluta uma interpretação de tal enunciado prescritivo levado ao pé da letra. Neste momento entende, este, que tal artigo tem força para determinar a correta interpretação da lei.

Sabemos que isto não é possível. Os textos de lei são vazios de conteúdo. O valor está no intérprete. Neste diapasão, a maneira pela qual um texto prescritivo será valorado dependerá de todos aqueles elementos outrora expostos.

Esta colocação gera conflito entre aqueles que acreditam que o texto legal tem força, autoridade para determinar, para engessar uma interpretação e aqueles que entendem que o artigo de lei não passa de um suporte físico a espera de um preenchimento no que toca ao seu conteúdo.[18]

Atentemos, por derradeiro, ao que toca à segurança jurídica. Dentre várias possibilidades de interpretação, uma vez que há de variar de ser cognoscente à ser cognoscente, admitamo-la como *norma jurídica, valor extrajurídico, previsibilidade juridicizada, conjunto de garantias*.[19]

Percebamos que, ao cabo de uma análise pormenorizada, redundaremos em um valor. Pronto, em virtude da imprevisibilidade que vimos sustentando ao longo deste texto, mostra-se, aos nossos olhos, frágil o primado da segurança jurídica. Em verdade temos uma inegável "*insegurança jurídica*".

Sim, porque a "insegurança" não afasta o perigo, não gera garantia, não desperta confiabilidade e doravante. Ao depararmonos com decisões que, como alhures destacamos, inobserva primados de ordem constitucional, ao prestigiarmos o princípio do livre convencimento do magistrado (que, independentemente do sentido em que versar a decisão, é revestida de linguagem competente), admitimos a ocorrência do inesperado já que tal princípio (livre convencimento) dá azo para decisões de qualquer ordem. Inclusive decisões que desconsiderem questões constitucionais.

É, pois, a "imprevisibilidade previsível" que aventamos após entrave inicial com a Teoria do Caos.

18. Corrente a qual nos filiamos.

19. Neste sentido o magistério de Christiane Mendonça, in artigo "Segurança na ordem tributária nacional e internacional", publicado na obra *Segurança Jurídica na Tributação e Estado de Direito*, Noeses, p. 46.

## *5. Conclusão*

Sabemos que o Direito Posto e a Ciência Jurídica são mundos que não se misturam. Têm propostas diferentes, linguagem diferentes... São mundos diversos.

Por isso em um trabalho deste jaez se procura a praticidade, o que dizem passível de utilização no dia-a-dia jurídico.

Entretanto, a proposta por nós trazida recai sobre a interpretação, sobre a valoração efetuada pelo operador do direito. E isso ocorre na feitura de uma tese, no estudo de um texto científico, na aplicação do direito (onde muitos consideram útil à tão falada raticidade) enfim, em tudo.

Por mais que nos preocupemos em dar um tom científico ou prático à questão, sempre estaremos ao talante da interpretação. E nesse esteio, ainda que de forma inconsciente, percorreremos, inexoravelmente, os caminhos trazidos no labor em tela.

Desta monta, controvérsias, disparidades, diferenças surgirão. Onde houver interpretação, haverá não uniformidade, não retiliniedade. E isso, faz com que decisões inesperadas surjam, com que interpretações quase que petrificadas encontrem outra roupagem.

Isso, em verdade, é fruto do pensar; advém da atribuição de valores que falamos no decorrer deste trabalho.

A intenção deste trabalho é enquadrarmos interpretações, decisões que entendemos equivocadas no que diz respeito à atribuição de valores. Isso não implica aceitarmos o inaceitável. Todavia, permite-nos identificar o evento caótico e, a partir disto, demonstrarmos que o caos, apesar de previsível, foge de certos padrões, que no caso do direito, traz prejuízos de difícil reparação e, quiçá, irreparável se adentrarmos na esfera dos eventos imprevisíveis como alhures aventamos.

Temos, com esse, supedâneo para tal demonstração, robustecendo nossos argumentos para que, com isso, possamos efetuar mudanças, apontamentos, críticas quando e no que couber.

# ESTABLECIMIENTO PERMANENTE Y EL CONVENIO MODELO DE LA OCDE

Paula Subía

Abogada

*Introducción. 1. El establecimiento permanente: 1.1 Concepto; 1.2 Análisis de las clases de establecimiento permanente. 2. Excepciones al establecimiento permanente. 3. Otras consideraciones estipuladas por el Convenio Modelo de la OCDE. 4. Convenio para evitar la Doble Imposición suscrito entre Ecuador y Chile en relación al Impuesto a la Renta y al Patrimonio: 4.1 Análisis comparativo entre el Art. 5 del Modelo de Convenio emitido por la OCDE y el Art. 5 que consta en el Convenio suscrito entre Ecuador y Chile. Acuerdo Modelo relativo al Impuesto a la Renta y al Impuesto de Capital de la Organización para la Cooperación y Desarrollo Económico (OCDE). Convenio entre la República del Ecuador y la República de Chile para evitar la Doble Tributación y para prevenir la Evasión Fiscal en relación al Impuesto a la Renta y al Patrimonio. Bibliografía.*

## *Introducción*

La Organización para la Cooperación y el Desarrollo Económico (OCDE) en su intento de elaborar una alternativa para evitar la Doble Imposición de las compañías, ha consolidado un Modelo de Convenio mediante el cual los países que integran esta organización, así como aquellos que no la integramos, han fundamentado sus negociaciones siguiendo los lineamientos establecidos en el mismo.

Los escasos convenios que el Ecuador ha suscrito han servido como un pilar de estabilidad jurídica para los inversionistas extranjeros que provienen de los Estados Contratantes.

Sin embargo de lo anterior, es menester tener claro lo que implica el término establecimiento permanente ya que este concepto constituye el inicio del análisis si determinado ingreso debe ser gravado en el país fuente en que se generó o en la sede principal de las compañías extranjeras.

En virtud de lo expuesto y considerando el tema, centraremos nuestro análisis en el Art. 5 del Convenio para evitar la Doble Imposición suscrito entre el Ecuador y Chile, y las diferencias o similitudes que posee con el Convenio Modelo de la OCDE.

## *1. El establecimiento permanente*

Debido a la globalización de la economía los organismos internacionales como la Organización para la Cooperación y Desarrollo Económico (en adelante OCDE), o la Organización de las Naciones Unidas (ONU), han conceptualizado el término Establecimiento Permanente, a efectos de que las compañías que han extendido sus inversiones fuera de las fronteras del país de origen, puedan determinar el impacto impositivo que conlleva esa expansión comercial.

Es así, luego del análisis realizado a las diferentes definiciones del término Establecimiento Permanente, considero que el que más refleja la realidad económica de aquel *"lugar fijo de negocios"*, es el emitido por la OCDE a través del Convenio Modelo para Evitar la Doble Imposición respecto del Impuesto a la Renta y al Capital, que si bien es cierto no es un concepto estructurado en sí, abarca la mayoría de las situaciones que podrían calificarse como EP.

*1.1 Concepto*

De conformidad con lo señalado por el Art. 5 del Convenio Modelo de la OCDE, se considerará establecimiento permanente (en adelante EP), *el lugar de negocio fijo a través del cual una empresa realiza toda o una parte de su negocio.*

Es trascendental identificar adecuadamente un EP, por cuanto implicará el derecho que posee un País Contratante de gravar los beneficios obtenidos por una empresa que pertenece al otro Estado Contratante.[1]

Ahora bien, para que se considere que en un Estado Contratante existe un EP, éste tendrá que reunir las siguientes condiciones:

• un lugar fijo de negocios;

• cierto grado de permanencia en un determinado territorio; y

• que a través de él se puedan desarrollar los negocios de la compañía.

*Un lugar fijo de negocios* – Diversos tratadistas han planteado sobre este tema que este "lugar fijo" representa claramente una excepción al principio general del gravamen sobre la renta global, que acoge nuestro país.

En vista de esto, a través de los convenios internacionales los países tendrán la posibilidad de argumentar posturas que les permitan gravar las rentas de la mejor manera posible así como determinar la exención que gozarían aquellos sitios que no se consideren EP.

A través de la delimitación del concepto del EP, no se deberá entender nunca que existió renuncia a los intereses de los estados contratantes sino mas bien, un consenso en relación a en que país se consolidarán las rentas provenientes de una actividad económica y por ende la recaudación del impuesto, a efectos de evitar el fin último de un convenio internacional de esta categoría, que es evitar la Doble Imposición por una mismo ingreso.

Ahora bien, con los avances tecnológicos relativos a las formas de comunicación, la doctrina no encuentra aún un criterio al menos uniforme de determinar un establecimiento permanente para el comercio electrónico.

Es así como el tratadista Vicente Oscar Díaz en su obra titulada "El comercio electrónico y sus efectos en las relaciones tributarias internacionales" señala que el cibercomercio ha "erosionado el concepto del establecimiento permanente"[2] ya que es imposible determinar a ciencia cierta cuál es el Estado percibirá el producto de los impuestos acaecidos por la comercialización de bienes o incluso servicios a través del Internet.

El referido tratadista cita la definición establecida en un reporte emitido por Michael Putman manifestando éste último que se puede definir el cibercomercio como aquellas *transacciones comerciales en las cuales las órdenes son dadas electrónicamente y los bienes o servicios son enviados en forma tangible o digitalizada.*

1. Numeral 1) de los Comentarios al Art. 5 concernientes a la definición de Establecimiento Permanente del Convenio Modelo de la OCDE.

2. Vicente Oscar Díaz, *El Comercio Electrónico y sus Efectos en las Relaciones Tributarias Internacionales*, 1ª ed., p. 83.

Tanto ha distorsionado la presencia del Internet en el aspecto tributario que incluso podría sostener que en la actualidad existirían dos tipos de teorías para definir un EP, a saber:

*a*) *Teoría Tradicional del Establecimiento Permanente*. Es la planteada por la OCDE – primordialmente –, la cual considera al EP como el espacio *físico* determinado.

*b*) *Teoría Dinámica del Establecimiento Permanente*. Definición dentro de la cual se verían conjugados los elementos del ciberespacio, tales como servidores, páginas *web*, *softwares*, etc. y otros elementos que han revolucionado no solo el comercio, sino que también han enriquecido el lenguaje.

Es así, que en las transacciones realizadas a través del Internet se desconoce a ciencia cierta – a no ser que el proveedor del bien o servicio lo manifieste – en qué lugar especifico se encuentra el "Server" que permite que se concrete la transacción, por lo que es poco probable que se pueda entonces establecer cual de los estados percibirá el tributo por esta actividad.

Las diversas ponencias que trataron sobre este tema en las *XXIII Jornadas Latinoamericanas de Derecho Tributario*, no se pudo concretar la forma en que podrían tributar quienes ejercen sus actividades a través del ciberespacio.

Si la cancelación de los bienes o servicios que compramos a través del Internet utilizando como forma de pago una tarjeta de crédito, la cual al momento de cancelar el *voucher* o documento que representa el valor de la transferencia, hará tributar a quien lo cobra. Sin embargo, si la transacción se realiza en efectivo, la responsabilidad de hacer tributar al beneficiario del pago, recaería sin duda alguna en el consumidor de ese "bien o servicio *online*".

Hasta que se actualicen las legislaciones de los países y contemplen una justa imposición, debería considerarse que el EP en el cibercomercio se encuentra ubicado, en donde el mismo proveedor lo indique, y en caso de que no se pueda determinar, este tipo de EP debería tributar sólo a través de las retenciones en la fuente que le efectúen sus adquirentes, pero considerando una tarifa considerablemente inferior a la que comúnmente se maneja, a efectos de que ese EP no incurra en una Doble Imposición.

Estas consideraciones antes mencionadas fortalecen una vez más el criterio tantas veces vertido en la doctrina, de que el Derecho es cambiante y debe adecuarse a la realidad.

Es así que puedo señalar que sobre este tema es difícil señalar pormenorizadamente en donde radicaría el EP en transacciones efectuadas en el ciberespacio y que por obvias razones no están siendo abarcadas por la definición del Art. 5 del Convenio Modelo de la OCDE, el mismo que requerirá una inminente actualización o reforma, para que ese Convenio Modelo utilizado tanto por sus países miembros como por aquellos que no lo son, contemple estas aristas ocasionadas por la era de la información.

*Cierto grado de permanencia en un territorio* – Dentro de las negociaciones de un Convenio para evitar la Doble Imposición siempre surgirán observaciones en relación al tiempo de permanencia de determinados EP que por dispensa del convenio, no se han constituido como tales pero que en sí, y tomando en consideración su verdadera naturaleza, son EP.

Tenemos el caso de la construcción, edificaciones etc., que de conformidad con lo señalado por la OCDE se convertirían en EP si éstas actividades superan los doce meses. Al respecto, será importante destacar que para los países en vías de desarrollo que suscriben estos convenios – es decir tomando en consideración el Modelo sugerido por la OCDE – siempre les va a ser más conveniente que el plazo establecido para este tipo de actividades se aminore a tal punto de que el Estado contratante, en donde se ejecuta la obra, perciba el impuesto a la renta por el período posterior al de gracia señalado en el convenio.

Tal y como lo manifiestan los comentarios al Art. 5 del Convenio Modelo, la consideración de que un lugar fijo sea o no un EP tiene dos excepciones, relativas al tiempo:

*a) Cuando las actividades son recurrentes*. Se deberá considerar la totalidad del tiempo en que se ha realizado actividades comerciales.

*b) Cuando se realizan actividades específicas en un país específico*. En este caso la actividad debe durar poco, pero si toda la actividad económica se realiza en ese sólo país, entonces sí es un EP.

*Mediante el cual se puedan desarrollar los negocios de la compañía* – El establecimiento permanente ubicado en un espacio físico territorial ubicado en un Estado contratante, deberá tener todas o al menos las suficientes facultades para poder ejercer actividades comerciales y por ende vincular a la compañía en estas transacciones.

Para que sea considerado como EP, ese lugar fijo de negocios deberá contribuir a los beneficios de la compañía, es decir que el desarrollo de las actividades encomendadas a él tendrán un beneficio directo ya sea destinado a la matriz o filial designada.

El hecho de que dentro de la definición se haya señalado que "a través de él" se podrán realizar las actividades, ratifica más el criterio expuesto en relación a la facultad de vinculación que tendrá el EP para con su matriz, ya que si ésta no existiera no estaríamos frente a un EP vinculado sino simplemente a un sujeto pasivo obligado con el país en donde ha fijado el domicilio.

### *1.2 Análisis de las clases de establecimiento permanente*

La OCDE ha tratado a través del Art. 5 realizar una lista ejemplificativa de lo que podría ser considerado un EP, de lo que inmediatamente se puede desprender que no limita las consideraciones que pudieren existir en la realidad de cada estado contratante.

Dentro de este aspecto tenemos:

*Lugar de gerencia* – Esta clase implica no sólo un lugar físico existente sino aquella posibilidad que tendrá alguien de vincular a la compañía en las transacciones comerciales, literal que es traducido como "Sedes de Dirección" lo que amplía y ratifica una vez más lo manifestado en relación a la vinculación.

*Una sucursal* – El tratadista Valdés Costa en su libro *Curso de Derecho Tributario* presenta una fuerte crítica a la confusión que existen entre ciertos términos societarios, rescatando de estos, la definición de que la sucursal *sin personería jurídica que actúa como integrante de la sociedad extranjera y con un régimen tributario diferente de las filiales*.

Las sucursales responden directamente a su casa Matriz y la vinculan directamente, por lo que establecer una sucursal de una compañía extranjera se considerará EP.

*Una oficina* – La oficina se establecerá por obvias razones en un inmueble el cual podría haber sido adquirido por la compañía que se está instalando en un estado contratante convirtiéndolo de forma inmediata de conformidad con nuestra legislación en un EP.

Ahora bien, si el inmueble no es adquirido, aún así se considerará establecimiento permanente ya que para la instalación de esa oficina, al menos se debió suscribir un contrato de arriendo, el cual solo tendría validez si es firmado por aquella persona que puede vincular a la compañía. Ese sometimiento implica a todas luces que existe la intensión de realizar actividades económicas.

*Una fábrica, un taller* – Estas dos clases se podrían analizar tratar de forma conjunta, ya que ambas implican al menos la contratación de un cierto número de personas con la intensión de desarrollar algún bien.

Podríamos incluir dentro de estas clases las mismas consideraciones que manifesté con anterioridad en relación a la Oficina, ya que siempre se deberá contar con alguien que someta a la compañía para el desarrollo de las actividades que conciernen a una fábrica o taller.

*Una mina, pozos de petróleo y gas, canteras o cualquier otro lugar de extracción de recursos naturales* – De los comentarios al Art. 5 elaborados por la OCDE se desprende que "cualquier otro lugar" implica de por sí una manera de abarcar más ampliamente las actividades relacionadas a las enumeradas en el literal f), por cuanto efectivamente esta actividad implica una rentabilidad estimable.

De conformidad con la legislación ecuatoriana, el subsuelo, suelo y yacimientos de minerales, petróleo, etc., pertenecen al Estado y las compañías lo que pueden obtener son concesiones sobre las mismas por un período determinado, y que como requisito sine qua non, esa actividad la debe realizar una sociedad que mantenga un domicilio en el país.

*Un proyecto de edificación, construcción o instalación constituye un establecimiento permanente sólo si éste dura más de doce meses* – Esos proyectos de construcción incluso pueden abarcar incluso carreteras, canales puentes, así como la renovación de éstas. Así mismo el término instalación no debe delimitarse a la construcción de un proyecto sino también instalación de maquinaria que por su característica representa complejidad, también se puede mencionar a maquinaria completamente nueva, entre otros que tengan similitud.

El Convenio estipula un plazo para que posterior a este, ese proyecto de edificación, construcción o instalación se convierta en un EP, y es si aquella actividad dura más de doce meses.

El período de tiempo que establezcan los países dentro de este numeral, implicará un "período de gracia" a través de la cual esa actividad realizada por alguna compañía de un Estado Contratante, tribute únicamente en el domicilio de la matriz. Sin embargo, en caso de que el período de desarrollo de estas actividades se postergue al señalado en el contrato, estaríamos frente a un EP que tributaría en donde está desarrollando esas actividades.

Dentro de los diversos convenios para evitar la Doble Imposición que ha suscrito el Ecuador, esta cláusula es la que más variaciones tiene, ya que en algunos se ha sostenido que el período para que una actividad de construcción se convierta en EP será de seis meses – como en el caso de Chile –, y en otros – como en el caso de Rumania – el "período de gracia" es extendido a doce meses.

Este período debe contabilizarse incluso desde que se realizan actividades preparatorias.[3]

### 2. *Excepciones al establecimiento permanente*

A pesar de que ciertas actividades o lugares desde los cuales se podría entender que se desarrolla un negocio, entrarían en la definición de EP, el Convenio Modelo para evitar la Doble Imposición en el Impuesto la Renta e Impuesto al Capital, ha considerado excepcionarlas del concepto de EP a efectos de que puedan ser desarrolladas sin que se realice el pago de tributos en el país de la fuente, ya que la mayoría corresponden a actividades auxiliares o preparatorias de una actividad comercial.

Considerando lo anterior tenemos:

• *La utilización de un lugar para exhibir, entregar o simplemente tener almacenado mercancías que pertenecen a la empresa* – Este aspecto cubre inclusive las

3. Numeral 19) de los Comentarios al Art. 5 del Convenio Modelo de la OCDE.

ventas que se realicen de aquella mercancía exhibida en ese lugar de almacenamiento.

• *El mantenimiento de un lugar fijo de negocios con el propósito de comprar mercadería o recolectar información* – Ya que a través de este sitio las actividades están limitadas justamente a realizar las que están establecidas en el enunciado, cualquier otra actividad adicional, comprenderá la inmediata indicación de que es un EP.

• *Un lugar fijo de negocios para realizar actividades preparatorias o auxiliares* – Algunos tratadistas señalan que la legislación de cada país debería indicar cuales podrían ser consideradas actividades preparatorias o auxiliares a efectos de determinar si la actividad realizada por ese lugar fijo de negocios, constituye en sí un EP.

### 3. Otras consideraciones estipuladas por el Convenio Modelo de la OCDE

El Art. 5 contempla otras situaciones que precederé a analizar a continuación.

• *Persona que ejerce representación* – En caso de que una persona ejerza cierto tipo de representación para con una compañía que reside en el otro Estado Contratante, y actúa a nombre de esa compañía, se reputará que se ha implementado en el otro Estado Contratante un EP, siempre y cuando esas actividades no estén comprendidas dentro de aquellas que han sido excepcionadas por el mismo Convenio.

Esta cláusula, tal y como lo señala el Dr. César Montaño Galarza, "implica un ejercicio de planificación por parte de la empresa, tendiente a usar una persona natural o jurídica intermediaria que depende de la sociedad extranjera no residente".[4]

Esta representación implica necesariamente la capacidad que tendrá el intermediario de realizar contratos y otras actividades a nombre de la compañía, más aún si esa representación abarca la capacidad de negociación.

• *Realiza sus actividades de negocios en ese Estado Contratante a través de un corredor, un agente comisionista general, o cualquier otro agente independiente, con la condición de que dichas personas actúen dentro del marco ordinario de su actividad* – Bajo estas consideraciones, el análisis es evidente ya que el comisionista, agente o corredor no debe tener ninguna vinculación con la compañía, ya que se considerarán las siguientes condiciones, a efectos de que su actividad no implique la constitución de un EP:

*a*) esa persona debe ser legal y económicamente independiente de la compañía ubicada en el otro Estado Contratante;

*b*) que la actividad que esa persona realiza a nombre de la compañía se enmarque dentro de su actividad habitual.[5]

• *Subsidiaria o filial* – Se deberá entender que si quien se encuentra a cargo de una subsidiaria tiene la facultad de vincular a ésta en las transacciones comerciales que concretice, esta subsidiaria constituiría un EP. Dentro de este aspecto resalta el Numeral 40 de los Comentarios al Art. 5 del Convenio Modelo de la OCDE, que aunque la subsidiaria sea controlada por una parte relacionada, ésta subsidiaria no constituirá un EP para la relacionada.

### 4. Convenio para evitar la Doble Imposición suscrito entre Ecuador y Chile en relación al Impuesto a la Renta y al Patrimonio

Los tratados internacionales se pueden definir como "acuerdos suscritos entre los diferentes estados o entre los sujetos del derecho internacional, que están encami-

4. César Montaño Galarza, *Derecho Tributario Internacional: el Establecimiento Permanente*, 1ª ed., p. 64.

5. Numeral 37) de los Comentarios al Art. 5 del Convenio Modelo de la OCDE.

nados o que tienen por función vigilar su recíproco proceder".[6]

En virtud de la soberanía que posee un Estado, éste está en facultad de suscribir los convenios internacionales que considere necesarios para el adecuado desarrollo de su actividad y bajo su poder de imperio,[7] y sobre la materia que consideren necesaria a efectos de fortalecer las relaciones con otros países.

El Art. 161 de la Constitución Política señala que el

> Congreso Nacional aprobará o improbará los siguientes tratados y convenios internacionales:
>
> 1. Los que se refieran a materia territorial o de límites.
>
> 2. Los que establezcan alianzas políticas o militares.
>
> 3. Los que comprometan al país en acuerdos de integración.
>
> 4. Los que atribuyan a un organismo internacional o supranacional el ejercicio de competencias derivadas de la Constitución o la ley.
>
> 5. Los que se refieran a los derechos y deberes fundamentales de las personas y a los derechos colectivos.
>
> 6. Los que contengan el compromiso de expedir, modificar o derogar alguna ley.

De lo que se desprende evidentemente que para los acuerdos de carácter tributario, no será necesaria la ratificación del Poder Legislativo.

Es así que el Gobierno Ecuatoriano hasta la actualidad ha suscrito los siguientes Convenios para evitar la Doble Imposición, los cuales han seguido muy de cerca el Convenio Modelo de la OCDE: Canadá, Bélgica, Francia, Italia, Rumania, Suiza, Alemania, España, México, Chile, Brasil, Decisión 40 y Decisión 578 de la Comunidad Andina de Naciones.

### *4.1 Análisis comparativo entre el Art. 5 del Modelo de Convenio emitido por la OCDE y el Art. 5 que consta en el Convenio suscrito entre Ecuador y Chile*

Luego de concluido el análisis al Art. 5 del Modelo de Convenio para evitar la Doble imposición desarrollado por la OCDE, y mencionado los escasos convenios internacionales que sobre esta materia ha suscrito nuestro país, enfocaremos las siguientes ideas a identificar hasta que punto el Ecuador ha seguido las sugerencias del referido organismo internacional, a pesar de que no nos hemos adscrito al mismo.

Para estos efectos de esta comparación, he tomado en consideración el Convenio suscrito entre la República del Ecuador y la República de Chile, pero que debo manifestar que la traducción del inglés al español del Art. 5 del Convenio Modelo, ha sido efectuada por la autora de este ensayo:

***Acuerdo Modelo relativo al Impuesto a la Renta y al Impuesto de Capital de la Organización para la Cooperación y Desarrollo Económico (OCDE)***

Artículo 5. *Establecimiento permanente*

1. Para efectos de esta convención el término "establecimiento permanente" significa un lugar del negocio fijo a través del cual una empresa realiza toda o una parte de su negocio.

2. El término "establecimiento permanente" incluye especialmente:

a) Un lugar de gerencia.

b) Una sucursal.

c) Una oficina.

d) Una fábrica.

e) Un taller, y

f) Una mina, pozos de petróleo y gas, canteras o cualquier otro lugar de extracción de recursos naturales.

6. César Montaño Galarza, *El Ecuador y los Problemas de la Doble Imposición Internacional*, 1ª ed., p. 23.

7. José Martí y Guillermo Rodríguez como coautores del libro *Derecho Tributario General* definieron al Poder Tributario como la facultad inherente al Estado para exigir tributos dentro de los límites establecidos por la Constitución, y que sólo puede manifestarse por medio de normas legales.

3. Un proyecto de edificación, construcción o instalación constituye un establecimiento permanente sólo si éste dura más de doce meses.

4. No obstante lo dispuesto anteriormente en este Artículo, el término "establecimiento permanente" no incluye:

a) El uso de instalaciones solamente con el fin de almacenaje, exhibición o entrega de bienes o mercancías pertenecientes a la empresa.

b) El mantenimiento de un depósito de bienes o mercancías pertenecientes a la empresa con el solo propósito de almacenarlas, exhibirlas o entregarlas.

c) El mantenimiento de un depósito de bienes o mercancías pertenecientes a la empresa con el solo propósito de que sean transformadas por otra empresa.

d) El mantenimiento de un lugar fijo de negocios con el sólo propósito de comprar bienes o mercaderías o recoger información, para la empresa,

e) El mantenimiento de un lugar fijo de negocios con el sólo propósito de continuar con la empresa, en cualquier actividad de carácter preparatoria o auxiliar.

5. No obstante lo dispuesto en los párrafos 1 y 2 donde una persona – distinta a un agente independiente a quien se le aplica el párrafo 6 – está actuando a nombre de una empresa y ejerza habitualmente actividades en un Estado Contratante la autoridad para concluir contratos en nombre de la empresa, esa empresa tendrá un establecimiento permanente en ese Estado respecto de cualquier actividad que dicha persona realice para la empresa, al menos que las actividades de esa persona estén limitadas a aquellas mencionadas en el párrafo 4 y que, de ser realizadas a través de un lugar fijo de negocios, dicho lugar fijo de negocios no fuere considerado como un establecimiento permanente de acuerdo con las disposiciones de ese párrafo.

6. No se considerará que una empresa tiene un establecimiento permanente en un Estado Contratante simplemente porque realiza sus actividades de negocios en ese Estado a través de un corredor, un agente comisionista general, o cualquier otro agente independiente, con la condición de que dichas personas actúen dentro del marco ordinario de su actividad.

7. El hecho de que una compañía que es residente de un Estado Contratante controle o sea controlada por una compañía residente en el otro Estado Contratante, o que realice actividades de negocios en ese otro Estado (ya sea por medio de un establecimiento permanente o de otra manera), no se constituye por sí mismo a cualquiera de esas compañías en un establecimiento permanente de la otra.

### *Convenio entre la República del Ecuador y la República de Chile para evitar la Doble Tributación y para prevenir la Evasión Fiscal en relación al Impuesto a la Renta y al Patrimonio*

Art. 5. *Establecimiento permanente.*

1. A efectos del presente Convenio, la expresión "establecimiento permanente" significa un lugar fijo de negocios mediante el cual una empresa realiza toda o parte de su actividad.

2. La expresión "establecimiento permanente" comprende, en especial:

(a) las sedes de dirección;

(b) las sucursales;

(c) las oficinas;

(d) las fábricas;

(e) los talleres; y,

(f) las minas, los pozos de petróleo o de gas, las canteras o cualquier otro lugar en relación a la exploración o explotación de recursos naturales.

3. La expresión "establecimiento permanente" también incluye:

(a) una obra o proyecto de construcción, instalación o montaje y las actividades de supervisión relacionadas con ellos, pero sólo cuando dicha obra, proyecto de construcción o actividad tenga una duración superior a seis meses; y,

(b) la prestación de servicios por parte de una empresa, incluidos los servicios de consultorías, por intermedio de empleados u otras personas naturales encomendados por la empresa para ese fin, pero sólo en el caso de que tales actividades prosigan en el país durante un período o períodos que en total excedan seis meses, dentro de un período cualquiera de doce meses.

A los efectos del cálculo de los límites temporales a que se refiere este párrafo, las actividades realizadas por una empresa asociada a otra empresa en el sentido del Artículo 9, serán agregadas al período durante el cual son realizadas las actividades por la empresa de la que es asociada, si las actividades de ambas empresas son idénticas o sustancialmente similares.

4. No obstante lo dispuesto anteriormente en este Artículo, se considera que la expresión "establecimiento permanente" no incluye:

(a) la utilización de instalaciones con el único fin de almacenar, exponer o entregar bienes o mercancías pertenecientes a la empresa;

(b) el mantenimiento de un depósito de bienes o mercancías pertenecientes a la empresa con el único fin de almacenarlas, exponerlas o entregarlas;

(c) el mantenimiento de un depósito de bienes o mercancías pertenecientes a la empresa con el único fin de que sean transformadas por otra empresa;

(d) el mantenimiento de un lugar fijo de negocios con el único fin de comprar bienes o mercancías, o de recoger información, para la empresa; y,

(e) el mantenimiento de un lugar fijo de negocios con el único fin de hacer publicidad, suministrar información o realizar investigaciones científicas, u otras actividades similares, que tengan carácter preparatorio o auxiliar para la empresa;

5. No obstante lo dispuesto en los párrafos 1 y 2, cuando una persona, distinta de un agente independiente al que le sea aplicable el párrafo 7, actúe por cuenta de una empresa y ostente y ejerza habitualmente en un Estado Contratante poderes que la faculten para concluir contratos en nombre de la empresa, se considerará que esa empresa tiene un establecimiento permanente en ese Estado respecto de cualquiera de las actividades que dicha persona realice para la empresa, a menos que las actividades de esa persona se limiten a las mencionadas en el párrafo 4 y que, de ser realizadas por medio de un lugar fijo de negocios, dicho lugar fijo de negocios no fuere considerado como un establecimiento permanente de acuerdo con las disposiciones de ese párrafo.

6. No obstante las disposiciones anteriores del presente Artículo, se considera que una empresa aseguradora residente de un Estado Contratante tiene, salvo por lo que respecta a los reaseguros, un establecimiento permanente en el otro Estado Contratante si recauda primas en el territorio de este otro Estado o si asegura riesgos situados en él por medio de un representante distinto de un agente independiente al que se aplique el párrafo 7.

7. No se considera que una empresa tiene un establecimiento permanente en un Estado Contratante por el mero hecho de que realice sus actividades en ese Estado por medio de un corredor, un comisionista general o cualquier otro agente independiente, siempre que dichas personas actúen dentro del marco ordinario de su actividad, y que en sus relaciones comerciales o financieras con dichas empresas no se pacten o impongan condiciones aceptadas o impuestas que sean distintas de las generalmente acordadas por agentes independientes.

8. El hecho de que una sociedad residente de un Estado Contratante controle o sea controlada por una sociedad residente del otro Estado Contratante, o que realice actividades empresariales en ese otro Estado (ya sea por medio de un establecimiento permanente o de otra manera), no convierte por sí solo a cualquiera de estas sociedades en establecimiento permanente de la otra.

Al respecto, me permito señalar que el Art. 5 del Convenio suscrito con Chile, tiene una enorme similitud con el Modelo de Convenio desarrollado por la OCDE y sus mínimas variaciones son las que destacaré a continuación:

• En el literal a) del numeral 3 el Convenio suscrito con Chile disminuye el período para que un proyecto de construcción o actividad constituya establecimiento permanente, es decir, sustituyó los doce meses del Convenio de la OCDE por el período de "seis meses".

• El Convenio suscrito con Chile incorpora una cláusula adicional a las planteadas por la OCDE la cual representan un tratamiento particularizado para las empresas aseguradoras. Dejando excepcionado lo relativo a los reaseguros y su respectiva recaudación en las primas de uno de los estados contratantes.

• Dentro del numeral 7 el Convenio suscrito con Chile agrega como condicionamiento a las actividades desarrolladas por el corredor, comisionista general o agente independiente, que haya sido contratado por una compañía domiciliada en el otro estado contratante, que las relaciones comerciales o financieras que se pacten con su mandante, no impongan condiciones que sean diferentes de las comúnmente usadas. Al respecto, considero que después de analizados los comentarios que el mismo organismo – OCDE – hizo en relación a este numeral, esta aclaración estaría por demás ya que debe entenderse que para que no se constituya un EP ese agente independiente no deberá tener ningún tipo de relación económico o legal con la mandante y que las actividades que desarrolla deben encaminarse a ser cumplidas dentro de las actividades que habitualmente desarrolla, lo que implica que evidentemente no tienen que pactarse actividades que no correspondan al giro ordinario de la actividad de ese agente, corredor o comisionista.

• Las demás cláusulas tienen tal similitud que sólo por cuestiones de traducción de un idioma a otro, la redacción de las mismas ha sido interpretada, mas no alterada.

## *Bibliografía*

### *Libros*

DÍAZ, Vicente Oscar. *El Comercio Electrónico y sus Efectos en las Relaciones Tributarias Internacionales*. 1ª ed., Buenos Aires, Macchi Gripo Editor, 2001.

MARTÍN, José y Otro. *Derecho Tributario General*. 3ª ed., Buenos Aires, Editorial Lexis Nexis Argentina, 2006.

MONTAÑO GALARZA, César. *Derecho Tributario Internacional el Establecimiento Permanente*. 1ª ed., Editorial Temis, 2004.

______. *El Ecuador y los Problemas de la Doble Imposición Internacional*. 1ª ed., Quito, Corporación Editora Nacional, 1999.

______. *Manual de Derecho Tributario Internacional*. 1ª ed., Quito, Corporación Editora Nacional, 2006.

### *Internet*

• *http://www.offixfiscal.com.mx/varios/art-03.htm*

• *www.oecd.org*

**GRÁFICA PAYM**
Tel. (011) 4392-3344
paym@terra.com.br

# RDT 99

***CADERNOS DE DIREITO TRIBUTÁRIO***: IMUNIDADES CONDICIONADAS E SUSPENSÃO DE IMUNIDADES: Análise dos requisitos do art. 14 do CTN impostos às instituições de educação sem fins lucrativos – PAULO DE BARROS CARVALHO • EL MERCADO COMÚN COMO FACTOR CRIMINÓGENO – VICENTE OSCAR DÍAZ • LIMITAÇÕES AO PODER DE TRIBUTAR NA CONSTITUIÇÃO BRASILEIRA – REGINA HELENA COSTA • A NORMA DE ANISTIA NO ORDENAMENTO TRIBUTÁRIO BRASILEIRO – CALILO JORGE KZAM NETO • INTERVENÇÃO DO ESTADO NA ECONOMIA POR MEIO DA TRIBUTAÇÃO – A PROTEÇÃO DA EMPRESA E A LIVRE CONCORRÊNCIA – ROBERTO FERRAZ • DUPLA/MÚLTIPLA IMPUTAÇÃO JURÍDICA E ECONÔMICA INTERNACIONAL: UMA ANÁLISE BASEADA NO CONCEITO DA REGRA-MATRIZ DE INCIDÊNCIA TRIBUTÁRIA – JONATHAN BARROS VITA • SOBRE OS PAPÉIS DA LEI COMPLEMENTAR NO REGIME JURÍDICO DAS CONTRIBUIÇÕES INTERVENTIVAS – TACIO LACERDA GAMA • O MALHO E O CINZEL NA APLICAÇÃO DO DIREITO. UMA ANÁLISE FRENTE AO NOVO PARADIGMA INTRODUZIDO POR MEIO DO GIRO LINGÜÍSTICO – PHILIPPE ANDRÉ ROCHA GAIL

***ESTUDOS E COMENTÁRIOS***: A REPETIÇÃO DO INDÉBITO TRIBUTÁRIO E O DENOMINADO PRINCÍPIO DA RESERVA DO POSSÍVEL – DALTON LUIZ DALLAZEM • RESPONSABILIDADE TRIBUTÁRIA E O SUPERSIMPLES – HUGO DE BRITO MACHADO SEGUNDO • PLANEJAMENTO TRIBUTÁRIO E DESCONSIDERAÇÃO DO NEGÓCIO JURÍDICO: Análise do parágrafo único do art. 116 do CTN à luz do direito positivo – FLORENCE HARET • O ART. 138 DO CTN E OS TRIBUTOS ADMINISTRADOS PELA SECRETARIA DA RECEITA FEDERAL DO BRASIL – CELIA MARIA DE SOUZA MURPHY • O ART. 110 DO CTN E A IMPOSSIBILIDADE DE TEXTO LEGAL LIMITAR O ATO DE INTERPRETAÇÃO E A CONSTRUÇÃO DE SENTIDO DAS NORMAS JURÍDICAS – BIANCA MIZUKI DIAS DOS SANTOS • NÃO-INCIDÊNCIA DE ISS SOBRE FRANQUIA – ANDRÉIA FOGAÇA MARICATO • A SEGURANÇA JURÍDICA NO DIREITO TRIBUTÁRIO. ASPECTOS CAÓTICOS – LUCIANO DE ALMEIDA PEREIRA • ESTABLECIMIENTO PERMANENTE Y EL CONVENIO MODELO DE LA OCDE – PAULA SUBÍA

MALHEIROS
EDITORES